Língua, uso e cognição

EDITORA AFILIADA

Comitê Editorial de Linguagem
Anna Christina Bentes
Edwiges Maria Morato
Maria Cecilia P. Souza e Silva
Sandoval Nonato Gomes-Santos
Sebastião Carlos Leite Gonçalves

Conselho Editorial de Linguagem
Adair Bonini (UFSC)
Arnaldo Cortina (UNESP – Araraquara)
Heliana Ribeiro de Mello (UFMG)
Heronides Melo Moura (UFSC)
Ingedore Grunfeld Villaça Koch (UNICAMP)
Luiz Carlos Travaglia (UFU)
Maria da Conceição A. de Paiva (UFRJ)
Maria das Graças Soares Rodrigues (UFRN)
Maria Eduarda Giering (UNISINOS)
Maria Helena Moura Neves (UPM/UNESP)
Mariângela Rios de Oliveira (UFF)
Marli Quadros Leite (USP)
Mônica Magalhães Cavalcante (UFC)
Regina Célia Fernandes Cruz (UFPA)

Dados Internacionais de Catalogação na Publicação (CIP)
(Câmara Brasileira do Livro, SP, Brasil)

Bybee, Joan L.
    Língua, uso e cognição / Joan Bybee ; tradução Maria Angélica
Furtado da Cunha ; revisão técnica Sebastião Carlos Leite Gonçalves.
— São Paulo : Cortez, 2016.

    Título original: Language, usage and cognition.
    ISBN 978-85-249-2470-5

    1. Gramática cognitiva 2. Linguagem e línguas 3. Linguística I. Título.

16-04963   CDD-400

Índices para catálogo sistemático:
1. Linguagem e língua : Linguística   400

Joan Bybee

Língua, uso e cognição

Tradução **Maria Angélica Furtado da Cunha**

Revisão técnica **Sebastião Carlos Leite Gonçalves**

Título original: *Language, usage and cognition*
Joan Bybee

Capa: de Sign Arte Visual
Preparação de originais: Nair Kayo
Revisão: Elisabeth Matar
Composição: Linea Editora Ltda.
Coordenação editorial: Danilo A. Q. Morales

Nenhuma parte desta obra pode ser reproduzida ou duplicada sem autorização expressa da autora e dos editores.

© Joan Bybee

Direitos para esta edição
CORTEZ EDITORA
Rua Monte Alegre, 1074 – Perdizes
05014-001 – São Paulo – SP
Tel. (11) 3864 0111 Fax: (11) 3864 4290
E-mail: cortez@cortezeditora.com.br
www.cortezeditora.com.br

Impresso no Brasil – agosto de 2016

Sumário

Lista de Figuras 7

Lista de Tabelas 8

Agradecimentos 11

Prefácio da autora à tradução portuguesa 12

Apresentação da edição brasilera 13

1. Uma perspectiva da língua baseada no uso 17
2. Memória enriquecida para a língua: representação por um feixe de exemplares 35
3. *Chunking* e graus de autonomia 63
4. Analogia e similaridade 98
5. Categorização e a distribuição de construções em *corpora* 127
6. De onde vêm as construções? Sincronia e diacronia em uma teoria baseada no uso 167

7. Reanálise ou criação gradual de novas categorias? O verbo auxiliar do inglês 188

8. Constituência gradiente e reanálise gradual 212

9. Convencionalização e o local *versus* o geral: *can* do inglês moderno 235

10. Exemplares e significado gramatical: o específico e o geral 257

11. Língua como sistema adaptativo complexo: a interação entre cognição, cultura e uso 302

Referências 341

Índice Remissivo 373

Lista de Figuras

2.1 Conexões lexicais para o [b] em *bee, bet, bed, bad, ban, bin* 45

2.2 Conexões fonológicas e semânticas produzem Passado em *played, spilled, spoiled, banned, rammed* 48

2.3 A estrutura interna de *unbelievable* ('inacreditável') como um derivativo de suas relações com outras palavras 49

2.4 Uma expressão idiomática analisável em palavras componentes . 52

5.1 Usos hiperbólicos de *drive someone* ('deixar/fazer alguém') *crazy* ('maluco'), *mad* ('louco'), *nuts* ('doido') e *up the wall* ('subir as paredes') de 1920 a 2000 (*corpus* do *Time Magazine*). 136

5.2 Usos literal *versus* hiperbólico de *drive someone mad* ('deixar alguém louco') de 1920 a 2000 137

8.1 Rede de conexões entre *in spite of* ('apesar de') e suas palavras componentes 216

10.1 Representação por exemplares dos significados de *can* no inglês médio e sua persistência no tempo, do inglês antigo ao inglês contemporâneo 266

Lista de Tabelas

3.1 Taxas de redução do [s] em início de palavra para palavras com ambiente fonológico favorável e desfavorável com FCF baixo e alto (Brown, 2004, p. 103) 76

3.2 Número de itens precedendo e seguindo *don't* (Bybee, 2001a, p. 163) 78

3.3 Frequências de formas de *have* ('ter') e *have to* ('ter de') no BNC 83

4.1 Proporção de negação com *no* (Tottie, 1991) 118

5.1 Número de adjetivos usados com *quedarse* relacionados a *solo* no *corpus* falado e escrito 141

5.2 Adjetivos com *quedarse* agrupados com *inmóvil* indicando "sem movimento" 141

5.3 Adjetivos com *quedarse* agrupados com *sorprendido* 142

5.4 Verbos mais frequentes e número de tipos de verbo de 15 mães para 3 construções no *corpus* de Bates et al. (1998) 145

5.5 Adjetivos com *quedarse* indicando estados corporais 150

5.6 Adjetivos com *volverse* 151

5.7 Adjetivos com *hacerse* 152

5.8 Número de ocorrências e de tipos com sujeito humano e adjetivo em *corpus* falado de 1,1 milhão de palavras e *corpus* escrito de cerca de um milhão de palavras (Marcos Marín, 1992; Eddington, 1999) 153

5.9 Comparação de julgamentos de aceitabilidade, Força Colostrucional e frequência na construção para adjetivos com *quedarse* 161

5.10 Comparação de julgamentos de aceitabilidade, Força Colostrucional e frequência na construção para adjetivos com *ponerse* 162

7.1 Aumento na frequência de verbos auxiliares (modais, *be* em passiva e perfeito, *have* no perfeito) comparada a verbos principais finitos (com ou sem *do*) e *be* como verbo principal 197

7.2 Perguntas com um verbo principal (com *do* ou com o verbo principal invertido), formas de *be*, modais e perfeitos 197

7.3 Negativas com *not*, números mostrando verbos principais (usados ou não com *do*), formas de *be* e os modais e perfeitos ... 200

7.4 Declarativas negativas e perguntas são muito menos frequentes do que declarativas afirmativas 204

7.5 Distribuição de verbos principais finitos, formas de *be*, modais e perfeitos em orações declarativas afirmativas 205

7.6 Proporções tipo/ocorrência para perguntas com verbo principal invertido e perguntas com *do* invertido 206

7.7 Proporções tipo/ocorrência para negativas com *not* aparecendo depois de um verbo principal finito e com *do* (ou *don't*) 206

8.1 Os dez itens mais frequentes antes e depois de *will* e *I'll* 214

8.2 *Prefabs* (como porcentagem de verbo auxiliar e gerúndio; todos os períodos de tempo combinados) 232

9.1 Comparação de frequência de *can* ('poder') + VERBO com *can't* ('não poder') + VERBO.. 238

9.2 Contextos para *can think* ('poder pensar, achar') e *can't think* ('não poder achar, pensar') 240

9.3 Itens que seguem *can believe* ('poder crer') e *can't believe* ('não poder crer') 241

9.4 Contextos para *can say* ('poder dizer') e *can't say* ('não poder dizer') 243

9.5 Categorias que seguem *can afford* ('poder pagar') e *can't afford* ('não poder pagar').. 244

9.6 Verbos materiais com *can* ('poder') e *can't* ('não poder')........... 247

9.7 Número de ocorrências de quatro expressões no Switchboard..... 249

9.8 Distribuição, no Switchboard, de itens seguindo quatro sintagmas (cerca de 100 ocorrências de cada um), pragmaticamente determinados...................................... 249

9.9 Distribuição, no Switchboard, de itens seguindo quatro sintagmas 250

10.1 Marcação do Presente simples e Progressivo em predicados não modais.. 281

Agradecimentos

A principal dívida de um pesquisador é com seus professores, alunos e colegas, com quem trocou ideias, críticas e inspiração ao longo dos anos. No meu caso, um grande grupo de linguistas que exploram questões funcionais, mudança diacrônica, tipologia e efeitos do uso é citado nas páginas deste trabalho, por contribuir com ele por meio do seu exemplo e apoio. Este livro se baseia numa tradição de quarenta anos de linguística funcional-tipológica e cognitiva e é dedicado aos homens e às mulheres que, durante esse período, mostraram coragem para pensar de forma criativa. O livro aspira a resumir seus trabalhos segundo minha própria perspectiva, a aplicar um conjunto consistente de hipóteses à fonologia, à morfologia e à semântica, e a formular novas hipóteses específicas sobre como processos de domínio geral contribuem para a estruturação da língua.

Quanto a contribuições de natureza mais pessoal, sinto-me honrada em nomear dois dos meus amigos e colaboradores mais próximos, Sandra Thompson e Rena Torres Cacoullos, que me deram apoio pessoal e ofereceram sua perspectiva acadêmica sobre versões preliminares de vários capítulos. Também agradeço a Clay Beckner, que trabalhou comigo nos capítulos 5 e 8, e encontrou muitos dos dados e dos argumentos citados no capítulo 8 (escrevemos um artigo sobre um tópico similar). Também sou grata a Ben Sienicki, pelo apoio técnico, e a Shelece Easterday, pela elaboração do índice remissivo.

Finalmente, à minha família e a meus amigos, que apoiaram minhas atividades de muitos modos, e a meu marido, Ira Jaffe, meus sinceros agradecimentos.

Prefácio da autora à tradução portuguesa

Língua, uso e cognição foi publicado pela primeira vez seis anos atrás. Estou contente pelo fato de uma edição em língua portuguesa ter sido disponibilizada antes de a área ter mudado muito. O propósito do livro é explicar e elaborar as muitas questões que até este momento vieram à tona na Teoria Baseada no Uso. Ele focaliza os achados e propostas com os quais eu tenho estado estreitamente comprometida e serve não como uma introdução completa a muitas das ideias básicas da Teoria Baseada no Uso, mas talvez como um bom ponto de partida para o estudo dessa abordagem à gramática. Das várias reações ao livro, eu recomendo a resenha de Holger Deissel publicada no periódico *Language* (v. 87, n. 4, p. 830-844, 2011). Ele selecionou as teses principais do livro e cruzou referências sobre elas, mostrando como os diferentes capítulos tratam dessas teses. Embora escrita em inglês, a resenha fornece um bom acompanhamento do livro como um todo.

Estou feliz por ter uma tradução que torna o livro acessível a excelentes pesquisadores que trabalham em e com língua portuguesa. Meus agradecimentos à Cortez Editora por publicar este trabalho, aos tradutores, professora Angélica Furtado da Cunha e professor Sebastião Carlos Leite Gonçalves, e especialmente à minha consultora em questões que causaram dificuldade na tradução, professora Thaïs Cristófaro-Silva.

Joan Bybee

Apresentação da edição brasileira

Circulando no Brasil, desde sua primeira edição em língua inglesa, publicada, em 2010, pela Cambridge University Press, *Language, usage and cognition*, de Joan Bybee, ganha, agora, versão traduzida em português brasileiro, o que possibilita que as ideias da autora alcancem um público mais amplo de brasileiros, principalmente aquele ainda pouco familiarizado com a leitura em língua inglesa.

Outras importantes obras da autora, a exemplo desta mais recente, encontraram eco no Brasil, já nos idos de 1980, época em que o funcionalismo linguístico ainda conquistava espaço na Linguística brasileira, sobretudo por meio de investigações que buscavam no uso explicações da mudança linguística via processos de gramaticalização. A esse respeito, citem-se, a título de ilustração as seguintes obras da autora: *Morphology: a study of the relation between meaning and form* (Bybee,1985, publicado pela John Benjamins), *The evolution of grammar: tense, aspect and modality in the languages of the world* (Bybee; Perkins; Pagliuca, 1994, publicado pela University of Chicago Press), *Phonology and language use* (Bybee, 2001, publicado pela Cambridge University Press) e *Frequency of use and the organization of language* (Bybee, 2007, publicado pela Oxford University Press), dentre tantas outras publicadas, individualmente ou em parceria, em livros e periódicos especializados da área. É inegável, portanto, o impacto dos trabalhos da autora para os estudos linguísticos mundo afora.

Como poderá constatar o leitor, os 11 capítulos de *Língua, uso e cognição*, muito bem encadeados, constituem importante referencial teórico e metodológico para uma abordagem de fenômenos linguísticos que, baseados no uso, se manifestam nos mais variados níveis de análise, do fonológico ao discursivo-pragmático. A ideia que subjaz à obra é a de que todas as línguas, ao mesmo tempo em que exibem estrutura, revelam também, em todos seus níveis, considerável variação, postulado que permite explicar como, no curso do tempo, as línguas mudam de maneira bastante regular, obedecendo a processos dinâmicos que conferem a elas sua estrutura e sua variância. Trata-se, portanto, de uma obra que focaliza diretamente a natureza da gramática, sem nunca deixar de considerar sua variância e sua gradiência, explicáveis, teoricamente, em termos de processos de domínio geral, que, operantes em outras áreas da cognição humana, operam também no uso da língua e constituem fonte de explicações de mudanças linguísticas implicadas no processamento cognitivo e na evolução das línguas. Nas palavras da própria autora, "fatos sobre uso, processamento cognitivo e mudança linguística são articulados a fim de fornecer explicações a respeito das propriedades observadas das estruturas linguísticas".

Constituiu verdadeiro desafio a tradução de *Língua, uso e cognição*, ao se procurar manter o estilo da autora, que, de um didatismo claro e único, busca comprovar suas hipóteses por recurso a dados históricos e contemporâneos, provenientes de amplos *corpora* de língua falada e escrita. Dada a noção de "construção" declaradamente assumida na obra ("um pareamento direto entre forma e significado que tem estrutura sequencial e pode incluir posições que são tanto fixas quanto abertas"), o principal desafio da tradutora consistiu em buscar adaptações de construções do inglês e de outras línguas ao português brasileiro, de modo a propiciar ao leitor o bom entendimento das incursões teóricas e analíticas da autora. Ao fim e ao cabo, pode-se considerar que essa tarefa árdua foi cumprida com muito rigor, o que, ainda assim, não exime o leitor mais cuidadoso de cotejar sempre os exemplos traduzidos de construções com suas versões nas línguas originais em que foram produzidos e que se mantiveram no texto traduzido.

Como revisor técnico desta tradução, a quem foi confiada a honrosa tarefa de apresentá-la ao público, cabem-me algumas palavras finais. A apresentação aqui feita, como se pode observar, não tem a pretensão de resgatar o conteúdo da obra, resenhando e avaliando cada um de seus capítulos, como costumeiramente se observa, sempre uma estratégia de convencimento do leitor acerca da importância da obra para campo de estudos no qual ela se inscreve. Esquivei-me propositalmente desse intento, porque julgo que somente uma leitura integral e atenta da obra não colocaria em risco qualquer ideia da autora que possa ser de importância seminal para o conjunto da obra, fortemente assentado numa tradição de mais de quarenta anos de pesquisa linguística de base funcional-tipológica e cognitiva.

Concluída esta obra, que agora é oferecida ao público, agradeça-se, primeiramente, à Maria Angélica Furtado da Cunha, que, fortemente compromissada com a *Linguística Funcional Centrada no Uso*, teve a brilhante iniciativa de propor ao *Comitê Editorial de Linguagem da Cortez Editora* esta tradução. Agradeça-se também à consultora da autora, Profa. Thaïs Cristófaro-Silva, que, durante todo o processo tradutório, leu as várias versões, comentando-as e apresentando sugestões para maior clareza de certas passagens da obra traduzida. Por fim, e mais importante, agradeça-se também à própria *Cortez*, que confiou nessa empreitada e não mediu esforços, junto à Cambridge e à autora, na negociação dos direitos de tradução e de publicação, para levar adiante este projeto, que agora vem a público.

À leitura, portanto!

São José do Rio Preto, maio de 2016.

Sebastião Carlos Leite Gonçalves
Professor Assistente Doutor da UNESP – Câmpus de
São José do Rio Preto e Bolsista produtividade do CNPq

1

Uma perspectiva da língua baseada no uso

> *Plus ça change, plus c'est la même chose.*
> (Jean-Baptiste Alphonse Karr)

1.1 A natureza da linguagem

As dunas de areia têm regularidades aparentes de formato e estrutura, contudo elas também exibem considerável variação entre instâncias individuais, assim como gradiência e mudança ao longo do tempo. Se quisermos entender fenômenos que são tanto estruturados quanto variáveis, é necessário olharmos para além das formas superficiais mutáveis e considerarmos as forças que produzem os padrões observáveis. A língua também é um fenômeno que exibe estrutura aparente e regularidade de padrões enquanto, ao mesmo tempo, mostra variação considerável em todos os níveis: as línguas diferem umas das outras, embora sejam notoriamente moldadas pelos mesmos princípios; construções comparáveis em línguas diferentes servem a funções semelhantes e são baseadas em princípios similares, ainda que difiram entre si em pontos específicos; enunciados em uma língua diferem uns dos outros, embora exibam os mesmos padrões estruturais; as línguas mudam ao longo do tempo, mas de maneira bastante regular. Segue-se, a partir disso, que uma teoria da linguagem poderia estar focada nos processos dinâmicos que criam as línguas e que conferem a elas sua estrutura e sua variância.

Um foco nesses processos dinâmicos que criam a língua também nos permite ir além de um foco de atenção exclusivo nas estruturas linguísticas e formular um objetivo mais amplo: derivar a estrutura linguística a partir da aplicação de processos de domínio geral. Nesse contexto, processos de domínio geral seriam aqueles que se podem mostrar operantes em outras áreas da cognição humana que não a da linguagem. O objetivo deste livro é explorar a possibilidade de que os fenômenos estruturais que observamos na gramática das línguas naturais podem ser derivados de processos cognitivos de domínio geral, já que eles operam em múltiplos casos do uso da língua. Os processos a serem considerados entram em jogo em todos os casos de uso da língua; é o uso repetitivo desses processos que tem impacto sobre a representação cognitiva da linguagem e, portanto, na língua tal como ela se manifesta explicitamente. Neste livro, então, fatos sobre uso, processamento cognitivo e mudança linguística são articulados a fim de fornecer explicações a respeito das propriedades observadas das estruturas linguísticas.

Na medida em que a estrutura linguística é vista como um produto emergente da aplicação repetida de processos que lhe são subjacentes, e não como um dado *a priori* ou como resultado de um planejamento, então a língua pode ser compreendida como um sistema adaptativo complexo (Hopper, 1987; Larsen-Freeman, 1997; Ellis; Larsen-Freeman, 2006). A razão primeira para se conceber a língua como um sistema adaptativo complexo, isto é, mais como dunas de areia do que como uma estrutura planejada, tal como um edifício, é que a língua exibe uma grande quantidade de variação e de gradiência A gradiência se refere ao fato de que muitas categorias da língua ou da gramática são difíceis de serem distinguidas, geralmente porque a mudança ocorre no tempo de um modo gradual, movendo um elemento de uma categoria a outra ao longo de um contínuo. Ilustram essa gradação contínuos como o existente entre derivação e flexão, entre palavras funcionais e afixos, entre construções produtivas e improdutivas. A variação se refere ao fato de que unidades e estruturas da língua exibem variação no uso sincrônico, normalmente ao longo das trajetórias contínuas de mudança que criam a gradiência.

1.2 Gradiência e variação na estrutura linguística

Esta seção apresenta alguns exemplos do tipo de gradiência e de variação que motivam uma visão da língua como um sistema adaptativo complexo. Esses exemplos são apenas alguns dos muitos que poderiam ser identificados para mostrar a gradiência e a variação entre os membros de um tipo particular de unidade linguística — morfemas (seção 1.2.1), categorias específicas à língua — verbos auxiliares do inglês (seção 1.2.2), ou variação em casos de uma construção particular — *I don't* + VERBO (seção 1.2.3).

1.2.1 Unidades: morfemas

Todos os tipos de unidades propostos pelos linguistas exibem gradiência, no sentido de que há muita variação dentro do domínio da unidade (diferentes tipos de palavras, morfemas, sílabas) e dificuldade em estabelecer os limites da unidade. Aqui usarei morfemas como exemplo.[1] Em suas manifestações canônicas, morfemas envolvem uma forma constante associada a um significado também constante. Um bom exemplo é *happy* ('feliz'), um morfema lexical. Em geral, morfemas lexicais são menos problemáticos do que morfemas gramaticais, porque exibem maior regularidade de forma e significado. Contudo, há morfemas lexicais problemáticos que mudam seu significado e sua natureza dependendo dos elementos que os cercam. Considere *go* ('ir'), que frequentemente ocorre como um morfema lexical simples, mas também ocorre em muitas outras construções, como, por exemplo: *go ahead* ('seguir adiante'), *go wrong* ('dar errado'), *go bad* ('estragar'), *go boom* ('arrebentar', 'explodir'), *let's go have lunch* ('vamos almoçar'), o famoso *be going to* e o *go* citativo (and I go *"what do you mean?"* ['e eu vou "o que você quer dizer?"']) em que seu estatuto lexical é muito reduzido. No capítulo 6, retomaremos a discussão de como os morfemas lexicais se tornam gramaticais.

---

1. Ao longo desta tradução, o uso de primeira pessoa do singular e do plural respeita o estilo original de escrita da autora. [N. T.]

Morfemas gramaticais são tradicionalmente definidos como itens de classe fechada. Uma vez que as classes são definidas em termos das propriedades de construções, morfemas gramaticais são aqueles restritos a posições particulares em construções. Como uma classe de unidade, morfemas gramaticais são altamente variáveis. No nível mais alto, encontramos variância nos tipos de morfemas gramaticais que ocorrem translinguisticamente. Forma e significado diferem de modos sistemáticos. Todas as línguas têm palavras funcionais — unidades livres que expressam funções gramaticais como tempo, aspecto, interrogação, negação e assim por diante. Todas as línguas provavelmente também têm pelo menos alguns afixos derivacionais (Bybee, 1985). Porém, nem todas as línguas têm afixos flexionais (definidos como afixos que pertencem a categorias obrigatórias). Entre aquelas que têm flexão, tradicionalmente fazemos distinção entre línguas aglutinativas e línguas fusionais (ou sintéticas) com base no grau de fusão, alomorfia e irregularidade encontrado entre os afixos flexionais. Dado esse âmbito de variação entre as línguas, que similaridades encontramos entre elas?

As similaridades são visíveis nos *clines*[2] de tipos morfológicos, os quais permitem observar como as línguas ocupam diferentes zonas nesse *cline*, indo de analítica (isolante) a aglutinativa e a flexional. As semelhanças também são evidentes nos processos diacrônicos que criam morfemas gramaticais, os processos reunidos sob o rótulo "gramaticalização" (ver capítulo 6), por meio do qual palavras separadas se tornam afixos e esses afixos podem tornar-se mais e mais fundidos com um radical.

Em qualquer língua, essas mesmas categorias podem ser identificadas, embora, frequentemente, seja difícil de se estabelecerem distinções rígidas entre elas. A gradiência pode ser ilustrada pela dificuldade em se determinar se o marcador adverbial *-ly* ('-mente') do inglês é flexional ou derivacional (Bybee, 1985) ou se a partícula negativa e sua forma contraída *-n't* é um clítico ou um afixo (Zwicky; Pullum, 1983). Na morfologia derivacional, encontramos diferenças interessantes não somente entre afixos, mas inclusive

---

2. O termo *cline* é aqui empregado para se referir a um conjunto contínuo e conexo de elementos linguísticos hierarquicamente organizados ao longo de uma escala de mudança, diacronicamente atestada ou apenas sincronicamente hipotetizada. Por falta de um correspondente mais apropriado desse termo em português, é mantido o termo original inglês. [N. T.]

considerando o mesmo afixo em diferentes combinações. O sufixo -*ness* em *business* ('atividade', 'negócio') é muito menos analisável do que o mesmo sufixo em *happiness* ('felicidade'). Hay (2001, 2002) mostra que há até mesmo diferenças mais sutis, como aquela entre a analisabilidade do sufixo em *swiftly* ('rapidamente') e *softly* ('suavemente').

Morfemas gramaticais fazem fronteira com palavras, por um lado, e com fonemas, por outro. O caso familiar de expressões perifrásticas que usam o que um dia já foi palavra, como o perfeito *have* + PARTICÍPIO PASSADO, ilustra essa gradiência. Mas há casos que não são usualmente citados, tal como o da palavra *way* na construção exemplificada por *Powell knows how to thread his way between conflicting views* ('Powell sabe como traçar seu caminho entre visões conflitantes').[3] Uma vez que *way* é a única palavra que pode ocorrer nessa posição nessa construção, ela se qualifica como um morfema gramatical. Contudo, visto que ela não preenche nenhuma das funções tradicionalmente associadas com morfemas gramaticais, ela é mais facilmente reconhecida como uma palavra. Assim, morfemas gramaticais que se desenvolvem de palavras constituem um polo da gradiência; e, no outro polo, há morfemas gramaticais que estão perdendo seu estatuto semântico e se tornando parte da fonologia da palavra. Hopper (1994) discute vários desses casos (ver também Greenberg, 1978b). Um exemplo é a segunda sílaba de *seldom* ('raramente'), do inglês, que anteriormente foi o marcador de dativo plural afixado ao adjetivo *seld* ('estranho', 'raro'), e agora é uma parte não significativa da palavra.

A variação e gradiência na categoria de "morfema gramatical" é resultado direto dos processos de mudança que afetam morfemas e moldam suas propriedades de forma e significado. Morfemas lexicais podem tornar-se morfemas gramaticais no processo de gramaticalização (por exemplo, quando o morfema lexical *go* se torna parte da construção de futuro *be going to*), e nesse processo gradualmente se tornam mais dependentes de e, finalmente, fundidos com material adjacente. Morfemas derivacionais são formados quando duas palavras são usadas juntas de um modo composto;

---

3. Esse exemplo é do *Corpus of Contemporary American English* (COCA) (Davies, 2008), seção falada, e a data é 1990. Em referências futuras a esse e outros *corpora*, a citação trará o nome do *corpus* e o ano em que o exemplo ocorreu, p. ex., COCA 1990.

assim, -ly veio do nome liç-, que significava "corpo", o qual produziu um significado composto "tendo o corpo de". A segunda parte desse composto se reduziu gradualmente, espalhou-se para mais e mais nomes e adjetivos e generalizou seu significado no processo.

Obviamente, esses processos de mudança são bem conhecidos e tomados como verdadeiros. O que não é tão bem avaliado, todavia, é o que eles nos revelam sobre o processamento cognitivo que é acionado na língua. Eles nos dizem algo sobre como o uso da língua afeta o armazenamento na memória e a organização desse armazenamento (Bybee e McClelland, 2005; McClelland e Bybee, 2007). Nos capítulos deste livro, examinaremos as tendências que estão atuando quando a língua está sendo processada. Ao invés de tomar a gradiência acima ilustrada como um problema descritivo, vamos considerar a exata essência do fenômeno e pensar a língua como sendo sempre afetada pelo uso e pelo impacto que essa experiência tem sobre o sistema cognitivo.

1.2.2 Categorias específicas à língua que são heterogêneas e gradientes: o verbo auxiliar em inglês

A sequência de auxiliaridade em inglês merece um exame detalhado porque parece ser um exemplo muito bom de uma estrutura linguística bem-comportada que está envolvida em certas regras claras. No capítulo 7, examinaremos o modo como essa estrutura e as regras ou construções associadas (de inversão sujeito-verbo auxiliar e negação) surgiram no século XVI. Lá veremos que diversas mudanças graduais, algumas delas apenas remotamente relacionadas a princípio, levaram à formação do verbo auxiliar e às construções com ele relacionadas. Esse estudo revela que o elemento que inverte com o sujeito e recebe a negação após ele é de fato uma classe estrutural diversa, incluindo o conjunto de verbos auxiliares modais (mais comentários sobre esse conjunto seguem abaixo) que aparecem com uma forma não marcada de verbo principal; duas construções, e cada uma delas assume uma forma diferente do verbo principal: o progressivo (BE + ING) e o perfeito (HAVE + EN); e um elemento, a cópula, que é de fato o verbo principal nos

LÍNGUA, USO E COGNIÇÃO

predicados em que ela aparece. Essa categoria também continha, anteriormente (e ainda contém, em alguns dialetos), o possessivo *have* ('ter') e muitos outros verbos. Assim, os membros da categoria de verbo auxiliar em inglês são muito diversos, sem uniformidade estrutural ou funcional.

Além disso, a própria categoria não tem fronteiras discretas. Os elementos mencionados — os modais, o *be* ('estar') progressivo, o *have* ('ter') perfeito e a cópula — são membros categóricos dessa classe de itens, mas os verbos *dare* ('ousar', 'pretender') e *need* ('precisar') algumas vezes se comportam como se fossem membros da categoria e outras vezes como se fossem verbos comuns. A gradiência não é somente um estágio de passagem; ao contrário, esses dois verbos têm transposto as duas categorias desde que a categoria de verbo auxiliar começou a diferenciar-se da categoria de verbo principal (cerca de cinco séculos atrás, ver capítulo 7).

Ademais, os membros da categoria de verbo auxiliar modal também exibem variação, especialmente na função. Enquanto a maioria expressa modalidade, tanto orientada para o agente, quanto capacidade ou possibilidade de raiz[4] (*can* e *could*), obrigação (*must, shall* e *should*) ou valor epistêmico (*may, might, could*), alguns também expressam tempo (*will* e *shall*, para futuro) ou tempo e aspecto (*would*, para passado habitual).

Essa classe de itens com propriedades estruturais muito semelhantes expressa vários significados diferentes. Tal categoria não é incomum nas línguas do mundo. Bybee (1986) pesquisou flexões de tempo, aspecto e modalidade em cinquenta línguas e descobriu que é realmente raro classes posicionais corresponderem diretamente a categorias de significado. Essa heterogeneidade não é específica a afixos e a verbos auxiliares; preposições também mostram diferenças de comportamento: *of* ('de'), a mais comum, frequentemente não se comporta como uma preposição em absoluto (Sinclair, 1991); preposições complexas (como *on top of* ['em cima de'], *in spite of* ['apesar de']) exibem um comportamento misto entre conter duas preposições e um nome e funcionar como uma unidade (capítulo 8).

---

4. O termo *possibilidade de raiz*, tradução de *root possibility*, é empregado ao longo da obra para se referir à modalidade orientada para o agente, designando a existência tanto de condições gerais internas de capacidade do agente de realizar a ação descrita pelo predicado quanto condições gerais externas, como condições sociais e físicas. [N. T.]

1.2.3 Casos específicos de construção variam: I don't know, I don't inhale

Os tipos de gradiência e variação discutidos nas subseções precedentes são bem conhecidos na literatura (conforme observado anteriormente), mas o tipo decisivo de gradiência que queremos discutir apenas recentemente recebeu atenção como fenômeno que uma teoria linguística precisa considerar. Nesta subseção, focalizamos o fato de que, às vezes, casos específicos de construções (com itens lexicais particulares incluídos nelas) manifestam um comportamento diferente da construção geral.

Considere as duas expressões *I don't know* ('eu não sei') e *I don't inhale* ('eu não respiro'). Elas parecem ser estruturalmente idênticas, cada uma com um pronome de primeira pessoa do singular, seguido por uma forma negativa do verbo auxiliar *do* e um verbo principal não marcado. Ambas exibem a mesma variação fonética no sentido de que a oclusiva inicial de *don't* se torna um *flap* e o [t] final é geralmente suprimido em ambos os casos. Mas, além disso, a primeira expressão, *I don't know,* também tem outras propriedades variantes que a segunda expressão não compartilha. Embora *I don't know* certamente possa ter o significado que é previsto pela soma das partes, ela também é frequentemente usada como um marcador discursivo, suavizando a força das asserções anteriores e deixando o ouvinte saber que o falante está disposto a ceder o turno (Scheibman, 2000). Nesse uso discursivo-pragmático, o sintagma também tende mais a sofrer redução fonética do que em seu uso mais semanticamente transparente. A redução adicional envolve a vogal de *don't,* que se torna um *schwa.* A redução mais extrema que ocorre nesse sintagma é a perda da oclusiva inicial [d]. Nenhuma dessas mudanças ocorre quando o verbo principal é um verbo menos frequente, como *inhale* ('respirar') (Bybee; Scheibman, 1999). Ver capítulo 2 para discussão posterior da redução e das mudanças semânticas em expressões de alta frequência.

1.2.4 O papel da gradiência e da variação

A esses poucos exemplos, poderiam ser acrescentados outros mais: a dificuldade em definir unidades como "segmento", "sílaba" e mesmo "palavra";

o problema com a noção de "oração", na medida em que orações assumem tantas formas; e o fato de que julgamentos de gramaticalidade mostram gradiência e variação entre os falantes. A existência de gradiência e variação não nega o padrão regular nas línguas ou entre línguas. Contudo, é importante não ver as regularidades como primárias e a gradiência e a variação como secundárias; ao contrário, os mesmos fatores operam para produzir padrões regulares e os desvios. Se a língua fosse uma estrutura mental fixa, ela talvez tivesse categorias discretas; mas já que ela é uma estrutura mental que está em constante uso e é filtrada pelas atividades de processamento que a modificam, há variação e gradação.

1.3 Processos de domínio geral

A linguagem é uma das formas mais complexas e sistemáticas de comportamento humano. Como tal, tem dado origem a muitas teorias diferentes sobre para que ela é usada (pensar *versus* comunicar), como se desenvolveu (abruptamente ou gradualmente), de onde vem sua estrutura (estruturas inatas *versus* uso da língua) e que tipos de processos subjazem à sua estrutura (específicos à língua *versus* aplicáveis a muitos domínios cognitivos). Aqui vamos considerar a última questão — os processos que geram as estruturas linguísticas são específicos à linguagem ou são processos que também se aplicam a outros domínios cognitivos? A melhor estratégia para responder a essa questão é começar primeiro com processos de domínio geral e ver quanto da estrutura linguística pode ser explicada sem postular processos específicos à língua. Se essa tarefa for parcialmente bem-sucedida, teremos afunilado os processos possíveis que têm de ser específicos à língua. A estratégia oposta, de assumir processos específicos à língua, não nos levará à descoberta de como processos de domínio geral contribuem para a estrutura linguística.

Conforme já mencionado, uma consequência de ver a língua como um sistema adaptativo complexo e a estrutura linguística como emergente (Lindblom et al., 1984; Hopper, 1987) é que nossa atenção é focada não tanto na estrutura linguística em si mesma, mas nos processos que a criam

(Verhagen, 2002). Investigando processos de domínio geral, nós não apenas estreitamos a busca por processos específicos à língua, mas também situamos a linguagem no contexto mais amplo do comportamento humano.

Os processos cognitivos de domínio geral estudados neste livro são categorização, *chunking* (agrupamento),[5] memória enriquecida, analogia e associação transmodal. Essa lista não esgota os processos cognitivos envolvidos na linguagem, nem nega que possa haver processos específicos à língua que ainda serão descobertos; a lista representa os processos que se provaram úteis na compreensão de alguns aspectos da linguagem que particularmente nos interessaram.

Categorização é o mais difundido desses processos, dado que ele interage com os outros. Por *categorização* me refiro à similaridade ou emparelhamento de identidade que ocorre quando palavras e sintagmas, bem como suas partes componentes, são reconhecidos e associados a representações estocadas. As categorias resultantes são a base do sistema linguístico, sejam elas unidades sonoras, morfemas, palavras, sintagmas ou construções (ver capítulos 2, 4, 5 e 8). Categorização é de domínio geral, no sentido de que as categorias perceptuais de vários tipos são criadas a partir da experiência, independentemente da língua.

Chunking (agrupamento) é o processo pelo qual sequências de unidades que são usadas juntas se combinam para formar unidades mais complexas. Como um processo de domínio geral, *chunking* ajuda a explicar por que as pessoas se aprimoram em tarefas cognitivas e neuromotoras com a prática. Na linguagem, *chunking* é básico para a formação de unidades sequenciais expressas como construções, constituintes e expressões formulaicas. Sequências repetidas de palavras (ou morfemas) são embaladas juntas na cognição de modo que a sequência possa ser acessada como uma unidade simples. É a interação de *chunking* com categorização que dá a sequências convencionais graus variados de analisabilidade e composicionalidade (capítulos 3 e 8).

---

5. O termo *chunking* é empregado ao longo desta obra para se referir a agrupamento de unidades que formam uma unidade mais complexa não analisável em suas partes componentes. Por falta de um correspondente mais apropriado desse termo em português, será mantido o termo original inglês. [N. T.]

Memória enriquecida se refere à estocagem mental de detalhes da experiência com a língua, incluindo detalhes fonéticos para palavras e sintagmas, contextos de uso, significados e inferências associadas a enunciados. Categorização é o processo pelo qual essas memórias enriquecidas são mapeadas em representações existentes (capítulo 2). A memória para formas linguísticas é representada em exemplares, construídos com base em ocorrências de experiência linguística que são consideradas idênticas. O argumento primário para a representação por um feixe de exemplares é que cada experiência com a língua tem um impacto nas representações cognitivas. Memórias não linguísticas também têm impacto nas representações cognitivas e na estrutura neurológica (Nader et al., 2000).

Analogia é o processo pelo qual enunciados novos são criados com base em enunciados de experiências prévias. A analogia também requer categorização; as partes de ocorrências anteriormente produzidas podem ser segmentadas em unidades que são alinhadas e categorizadas antes que novos enunciados possam ser formados com elas. A analogia é de domínio geral e tem sido estudada em termos de estruturas relacionais sobre estímulos visuais, como cenas, formatos e cores (Gentner, 1983; Gentner; Markman, 1997).

A lista de processos de domínio geral também inclui a capacidade para fazer associações transmodais, que fornecem o elo entre significado e forma. Ellis (1996) discute esse princípio mais básico como a Lei da Contiguidade de James (James, 1950 [1890]), com base na qual experiências coocorrentes tendem a ser cognitivamente associadas. Ellis aponta que

> Os processos implícitos, automáticos na detecção de padrões que ocorrem nessas modalidades de representação, implicam que qualquer associação transmodal ocorre tipicamente entre os níveis encadeados mais altos de nódulos ativados. Assim, estendendo o exemplo de Morton (1967), o adulto que olha seu relógio, quando a correspondência cai na caixa de correio a cada manhã, fixa na memória a associação de que o horário do correio é 8h30 da manhã, não se tratando, portanto, de uma associação entre envelopes e o ponteiro grande do relógio. (1996, p. 110)

Desse modo, o sentido é associado à maior sequência/cadeia disponível — uma palavra, um sintagma ou uma construção. Note-se que inferências feitas pelo contexto de enunciados particulares também podem vir a ser associadas com sequências particulares, dando surgimento a mudanças no significado (ver capítulos 3, 6, 8 e 10).

Os capítulos 2 até 5 deste livro discutem esses processos de domínio geral e o modo como sua aplicação interativa no uso da língua cria as categorias e as unidades linguísticas, estruturas sequenciais tais como construções e constituintes. Também é mostrado que variações em analisabilidade e composicionalidade, assim como o uso produtivo e criativo da língua, são deriváveis desses mesmos processos. Do capítulo 6 ao 8, é examinado em mais detalhes como esses mesmos processos se aplicam em casos de mudança linguística, especialmente em casos de gramaticalização, na criação de novas construções e nas mudanças na estrutura de constituintes. O capítulo 10 é dedicado à discussão das consequências dessas propostas para nossa compreensão do significado de categorias gramaticais. O capítulo 11 considera o modo como surgem semelhanças entre línguas por meio da aplicação e da interação de processos de domínio geral durante o uso da língua em contextos particulares.

1.4 Gramática baseada no uso

Em Bybee (2006a), propusemos que a gramática fosse pensada como uma organização cognitiva de experiências com a língua. Para colocar isso em termos com os quais os linguistas estão acostumados a lidar, é necessário prover essa teoria com níveis, unidades e processos que criam novos enunciados. Conforme veremos nos capítulos subsequentes, a "construção", como definida nos vários trabalhos de Fillmore e colaboradores, Goldberg e Croft (Fillmore et al., 1988; Goldberg, 1995, 2006; Croft, 2001), constitui uma unidade mais adequada para a representação morfológica e sintática. A ideia crucial por trás da construção é que ela é um pareamento direto entre forma e significado que tem estrutura sequencial e pode incluir posições que são tanto fixas quanto abertas. Logo, pode-se falar de construção passiva, construção ditransitiva ou construções mais específicas, como as ilustradas por estes exemplos:

(1) It *drove* the producer *mad.*
'Aquilo deixou o produtor louco'.

(2) Bantam corkscrewed his *way* through the crowd. (Israel, 1996)
'Bantam abriu seu caminho entre a multidão, contorcendo-se'.

Esses são exemplos particulares de construções mais gerais: a primeira é uma construção resultativa que usa um verbo particular, *drive* ('deixar', 'compelir'), junto com um conjunto de adjetivos que significam *crazy* ('maluco') (ver capítulos 2 e 5); e a outra tem uma palavra fixa (*way* ['caminho']), juntamente com um verbo que indica como um caminho foi criado e um sintagma locativo.

Como as construções emparelham forma e significado, a gramática não contém módulos para a sintaxe separados da semântica, nem opera com histórias derivacionais de formas de superfície. Até mesmo a fonologia pode ser diretamente representada na construção em casos de redução fonológica especial que ocorrem em construções específicas (ver capítulo 3). Os níveis de abstração encontrados em uma gramática baseada no uso são construídos via categorização de exemplares similares de uso em representações mais abstratas (Langacker, 1987, 2000).

Uma vez que construções são firmemente baseadas em generalizações sobre enunciados reais, seu pareamento com um modelo que assume exemplares como representações é bastante direto, como demonstrado no capítulo 2. Casos particulares de construções afetam as representações cognitivas; assim, a frequência de ocorrências (*tokens*) de certos itens em construções (como a alta frequência de *that drives me crazy* ['isso me deixa maluco'] no inglês norte-americano) e a classe de tipos (*types*) (que adjetivos podem ocorrer na mesma construção) determinam a representação da construção e sua produtividade. A evidência de que exemplares específicos de construções impactam a representação inclui o fato de que tais exemplares podem transformar-se gradualmente em outras construções novas, independentes, pela repetição (capítulos 2, 6 e 8). Além disso, mostramos que a frequência de instâncias específicas de construções têm um impacto nas categorias formadas pelas posições esquemáticas nas construções (capítulos 2 e 5).

Dado que cada ocorrência de uso da língua afeta sua representação, variação e gradiência têm uma representação direta no sistema linguístico do usuário. Em um modelo que assume exemplares como representações, todas as variantes são representadas na memória como feixes de exemplares. Tais feixes podem mudar gradualmente, representando as mudanças que a língua sofre à medida que é usada. Desse modo, postula-se que a mudança ocorre no uso da língua, e não no processo de aquisição (capítulos 6, 7 e 8).

1.5 Fontes de evidência

Na teoria baseada no uso, em que a gramática é diretamente baseada na experiência linguística, não há tipos de dados que possam ser excluídos da análise, porque todos são considerados como representativos do desempenho e não da competência. Evidências advindas da linguagem da criança, de experimentos psicolinguísticos, das intuições dos falantes, da distribuição em *corpora* e da mudança linguística são todas consideradas fontes viáveis de evidência sobre representações cognitivas, contanto que se compreendam os diferentes fatores que operam em cada ambiente que dá origem aos dados.

Dada a orientação de sistemas adaptativos complexos da pesquisa relatada aqui, não deve surpreender que muito da argumentação se baseia em exemplos que demonstram tendências na mudança linguística. Já que a mudança linguística é atuante e evidente no presente e no passado, os dados podem vir de *corpora* modernos, *corpora* mais recentes (p. ex., do século XX) e de documentos de séculos atrás. A compreensão de processos e direções da mudança nos permite apreender o sistema cognitivo (sincrônico) do indivíduo para a linguagem. Uma vez que estamos assumindo que mesmo o sistema individual é dinâmico e mutante, mudanças tanto em larga escala quanto em escala estreita apontam para as habilidades de processamento acionadas na língua em uso.

Igualmente importante é o papel desempenhado pela mudança linguística na explicação. Como todos os padrões de estrutura linguística têm uma história evolucionária, parte da explicação por que as línguas têm estruturas particulares deve envolver referência a como essas estruturas surgiram.

Pode-se parafrasear a famosa afirmação de Dobzhansky (1964, p. 449) sobre a biologia e a evolução dizendo que "nada na linguística faz qualquer sentido exceto à luz da mudança linguística". Uma vantagem da abordagem de sistemas adaptativos complexos é que os processos cognitivos propostos para uso no processamento da linguagem são os mesmos processos que levam à mudança. Assim, a explicação sobre as dimensões sincrônica e diacrônica está unida.

Para o presente trabalho, as fontes primárias de dados foram *corpora* de língua falada ou escrita. Como a pesquisa evoluiu ao longo de vários anos, os *corpora* foram usados à medida que se tornaram disponíveis. Para o inglês contemporâneo, usamos dados do *Switchboard* (Godfrey et al., 1992), do *British National Corpus* (Davies, 2004), do *Time Magazine* (Davies, 2007) e, mais recentemente, do *Contemporary Corpus of American English* (Davies, 2008). Acessamos esses *corpora* tanto para dados quantitativos quanto para exemplos individuais (ao invés de criar exemplos). Para o espanhol, usamos o *Corpus Oral de Referencia del Español Contemporáneo*, bem como um *corpus* escrito de quinze romances reunidos por Halvor Clegg no *Humanities Research Center* na Universidade de Brigham Young. Não há dúvida de que o acesso a *corpora* tão amplos refinou nossa apreciação da experiência que os usuários têm com a língua.

1.6 Precursores

Como todo trabalho acadêmico, este livro é mais uma síntese de trabalhos anteriores do que verdadeiramente original. Ele é baseado numa longa tradição na linguística norte-americana que surgiu de estudos empíricos sobre tópicos funcionais e tipológicos. No período de duas décadas da proposta de Chomsky sobre a autonomia da sintaxe (Chomsky, 1957, 1965), surgiu uma nova e robusta tradição para se estudar explicitamente as funções das construções gramaticais (Givón, 1973; Hooper; Thompson, 1973; Li, 1976). Desde o início, esse trabalho integrou considerações tipológicas e interlinguísticas, com o objetivo de entender a mudança linguística e usá-la como explicação para estados sincrônicos específicos à língua, assim como a distribuição de tipos de língua (Givón, 1971, 1979; Li, 1975, 1977; Greenberg et al., 1978). Pesquisa nessa tradição continua até o presente, sempre estendendo seu alcance para explicar os aspectos essenciais da gramática por recurso ao significado e à função discursiva (Hopper; Thompson, 1980, 1984; Du Bois, 1987, e trabalhos mais recentes, que são muito numerosos para serem listados aqui).

Um desenvolvimento importante dessa tradição foi a investida nos estudos de gramaticalização das línguas, começando na década de 1970, mas crescendo de fato nos anos 1980 (Givón, 1979; Lehmann, 1982; Heine; Reh, 1984; Bybee, 1985) e prosseguindo até o presente. Essa linha de trabalho não apenas identificou trajetórias translinguísticas comuns de mudança para as construções em processo de gramaticalização (Givón, 1979; Bybee et al., 1994; Heine et al., 1991; Heine; Kuteva, 2002), mas também identificou os mecanismos de mudança dominantes que operam enquanto as construções se gramaticalizam: desbotamento ou generalização de significado (Givón, 1973, 1975; Lord, 1976), inferência pragmática (Traugott, 1989), redução fonética (Bybee, 2003b) e mudanças de categoria e de estrutura de constituinte (Heine et al., 1991; Haspelmath, 1998). Visto que essas mudanças acontecem durante o uso da língua e que muitas delas dependem de repetição ou frequência de uso, esses estudos de processos de gramaticalização levaram a um reexame da natureza da própria gramática. Esse reexame revela que a gramática pode ser afetada pelo uso da língua, dando surgimento, desse modo, à ideia de uma gramática baseada no uso, que é o tema central deste livro.

Em um desenvolvimento relativamente independente, pesquisadores interessados na forma da gramática sincrônica começaram a examinar a ideia de tratar a estrutura morfossintática em termos de construções orientadas pela superfície que associam diretamente forma a significado (Langacker, 1987; Fillmore et al., 1988; Goldberg, 1995; Croft, 2001). Essa abordagem da gramática mais orientada pela superfície fornece uma unidade da morfossintaxe apropriada à descrição e à explicação do processo de gramaticalização (Bybee, 2003b; Traugott, 2003). A partir das propriedades de construções no uso da língua, podem-se abordar as noções gradientes de analisabilidade, composicionalidade e produtividade (Langacker, 1987; Clausner; Croft, 1997). Conforme observado acima, uma interpretação baseada no uso de construções desenvolvidas de exemplares estocados de uso da língua é a base do conceito de gramática adotado neste livro.

Para uma teoria baseada no uso, estudos quantitativos são extremamente importantes para a compreensão da amplitude da experiência com a língua. A tradição variacionista iniciada por Labov (1966, 1972), ao mesmo tempo em que visava à compreensão de como os fatores sociais interagem com a fonologia e a gramática, também supria uma metodologia adequada para o estudo da variação e da mudança gramatical (ver, por exemplo, Poplack; Tagliamonte, 1996; Torres Cacoullos, 1999, 2000). Mais recentemente, o desenvolvimento de amplos *corpora* de discurso contemporâneo falado e escrito bem como de textos históricos tornou possível testar hipóteses acerca dos efeitos do uso sobre a gramática (p. ex., Sinclair, 1991; Jurafsky, 1996; Gregory et al., 1999; Jurafsky et al., 2001). Um resultado da linguística de *corpus* é o interesse renovado na linguagem formulaica (Erman; Warren, 2000; Wray, 2002; e outros), que mostra quão específico é o conhecimento do falante sobre a língua. O vasto conhecimento de combinações de palavras e de construções, assim como seus significados específicos e, por vezes, formatos fonéticos variáveis, demonstra que nossos modelos linguísticos devem conter detalhe considerável sobre o uso.

Finalmente, a aplicação de ideias da teoria de sistemas adaptativos complexos à língua se ajusta bem à tradição greenberguiana de identificar trajetórias de mudança e os mecanismos por trás delas (Greenberg, 1969, 1978b). A primeira proposta explícita aparece em Lindblom et al. (1984), com uma proposta independente de Hopper (1987) de que a gramática pode ser vista como emergente, e não fixa, discreta e *a priori*. Propostas explícitas adicionais para considerar a língua como um sistema adaptativo complexo aparecem em Larsen-Freeman (1997) e Ellis e Larsen-Freeman (2006).

1.7 Questões que são formuladas neste arcabouço

Toda teoria tem um conjunto de hipóteses que subjazem a suas questões de pesquisa e um conjunto de objetivos que determinam que questões são formuladas. Os objetivos deste livro seguem a diretriz de Lindblom et al., que nos incita a "DERIVAR A LÍNGUA DA NÃO LÍNGUA!" (1984, p. 187, ênfase no original). Fazemos isso, olhando, por detrás da estrutura linguística, para os processos cognitivos de domínio geral que dão surgimento à estrutura. Como esses processos se aplicam ao uso da língua, também estamos investigando os modos pelos quais a experiência com a língua afeta sua representação; então, perguntamos: como a frequência de uso afeta a estrutura? E como o particular — as ocorrências reais de uso — se relaciona com o geral — as representações cognitivas da linguagem?

O interesse na interação do uso com o processo nos permite investigar como as construções surgem e mudam e, de fato, formular e fornecer algumas respostas para a questão sobre de onde vem a gramática. Ao mesmo tempo, podemos levantar questões mais específicas sobre palavras, sintagmas e construções, com relação a seus aspectos semânticos, pragmáticos e fonéticos, sua analisabilidade, composicionalidade e produtividade. O presente livro, então, esboça uma teoria da língua que trata diretamente da natureza da gramática, levando em consideração sua variância e gradiência, e procura explicações em termos de processos recorrentes que operam no uso da língua.

2

Memória enriquecida para a língua: representação por um feixe de exemplares

2.1 Introdução

Central à posição baseada no uso é a hipótese de que as circunstâncias de uso impactam a representação cognitiva da língua. Em todo este livro, serão apresentados argumentos para uma representação por um feixe de exemplares da língua, incluindo argumentos de que representações por um feixe de exemplares acompanham o uso, permitem representação de gradiência nas estruturas e mudança gradual. Ao demonstrar as propriedades de modelos que assumem exemplares como representações, o presente capítulo enfatiza um aspecto da representação por um feixe de exemplares — o fato de que exemplares registram detalhes da experiência linguística. Representações por um feixe de exemplares são representações de memória enriquecida; elas contêm, ao menos potencialmente, toda a informação que o usuário da língua pode perceber na experiência linguística. Essa informação consiste de detalhe fonético, incluindo traços redundantes e variáveis, de itens lexicais e construções usados, de significado, de inferências feitas a partir desse significado e do contexto, e de propriedades do contexto social, físico e linguístico.

Neste capítulo, veremos que pesquisa recente sobre categorização fonética, reconhecimento de voz, sociofonética, difusão lexical de mudança sonora, gramaticalização e recordação exata de textos apontam para a retenção de considerável detalhe linguístico nas representações cognitivas. As questões interessantes abordadas aqui e no restante deste livro são como o cérebro lida com esse detalhe, como ele lida com semelhanças e diferenças entre as ocorrências (*tokens*) do *input* e dos exemplares registrados e como a repetição de ocorrências afeta as representações.

2.2 Contraste com o armazenamento parcimonioso da teoria gerativa e de seus precursores estruturalistas

2.2.1 A tradição estruturalista

A postura de que as representações na memória para a língua são ricas em detalhe não poderia ser mais diferente do que a das tradições estruturalista e gerativista do século XX. Essas tradições assumem firmemente a ideia de que redundâncias e variação são extraídas do sinal e do código e são descartadas, ao invés de serem estocadas na memória. Há várias motivações nesses quadros teóricos para aceitar essa postura. Os padrões que constituem a estrutura da língua podem ser observados através de diferentes itens lexicais em diferentes contextos; a identificação de tais padrões por linguistas implica abstrair instâncias específicas e descobrir exatamente a informação correta para caracterizar o padrão como uma regra. Segue, então, que as regularidades não têm de ser registradas com itens lexicais específicos; assim, os itens lexicais contêm somente a informação idiossincrática.

Apesar de certas advertências sobre a necessidade de um léxico mais altamente especificado (Jackendoff, 1975), a prática básica de remover informação previsível da armazenagem continuou. Tal prática não é necessariamente plausível quando se tenta considerar o que os falantes ou aprendizes poderiam de fato fazer. Langacker (1987) argumenta que um pré-requisito necessário para formar uma generalização é a acumulação na memória de um conjunto de exemplos sobre os quais basear a generalização. Uma vez formada a categoria ou feita a generalização, o falante não necessariamente tem de rejeitar os exemplos em que a generalização se baseia. Se a memória linguística é igual à memória da experiência em outros domínios, é improvável que exemplares específicos sejam completamente descartados quando uma generalização é feita (ver adiante).

Conforme afirmado no primeiro capítulo, o objetivo de uma teoria baseada no uso é buscar explicações em termos de processos cognitivos de domínio geral. Logo, devemos tentar estabelecer se propriedades gerais da memória e sua organização podem ser aplicadas à linguagem. A esse respeito, outro argumento para representações abstratas, livres de redundância, foi importante no passado. Anteriormente, os linguistas acreditavam que limitações da memória eram tais que quaisquer redundâncias e detalhe não significativo, assim como ocorrências particulares de uso da língua, seriam excluídas das representações da memória permanente. De fato, crenças sobre as limitações da memória abasteceram a busca por tipos mais simples de representação. Na discussão posterior a uma apresentação em 1972, Roman Jakobson comentou a necessidade de representações binárias para a língua:

> Essa noção de binarismo é essencial; sem ela, a estrutura da língua estaria perdida. Quando há dois termos em oposição, os dois estão sempre presentes na nossa consciência. Apenas imagine as dúzias e dúzias de casos gramaticais nas línguas do Cáucaso. Sem essas oposições, os falantes dessas línguas ficariam exaustos. (Jakobson, 1990, p. 321)

Jakobson não está dando muito crédito aos falantes. Sabemos agora que os falantes conhecem dezenas ou mesmo centenas de milhares de palavras, e a mesma quantidade, se não mais, de expressões pré-fabricadas em que essas palavras se encaixam, expressões como *bright daylight* ('luz do dia'), *pick and choose* ('escolher a dedo'), *interested in* ('interessado em'), *disposed to* ('disposto a') etc. Está claro que a capacidade do cérebro é impressionantemente grande. Duas ou três dúzias de marcadores de caso (muitos dos quais provavelmente estão restritos a construções específicas) não trazem problema para falantes normais.

2.2.2 Um papel para a imitação

Na tradição inatista defendida por Chomsky e colaboradores, o papel da imitação na aquisição da linguagem foi considerado mínimo e sem importância, pelo fato de as crianças frequentemente produzirem enunciados que nunca ouviram de um adulto. A mensagem subjacente nesses argumentos parece ser que, uma vez que somos seres humanos (e, portanto, muito superiores a outros animais) e já que a linguagem é tão complexa, simplesmente não poderíamos aprendê-la por meio de algo tão trivial como a imitação; ao contrário, deve haver tipos de atividades cognitivas de ordem superior, responsáveis pela língua e por sua estrutura complexa.

Os problemas com esse argumento são: (i) a hipótese de que a imitação é uma atividade ou capacidade de nível inferior, e (ii) a hipótese de que o uso da imitação impediria outros mecanismos cognitivos. Primeiro, se a imitação fosse uma habilidade de nível inferior, seria de se esperar que os não humanos fossem melhores nela. Contudo, a evidência sugere que a capacidade de imitar entre os não humanos é bastante limitada. Primatas e macacos são capazes de imitar, talvez por causa da presença de neurônios espelhos em seu cérebro, mas suas capacidades imitativas parecem muito distantes das do homem (Tomasello et al., 1993; Donald, 1998; Arbib, 2003). Enquanto chimpanzés, por exemplo, podem imitar outros chimpanzés e humanos, o processo é "longo e trabalhoso [...] comparado com a rapidez com que humanos podem adquirir sequências novas" (Arbib, 2003, p. 193). Arbib distingue imitações simples de complexas, em que as primeiras se limitam a novas sequências curtas de ações orientadas para o objeto, enquanto as últimas, por exemplo, imitar uma canção ou uma dança, envolvem segmentação, reconhecimento de variação e coordenação de várias partes. Imitação complexa, então, envolve muitos dos mesmos processos necessários à aquisição da linguagem.

LÍNGUA, USO E COGNIÇÃO

Conforme aponta Donald (1991, 1998), a imitação e sua contraparte de nível mais alto, a *mimesis*, fornecem o fundamento para a homogeneidade que é característica das culturas humanas. Bates et al. (1991) enfatizam a importância da imitação para a aprendizagem humana, em contraste com a de outros primatas, citando o experimento por meio do qual um bebê humano e um bebê chimpanzé foram criados na mesma casa. Elas dizem: "Infelizmente, o experimento foi posto em perigo várias vezes por causa dos efeitos não pretendidos em Donald (o bebê humano): enquanto o chimpanzé fez relativamente pouco progresso na imitação de Donald, a criança imitou e fez uso produtivo de muitos comportamentos do chimpanzé!" (Bates et al., 1991, p. 48).

É claro que a imitação pode ser muito importante sem impedir outros processos cognitivos essenciais à linguagem. Ninguém diria que a imitação sozinha é suficiente para transmitir língua; além disso, é necessário ter uma capacidade gerativa que permita que as sequências imitadas sejam usadas produtivamente em situações novas. O reconhecimento de um nível alto de habilidade para a imitação junto com a habilidade para segmentar, categorizar e recombinar nos dá uma oportunidade melhor de explicar como a língua funciona.

2.2.3 Resultados experimentais anteriores

Certos resultados experimentais reforçam a noção de representações abstratas. Trabalhos sobre a percepção categórica nos anos 1970 enfatizaram as fronteiras entre categorias fonéticas (Liberman et al., 1957; Studdert-Kennedy et al., 1970), mostrando que indivíduos podiam diferenciar melhor estímulos relacionados acusticamente a fonemas diferentes do que estímulos que eram do mesmo campo acústico de um único fonema, mesmo se os primeiros não fossem muito separados dos últimos. Isso reforçou a noção de que a importância de fonemas era diferenciar palavras: quando a tarefa diferenciadora da fonética fosse cumprida, detalhes da forma acústica podiam ser descartados.

Pesquisa subsequente sobre diferentes tipos de tarefas, contudo, mostrou que indivíduos também são capazes de distinguir estímulos dentro de categorias e ordená-los por excelência de adequação para a categoria (Miller, 1994). De fato, o trabalho de Miller sugere que "fonema" pode não ser o nível relevante de categorização, já que ela encontrou estrutura interna nivelada mesmo em categorias que são determinadas pelo contexto, como a regulação sonora de um [t] em início de sílaba em uma sílaba aberta *versus* sílaba fechada. Além disso, parece haver múltiplas pistas acústicas que determinam o pertencimento a uma categoria e essas estão em uma relação de troca — se uma é diminuída, mas outra é aumentada, os indivíduos julgam que o estímulo está dentro da categoria. Essa sensibilidade a detalhe fonético sugere categorias baseadas em numerosas ocorrências da experiência. A evidência que será apresentada a seguir sobre a mudança na linguagem adulta indica uma atualização contínua de categorias baseada nas propriedades fonéticas da experiência com a língua.

Outra descoberta experimental que reforça as noções sobre a natureza abstrata da representação para a língua vem de experimentos psicolinguísticos acerca de recordação exata de textos. Os resultados desses experimentos nos anos 1960 e 1970 foram amplamente interpretados como se mostrassem que os usuários da língua não retêm informação sobre a forma morfossintática de um enunciado que eles processaram; antes, eles retêm apenas o significado ou a essência do enunciado (Sachs, 1967; Bransford; Franks, 1971). Pensava-se que a sintaxe superficial era lembrada somente sob certas circunstâncias: quando os indivíduos são advertidos de que há um teste de memória depois da exposição (Johnson-Laird et al., 1974); quando o teste segue imediatamente a audição das sentenças (Reyna; Kierna, 1994); quando as sentenças são altamente salientes ou "interativas" (Murphy; Saphiro, 1994) ou quando as sentenças são isoladas e não integradas em uma passagem semanticamente coerente (Anderson; Bower, 1973, entre outros).

Gurevich et al. (2010) apontam que, embora esses estudos fossem geralmente interpretados como demonstração da ausência de retenção da forma oral das ocorrências experienciadas, de fato os resultados fornecem indicação de que a forma superficial das sentenças não necessariamente é totalmente perdida. Em seus próprios experimentos, Gurevich et al. fizeram indivíduos ouvirem uma história e então imediatamente pediram a eles para indicar "sim" ou "não" se as orações escritas que apareciam na tela do computador eram exatamente as mesmas que eles ouviram na história. Os resultados foram uma média de 72% de acertos, indicando a recordação do discurso acima do possível. Em um segundo conjunto de experimentos, Gurevich et al. pediram aos participantes para recontar as histórias que tinham ouvido (sem serem previamente avisados de que isso aconteceria). Em sua narrativa recontada, os participantes usaram de 9% (N = 33) a 22,3% (N = 144) das orações presentes na história original (dependendo de quantas histórias eles ouviram), indicando que a forma das orações ouvidas não é totalmente perdida. Mesmo depois de um período de dois dias, os participantes reproduziram textualmente 17% das orações ouvidas na história.

Gurevich et al. foram impelidos a estudar a questão da memória de discurso por causa de evidência recente na linguística de que as representações cognitivas são sensíveis a aspectos da experiência, tais como frequência de uso (ver Bybee, 1985, 2007, entre outros). Um modo plausível de representar o impacto de ocorrências de uso sobre a representação é propor que cada ocorrência de uso reforça a representação de um item particular, seja ele uma palavra, uma cadeia de palavras ou uma construção (ver Bybee, 1985 para a morfologia). Enquanto os efeitos da frequência não são geralmente notados até que algum grau de frequência tenha se acumulado, não há como a frequência ter significado a menos que a primeira ocorrência de um item seja registrada na memória. De outro modo, como a frequência se acumularia? Não pode ser o caso de que os itens não sejam registrados até que atinjam certo nível de frequência, porque não saberíamos se eles atingiram essa frequência, salvo se estivéssemos "contando" desde o início, através do registro de ocorrências na memória (Bybee, 2006a, Gurevich et al., 2010). Assim, a forma textual de uma ocorrência da experiência deve ter algum impacto (possivelmente pequeno) sobre a representação cognitiva, mesmo se ela não puder ser recordada com precisão mais tarde. O fato de que alguma recordação textual exata é documentada apoia esse ponto.

Finalmente, na literatura sobre categorização, debates entre a visão de categorias conforme caracterizadas por abstrações *versus* a visão de categorias como grupos de exemplares levam à mesma questão. Trabalho inicial sobre categorização natural identificou o que veio a ser chamado de "efeitos prototípicos". Esses efeitos surgem de graus de pertencimento a uma categoria, em que alguns membros são considerados melhores ou mais centrais do que outros. Experimentos feitos por Eleanor Rosch (1973, 1975) demonstraram que, dentro de uma cultura, os indivíduos mostram concordância considerável sobre que itens são considerados bons exemplos de uma categoria. Já foi demonstrado que efeitos prototípicos se espalham por toda a língua (Lakoff, 1987; Taylor, 1995). Uma interpretação desses efeitos é que as pessoas constroem um protótipo abstrato de uma categoria com o qual o membro ou os membros centrais compartilham mais traços do que os membros marginais. Resulta que referência aos membros particulares de categorias, ou exemplares, também podem produzir os mesmos efeitos. Medin e Schaffer (1978) demonstraram isso em experimentos em que até a semelhança com um membro marginal facilita a atribuição de pertencimento a uma categoria. Assim, se uma pessoa já está familiarizada com uma avestruz e a enquadrou na categoria "pássaro", o enquadramento de uma ema à mesma categoria é facilitada, não obstante o fato de que uma ema está tão afastada do protótipo de "pássaro" quanto uma avestruz.

Evidência adicional para a armazenagem de memória enriquecida vem da descoberta de que as pessoas são conscientes de que certos traços tendem a coocorrer DENTRO de uma categoria particular. Por exemplo, as pessoas implicitamente sabem que, se um pássaro canta, é muito mais provável que seja um pássaro pequeno do que um grande (Malt; Smith, 1984). Esse conhecimento detalhado, intracategorial, não é explicável se as pessoas somente representassem a categoria usando um protótipo "pássaro" abstrato, ao mesmo tempo em que descartassem o conhecimento de exemplares individuais.

Dadas essas descobertas sobre categorias fonéticas, recordação textual exata e categorização como processos de domínio geral, os quais indicam que a representação cognitiva da língua é influenciada por ocorrências específicas de uso da língua e o detalhe considerável contido nessas ocorrências, vamos agora descrever com mais minúcia como a fonologia, a morfologia e a sintaxe da língua são tratadas em um modelo que assume exemplares como representações, fornecendo, ao mesmo tempo, argumentos adicionais para a representação por um feixe de exemplares.

2.3 Modelos de exemplares em fonologia

Representações por um feixe de exemplares têm sido mais exploradas na fonética e na fonologia, para as quais foram propostos modelos para percepção e produção. Esses modelos assumem que toda ocorrência da experiência tem algum efeito na estocagem da memória e na organização de itens linguísticos (Johnson, 1997; Pierrehumbert, 2001, 2002; Bybee, 2001a, 2002b, 2006a). Ocorrências de experiência linguística são categorizadas e combinadas com ocorrências semelhantes que foram previamente armazenadas como exemplares. Desse modo, um exemplar é construído a partir de um conjunto de ocorrências que são consideradas pelo organismo como as mesmas em alguma dimensão. Por exemplo, cada uma das formas fonéticas distinguíveis de uma palavra é estabelecida na memória como exemplar; novas ocorrências de experiência que são iguais a exemplares existentes são mapeadas nelas, fortalecendo-as. Então, todos os exemplares fonéticos de uma palavra são agrupados em um feixe de exemplares que é associado aos significados da palavra e aos contextos em que ela foi usada, os quais, eles próprios, formam um feixe de exemplares (Pierrehumbert, 2002; Bybee, 2006a). Os significados, as inferências e os aspectos do contexto relevantes para o significado também são estocados com os exemplares. Algumas vezes, formas fonéticas particulares são associadas a significados particulares ou a contextos de uso, mas, mais comumente, uma palavra é representada como um feixe de exemplares fonéticos com um pequeno campo de variação associado diretamente a um conjunto de significados.

2.3.1 Efeito de redução da frequência

Um argumento central em favor de modelos que assumem exemplares como representações é o fato de que as palavras que contêm as mesmas subsequências fonéticas podem ter diferentes âmbitos de variação devido à mudança gradual. Uma descoberta bastante significativa que surgiu recentemente nos estudos quantitativos sobre redução fonética é que palavras de alta frequência sofrem mais mudança ou mudança em uma velocidade maior do que palavras de baixa frequência. Palavras muito frequentes têm uma proporção maior de supressão de consoante no caso do apagamento t/d do inglês norte-americano (Gregory et al., 1999; Bybee, 2000b) bem como na supressão intervocálica de [ð] do espanhol (Bybee, 2001a). Vogais não acentuadas são mais reduzidas em palavras de alta frequência, conforme mostrado em Fidelholtz (1975), para o inglês, e Van Bergem (1995), para o holandês, e mais provavelmente eliminadas (Hooper, 1976). Além disso, há evidência de um efeito de frequência na mudança de vogais (Moonwomon, 1992; Labov, 1994; Hay; Bresnan, 2006; ver Bybee (2002b) para discussão).[1] Conforme Bybee (2000b, 2001a) e Pierrehumbert (2001) apontam, esses fatos têm um lugar natural em um modelo que assume exemplares como representações se também postularmos uma tendência para a lenição (redução articulatória) que opera em ocorrências de uso. Palavras que são usadas com mais frequência estão expostas a essa tendência mais comumente e, assim, passam por mudança a uma velocidade mais rápida. A tendência à lenição é um resultado da prática: à medida que as sequências de unidades são repetidas, os movimentos articulatórios usados tendem a se reduzir e se sobrepor. Muitos estudos têm demonstrado quantitativamente que, em casos de variação e mudança em andamento, palavras de alta frequência, com o contexto fonético apropriado, tendem a exibir mais mudança, tanto na proporção de variantes mudadas encontradas em um *corpus* quanto no grau em que a mudança fonética progride.

Modelos que assumem exemplares como representações fornecem um modo natural de modelar esse efeito de frequência (uma proposta anterior se encontra em Moonwomon, 1992). Se a mudança fonética ocorre em pequenos incrementos cada vez em que a palavra é usada e se o efeito do uso remete à representação armazenada da palavra, então palavras que são mais usadas vão acumular mais mudança do que palavras que são menos usadas. Tal proposta depende de palavras que têm uma representação na memória, que é um domínio fonético, isto é, um feixe de exemplares (Bybee, 2000b, 2001; Pierrehumbert, 2001), ao invés de uma representação fonêmica abstrata. Pierrehumbert (2001) apresenta um modelo formal de lenição que leva a uma mudança gradual em feixes de exemplares devido à tendência de lenição que afeta palavras a cada vez em que elas são usadas.

---

1. Apesar do efeito da frequência na difusão lexical de mudanças sonoras, muitas acabam tornando-se completamente regulares.

As palavras não mudam de maneira totalmente idiossincrática, mas seguem uma direção geral de mudança na língua. Por exemplo, todos os [t]s e [d]s mediais no inglês norte-americano estão sujeitos a *flapping*[2] antes de uma vogal não acentuada. Não significa que alguns [t]s e [d]s se tornam fricativas, outros, oclusivas glotais e assim por diante; ao contrário, as propriedades fonéticas das palavras estão associadas umas com as outras (Pierrehumbert, 2002), levando à variação lexicalmente específica e à variação padronizada através de itens lexicais. Essa variação padronizada pode ser descrita com exemplares formados de subsequências de palavras, como sílabas, consoantes ou vogais. Mantendo a notação de Bybee (1985, 2001a), podemos mostrar relações entre palavras como linhas que se conectam entre traços compartilhados, conforme a Figura 2.1.

Figura 2.1 Conexões lexicais para o [b] em *bee, bet, bed, bad, ban, bin*

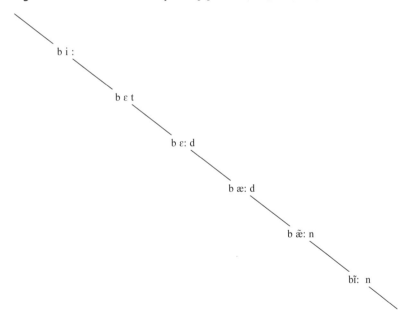

---

2. *Flapping* refere-se a um fenômeno fonológico que ocorre em diversas variedades do inglês, nas quais /t, d/ em posição intervocálica, seguidos de vogal átona, se manifestam foneticamente como um tepe ou um flepe. Para as definições de *tepe* e *flepe* ver Cristófaro-Silva (2011, p. 210 e 108, respectivamente). CRISTÓFARO-SILVA, T. *Dicionário de fonética e fonologia*. São Paulo: Contexto, 2011. [N. T.]

2.3.2 Variação sociofonética

Em estudos recentes sobre variação fonética, chamada "sociofonética", pesquisadores sustentam a existência de exemplares ou memória enriquecida para a língua (Foulkes; Docherty, 2006). O mesmo argumento se aplica à variação subfonêmica relatada em muitos estudos sociolinguísticos ao longo de décadas, em que se mostra que certas realizações do /r/ do inglês norte-americano ou dos ditongos /au/ e /aj/, por exemplo, estão associados em determinadas regiões com afiliação a uma classe social (Labov, 1966, 1972). Para que uma dada forma fonética seja associada a homens ou mulheres, à classe socioeconômica mais alta ou mais baixa ou a regiões geográficas, esses detalhes de pronúncia praticados em si próprio ou em outros devem ser registrados na memória e indexados a indivíduos ou classes de indivíduos. De fato, resultados experimentais sugerem que até mesmo informação sobre a qualidade de voz do falante individual é retida na memória pelo menos por um tempo (Goldinger, 1996).

2.3.3 Mudança na fonologia do adulto

Dadas as representações por exemplares e a hipótese de que cada dado da experiência tem algum impacto sobre a memória porque ele reforça um exemplar existente ou acrescenta um outro exemplar a um feixe, segue que as pronúncias dos adultos podem sofrer mudança ao longo do tempo. É claro que, para uma criança ou um aprendiz da língua, cada novo dado da experiência pode ter um impacto muito maior sobre a representação do que para um adulto, o qual já desenvolveu um grande estoque de exemplares. Desse modo, mudanças nos adultos serão sutis e provavelmente lentas sob muitas condições. Mas a mudança é possível. Sankoff e Blondeau (2007) compararam dados de 1971 a 1984 dos mesmos falantes de francês de Montreal com relação à sua taxa de uso de [r] apical (forma conservadora) e [R] dorsal ou posterior, a forma inovadora. Dos trinta e dois indivíduos estudados, dez permaneceram categóricos ou quase categóricos em seu uso de [R] e dez permaneceram categóricos ou quase categóricos em seu uso de [r]. Outros três mantiveram uma taxa razoavelmente constante de variação. Mais interessante são os outros nove que mostraram mudança significativa ao longo dos treze anos. Sete deles mudaram de uso variável de [R] para uso categórico e dois mudaram de uso categórico de [r] para 65%-66% de uso de [R].

Os dados mostram diferenças individuais, das quais algumas podem ser decorrentes da situação social particular em que a pessoa está e outras possivelmente se devem a outros tipos de diferenças individuais. A evidência, contudo, aponta claramente para possibilidade de mudança no adulto. Outro caso surpreendente é relatado em Harrington (2006), que estudou os discursos de Natal da rainha Elizabeth II, gravados em um período de 50 anos. Um exame das vogais nessas gravações mostra uma mudança das RP[3] mais antigas do dialeto padrão em direção ao inglês britânico do sul, o dialeto mais popular entre os falantes mais jovens.

Mesmo entre falantes adultos, então, a adição de novos exemplares ao estoque de exemplares pode ter um impacto sobre a pronúncia de um falante, como seria previsível pelo modelo de memória enriquecida esboçado anteriormente.

2.4 Morfologia

2.4.1 Redes de associações

Em um modelo que assume exemplares como representações, relações podem ser formadas em vários níveis e em várias dimensões. Por exemplo, uma palavra, que consiste de um feixe de exemplares fonéticos assim como de um feixe de exemplares semânticos, pode ser considerada uma unidade

---

3. RP [Received Pronunciation] designa a pronúncia padrão da língua inglesa usada no Reino Unido. [N. T.]

que pode então ser relacionada a outras palavras de várias maneiras. Palavras formam relações ao longo de dimensões fonéticas, conforme a Figura 2.1, bem como de dimensões semânticas. Em Bybee (1985, 1988a), argumentei que relações morfológicas surgem de relações formadas entre palavras devido à sua semelhança semântica e fonética. Na Figura 2.2, relações morfológicas emergentes são ilustradas usando o exemplo de alguns verbos do inglês no passado com o alomorfe /d/. A similaridade da consoante final e do significado, ou seja, o fato de que todos os verbos registram significado de tempo passado, leva à identificação do sufixo.

Figura 2.2 Conexões fonológicas e semânticas produzem Passado em *played, spilled, spoiled, banned, rammed*

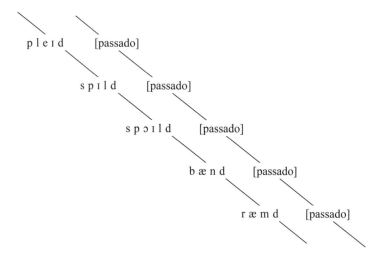

Na Figura 2.3, a estrutura morfológica da palavra *unbelievable* ('inacreditável') se torna aparente pelo mapeamento de suas relações com outras palavras com as quais divide traços fonéticos e semânticos.

Figura 2.3 A estrutura interna de *unbelievable* ('inacreditável') como um derivativo de suas relações com outras palavras

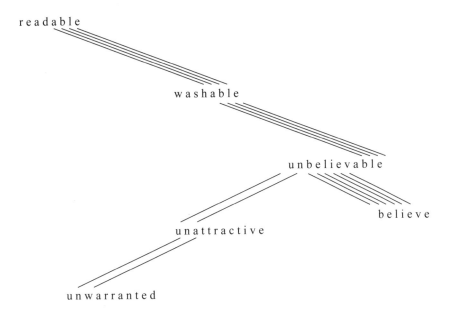

Uma vantagem dessa abordagem da análise morfológica é que uma palavra não precisa ser exaustivamente analisada em morfemas. Por exemplo, a forma de tempo passado *had* em inglês pode ter uma conexão ao sufixo geral de passado via sua consoante final, muito embora a parte restante da palavra, [hæ], não seja um morfema. De modo semelhante, *capable* ('capaz') parece ter o sufixo *-able* adequadamente designando um adjetivo, embora *cap-* não signifique nada.

Relações morfológicas conforme diagramadas aqui são gradientes em sua força devido a diferenças na similaridade semântica e fonética. Como se sabe, palavras relacionadas por meio de morfologia derivacional podem perder semelhança semântica com suas bases. As causas de tais alterações semânticas e mudanças nos graus de parentesco são discutidas no capítulo 3.

Conforme observado acima, uma representação por um feixe de exemplares é altamente redundante; até mesmo itens complexos que podem ser gerados por regras ordinárias podem ter armazenamento na memória. A questão colocada por esse arcabouço teórico não é se alguma unidade complexa é ou não estocada na memória; as questões a serem levantadas dizem respeito à força da representação e à força de sua associação a outras representações, paradigmáticas e sintagmáticas, as quais são todas variáveis. A propriedade de representação de memória enriquecida nesse modelo é extremamente importante para descrever e explicar o modo como palavras particulares, sequências de palavras e construções adquirem propriedades particulares quando são usadas em um contexto. Por exemplo, no nível da palavra, duas palavras com a mesma estrutura aparente, como verbos com um prefixo semiprodutivo como *re-* ou *un-*, podem ter graus diferentes de composicionalidade devido às suas relações de frequência com sua base verbal e outros fatores, tais como o contexto de uso. Assim, Hay (2001) observa que *refurbish* ('redecorar') e *rekindle* ('reacender') têm relações muito diferentes com *furbish* e *kindle*, respectivamente, baseado no fato de que *refurbish* é muito mais frequente que *furbish*, mas *rekindle* é menos frequente que *kindle*. Tal diferença na força das relações entre palavras é bem tratada em um modelo que assume exemplares como representações com redes de associações, ao passo que, em modelos estruturais, esse nível de detalhe é completamente negligenciado.

Num nível mais alto, sequências de muitas palavras, como *dark night* ('noite escura') ou *pick and choose* ('escolher a dedo'), não têm idiossincrasias verdadeiras e, mesmo sendo consideradas expressões familiares, convencionais, exigem armazenamento na memória. Também há construções sem verdadeira idiossincrasia de forma que, todavia, adquiriram propriedades pragmáticas e semânticas que devem ser registradas na memória. Abordamos esses casos na discussão a seguir.

2.4.2 O efeito conservador da frequência de ocorrência

Modelos que assumem exemplares como representações permitem uma expressão natural de vários efeitos de alta frequência de ocorrência: dado que exemplares são fortalecidos cada vez que nova ocorrência de uso é mapeada neles, exemplares de alta frequência serão mais fortes do que os de baixa frequência, e feixes de alta frequência — palavras, sintagmas, construções — serão mais fortes do que os de frequência mais baixa. Os efeitos dessa força (força lexical [Bybee, 1985]) são vários. Em primeiro lugar, exemplares mais fortes são mais fáceis de acessar, explicando, assim, o bem conhecido fenômeno pelo qual palavras de alta frequência são mais fáceis de acessar em tarefas de escolha lexical. Em segundo lugar, palavras morfologicamente complexas de alta frequência exibem maior estabilidade morfológica.

Estabilidade morfológica se refere a dois fenômenos na mudança linguística (ambos identificados por Mańczak, 1980, e discutidos em Bybee; Brewer, 1980, e Bybee, 1985). O primeiro refere-se ao fato de que formas frequentes resistem à regularização ou a outra mudança morfológica, com o resultado bem conhecido de que formas flexionais irregulares tendem a ter alta frequência. Assumindo que a regularização ocorre quando uma forma irregular não é acessada e, ao invés disso, um processo regular é usado, é menos provável que formas flexionadas de alta frequência estejam sujeitas à regularização. O segundo diz respeito ao fato de que o membro mais frequente de um paradigma tende a servir de base para novas formações analógicas; assim, o singular de nomes é a base para a formação de um novo plural (*cow*, *cows* ['vaca, vacas']), ao invés de o plural servir de base para um novo singular (*kine* [o antigo plural de *cow*] não produz um novo singular *ky*). De modo semelhante, a forma presente serve de base para um passado regularizado e não vice-versa (ver Tiersma, 1982, e Bybee, 1985, para discussão de alguns casos adicionais que sustentam o argumento de frequência).

2.5 Sintaxe

2.5.1 Cadeias de palavras

Cadeias de palavras podem ser analisadas em uma rede de relações. Enquanto uma expressão idiomática como *pull strings* ('mexer os pauzinhos') tem seu próprio significado metafórico, ela é, não obstante, associada às palavras *pull* ('puxar') e *strings* ('cordas') como palavras independentes, conforme mostrado na Figura 2.4 (ver Nunberg; Sag; Wasow, 1994, para argumentos sobre esse efeito).

Do mesmo modo que na morfologia, as relações diagramadas como linhas de conexão nessas figuras podem ser de forças variadas. Certos fatores, que serão discutidos no capítulo 3, influem na manutenção ou perda dessas conexões lexicais.

Quando duas ou mais palavras são frequentemente usadas juntas, elas também desenvolvem uma relação sequencial, que estudaremos como *chunking* no próximo capítulo. A força das relações sequenciais é determinada pela frequência com a qual as duas palavras aparecem juntas.[4] Como veremos, a frequência com que sequências de unidades são usadas tem um impacto em suas propriedades fonéticas, morfossintáticas e semânticas.

Figura 2.4   Uma expressão idiomática analisável em palavras componentes

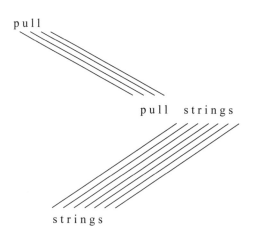

---

4. Se isso é mediado pela frequência com que cada palavra é usada em outros contextos, conforme proposto por Gregory et al. (1999), Jurafsky et al. (2001) e outros trabalhos de Jurafsky et al., resta ainda determinar.

2.5.2 Construções

Exemplares e feixes de exemplares podem ser formados em vários níveis de complexidade. Há exemplares abaixo do nível da palavra, os quais correspondem a sequências fonéticas que ocorrem dentro de palavras, tais como início de sílaba ou rimas. Construções também têm representações por um feixe de exemplares, mas estas são mais complexas, pois, dependendo de como são definidas, muitas ou todas as construções são parcialmente esquemáticas — isto é, elas têm posições que podem ser preenchidas por uma variedade de palavras ou sintagmas. Além disso, muitas construções permitem o domínio completo de possibilidades flexionais de substantivos, adjetivos e verbos, de modo que posições flexionais também são esquemáticas, com o resultado de que exemplares particulares de construções podem diferir substancialmente uns dos outros. Contudo, as construções geralmente têm algumas partes fixas que são cruciais para o estabelecimento do feixe de exemplares.

Representar padrões gramaticais em construções é particularmente adequado em um modelo que assume exemplares como representações, já que construções são pareamentos diretos de forma com significado sem nível intermediário de representações, como as regras de estrutura frasal estabeleceriam. Isso é adequado porque os usuários da língua lidam é com casos específicos ou ocorrências de construções. Eles mapeiam ocorrências semelhantes umas às outras para estabelecer exemplares e esses exemplares se agrupam para formar categorias que representam tanto as posições fixas quanto as esquemáticas nas construções. O significado de uma construção também é representado por um feixe de exemplares que são construídos pelo acesso ao significado dos itens lexicais usados mais o significado total no contexto. Conforme veremos no capítulo 4, as construções são usadas com novos itens lexicais e novas maneiras por meio da referência analógica com exemplares de experiências prévias.

Considere, por exemplo, a construção resultativa estudada por Boas (2003) (cf. um conjunto de construções de "tornar-se" no espanhol analisado por Bybee e Eddington (2006); ver capítulos 4 e 5). Essa construção usa o verbo *drive* ('levar') com um adjetivo ou sintagma preposicional expressando um significado como *drive crazy* ('deixar maluco'). Ocorrências particulares encontradas no *British National Corpus* (BNC) incluem:

(1) It drives me crazy.

 'Isso me deixa maluco'.

(2) They drive you mad.

 'Eles deixam você louco'.

(3) That drives me mad.

 'Aquilo me deixa louco'.

(4) The death of his wife the following year drove him mad.

 'A morte da mulher dele no ano seguinte deixou-o louco'.

(5) A slow-witted girl drove him mad.

 'Uma menina de compreensão lenta deixou-o louco'.

(6) It drove the producer mad.

 'Isso deixou o produtor louco'.

(7) A couple of channels that used to drive her up the wall.

 'Um par de canais que costumava fazê-la subir as paredes'.

(8) This room drives me up the wall.

 'Essa sala me faz subir as paredes'.

A construção consiste de uma posição de sujeito que aparentemente pode ser ocupada por qualquer sintagma nominal. Isso é seguido por uma forma flexionada do verbo *drive* ('deixar/fazer') e um sintagma nominal que desempenha o papel semântico de experienciador e, assim, tem um referente animado, geralmente humano. Esse sintagma nominal presumivelmente pode ser de qualquer forma, mas é comumente um pronome. Os adjetivos ilustrados aqui são *crazy* ('maluco'), *mad* ('louco') e *up the wall* ('subir as paredes'); os outros que ocorrem no BNC são semanticamente relacionados a estes (ver Boas, 2003).

Como ilustração, as oito ocorrências representadas acima poderiam cada uma delas ser consideradas exemplares que são agrupados com suas partes idênticas, mapeadas umas nas outras, e suas partes esquemáticas formando categorias conforme segue:

(9)

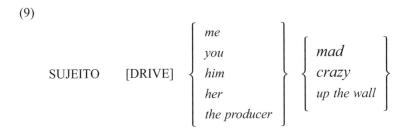

A categoria de SUJEITO não foi representada com exemplares reais porque parece aceitar qualquer SN. Presumivelmente, SN é uma categoria que pode ser desenvolvida com base em exemplares que ocorrem em outras construções (Croft, 2001). Está claro que, mesmo aqui, algumas realizações do sujeito serão mais frequentes do que outras. Por exemplo, *that* ou *it* podem ser particularmente frequentes. [DRIVE] é uma notação usada para mostrar que qualquer forma flexionada do verbo *drive* ('deixar/fazer') pode aparecer, além de qualquer construção de verbo auxiliar (p. ex. *used to*, *gonna* ['costumava', 'vai']). A fonte em caixa alta de [DRIVE] representa a força que ele adquire por ocorrer em todos os casos da construção. *Mad* ('louco') e *crazy* ('maluco') são, de modo semelhante, representados em fonte maior por causa da sua alta frequência na construção. A posição do experienciador é geralmente um pronome, mas é sempre animado e comumente humano. A posição final, que pode ser um adjetivo ou um sintagma preposicional, tem uma natureza semântica forte. A maioria dos preenchedores dessa posição encontrados no estudo de Boas sobre o BNC eram sinônimos de *crazy* ('maluco'), embora também houvesse sentidos relacionados levemente mais distantes, como *to desperation* ('ao desespero') ou *to suicide* ('ao suicídio').

Certos exemplares dessa construção podem ocorrer mais de uma vez. Desse modo, não seria surpresa encontrar um *corpus* em que *it drives me crazy* ('isso me deixa maluco') (exatamente nessa forma) ocorresse inúmeras vezes. Além disso, certas partes da construção podem ocorrer juntas mais frequentemente do que outras. Claramente, é *it drives me crazy* ('isso me deixa maluco') mais o Sintagma Adjetival ou o Sintagma Preposicional com o significado apropriado que expressa o conteúdo semântico lexical da construção, mas um segmento da construção, tal como *drives me* ('me deixa'), pode também ser frequente e agrupado junto, conforme explicado no capítulo 3.

Todos os exemplos dessa construção que já foram empregados por um usuário da língua tiveram algum impacto na representação da construção, embora elas possam não ter sido fixadas na memória. Assim como com outras memórias, exemplares não reforçados podem se tornar inacessíveis ou esquecidos; recentidade e frequência desempenham um papel importante na manutenção de exemplares particulares de construções.

2.5.3 Evidência para uma representação por um feixe de exemplares de construções

Nesta seção, apresentarei evidência de que exemplares de construções têm um efeito sobre a representação cognitiva. Alguns dos argumentos fornecidos aqui serão mais bem desenvolvidos em capítulos posteriores. Os casos discutidos dizem respeito a expressões idiomáticas e unidades pré-fabricadas (*prefabs*), considerados exemplares específicos de construções que requerem representação cognitiva e o desenvolvimento de novas construções a partir de exemplares específicos de construções existentes, ambos com e sem gramaticalização.

Primeiramente, considere o fato de que expressões idiomáticas são instâncias de construções que têm sua própria representação. Assim, *pull strings* ('mexer os pauzinhos') é exemplo de uma construção VERBO-OB-JETO. A necessidade de representação direta de expressões idiomáticas surge do seu significado imprevisível. Contudo, também há muitos casos convencionalizados de exemplares de construções que não são imprevisíveis em significado ou forma, tais como *dark night* ('noite escura'), mas são conhecidos pelos falantes como expressões com as quais eles já lidaram antes. Esses exemplares de construções também precisam ser registrados na memória.

Em segundo lugar, considere o modo como novas construções surgem. Estas são exemplares específicos de construções existentes mais gerais que tomam novas implicações pragmáticas, significados ou formas devido ao seu uso em determinados contextos. Considere a construção estudada por

Fillmore e Kay (1999) e Johnson (1997), por eles denominada "construção WXDY?". Ela está exemplificada na famosa piada, mostrada em (10):

(10) Diner: Waiter, what's this fly doing in my soup?
Waiter: Why, madam, I believe that's the backstroke.
'Freguês: Garçom, o que esta mosca está fazendo na minha sopa?
'Garçom: Ora, madame, eu acho que este é o nado de costas.'
(Fillmore; Kay, 1994)

A piada mostra a ambiguidade da sequência em itálico. A interpretação normal de *what is X doing Y?* ('o que X está fazendo Y'?) é de surpresa devido à incongruência acompanhada por mais do que um sinal de desaprovação. Visto que ela é sintaticamente indistinta da construção de que surgiu — uma pergunta com *what* e *do* no progressivo —, ela dá ao garçom esperto licença para interpretá-la como uma pergunta literal sobre o que a mosca está fazendo.

É interessante observar que não há nada na forma que explicitamente sugira um significado de incongruência, mas a forte implicação está lá, não obstante. Podemos indagar, então, como uma pergunta *wh-* comum com *doing* e um sintagma locativo adquire essas implicações? A resposta deve ser que essas implicações surgem do uso da língua em contexto. A própria pergunta *what are you doing?* frequentemente tem conotações negativas. Em uma situação face a face — não quando falando ao telefone, por exemplo, quando é uma pergunta legítima —, tal pergunta implica que, apesar de muita informação visual, se essa pergunta é feita, ela deve indicar que o falante quer alguma explicação sobre não apenas o que o destinatário está fazendo, mas por que ele ou ela está fazendo aquilo. De modo semelhante, se essa construção tem o elemento locativo, como em (11), há a possibilidade de ambiguidade, mas a primeira leitura é provavelmente mais comum.

(11) What are you doing with that knife? = "why do you have the knife?"
'O que você está fazendo com essa faca?' = "'por que você está com a faca?'"
ou o significado literal = "what are you <u>doing</u> with it?"
= "'o que você está <u>fazendo</u> com ela?'"

A implicação de desaprovação, que é uma interpretação subjetiva feita no contexto, deve ter vindo de múltiplos casos de uso com essa nuance negativa. Conforme apontado antes, cada exemplar de uma construção morfossintática inclui informação sobre os contextos de uso e isso incluiria as inferências feitas em tais contextos. Fillmore e seus colaboradores consideram essas implicações uma parte importante do seu estudo de construções (Fillmore; Kay; O'Connor, 1988; Fillmore; Kay, 1999). Sabemos, a partir de estudos sobre gramaticalização, que inferências podem se tornar parte do significado de uma construção (Traugott, 1989; Traugott; Dasher, 2002; ver abaixo e capítulo 6). Note-se que o termo "implicação" se refere ao significado que o falante constrói no enunciado sem expressá-lo diretamente, enquanto "inferência" se refere aos significados que o ouvinte recolhe do enunciado, muito embora eles possam não estar diretamente expressos. O único modo pelo qual as inferências poderiam se tornar parte do significado seria se os usuários da língua guardassem na memória as inferências em cada situação, como sugere um modelo de memória enriquecida. Quando certas inferências se tornam fortes em certos contextos, elas se tornam parte do significado de uma construção.

Exemplares específicos de construções também podem se tornar convencionalizados por meio de repetição antes que eles assumam nuances adicionais de significado ou mudanças na forma. Por exemplo, a pergunta *What's a nice girl like you doing in a place like this?* ('O que uma menina bonita como você está fazendo num lugar como este?') apareceu no filme *The Wild One*, em 1953 (talvez pela primeira vez), e foi sendo repetida ao longo dos anos até que se tornou algo como um clichê. Interpretações dessa expressão aparecem até mesmo em *corpora* escritos, como o *corpus* do *Time Magazine*, que contém exatamente a pergunta (12); a pergunta com uma palavra trocada, como em (13), em que é parte do título de uma animação; a mesma pergunta na 3ª pessoa em vez de na 2ª e com *that* no lugar de *this* (14); várias mudanças de palavras, como em (15). Também aparece como o nome de um filme, como em (15) e (16); e com SN muito específico, como em (17).

(12) What's a nice girl like you doing in a place like this? (1974)
   'O que uma garota bonita como você está fazendo em um lugar como este?'

LÍNGUA, USO E COGNIÇÃO

(13) *Alice in Wonderland*, or What's a nice kid like you doing in a place like this? (1966)

'*Alice no País das Maravilhas*, ou O que uma criança bonita está fazendo em um lugar como este?'

(14) What's a nice girl like her doing in a place like that? (1978)

'O que uma menina bonita como ela está fazendo em um lugar como este?'

(15) What's a nice thing like you doing in show biz? (1967)

'O que uma coisa bonita como você está fazendo no show biz?'

(16) *What's a nice girl like you doing in a business like this?* (1969)

'O que uma garota bonita como você está fazendo em um negócio como este?'

(17) What's a nice girl like Annie Hall doing in a film like *Mr. Goodbar*? (1977)

'O que um garota bonita como Annie Hall está fazendo em um filme como *Mr. Goodbar*?'

Note-se que seu uso em (13) e (16), em títulos de filme, sugere uma convencionalização, já que as pessoas sempre escolhem expressões familiares ou variações delas como títulos para obras literárias ou cinematográficas. Essa expressão, portanto, é um exemplo específico da construção *WXYD?*, em que um exemplar se tornou convencionalizado.

O ponto importante dessa discussão é que novas construções surgem de exemplares específicos de velhas construções (Bybee, 2003b, 2006a). Esse fato nos diz muito sobre como novas construções surgem e também fornece evidência de que representações cognitivas da gramática incluem informação específica sobre contextos de uso de exemplares e seus significados e implicações nesses contextos.

Um argumento semelhante pode ser feito sobre a gramaticalização, o processo pelo qual itens lexicais dentro de construções se tornam morfemas gramaticais (Heine et al., 1991; Bybee et al., 1994; Hopper; Traugott, 2003). Na gramaticalização, não somente surgem novas construções a partir de construções já existentes mas também um passo adiante é dado, já que um item lexical na construção passa a ter *status* gramatical. Um exemplo recente na história do inglês é o desenvolvimento do marcador de futuro, *be going to*. Ele se desenvolveu de uma construção de finalidade significando "ir a algum lugar para fazer algo". É importante notar que usos de *go* ('ir') em outras construções não se gramaticalizam em futuro. Esse desenvolvimento somente ocorre quando *go* está no progressivo e é seguido por *to* mais um outro verbo. No tempo de Shakespeare, tal construção tinha significado literal. Era apenas um exemplar — mas o mais frequente — da construção de finalidade mais geral, exemplificada por estas sentenças de Shakespeare:

(18) Don Alphonso,

With other gentleman of good steem,

<u>Are journeying to</u> salute the emperor

And to commend their service to his will. (*Two Gentlemen of Verona*, I.3)

'Don Alphonso,

Com outros cavalheiros de boa estima,

Estão viajando para saudar o imperador

E para recomendar seus serviços à sua disposição'.

(19) ... the kings

and the princes, our kindred, <u>are going to</u> see the queen's picture.

(*The Winter's Tale*, V. 2)

'... os reis

e os príncipes, nossos parentes, estão indo ver a pintura da rainha'.

Note que, em (19), os sujeitos estão realmente se movendo no espaço. No inglês contemporâneo, *we're gonna see the queen's picture* ('nós vamos ver a pintura da rainha') pode ser interpretado simplesmente como uma previsão sobre o tempo futuro, como em uma situação na qual o quadro da rainha vai aparecer em uma tela de computador, caso em que se poderia dizer *we're going to see the queen's picture* ('nós vamos ver a pintura da rainha').

Quando a gramaticalização ocorre, a nova construção passa por muitas mudanças: redução fonética (*going to* se torna *gonna*) e mudança em significados e inferências, que expandem os contextos de uso da nova construção. O exemplo (20) exibe tanto o significado de intenção quanto de previsão, enquanto o exemplo (21) mostra a construção com um sujeito inanimado.

(20) They're going to get married next spring.

'Eles vão se casar na próxima primavera'.

(21) It's going to rain all day.
'Vai chover o dia todo'.

Para que essas mudanças se tornem permanentes, elas têm que ser registradas logo no início do exemplar que é a origem da nova construção. Isso implica que um exemplar de uma construção tem um vestígio de memória que permite identificar propriedades fonéticas, pragmáticas e semânticas específicas. Quando a nova construção se estabelece na gramática, ela perde gradualmente suas associações com a construção da qual surgiu, assim como com outras ocorrências de palavras ou morfemas que a contêm.

Um argumento importante para o modelo de rede descrito anteriormente é o fato de que a perda de conexões com outros itens ocorre gradativamente (ver capítulo 8). Seria muito difícil dizer, para o inglês atual, se *go* na perífrase de futuro é considerado pelos falantes um verdadeiro caso de *go*. Certamente, falantes letrados conhecem a origem etimológica do sintagma, mas é improvável que cada uso do sintagma ative outros casos de *go* ou de *go* em outras construções.

Finalmente, dado que os itens que são usados juntos e frequentemente são processados como uma unidade, podem ocorrer mudanças em constituência e categoria. Assim, *going to*, como a parte constante dessa construção, se tornou uma unidade não só fonologicamente, mas também sintaticamente. À medida que a construção adquire novas nuances de significado e perde seu sentido de movimento, o verbo seguinte é tomado como o verbo principal. Esse processo, conhecido como "reanálise", sob uma perspectiva baseada no uso, é visto como sendo gradual, isto é, consistindo de uma mudança gradual no feixe de exemplares (Haspelmath, 1998; ver capítulos 7 e 8).

2.6 Conclusão

Em qualquer nível da gramática, podem ser encontradas evidências para representações de memória enriquecida: o fato de que detalhes fonéticos específicos são parte do conhecimento do usuário da língua; a importância da frequência (registrada pela força do exemplar) para a estrutura e a mudança morfológica; e o fato de que casos de construções têm representações que podem ser acessadas para extensões analógicas ou para a criação de novas construções.

Uma vez que os exemplares fornecem um registro da experiência do falante com a língua, modelos que assumem exemplares como representações permitem a representação direta tanto da variação quanto da gradiência. Assim, a variação fonética, seja lexicalmente específica, seja generalizada sobre palavras ou sintagmas, é representada diretamente. Tal representação direta constitui um meio de implementação de mudança sonora gradual. Determinados exemplares e representação em rede e palavras morfologicamente complexas podem variar em frequência ou força de representação, e cada um pode ter seus próprios graus de composicionalidade e analisabilidade, dependendo de quão fortemente cada palavra é conectada a outras ocorrências de suas partes componentes. Na sintaxe, diferenças em frequência de exemplares específicos de construções podem levar à perda de composicionalidade e analisabilidade e à consequente criação gradual de uma nova construção. Outras implicações de representação por um feixe de exemplares para construções são discutidas nos capítulos subsequentes.

3

Chunking e graus de autonomia

3.1 Introdução

Em trabalhos anteriores, foquei a atenção no papel da repetição ou frequência na criação da estrutura linguística através da mudança linguística (ver Bybee, 2007). Todos os efeitos de frequência que identifiquei atuam em conjunto com mecanismos particulares de processamento. Neste capítulo e nos dois seguintes, eu examino os mecanismos de processamento cuja aplicação repetida dá forma à gramática, numa tentativa de descobrir as propriedades desses mecanismos. O objetivo, tanto quanto possível, é identificar os mecanismos de domínio geral que subjazem à linguagem. Esses mecanismos, juntamente com um modelo que assume exemplares de representação e organização linguística, podem facilmente representar as modificações em progresso do sistema linguístico que explicam seu padrão assim como sua variação sincrônica e mudança ao longo do tempo.

Por "processamento" me refiro às atividades envolvidas tanto na produção da mensagem como em sua decodificação. Assim, a discussão inclui, em princípio, o conjunto de mecanismos ou atividades cognitivos e neuromotores que são acionados na comunicação *on-line* e no armazenamento mental da língua. Minha hipótese é que o modo particular como esses mecanismos atuam determina diretamente os fatos sobre a natureza da língua.

Em especial, examinaremos a natureza do *chunking* e a consequente redução fonética de sequências repetidas bem como a manutenção e a perda de analisabilidade e composicionalidade nas expressões complexas devido aos efeitos da repetição. Também neste capítulo, consideramos, uma vez mais, o modo como o contexto imbui a construção linguística de significado, especialmente por meio de inferências que o ouvinte faz. No próximo capítulo, examinamos a analogia, que será definida como o uso de um item novo em uma construção existente, e categorização, a qual fornece o arcabouço de similaridade de que a analogia depende.

No capítulo anterior, discutimos a representação por um feixe de exemplares e redes de associações entre palavras e partes de palavras. Além das relações paradigmáticas discutidas, existem relações sintagmáticas entre sons, morfemas e palavras. Quando duas ou mais palavras são frequentemente usadas juntas, elas também desenvolvem uma relação sequencial, a qual estudaremos como *chunking* na próxima seção. A força das relações sequenciais é determinada pela frequência com que duas palavras aparecem juntas. Nas seções seguintes, discutimos o modo como o modelo que assume exemplares como representações e o modelo de rede nos ajuda a descrever e explicar fenômenos de *chunking*, incluindo redução fonética, desenvolvimento de autonomia em casos de frequência extremamente alta e as mudanças de significado originadas pelo uso da língua em contexto.

3.2 *Chunking*

A base cognitiva subjacente para a morfossintaxe e sua organização hierárquica é o *chunking* de experiências sequenciais, o qual se dá com a repetição (Miller, 1956; Newell, 1990; Haiman, 1994; Ellis, 1996; Bybee, 2002a). *Chunking* tem sido identificado como um processo que influencia todos os sistemas cognitivos, com base na organização geral da memória. Com afirma Newell (1990, p. 7),

> um *chunk* é uma unidade da organização da memória, criado pela união de um conjunto de *chunks* já formados na memória e fundidos em uma unidade

maior. *Chunking* implica a capacidade de construir tais estruturas recursivamente, levando, assim, a uma organização hierárquica da memória. *Chunking* parece ser uma propriedade onipresente da memória humana.

A principal experiência que aciona o *chunking* é a repetição. Se dois ou mais *chunks* menores ocorrem juntos com certa frequência, um *chunk* maior contendo os menores se forma. É uma propriedade tanto da produção quanto da percepção e contribui significativamente para a fluência e a desenvoltura nas duas modalidades. Quanto mais a sequência puder ser acessada junta, tanto mais fluente a execução, e a compreensão ocorrerá mais facilmente. Conforme veremos adiante, um dos efeitos do *chunking* na produção é a sobreposição e a redução de movimentos articulatórios. Na percepção e na decodificação, um efeito importante é a habilidade de antecipar o que vem depois.

Chunking é o processo por trás da formação e do uso de sequências de palavras formulaicas ou pré-fabricadas, como *take a break* ('dar um tempo'), *break a habit* ('perder a mania'), *pick and choose* ('escolher a dedo'), e também é o mecanismo primário que leva à formação de construções e de estrutura de constituinte (Bybee, 2002a). Note-se que a repetição é necessária, mas a frequência extremamente alta da experiência não o é. Foi demonstrado que *chunking* está sujeito à Lei do Poder da Prática (Anderson, 1982), que estipula que o desempenho melhora com a prática, mas a quantidade de aperfeiçoamento decresce como uma função de aumento da prática ou da frequência. Desse modo, quando um *chunking* ocorre após várias repetições, benefícios ou efeitos posteriores da repetição advêm muito mais lentamente.

Considera-se que o *chunking* ocorre tanto em adultos quanto em crianças. À medida que as pessoas ficam mais experientes, elas constroem *chunks* adicionais (Newell, 1990). Significa que *chunkings* grandes, como poemas e provérbios, podem ser armazenados na memória, assim como outras sequências que ocorrem na fala ou escrita ensaiada ou praticada. Na experiência geral, tanto quanto na língua, geralmente, quanto maior o *chunk,* menos frequentemente ele ocorrerá. A palavra simples *break* ('quebrar') é um item que ocorre mais frequentemente do que quaisquer das sequências maiores, *take a break* ('dar um tempo') e *break a habit* ('perder a mania'); *break a habit* ('perder a mania') provavelmente ocorre com mais frequência do que *break a bad habit* ('perder uma mania ruim'), e assim por diante. A maior frequência e coesão de *chunks* menores dentro de maiores é o que dá à língua sua estrutura hierárquica. A menor utilidade e, consequentemente, a menor frequência de sequências maiores torna a aprendizagem mais lenta depois que os *chunks* mais úteis foram adquiridos.

Embora os usuários da língua adquiram constantemente mais e maiores *chunks* linguísticos, não é o caso de que o processo de aquisição da língua, em geral, prossiga dos *chunks* de nível baixo para os de nível mais alto. Mesmo se as crianças começarem com palavras simples, as palavras em si são compostas de *chunks* menores (morfemas ou sequências fonéticas), que só mais tarde poderão ser analisadas pelo jovem usuário da língua. Além disso, as crianças podem adquirir sequências maiores de múltiplas palavras sem saber sua composição interna (Peters, 1983). O processo de aquisição nesses casos consiste da análise de tal *chunk* em unidades menores e uma crescente compreensão de quais partes do *chunk* são substituíveis ou modificáveis. Por exemplo, em vários estudos de Lieven e colaboradores, é demonstrado que muitos dos enunciados de crianças pequenas são inicialmente repetições literais de enunciados produzidos por adultos ou enunciados que as próprias crianças produziram. À medida que as crianças gradativamente aprendem a fazer substituições nas posições dessas sequências de múltiplas palavras, as sequências são gradualmente analisadas em suas partes componentes, possibilitando maior produtividade em seu uso (Pine; Lieven, 1993; Lieven et al., 1997; Dąbrowska; Lieven, 2005) (ver capítulo 4, seção 4.3, para discussão adicional dessa pesquisa).

Todos os tipos de expressões convencionalizadas, das pré-fabricadas às idiomáticas e às construções, podem ser considerados *chunks* para fins de processamento e análise. O rastreamento de exemplares e sua categorização, discutidos no capítulo 2, levam automaticamente à descoberta de sequências de palavras repetidas. Uma expressão com muitas palavras está convencionalizada se tiver sido estabelecida (tacitamente, através da repetição) como o modo apropriado de dizer algo em uma determinada comunidade (Pawley; Syder, 1983; Erman; Warren, 2000; Wray, 2002). Isso inclui expressões interativas, tais como *how are you?* ('como vai você?') e *I don't know* ('não sei'), *I don't think so* ('acho que não'), bem como *chunks* que são parte do conteúdo proposicional de enunciados, tais como *take a break* ('dar um tempo') e *pick and choose* ('escolher a dedo'). Expressões idiomáticas também são convencionalizadas e constituem um tipo mais específico de expressão pré-fabricada porque elas têm um significado não literal, geralmente um significado que depende de metáfora, metonímia ou hipérbole para sua interpretação (Nunberg; Sag; Wasow, 1994). Exemplos são *pull strings* ('mexer os pauzinhos'), *lend a hand* ('dar uma mão'), *raining cats and dogs* ('chovendo canivete'). A partir deste ponto, usarei o termo *"prefab"* (expressão pré-fabricada) para me referir a qualquer expressão constituída de muitas palavras. Estudos recentes têm enfatizado a difusão de tais expressões na fala e na escrita naturais. Erman e Warren (2000) descobriram que cerca de 55% das escolhas de palavras são pré-determinadas pelo aparecimento da palavra em um *prefab*.

O fato de uma expressão composta de várias palavras ser armazenada e processada como um *chunk* não significa que ela não tenha estrutura interna. Sua estrutura interna é baseada em associações formadas entre o *prefab* e outras ocorrências de palavras que aparecem no *prefab*, bem como associações entre o *prefab* e a construção mais geral da qual se originou. Assim, *lend a hand* ('dar uma mão') pertence ao feixe de exemplares de V-SN (verbos e seus objetos diretos), que dá conta de sua estrutura sintática, e também está associado com os feixes de exemplares para o verbo *lend* ('emprestar'), para o sintagma nominal *a hand* ('uma mão') e para o substantivo *hand* ('mão'). Embora a expressão *lend a hand* ('dar uma mão') seja relativamente fixa, as partes internas ainda são identificáveis, como evidenciado pela possibilidade de acrescentar modificadores, como em *lend a helping hand* ('dar uma mãozinha'), ou acrescentar um objeto indireto, como em *lend me a hand* ('me dar uma mão'). No caso das expressões idiomáticas, foi demonstrado que os usuários da língua mantêm uma interpretação literal baseada nos significados concretos do sintagma assim como a interpretação figurativa (Gibbs; O'Brien, 1990). A identificabilidade de partes internas em uma expressão, sua analisabilidade, será discutida na seção 3.4.

Conforme mencionado antes, o estatuto de um *chunk* na memória distribui-se num *continuum*. Certamente, palavras que nunca foram usadas juntas não constituem um *chunk*, mas, por outro lado, existe um *continuum* que vai de palavras que foram utilizadas juntas somente uma vez e bem recentemente, as quais vão constituir um *chunk* fraco, cujas partes internas são mais fortes do que o todo, até *chunks* mais frequentes, como *lend a hand* ('dar uma mão') e *pick and choose* ('escolher a dedo'), que são mais facilmente acessíveis como um todo, embora ainda mantenham ligações com suas partes. *Prefabs* podem ser representados como conexões sequenciais entre uma palavra e a próxima; conforme mencionado antes, tais conexões podem ter força variada, dependendo de sua frequência de coocorrência. Na extremidade de alta frequência do *continuum*, *chunks* como sintagmas em processo de gramaticalização ou marcadores discursivos realmente perdem sua estrutura interna e a identificabilidade de suas partes constituintes (ver seção 3.4.2 para discussão).

Conforme discutido no capítulo 2, construções são *chunks* linguísticos sequenciais convencionalmente usados juntos e que, às vezes, têm significados especiais ou outras propriedades. Sua convencionalização acontece por meio de repetição (Hayman, 1994). Tipicamente construções são parcialmente esquemáticas; elas vêm com algumas partes fixas e algumas posições que podem ser preenchidas com uma categoria de itens semanticamente definidos. Note-se que expressões idiomáticas, *prefabs* e construções demonstram que *chunks* não têm de ser contínuos — eles podem ser interrompidos por itens de classes abertas. Por exemplo, a construção *drive X mad* ('deixar X louco') pode ter um pronome na posição X — de fato, a palavra mais comum que ocorre aí é *me* ('me'). Contudo, também pode ocorrer um sintagma nominal pleno, como mostrado no capítulo 2, exemplos (1)-(8). Conforme mencionado antes, essa construção pode tomar uma variedade de adjetivos e sintagmas preposicionados na posição em que *mad* ('louco') ocorre. O critério para essa posição é semelhança semântica com os membros centrais, *mad* ('louco') e *crazy* ('maluco'). Essas propriedades cruciais das construções — o fato de que elas envolvem sequências de unidades e também têm ao menos uma categoria esquemática — indicam que a origem das construções é *chunking* mais categorização, ambos mecanismos cognitivos de domínio geral.

Como evidência de que *chunking* é o mecanismo por trás da formação de unidades complexas na língua, de *prefabs* a construções, consideramos, nas seções seguintes, tanto os efeitos fonéticos como as mudanças em analisabilidade e composicionalidade devidas ao *chunking*. Efeitos fonéticos de *chunking* e repetição serão discutidos na próxima seção. Veremos que, dentro de uma construção, alguns elementos são mais fundidos que outros, devido à sua frequência de coocorrência na construção. Efeitos fonéticos podem ser usados como um diagnóstico para a estruturação interna de construções.

3.3 O efeito redutor da frequência

3.3.1 Redução de palavras no contexto

Conforme discutido no capítulo 2, recentemente foi relatada evidência substancial de que a redução fonética ocorre mais cedo e em maior grau em palavras de alta frequência do que em palavras menos frequentes. Como observado nesse capítulo, se postularmos que a redução ocorre *on-line*, à medida que as palavras são usadas, então palavras que são usadas com mais frequência estão expostas a processos de redução com mais frequência e, portanto, sofrem mudança mais rapidamente. Além disso, deve-se notar que palavras que são usadas com mais frequência num contexto favorável à redução também sofrerão mais redução. Em geral, a tendência à redução é resultado de *chunking*: conforme as sequências de unidades são repetidas, os movimentos articulatórios usados tendem a reduzir e se sobrepor. Essa generalização se aplica aos movimentos articulatórios que contêm palavras, mas também a sequências de palavras. Desse modo, o exame posterior de dados relevantes mostrou que não é apenas a frequência da palavra que determina seu grau de redução, mas a frequência da palavra no ambiente redutor (Bybee, 2002b). Esses últimos achados são importantes para se entender como os exemplares de uma palavra interagem na categorização e no armazenamento. Ademais, a redução de palavras em contextos específicos fornece informação importante sobre as propriedades do material encadeado.

Estudar o modo como feixes de exemplares fonéticos para palavras mudam ao longo do tempo nos permite compreender a natureza da categorização por exemplares. Casos em que uma palavra ocorre tanto dentro quanto fora do ambiente condicionador da mudança são particularmente instrutivos. Por exemplo, a tendência em suprimir [t] e [d] em final de palavra no inglês norte-americano tem o potencial de criar duas variantes de palavras como *hand* ('mão'), *student* ('estudante'), *can't* ('não pode') etc., uma que ocorre antes de consoante e, assim, não tem [t] ou [d] final (p. ex. *hand me* é [hǽnmĩ]) e uma que ocorre antes de vogal, que preserva o [t] ou [d] (p. ex. *hand it...* [hǽndɪt]). Apesar do fato de que o condicionamento fonético é claro, algumas palavras tendem a apresentar mais ocorrências com a consoante, enquanto outras tendem a apresentar mais ocorrências sem a consoante, dependendo de qual ambiente é mais frequente para aquela palavra (Bybee, 2002b).

Considere, por exemplo, os verbos auxiliares negativos em inglês (ex. *don't, can't, aren't*), os quais têm uma alta probabilidade de supressão do [t] final — 86% antes de vogais e 84% antes de consoantes (em comparação com os números para todas as palavras — 37% antes de vogais e 59% antes de consoantes). Note-se que a supressão de [t] final nesse caso ocorre mesmo antes de vogais. Bybee (2002b) relata que a taxa mais alta de supressão não se deve somente à frequência de ocorrência dos verbos auxiliares, mas também é afetada pelo fato de que 80% dos verbos auxiliares no *corpus* ocorreram antes de palavras começando com consoantes (comparado a 64% do total). Em contraste, palavras lexicais terminadas em *-nt* ocorrem antes de consoantes apenas 42% das vezes. Sua taxa de supressão de [t] final é significativamente menor do que para os verbos auxiliares.

Os exemplares fonéticos mais frequentes em um feixe são mais fortes e, assim, mais prováveis de serem escolhidos para produção. O fato de que verbos auxiliares negativos ocorrem muito mais frequentemente antes de consoantes leva a feixes de exemplares em que a variante pré-consonantal é a mais forte; como resultado, essa variante tende a se espraiar por todas as posições. Logo, o exemplar para o verbo auxiliar negativo que não tem [t] final vai acabar ocorrendo mesmo antes de vogais. Note-se que a predominância do feixe pelo exemplar mais frequente, que então tem uma probabilidade mais alta de ser escolhido para produção, leva à tendência para as palavras se organizarem num âmbito compacto de variação ou numa categoria mais central (Pierrehumbert, 2003; Wedel, 2006).

Esses fatos salientam a importância de *chunkings* de múltiplas palavras para a redução fonética. Embora seja verdadeiro (conforme mencionamos no capítulo 2) que palavras de alta frequência se reduzam mais rapidamente que as de baixa frequência, não é a palavra fora de contexto que está realmente implementando a redução. Ao contrário, como a palavra aparece em sequência e forma *chunks*, a redução pode ser facilitada ou adiada pelos ambientes específicos em que ela ocorre no discurso contínuo.

3.3.2 Causas da redução

Na literatura recente, vários fatores têm sido invocados para explicar a distribuição da redução fonética. É importante examinar esses fatores e suas possíveis interações se nos esforçamos para determinar que mecanismos são responsáveis pela redução fonética e como esta interage com *chunking*. Os fatores identificados — frequência da palavra, frequência no contexto, previsibilidade pelas palavras adjacentes (a ser discutido a seguir) — revelam uma interação sutil entre acomodações *on-line* e mudanças nos feixes de exemplares armazenados; eles também fornecem evidência para o armazenamento de *chunks* como exemplares.

Lindblom (1990) apresenta uma teoria da variação fonética que faz referência a tendências competidoras que operam no falante: a tendência do sistema motor em direção à economia de esforço e às necessidades do ouvinte de discriminar os estímulos a fim de identificar itens lexicais e construções. O falante está sujeito a um princípio neuromotor geral que equilibra regulação de tempo *versus* grau de deslocamento de movimentos físicos de modo a tornar as ações mais econômicas. Assim, coarticulação ou sobreposição bem como redução facilitam a produção (Lindblom, 1990, p. 425). Os falantes têm algum grau de escolha (talvez não totalmente consciente sobre isso) e podem escolher permitir coarticulação e redução ou podem escolher suprimir esses processos dependendo das inferências feitas sobre o *status* do acesso do ouvinte à informação, assim como dos fatores associados à mensagem que o falante pretende transmitir — tais como a expressão de ênfase ou contraste. Isso é particularmente evidente em sintagmas frequentes como *I don't know/I dunno* ('não sei') (discutido adiante) ou *I'm going to/I'm gonna* ('eu vou'), que podem ser altamente reduzidos ou podem ocorrer em sua forma completa. (As variantes ortográficas não fazem justiça ao âmbito total de variação que é possível em tais sintagmas.) Entretanto, algum grau de escolha também caracteriza a variação fonética em palavras e sintagmas menos frequentes: Fowler e Housum (1987) mostram que a segunda repetição de uma palavra lexical em um discurso tende a ser mais curta em duração fonética do que a primeira ocorrência dessa mesma palavra.

Lindblom enfatiza que o sistema do ouvinte já está ativado, tanto por categorias da língua que estão presentes no sistema cognitivo do ouvinte quanto pelas propriedades do contexto linguístico e não linguístico em que o enunciado está encaixado. O falante, então, deve julgar quão acessíveis os itens lexicais, os sintagmas e as construções em uso serão para o ouvinte. Entre os fatores mencionados por Lindblom que afetam a acessibilidade estão a frequência da palavra e a frequência do entorno, com base no efeito bem conhecido de que palavras de alta frequência são reconhecidas mais rapidamente do que palavras de baixa frequência, e o efeito relatado de que palavras com menos vizinhos (vizinhos são palavras que são altamente semelhantes foneticamente) são reconhecidas mais rapidamente (Goldinger et al., 1989; Luce et al., 1990; Munson et al., 2004). Outros fatores serão mencionados a seguir. Se o falante julga as unidades do enunciado como altamente acessíveis ao ouvinte, então podem ocorrer redução articulatória e coarticulação; mas se as unidades são menos acessíveis segundo o julgamento do falante, então elas são articuladas mais cuidadosamente.

É importante observar que a redução e a coarticulação na teoria de Lindblom não são bem descritas por termos como "facilidade de articulação" ou "menor esforço": ao contrário, ele argumenta que tais mudanças *on-line* são uma forma de comportamento de baixo custo. Pode haver relações bastante delicadas de regulação de tempo (como em sintagmas tais como *didn't you*), mas o que é economizado é a quantidade de deslocamento ou ativação muscular. Browman e Goldstein (1992) e Mowrey e Pagliuca (1995) propõem caracterizações semelhantes: a redução da fala casual e a mudança sonora resultam da redução da magnitude de movimentos e do aumento na sobreposição temporal de movimentos consecutivos.

Jurafsky e colaboradores estão particularmente interessados nos fatores que facilitam a tarefa do ouvinte e, desse modo, permitem que o falante reduza o sinal em sua forma fonética mais explícita. Eles agrupam uma série de fatores distribucionais sob o rótulo de "previsibilidade". Isso inclui frequência da palavra, a probabilidade de uma palavra em função da palavra ou palavras precedentes ou seguintes, e a probabilidade de uma palavra com base no tópico da conversa (Gregory et al., 1999; Jurafsky et al., 2001; Jurafsky et al., 2002; Bell et al., 2003). Para palavras de conteúdo, os achados incluem supressão de [t] e [d] finais, associada à frequência da palavra (conforme encontrado em outros estudos, ver acima), e com informação mútua, que é a probabilidade de as duas palavras ocorrerem juntas, dada a frequência de ambas. *Flapping* de [t] e [d] em final de palavra é associado à informação mútua (Gregory et al., 1999). A duração da palavra é significativamente associada à sua previsibilidade em função da palavra seguinte (Bell et al., 2003). Jurafsky et al. (2002) mostram que muitos desses mesmos fatores afetam as palavras funcionais, levando à redução diferencial nessas palavras de acordo com as diferentes construções em que elas ocorrem.

A teoria de que a previsibilidade é a base da redução fonética enfatiza o monitoramento que o falante faz do estado da mente do ouvinte. Contudo, o funcionamento da previsibilidade no processamento *on-line* depende da tendência de que a redução articulatória esteja sempre atuando enquanto o falante está controlando (em grande parte inconsciente ou automaticamente) a quantidade de redução de acordo com as necessidades do ouvinte. Deve-se ter em mente, além disso, que os mesmos fatores que tornam o acesso mais fácil para o ouvinte também tornam o acesso mais fácil para o falante. Informação mútua e as outras medidas de relações de probabilidade condicional entre pares e trios de palavras medem a coesão relativa entre palavras em *prefabs* ou expressões de múltiplas palavras. A facilidade de processar uma sequência de palavras que foram previamente acessadas e, assim, deixaram um vestígio na memória pode responder por alguma redução fonética. Como a repetição é o maior fator no *chunking* e na prática que reduz o esforço neuromotor, a redução em *chunks* linguísticos previsíveis pode resultar de mecanismos que afetam o falante mais ainda do que aqueles que beneficiam o ouvinte. A teoria de Lindblom, o qual propõe uma competição entre fatores associados ao falante e aqueles associados ao ouvinte, é mais realística do que a teoria de Jurafsky e colaboradores, cujas medidas de previsibilidade visam considerar apenas a demanda por parte do ouvinte.

No entanto, mesmo levando-se em conta as demandas *on-line* do falante e do ouvinte, não é suficiente. A probabilidade de coocorrência entre palavras que contribui para a previsibilidade é resultado de *chunking*. O conhecimento de que uma sequência de palavras ocorreu junta previamente é representado em um modelo que assume exemplares como um exemplar que inclui a sequência total. Tais sequências podem ser mais fracas ou mais fortes dependendo de quão frequentemente elas foram usadas. A redução fonética pode ser estabelecida como parte da sequência de palavras.

Um argumento importante para *chunking* é que as variáveis de processamento mencionadas antes não são suficientes para explicar o alcance da mudança fonética que ocorre em sequências de palavras previsíveis, frequentes ou convencionalizadas. Para tomar um exemplo extremo, considere a redução de *don't* no sintagma *I don't know* ('não sei'). Bybee e Scheibman (1999) mostraram que *don't*, nesse sintagma, pode ter a vogal reduzida para *schwa*, assim como ter um *flap* inicial e ter um [t] final suprimido. Pode, inclusive, haver ocorrências em que [d] inicial é apagado. A extensão dessa redução provavelmente não se dá devido a processamento *on-line*, já que ela dificilmente afeta outras palavras semelhantes e não afeta, inclusive, instâncias de *don't* em sintagmas menos frequentes, como *I don't inhale* ('eu não respiro') ou *what if they don't go for your fantasy?* ('e daí se sua fantasia não os atrai?'). O fato de que essa redução "especial" constitui uma continuação da redução mais comum encontrada para todo o grupo na redução *on-line* sugere um efeito cumulativo da redução *on-line*. Desse modo, o encurtamento de [d] para um *flap* tem como ponto final natural a supressão completa de [d]; o encurtamento e redução da vogal, se continuado, levaria a um *schwa*. A redução especial, então, é a acumulação de efeitos redutores na representação da memória da palavra ou do sintagma. *I don't know* ('não sei') é um sintagma muito frequente e, além do mais, é usado como marcador discursivo, cujo sentido literal é de pouca relevância (Scheibman, 2000). No modelo discutido anteriormente, em que mais repetições expõem o material fonético a mais redução, a redução extrema de *I don't know* ('não sei') deve-se a uma representação armazenada que mudou, a qual constitui um tipo de registro de reduções prévias *on-line*.

Mesmo em casos em que a frequência não é tão alta, temos evidência de que a mudança na representação ocorre devido à redução que acontece no contexto de fala contínua. Lembre-se do exemplo da supressão de [t] em verbos auxiliares negativos mencionado anteriomente. Outro exemplo é encontrado em Brown (2004), que estuda a redução de [h] de início de sílaba, incluindo [s] em início de palavra, no espanhol do Novo México. Os contextos fonéticos que favorecem a redução são vogais não altas precedentes e seguintes, conforme mostrado em (1) e (2). A taxa total de redução em início de palavra é de apenas 16%.

(1) Provável de reduzir:
     no sabíamos 'não sabíamos'   la señora 'a senhora'
(2) Improvável de reduzir:
     el señor 'o senhor'   su suegra '3s.poss.sogra'

Para [s] em início de palavra, o ambiente fonético seguinte é sempre o mesmo, mas o precedente muda no contexto. Brown descobriu uma diferença significativa na redução de [s] em início de palavra quando se considera quão frequentemente a palavra ocorreu em um ambiente favorecedor. Por exemplo, compare *señor* ('senhor') e *señora* ('senhora'). A última palavra ocorre frequentemente depois de uma vogal baixa, uma vez que ocorre depois dos artigos definidos e indefinidos, que terminam em *a* no feminino: *la señora* ('a senhora'), *una señora* ('uma senhora'), e isso condiciona a mudança de [s] para [h]. Contudo, os artigos masculinos são *el* ('o') e *un* ('um'), ambos terminados em consoantes e, assim, não condicionam a redução. Então, quando *señor* ('senhor') ocorre em um ambiente favorecedor, como em *no señor* ('não senhor'), é muito menos provável que a redução ocorra do que se *señora* ('senhora') ocorrer no mesmo ambiente. É muito mais provável que os falantes digam *no heñora* do que *no heñor*.

A Tabela 3.1 é de Brown (2004, p. 103). FCF significa "frequência em contexto favorável". Todas as palavras foram avaliadas por essa medida com base em seu contexto no *corpus*. Na Tabela 3.1, as palavras estão divididas entre aquelas que ocorreram menos do que 50% do tempo em um contexto favorável (FCF < 50) e aquelas que ocorreram mais do que 50% do tempo em um contexto favorável (FCF > 50). A Tabela 3.1 mostra que palavras com FCF alto tiveram mais redução quando ocorreram em contextos favoráveis do que palavras com FCF mais baixo.

Tabela 3.1 Taxas de redução do [s] em início de palavra para palavras com ambiente fonológico favorável e desfavorável com FCF baixo e alto (Brown, 2004, p. 103)

	FCF < 50	FCF > 50
Ambiente fonológico precedente favorável	35/403 = 9%	267/741 = 36%
Ambiente fonológico precedente desfavorável	33/686 = 5%	19/344 = 6%

Favorável: $p = 0,0000$, Qui-quadrado = 100,4769; Desfavorável: $p = 0,6222$, Qui-quadrado = 0,242809

Essa redução, portanto, não é apenas sensível às necessidades do ouvinte, como a hipótese da previsibilidade sugeriria, mas às experiências prévias do falante. Já que *señora* ('senhora') ocorre frequentemente no ambiente redutor, os exemplares reduzidos para essa palavra são muito mais fortes do que para *señor* ('senhor') e, assim, são mais provavelmente escolhidos para produção. De maneira interessante, não é apenas o contexto fonético corrente que afeta a forma fonética da palavra, mas também os outros contextos em que a palavra geralmente aparece. Logo, apesar do fato de que a palavra ocorre dentro de um *chunk* na memória, ela tem um efeito no feixe geral de exemplares para a palavra. Isso sustenta o ponto levantado antes: de que muito embora *chunks* sejam estocados como unidades, suas palavras constituintes ainda estão estreitamente relacionadas aos feixes gerais de exemplares para essas palavras.

Não se nega com isso a importância de fatores *on-line* no momento da fala: conforme mencionado antes, foi demonstrado que a segunda ocorrência de uma palavra em uma unidade de discurso é geralmente mais curta do que a primeira ocorrência (Fowler; Housum, 1987). Esse encurtamento poderia ser atribuído tanto à facilidade de acesso por falante e ouvinte (devido a *priming*)[1] ou a um efeito de prática local. Em qualquer caso, é específico ao discurso. De modo semelhante, os efeitos de previsibilidade descobertos por Jurafsky et al. são o ímpeto original para a redução fonética que cria novos exemplares de uma palavra ou sintagma. Além disso, a posição da palavra

---

1. *Priming* se refere ao processo pelo qual uma unidade linguística pode ser acessada mais rapidamente se precedida por outra com a qual partilhe características semânticas, fonológicas ou morfológicas. [N. T.]

ou sintagma na cadeia linguística e onde a proeminência prosódica ocorre são importantes: alongamento de material acentuado e alongamento de material que ocorre antes de uma pausa são comumente observados e agem contra a redução fonética. Contudo, meu ponto aqui é que a extensão da redução de uma palavra não é determinada somente por fatores *on-line* no momento da fala, mas também pela história de uso da palavra. A redução acontecerá em sintagmas frequentes, como *la señora* ('a senhora'), mas também no feixe geral de exemplares para a palavra, de modo que a variante reduzida aparecerá em qualquer lugar, também. Assim, alguns dos efeitos de previsibilidade encontrados por Jurafsky e colaboradores podem ser reconhecidos pela presença da palavra redutora dentro de um *chunk*. Concluímos, então, que *chunking* que resulta em *prefabs* beneficia o falante tanto quanto o ouvinte e acelera a redução fonética. Desse modo, argumentei que tanto demandas *on-line* do falante e do ouvinte como mudanças na representação armazenada afetam a amplitude em que palavras são reduzidas ou não na produção.

3.3.3 Redução diferencial em chunks de alta frequência

Uma outra fonte de evidência para a importância da frequência de coocorrência na fusão articulatória de elementos pode ser encontrada na redução diferencial em *chunks* de acordo com quão frequentemente as subpartes ocorrem juntas. Por exemplo, a fusão de *going to* em *gonna* [gənə] deve-se ao fato de que essa sequência é invariável no sintagma em gramaticalização *be going to*. As formas de *be* se fundem com o sujeito do mesmo modo que fazem em outras instâncias da construção Progressiva.

Em nosso estudo da redução de *don't* no inglês norte-americano, descobrimos que o grau de coesão entre *don't* e a palavra precedente *versus* a palavra seguinte poderia ser previsto pela frequência de sua coocorrência (Bybee; Scheibman, 1999; Bybee, 2001a). A redução da vogal de *don't* é mais dependente do sujeito do que do verbo seguinte. A redução ocorre apenas com *I* ('eu') (e, em um caso de nossos dados, com *why* ['por que']), mas ocorre com uma variedade de verbos: *know* ('saber'), *think* ('achar'), *have (to)* ('ter que/de'), *want* ('querer'), *like* ('gostar'), *mean* ('significar'), *care* ('importar-se') e *feel* ('sentir'). Além do mais, a supressão do *flap* ocorre somente com *I* ('eu'), mas com uma variedade de verbos: *know* ('saber'), *think* ('achar'), *like* ('gostar'), *mean* ('significar') e *feel* ('sentir') nesse *corpus*.

A Tabela 3.2 mostra que, no pequeno *corpus* de conversação que examinamos, houve 88 casos de *I don't* e um total de apenas 14 tipos ocupando a posição de sujeito. Quanto à posição depois de *don't*, há 30 tipos distintos, e *know* ('saber') ocorre 39 vezes. Portanto, a frequência de *don't know* ('não sabe') é menor que a frequência de *I don't*.

Tabela 3.2   Número de itens precedendo e seguindo *don't* (Bybee, 2001a, p. 163)

Precedendo *don't*	Ocorrências	Tipos	Seguindo *don't*	Ocorrências	Tipos
I ('eu')	88		*know* ('sei')	39	
todos	138	14	todos	124	30

Como evidência adicional para a coesão de unidades baseada na frequência de coocorrência, descobrimos que um advérbio entre o sujeito e *don't* bloqueia a redução da vogal, conforme visto nos exemplos (3), mas um advérbio entre *don't* e o verbo não a bloqueia, como no exemplo (4).

(3)   I really don't think so.
      'Eu realmente acho que não'.
      I also don't know anyone who's tried it.
      'Eu também não conheço ninguém que tentou isso'.
(4)   I don't even know if I was that hungry.
      'Eu nem sei se estava assim tão faminta'.

Assim, mesmo dentro de *chunks*, encontramos graus variáveis de coesão ou constituência, baseados na frequência da cadeia das unidades.

Nesta seção, portanto, examinamos a evidência para *chunking* da perspectiva da mudança fonética. Geralmente, a fonética não é considerada um diagnóstico para a estrutura sintática, mas já que nosso argumento aqui é que agrupamentos sintáticos surgem por meio de *chunking*, a mudança fonética pode servir como um importante diagnóstico para as unidades de processamento que os falantes usam. Como parte do argumento, examinamos as causas da redução fonética, baseando nossa discussão na teoria de Lindblom, que leva em conta as acomodações que o falante faz para o ouvinte, e acrescentamos a isso a descoberta de que mudanças permanentes acontecem nas representações cognitivas das formas fonéticas das palavras devido aos contextos em que elas ocorrem. Passamos, agora, para uma discussão do efeito de *chunking* sobre a estrutura e o significado.

3.3.4 Autonomia: a estrutura e o significado de chunks

Alguns dos efeitos de *chunking* são bastante sutis: um pequeno ajuste fonético, a maioria dos quais, variável; leves aumentos possíveis na velocidade de acesso; e reconhecimento pelos falantes de que certas combinações são convencionais. Entretanto, com frequência crescente, outras mudanças mais dramáticas ocorrem em *chunks*. Estas incluem mudanças na estrutura morfossintática, mudanças em nuances e funções pragmáticas e mudança na semântica. Nesta seção, discutimos essas mudanças e os mecanismos que as causam à medida que a frequência de uso aumenta.

Na discussão a seguir, distinguimos composicionalidade semântica de analisabilidade (Langacker, 1987; Croft; Cruse, 2004). Embora essas duas propriedades das expressões linguísticas sejam estreitamente relacionadas, ganhamos uma compreensão mais ampla de como as expressões linguísticas podem variar se as distinguimos. Ambos os parâmetros são gradientes.

A composicionalidade é uma medida semântica e se refere ao grau de previsibilidade do sentido do todo a partir do sentido das partes que o compõem (Langacker, 1987). Palavras derivadas podem ser composicionais ou não; compare *hopeful* ('esperançoso'), *careful* ('cuidadoso') e *watchful* ('atento'), que têm significados bem previsíveis com base nos significados da base nominal e do sufixo, com *awful* ('horrível') e *wonderful* ('maravilhoso'), que são menos composicionais, já que *awful* indica uma avaliação negativa não presente no nome *awe* ('admiração'), e *wonderful* indica uma avaliação positiva não necessariamente presente em *wonder* ('surpresa'). De modo semelhante, construções especiais são frequentemente identificadas pela sua falta de composicionalidade *vis-à-vis* à construção da qual elas surgiram. Por exemplo, conforme discutido no capítulo 2, a ambiguidade da famosa pergunta *What's that fly doing in my soup?* ('O que essa mosca está fazendo na minha sopa?') está entre a leitura mais composicional, para a qual a resposta é *I believe that's the backstroke* ('Eu acho que este é o nado de costas'), e a interpretação especial da construção *WXDY?* (Fillmore; Kay, 1999), em que a questão é tomada como uma expressão retórica de surpresa e talvez também de desaprovação. Esta última é menos composicional do que a primeira.

A analisabilidade, de acordo com Langacker (1987, p. 292) é "o reconhecimento da contribuição que cada componente dá à conceitualização composta". A analisabilidade incluiria o reconhecimento do usuário da língua das palavras e morfemas individuais de uma expressão assim como de sua estrutura morfossintática. Essa medida também é gradiente e se relacionaria ao âmbito em que as partes de uma expressão ativam as representações dessa parte. Conforme notamos no capítulo 2, uma expressão idiomática como *pull strings* ('mexer os pauzinhos') não é totalmente composicional porque tem um sentido metafórico, mas é analisável, no sentido de que um falante do inglês reconhece as palavras que a compõem, bem como seus significados e relações umas com as outras, e talvez ele ative tudo isso na interpretação da expressão idiomática. Da mesma maneira, compostos como *air conditioning* ('ar condicionado') ou *pipe cleaner* ('limpador de cachimbo') são analisáveis porque reconhecemos as palavras que os compõem; contudo, como é bem sabido, a interpretação de compostos é altamente dependente do contexto e, portanto, eles não são totalmente composicionais (Downing, 1977).

Os exemplos mostram que a composicionalidade pode ser perdida, enquanto a analisabilidade é mantida, indicando que as duas medidas são

LÍNGUA, USO E COGNIÇÃO 81

independentes. Embora pareça improvável que a composicionalidade possa ser mantida na ausência de analisabilidade, há alguns exemplos possíveis, apesar de raros, no supletivismo flexional. Dado que membros de paradigmas flexionais expressam o mesmo sentido gramatical com cada raiz lexical, formas supletivas (em que o supletivismo é definido de modo tradicional como uma forma que tem uma raiz etimológica diferente da dos outros membros de um paradigma) são composicionais embora não analisáveis. Assim, as formas de tempo passado do inglês *was* ('era'), *were* ('eram') e *went* ('foi') são previsíveis em seus significados como *be* + passado (para as duas primeiras) e *go* + passado, mas suas *formas* não são analisáveis. É importante notar aqui que o verdadeiro supletivismo na flexão geralmente afeta apenas os paradigmas mais frequentes. As seções seguintes exploram o papel da repetição na perda de analisibilidade e composicionalidade.

3.4 Efeitos da frequência e mudança morfossintática

3.4.1 Mudanças na analisabilidade morfossintática e na composicionalidade semântica

Hay (2001, 2002) discute o efeito da frequência relativa sobre palavras morfologicamente complexas. Frequência relativa refere-se à frequência de uma palavra complexa comparada à base que ela contém. Em geral, a palavra mais complexa ou derivada é menos frequente que a base mais simples da qual ela deriva, conforme a teoria das relações de marcação preveria. Assim, *entice* ('seduzir') é mais frequente do que *enticement* ('sedução'); *eternal* ('eterno') é mais frequente do que *eternally* ('eternamente'); *top* ('topo') é mais frequente do que *topless* ('sem topo'). Entretanto, também há casos em que o contrário é verdadeiro: *diagonally* ('diagonalmente') é mais frequente do que *diagonal* ('diagonal'); *abasement* ('humilhação') é mais frequente do que *abase* ('humilhar'); e *frequently* ('frequentemente') é mais frequente do que *frequent* ('frequente'). Hay demonstra, através de vários experimentos, que as palavras derivadas que são mais frequentes do que suas bases são menos composicionais ou menos semanticamente transparentes do que palavras complexas que são menos frequentes do que suas bases. Hay pediu aos sujeitos de sua pesquisa para comparar duas palavras — uma que era mais frequente do que sua base e uma que era menos frequente — e decidir qual era mais "complexa". Ela explicou que "complexa" significava divisível em partes significativas — o que chamaríamos de "analisável". Tanto para as formas sufixadas quanto prefixadas, os sujeitos avaliaram as palavras que eram mais frequentes do que as bases que elas continham como menos complexas do que as palavras que eram menos frequentes do que suas bases.

Em um segundo experimento, ela examinou o grau de transparência semântica de palavras de acordo com sua frequência em relação a suas bases. Para esse experimento, ela consultou entradas de dicionários para palavras complexas; se a entrada usava a palavra base para explicar a palavra derivada, ela era considerada mais transparente. Se a entrada não usava a palavra base, era considerada menos transparente. Por exemplo, para *dishorn* ('tirar o chifre') a entrada do dicionário encontrada era *to deprive of horns* ('privar de chifres'), mas para *dislocate* ('deslocar') a definição cita *displacement* ('deslocamento' ou 'colocar algo fora de lugar') e não usa a palavra *locate* ('colocar em determinado lugar'). Os resultados mostram que, de fato, as palavras complexas que são mais frequentes do que suas bases têm menos transparência semântica sob essa medida.

Hay mostra que frequência de ocorrência simples não se correlaciona com os resultados de seus experimentos, conforme Bybee (1985) preveria. Em Bybee (1985), propus que perda de analisabilidade e transparência semântica eram resultado da frequência de ocorrência da palavra derivada. Hay aperfeiçoou esse argumento mostrando que o fator relevante é frequência relativa, ao menos nos níveis de frequência que ela estudou. Minha suspeita é que, em frequências de ocorrência extremamente altas, perda de analisabilidade e transparência ocorrerão independentemente de frequência relativa. Nos domínios morfossintáticos, por exemplo, um sintagma em gramaticalização que mudou em significado e em pragmática e perdeu alguma estrutura interna não tem de ser mais frequente do que suas palavras componentes. *Have to* ('ter de') e suas formas flexionadas (com significado de obrigação) são muito menos frequentes do que *have* (em outras construções) e suas formas flexionadas, conforme demonstrado na Tabela 3.3, com contagens do *British National Corpus*, e ainda assim sofreu mudança semântica (para expressar obrigação), perdeu analisabilidade e passou por redução fonética especial (para [hæftə]).

Tabela 3.3 Frequências de formas de *have* ('ter') e *have to* ('ter de') no BNC

have ('ter')	418.175	*have to* ('ter de')	43.238
has ('tem')	247.008	*has to* ('tem de')	9.859
had ('tinha/teve')	394.458	*had to* ('tinha/teve de')	26.748

Esses fatos, contudo, não diminuem os achados de Hay para palavras menos frequentes; mais importante, os processos cognitivos que Hay identifica são relevantes para nossa compreensão do que acontece com *chunks* à medida que sua frequência aumenta.

Quando um falante ou ouvinte processa uma palavra morfologicamente complexa, o âmbito em que as partes componentes são ativadas pode variar. Em um extremo, a palavra complexa pode ser baseada diretamente em seus morfemas componentes, especialmente se ela é pouco conhecida, desse modo ativando as partes completamente. Ou seria possível acessar a palavra complexa mais diretamente como uma simples unidade, enquanto ainda se ativam os morfemas que a compõem. No outro extremo, a palavra complexa poderia ser acessada sem ativar os morfemas componentes, o que seria o caso se a analisabilidade tivesse se perdido para essa palavra. Dado que a ativação é gradiente e associações entre partes de palavras em um modelo de rede também são gradientes, há muitos graus de ativação possíveis. Hay está defendendo que quanto maior a frequência da palavra complexa em relação à base lexical, maior a probabilidade de que ela seja acessada sem uma ativação total da base.

À medida que uma palavra complexa é usada, sua autonomia aumenta, tornando o acesso mais eficiente, do mesmo modo que no *chunking*. Tão logo a palavra mais complexa ou sequência de palavras tenha sido construída e entrado na memória, ela fica disponível para acesso. Hay propõe que cada caso de acesso direto da unidade complexa fortalece esse caminho de acesso e enfraquece o acesso através das partes componentes, ao mesmo tempo em que enfraquece as relações com essas partes e provoca perda gradual de analisabilidade.

Obviamente, tudo isso acontece fora do contexto controlado do experimento, onde outros fatores tornam-se importantes. Conforme Bybee (1985) aponta, as palavras derivadas tornam-se mais frequentes porque são usadas em muitos contextos, incluindo aqueles em que a palavra básica não poderia ser usada. A analisabilidade é mantida nos contextos em que a palavra base também é ativada e é perdida onde a base não é ativada. O mesmo se aplicaria à composicionalidade. Mudanças semânticas e pragmáticas que reduzem a composicionalidade são ajudadas por frequência ou repetição, mas sua origem está nos contextos em que a unidade é usada.

Para sumarizar essa discussão, Hay apresentou evidência de que a analisabilidade e a composicionalidade são afetadas pelo uso da língua: quanto mais uma sequência de morfemas ou palavras é usada junta, mais forte a sequência se torna como uma unidade e será menos associada a suas partes componentes. A perda de associações com partes componentes leva à autonomia crescente (Bybee; Brewer, 1980), que é o tópico da próxima seção.

3.4.2 Autonomia crescente

Já observamos que a grande maioria das unidades complexas, incluindo as palavras derivadas e sequências de palavras convencionalizadas, tais como *prefabs* e expressões idiomáticas, mantém sua estrutura interna e suas relações com os outros usos das partes que as compõem. No modelo de rede de Bybee (1985), assim como na abordagem de Hay (2001, 2002), essas relações, que compreendem analisabilidade e composicionalidade, podem ser de forças variáveis e podem até ser completamente perdidas. A perda é particularmente provável em casos de extremo aumento de frequência, quando unidades complexas podem tornar-se autônomas de suas origens, perdendo estrutura interna e significado transparente. Assim, a autonomia será definida de modo gradiente, como a perda de composicionalidade ou de analisabilidade ou de ambas. Três mecanismos operam juntos ou separadamente para criar autonomia: acesso direto repetido às sequências complexas, redução fonética e associações pragmáticas que surgem nos contextos de uso.

O fato de que podemos documentar graus de autonomia que surgem independentemente de cada um desses mecanismos assim como casos em que dois ou três trabalham juntos significa que a autonomia é uma propriedade emergente das unidades linguísticas. Os exemplos seguintes distinguem os três mecanismos para demonstrar sua independência. Também examinamos casos em que todos os três mecanismos operam juntos, criando, no extremo mais autônomo da escala, gramaticalização.

A redução fonética pode ocorrer sem qualquer perda de composicionalidade semântica, conforme demonstrado por contrações como *I'm*, *you're*, *he'll*, *I'll*, *you'll* e assim por diante. Essas contrações são todas semanticamente transparentes e algumas têm estrutura interna clara. Sendo equivalente em sintaxe e semântica a suas partes não contraídas, elas são autônomas no sentido de que sua redução fonética é mais extrema do que seria se condicionada por processos comuns que operam no discurso conectado. Logo, é bem provável que elas sejam acessadas diretamente, e não compostas a partir de duas partes. De modo semelhante, a redução da vogal em *don't* para *schwa* junto com o *flap* das consoantes inicial e final somente ocorre em cadeias de alta frequência. Em *I don't know* ('eu não sei'), também há mudança pragmática, mas em outras combinações, como *I don't like* ('eu não gosto'), *I don't mean* ('eu não quero dizer') e *I don't feel* ('eu não sinto'), a mudança fonética não é acompanhada por mudanças pragmáticas (Bybee; Scheibman, 1999).

De modo inverso, mudanças semânticas/pragmáticas devido a uso frequente em contextos particulares podem ocorrer na ausência de redução fonética especial. Por exemplo, a construção *andar* + gerúndio do espanhol tornou-se uma variante menor do progressivo. No processo de gramaticalização, a construção se moveu do significado "andar X+ndo" para "estar

X+ndo". Assim, os exemplos (5) e (6) mostram usos progressivos dessa construção (Torres Cacoullos, 2000):

(5) Yo no sabía por qué andaba buscando el día de San Juan.
'Eu não sabia por que andava procurando o dia de San Juan [no calendário]'.

(6) Ahorita *andan trabajando* en las pizcas y allá andan.
'Agora mesmo andam trabalhando nas colheitas e lá estão'.

A despeito das mudanças semânticas que ocorreram nessa construção, muito pouca redução fonética é discernível, demonstrando, como no exemplo anterior, que mudança fonética e mudança semântica são processos separados. Mudança semântica sem redução fonética parece ser característica da gramaticalização nas línguas do sudeste da Ásia, por exemplo (Bisang, 2004).

De fato, mudança semântica com pouca ou nenhuma mudança fonética é bem comum e ocorre na criação de novas construções, como na construção *WXDY?*, mencionada anteriormente, assim como mudanças em itens lexicais, como *indeed* ('de fato'). Traugott e Dasher (2002) discutem as mudanças no sintagma *in dede* > *indeed*. Alguma analisabilidade é retida nessa expressão, porque podemos (talvez) reconhecer as duas palavras que formam a expressão. Originariamente significando "em ato", como na expressão *in word and deed* ('em palavra e atos'), ela veio a significar "em verdade" pela inferência de que aquilo que é observado como um ato deve ser verdadeiro. Mais recentemente, ela ganhou uma função aditiva, usada no discurso meramente para adicionar mais informação (exemplo do BCN):

(7) A biography is not a monograph, and, *indeed*, there are biographies of painters which do little justice to art.
'Uma biografia não é uma monografia e, de fato, há biografias de pintores que não fazem justiça à arte'.

Muito embora o antigo sintagma preposicional seja agora escrito como uma palavra, a redução fonética é muito pouco, se o é, aparente.

O terceiro mecanismo que leva à autonomia — acesso direto repetido — provavelmente está envolvido em todos os exemplos anteriores. Nossa questão agora é se a autonomia devido a acesso direto repetido pode ocorrer sem os outros tipos de mudanças. Quando uma expressão atinge frequência alta, é mais difícil encontrar exemplos sem redução fonética ou mudança semântica, mas os exemplos usados em uma proposta anterior do conceito de autonomia em Bybee e Brewer (1980) parecem mostrar o efeito de acesso direto sem outros efeitos.

Bybee e Brewer examinaram paradigmas verbais nos dialetos espanhol e provençal. Os paradigmas de Pretéritos nessas línguas relacionadas perderam, por meio de mudanças sonoras regulares, toda marca consistente de Pretérito, pois cada pessoa/número tem sua própria expressão desse significado aspectual.[2] Algumas das formas de pessoa/número foram refeitas com base em outras, as quais reestabeleceram uma certa analisabilidade. Desse modo, a primeira do singular *canté* ('cantei') e a primeira do plural *cantámos* ('cantamos') exibem pouco em comum que possa estabelecê-las como Pretérito, mas alguns dialetos reformaram o plural com base no singular, produzindo *cantemos* ('cantamos'). Há uma variedade expressiva de mudanças que ocorre nos diversos dialetos documentados da Espanha e da Provença, mas em nenhum deles a forma de terceira do singular mudou. Como a terceira pessoa do singular é a forma de pessoa/número mais frequente, sua estabilidade é indicativa de sua autonomia, o que, nesse caso, deve-se apenas a acesso direto e não a qualquer irregularidade fonética ou semântica. Em defesa da gradiência da autonomia, pode-se notar que a primeira pessoa do singular também permanece inalterada na maioria das vezes. Assim, autonomia relativa devido a acesso direto repetido (e força lexical) é o fator por trás do Efeito de Conservação da Frequência.[3]

A autonomia e os mecanismos que operam para criá-la estão altamente correlacionados com a frequência de ocorrência. Quando a frequência de ocorrência aumenta, a probabilidade de redução fonética especial, de mudança semântica/pragmática e de autonomia em geral também aumenta. Isso

---

2. Aqui e em qualquer lugar, nomes de formas específicos à língua, como Pretérito, serão grafados com uma letra maiúscula inicial. Termos para categorias de significado definidas translinguisticamente, como perfectivo, aparecerão com inicial minúscula.

3. Em outro lugar, descrevi a autonomia como a versão extrema do Efeito de Conservação. Espero que colocar a relação de outro modo não crie confusão.

não significa que a frequência CAUSA redução fonética, ou mudanças de significado, apenas que a repetição é um fator importante na implementação dessas mudanças. Para a redução fonética, a repetição da tendência para redução leva à mudança de feixes de exemplares, conforme explicado antes; para mudanças semânticas ou pragmáticas, a repetição de certos contextos leva a novas associações da expressão com um sentido, como será discutido mais adiante. Até mesmo a autonomia no sentido de acesso direto é criada pela frequência de uso justamente porque o cérebro humano ajusta-se a acesso repetido pela criação de atalhos.

Na morfologia derivacional e em palavras compostas, há muitos casos de autonomia no sentido de que a analisabilidade e a composicionalidade se perderam. Assim, palavras derivadas como *disease* ('doença'), *business* ('atividade', 'negócio') e *breakfast* ('café da manhã') foram dissociadas de suas bases etimológicas por meio de mudanças semânticas e fonéticas. Na gramaticalização, também há casos de completa autonomia, conforme veremos na próxima seção.

3.4.3 Gramaticalização

Nos casos de aumentos de frequência extremos, como na gramaticalização, encontramos os mais extremos casos de autonomia, em que a composicionalidade e a analisabilidade perderam-se completamente (Bybee, 2003b). Deve-se notar, no entanto, que certo grau de analisabilidade permanece no processo de gramaticalização.

Discutimos e explicamos a gramaticalização mais profundamente no capítulo 6, mas por enquanto é suficiente notar que, na gramaticalização, um caso específico de uma construção adquire novos usos, ganha em frequência, sofre mudança fonética e semântica e, por isso, começa a perder sua composicionalidade e analisabilidade. Por exemplo, o Perfeito do inglês (*have done* ['tinha feito']) tem sua origem em um verbo de posse (*have* ['ter']) em uma construção resultativa com um Particípio Passado modificando um nome objeto (Traugott, 1972; Bybee et al., 1994; Carey, 1994). Um exemplo moderno da construção que deu surgimento ao Perfeito seria *He has the letter written* ('Ele tem a carta escrita'). Essa sentença contrasta com a sentença no Presente Perfeito *He has written the letter* ('Ele tem escrito a carta'). O Presente Perfeito com *have* também é usado agora em sentenças intransitivas (em que anteriormente o verbo auxiliar em sentenças intransitivas era *be*). Desse modo, temos *he has just arrived* ('ele acabou de chegar') no Presente Perfeito (Smith, 2001).

O significado da construção não é composicional no sentido de que não se pode operar estritamente do possessivo *have* e do significado do particípio para se chegar ao sentido anterior de um evento passado com relevância atual. Enquanto o sistema de escrita do inglês deixa claro que *have* está envolvido na construção, ao menos alguma analisabilidade se perdeu, conforme se evidencia pelo fato de que *have* como um verbo auxiliar no Perfeito sofre contração com o sujeito, dando *I've, he's, they've, you've*, ao passo que o possessivo *have* não se contrai no inglês norte-americano. Além disso, o verbo auxiliar *have* é seguido pela negativa *not* e se contrai com ela, enquanto o possessivo não. Assim, temos *he hasn't written the letter* ('ele não escreveu a carta') *versus he doesn't have a pen* ('ele não tem uma caneta') (ver capítulo 6 para uma discussão detalhada de gramaticalização).

Outro exemplo de redução fonética diferencial apontando para perda de analisabilidade é encontrado na construção *be going to* em processo de gramaticalização no inglês. Como é bem sabido, essa construção se reduz para algo falado como *gonna*, em que o antigo alativo ou marcador de infinitivo se funde com o particípio antecedente. A evidência de que a analisabilidade dessa sequência está se perdendo é o fato de que *going* seguido pela preposição *to* ('para'), como em *I'm going to the shop* ('eu estou indo para a loja'), não se reduz.

Outro tipo de evidência para a perda de composicionalidade e analisabilidade na gramaticalização pode ser encontrado nas sequências de verbos auxiliares *would have* ('teria'), *could have* ('poderia ter'), *should have* ('deveria ter') e *might have* ('poderia ter') (Boyland, 1996). Essas sequências de verbo modal mais o verbo auxiliar *have* são seguidas por um Particípio Passado e composicionalmente ou etimologicamente são modais passados mais o Perfeito. Contudo, o significado corrente dessas sequências é contrafactual, um significado que não é composicional. Dada a contração fonética de *have* nessas sequências comuns, a analisabilidade da sequência é posta em dúvida, conforme evidenciado pela escrita errada de *would have* como *would of*, e assim por diante.

Até mesmo graus baixos de gramaticalização podem fornecer evidência para a perda de composicionalidade e analisabilidade. A esse respeito, a expressão *far be it from me to* + VERB ('longe de mim + VERBO') é interessante, já que a manutenção da forma de subjuntivo de *be* muito tempo depois que esse modo desapareceu em outros ambientes indica uma perda de composicionalidade. Veja os exemplos (8) e (9). Quanto à analisabilidade, os falantes certamente reconhecem todas as palavras na expressão, mas há evidência de que as relações entre as palavras não são sempre captadas. Note que, nos 19 exemplos dessa construção que ocorrem no BNC, o objeto de *from* ('de') é sempre primeira pessoa; há 16 exemplos de *me* ('mim') e três de *us* ('nos'). É, assim, um recurso discursivo que o falante usa para negar certa atitude. Enquanto para alguns a relação entre *far* ('longe') e *from* ('de') pode ser bastante transparente, é interessante que sete dos exemplos no BNC têm a preposição *for* em vez do historicamente correto *from*. Veja os exemplos (10) e (11):

(8) *Far be it from me to* stand in the path of true love.
'Longe de mim ficar no caminho do amor verdadeiro'.

(9) *Far be it from us to* condone tax evasion.
'Longe de nós perdoar a evasão de imposto'.

(10) But *far be it for us to* shed crocodile tears over bruised egos.
'Mas longe de nós derramar lágrimas de crocodilo sobre egos feridos'.

(11) That would be a good move —; but *far be it for me to* advise the Prime Minister on that point.
'Isso seria um bom lance —; mas longe de mim advertir o Primeiro-Ministro sobre esse ponto'.

Essa mudança de preposição sugere que a analisabilidade da expressão *far from* ('longe de') se perdeu. Visto que a expressão tem um uso intersubjetivo e se refere explicitamente à atitude do falante, aparentemente os sintagmas *for me* e *for us* parecem apropriados para alguns falantes (*for me* ocorreu seis vezes e *for us*, uma).

3.4.4 Autonomia e modelo de rede com exemplares

Sintagmas usados frequentemente podem ser processados como unidades simples, conforme notamos em nossa discussão sobre *chunking*. Isso significa que, em vez de acessar cada unidade separadamente e depois colocá-las em uma construção, uma sequência inteira é acessada de uma só vez. Não quer dizer que as partes não são identificáveis, mas o acesso repetido como um todo contribui para o enfraquecimento de sua identificabilidade e, assim, da analisabilidade e/ou composicionalidade da expressão ou construção inteira. A mudança fonética adicional obscurece as partes individuais da expressão. Uso em contexto pode afetar significados e inferências, e mudanças de significado levam à perda de composicionalidade.

Já discutimos o modo como a mudança fonética é representada em um modelo que toma exemplares como representações; a mudança semântica/pragmática é representada de modo similar. Num modelo que assume exemplares como representações, os enunciados usados têm uma representação enriquecida que inclui muitos aspectos do contexto linguístico e extralinguístico em que o enunciado foi empregado. Conforme o enunciado ou outros semelhantes a ele são repetidos, certos aspectos do contexto são reforçados, ao passo que outros não são. Como veremos na próxima seção, inferências feitas frequentemente a partir do contexto podem tornar-se parte do significado da expressão ou construção. Isso sugere que não há uma divisão clara entre os aspectos do significado que são derivados do contexto e os que são inerentes ao item lexical ou construção.

À medida que as representações se desenvolvem condicionadas a certos contextos, uma palavra ou expressão pode começar a enfraquecer suas conexões com palavras e expressões relacionadas. Isso se deve, em parte, ao acesso direto, mas também à correspondência por similaridade que ocorre na categorização. Quando partes de uma expressão não se parecem mais em significado ou forma com suas bases etimológicas, a força dessas conexões diminui.

Em nossa discussão sobre autonomia crescente, identificamos redução fonética e mudança semântica/pragmática como fatores colaboradores. Como mencionado, ambas são mais prováveis de ocorrer em itens de alta frequência. Também mencionamos o acesso direto como um fator que diminui a associação de um sintagma com as palavras que o compõem. De certo modo, podemos considerar que a autonomia é um processo que se autoalimenta porque sintagmas frequentes são fáceis de acessar e, portanto, continuam a ser frequentes ou até aumentam de frequência. *That drives me crazy* ('isso me deixa maluco') é mais provável de ser usado do que *that makes me insane* ('isso me faz insano') por essa razão.

Finalmente, devemos considerar se os decréscimos em autonomia também são possíveis. Conforme apontado por Hay, um fator que restringe o desenvolvimento da autonomia é a frequência da palavra de base, ou, no caso de sintagmas, das palavras componentes. Pode haver alguns casos em que uma frequência mais baixa ou decrescente de uma forma complexa faz com que ela se torne mais analisável ou composicional.

3.5 Sentido e inferência

Nas teorias estruturalista e gerativista, se elas trataram do significado de algum modo, os morfemas gramaticais e as construções em que eles ocorrem são tomados como tendo um significado abstrato, invariável, que é modulado no contexto.[4] Embora seja certamente verdadeiro que o significado gramatical é geralmente abstrato e geral por natureza, não se segue como um princípio teórico que cada morfema ou construção tenha somente um significado invariável. Ao contrário, parece mais realista assumir que o

---

4. Estudos que buscam um significado invariável para morfemas gramaticais são numerosos demais para citar exaustivamente. Alguns exemplos mais antigos são Jakobson (1966), Diver (1964), Steele (1975), Waugh (1975), Langacker (1978); mais recentemente, Reid (1991), Goldsmith e Woisetschlaeger (1982) e, na tradição da gramática de construção, Michaelis (2006).

significado de formas e construções está envolvido em uma relevante interação do específico com o geral. Por exemplo, na gramaticalização, vemos significados se generalizar e se tornar mais abstratos, ao passo que alguns significados ou funções específicos são retidos.

Uma visão de gramática que emerge da categorização de experiências específicas com a língua sugeriria, também, que a categorização que leva a uma compreensão do significado gramatical não resulta em categorias clássicas de condições necessárias e suficientes. Ao contrário, uma visão de significado que é consistente com o que é conhecido sobre categorização de objetos linguísticos e naturais proporia que há alguns usos de construções gramaticais que são mais centrais na categorização semântica e alguns que são mais periféricos. De fato, considerando o modo como as categorias se desenvolvem, não seria surpreendente descobrir que uma categoria se dividiu em duas, dados certos contextos de uso. Desse modo, a insistência em um único significado invariável para cada categoria da gramática (construção, morfema gramatical) é antitético à representação por um feixe de exemplares e às representações cognitivas dinâmicas que emergem da experiência com o uso da língua em contexto.

No capítulo 10, examinarei em maior detalhe o modo como a gramaticalização de significado nos dá evidência sobre a natureza da categorização que resulta em significado gramatical, mas por enquanto gostaria de mencionar brevemente a evidência que sustenta uma visão exemplar do significado. Minha proposta é que um significado mais abstrato emerge, mas não necessariamente é uma consequência da categorização dos usos de uma palavra ou construção em contexto. Considere primeiro o fato de que muitas vezes a identificação de um significado invariável não é factível. Alguns exemplos do inglês, os quais podem ser replicados translinguisticamente, incluem o fato de que o marcador de futuro *will*, que tem um significado de pura previsão em muitos contextos (12), também tem usos de intenção, como em (13), e usos de voluntariedade, como em (14). Os exemplos são de Coates (1983).

(12) I think the bulk of this year's students *will* go into industry.
  'Eu acho que a maior parte dos alunos desse ano *irá* para a indústria'.

(13) I'*ll* put them in the post today.

'Eu os coloca*rei* no correio hoje'.

(14) I don't think the bibliography should suffer because we can't find a publisher who *will* do the whole thing.

'Eu não acho que a bibliografia deva sofrer porque nós não podemos encontrar um editor que fa*rá* a coisa toda'.

Já que um significado invariável tem que ter o significado mais abstrato disponível, os significados mais específicos teriam de ser derivados dos mais abstratos, em uma reversão da relação diacrônica usual. Quanto ao problema que tal hipótese coloca, considere como se pode tentar derivar o significado de voluntariedade de (14) do significado de previsão mostrado em (12). Com que se poderia contar, no contexto, para fornecer tal significado?

Outra questão é que significado invariável poderíamos propor para o uso de *may* ('poder') na língua falada, o qual inclui um uso epistêmico (15) e um uso de permissão (16)? O uso de possibilidade de raiz (17), que, por hipótese, os uniu em uma época, quase desapareceu na língua falada (Bybee, 1988b).

(15) I *may* be a few minutes late, but I don't know.

'Eu *posso* estar alguns minutos atrasado, mas eu não sei'.

(16) *May* I read your message?

'*Posso* ler sua mensagem?'.

I will wander along to your loo, if I *may*.

'Eu irei com você até seu toalete, se eu *puder*'.

(17) I am afraid this is the bank's final word. I tell you this so that you *may* make arrangements elsewhere if you are able.

'Temo que essa seja a palavra final do banco. Digo isso para que você *possa* tomar providências em outro lugar, se você for capaz'.

Considere também o uso de Passado em prótases hipotéticas de sentenças condicionais, como em (18) e (19) (exemplos do BNC).

(18) If very few people *turned* up then perhaps people might say that we didn't go around go about advertising it in the correct way.

'Se muito poucas pessoas *aparecessem*, então talvez as pessoas pudessem dizer que nós não circulamos anunciando-o do modo correto'.

(19) If your animal *needed*, your pet *needed* treatment it would be done by the private vets.

'Se seu animal *precisasse*, seu animal de estimação *precisasse* de tratamento, seria feito por veterinários particulares'.

Unir o uso hipotético de Passado com seu uso mais comum, que sinaliza uma situação que ocorreu antes do evento de fala, requer um significado muito abstrato, como "agora não" (ver Steele, 1975; Langacker, 1987). O problema é que, no uso do tempo passado, não há tal significado abstrato, mas sim o significado mais específico de passado.

Há vários cenários diacrônicos que levam aos significados desarticulados do mesmo morfema e ao uso mais específico ou ao mais abstrato, mas nenhum desses desenvolvimentos poderia ocorrer se os falantes estivessem limitados a um único significado abstrato para cada morfema. O desenvolvimento diacrônico que causa a polissemia nesses morfemas é discutido nos capítulos 6 e 10.

Como significados invariáveis são propostos, eles ainda têm que ser modulados no contexto. Grande parte das propostas para significado invariável assume que tais avaliações ocorrem *on-line* (Michaelis, 2006). Em um modelo de exemplares, as combinações de significado em enunciados reais são registradas na memória e, se repetidas, tornam-se convencionalizadas como interpretações possíveis. De fato, inferências repetidas feitas em contexto tornam-se parte do significado de uma palavra ou construção e induzem seu uso em novos contextos (Bybee, 1988b; Traugott, 1989; Traugott; Dasher, 2002; cf. também a Lei da Contiguidade, James, 1950; Ellis, 1996, p. 110). Desse modo, uma representação enriquecida do significado que inclui as inferências que foram feitas durante o uso é necessária para explicar as mudanças de significado comuns que ocorrem em contexto.

Considere o verbo auxiliar de futuro *will*, que se desenvolveu de um verbo com o significado de "querer". No inglês médio, *will* ainda era frequentemente usado em contextos indicando intenção, como ainda o é (ver exemplo 20). Os exemplos de intenção são particularmente comuns com um sujeito de primeira pessoa, mas eles também ocorrem com terceira pessoa, como em (20). Nesse caso, contudo, a expressão de uma intenção de uma terceira pessoa implica uma previsão de que o predicado será realizado. Por meio de tais implicações, a construção com *will* ganha o significado de previsão. Ela é, então, estendida para uso em previsões não ambíguas, como (21) e (22).

(20) As soon as he gets a house she *will* leave home.

'Assim que ele conseguir uma casa, ela sai*rá* de casa'.

(21) And I think her husband *will* probably die before she *will*.

'E eu acho que seu marido provavelmente morre*rá* antes dela'.

(22) Yeah. You better go otherwise she *will* be annoyed!

'Sim. É melhor que você vá ou ela fica*rá* aborrecida!'.

A polissemia ilustrada aqui para *will* e *may* se desenvolveu diacronicamente de um significado lexical mais rico, que foi modulado em contexto; as inferências frequentes feitas em contexto foram registradas na memória e se tornaram convencionalizadas como parte do significado do verbo auxiliar. Esse processo não seria possível se os falantes e ouvintes atribuíssem sempre um significado invariável a uma forma gramatical.

Os significados desenvolvidos para uso na língua surgem porque o significado é sempre situado no contexto. O contexto é determinado social e cognitivamente. É importante perceber que nossa experiência do mundo físico e nossas relações sociais não são nem uniformes nem planas; não é apenas um ou dois espaços conceituais dimensionais. É muito mais variado em sua topologia. Há algumas situações que são mais importantes e surgem mais frequentemente e são referidas com maior frequência do que outras. Certas situações são convencionais, tais como pedir permissão, expressar incerteza, pedir às pessoas para fazer algo. O tempo também não é bidimensional em nossa experiência; nem ele é vivido ou relatado independentemente da modalidade, epistêmica e orientada para o agente. Logo, a simplificação de conceitos temporais ou modais em dimensões abstratas, binárias provavelmente, não produz um sistema que seja suficientemente estabelecido ou dinâmico para dar conta do uso ou da mudança da língua. Na verdade, eu argumento, no capítulo 10, que somente uma análise que considere os usos concretos aos quais a língua serve será capaz de explicar tanto as semelhanças quanto as diferenças entre as línguas.

3.6 Conclusão

Nossa discussão explorou amplamente a fonética, a morfossintaxe e a semântica, porque *chunking* e aumento gradual de autonomia têm efeitos em todos os níveis da gramática. Ao ilustrar como um modelo exemplar, em conjunto com representações em rede, permite variação, gradiência e mudança, também enfatizamos a proposta de que o processo de domínio geral de *chunking* é responsável por muitas características da estrutura linguística, incluindo as seguintes:

(i) formação de unidades de muitas palavras, como *prefabs*, expressões idiomáticas e construções;

(ii) efeitos fonéticos dentro de tais unidades;

(iii) manutenção ou perda de analisabilidade e composicionalidade;

(iv) agrupamento de significado com construções morfossintáticas particulares e com o contexto, que mantém significados específicos para contextos específicos e também possibilita que novos significados sejam estabelecidos por meio de inferência a partir do contexto.

Nos capítulos 5 e 8, veremos como os graus de analisabilidade, composicionalidade e autonomia levam a uma visão da estrutura de constituintes como gradiente e capaz de mudança gradual.

4

Analogia e similaridade

4.1 Analogia e similaridade no processamento de novos enunciados

Até agora discutimos *chunks* sequenciais de material linguístico que são armazenados e acessados como um todo. Também mencionamos a gradiência nas associações sequenciais que dependem da frequência com que ocorre uma transição particular dentro da sequência. Construções são formadas por *chunking*, porém seus constituintes não são invariáveis: construções possuem posições esquemáticas que compreendem conjuntos de itens que são estocados em categorias. Vimos, anteriormente, como tais categorias dentro de construções são formadas a partir da experiência em um modelo que assume exemplares como representações. No capítulo 5, diremos mais sobre o que foi descoberto nas investigações empíricas sobre a natureza dessas categorias, mas por enquanto precisamos considerar que tipo de mecanismo de processamento permite que as posições esquemáticas nas construções sejam usadas produtivamente — isto é, com novos itens lexicais — e, consequentemente, cresçam e mudem.

Uma fonte importante de criatividade e produtividade na língua que permite a expressão de novos conceitos e a descrição de novas situações é a habilidade de expandir as posições esquemáticas nas construções, para preenchê-las com novos itens lexicais, sintagmas ou outras construções. Evidência significativa indica que esse processo se refere a conjuntos específicos de itens que foram previamente usados e armazenados na memória. Muitos pesquisadores usaram o termo "analogia" para se referir ao uso de um novo item em um padrão existente, com base em exemplares específicos armazenados (Skousen, 1898; Eddington, 2000; Baayen, 2003; Boas, 2003; Krott; Baayen; Schreuder, 2001; Bybee; Eddington, 2006). Considera-se que a analogia contrasta com produtividade governada por regra porque ela se baseia fortemente em similaridade com itens existentes, e não em regras simbólicas mais gerais. No presente contexto — o da gramática de construção baseada no uso — usarei o termo deste modo bem geral: analogia se refere ao processo pelo qual o usuário passa a usar um novo item numa construção. Dada a especificidade das construções e o modo como elas são formadas por meio da experiência com a língua, a probabilidade e a aceitabilidade de um novo item são gradientes e se baseiam na extensão de similaridade com usos antigos da construção.

A definição aqui adotada se aplica ao nível morfossintático, como, por exemplo, quando um novo enunciado como *that drives me bananas* ('isso me deixa um banana') é criado usando-se a construção discutida no capítulo 2. Um caso comparável no nível morfológico ocorre quando uma forma regular como *leaped* ('pulado') é criada usando-se a construção geral em *-ed* de tempo Passado. No nível fonológico, poderíamos citar como exemplo a pronúncia *nucular* para *nuclear* ('nuclear'), que é muito provavelmente baseada na força da cadeia subvocabular *-ular*, como em *popular* ('popular'), *regular* ('regular') ou, até mesmo mais especificamente, *binocular* ('binocular').

Neste capítulo, discutiremos a natureza do processamento analógico e a evidência para a extensão de construções específica ao item. Apesar de estarmos mais interessados aqui na analogia como um mecanismo de processamento, também ganhamos importante compreensão ao explorar seu papel na mudança linguística e na aquisição da linguagem pela criança. Para os linguistas, a analogia é frequentemente pensada como o mecanismo por trás da regularização morfológica, mas aqui também observamos seu uso como mecanismo primário de criatividade morfossintática, assim como mecanismo menor de mudança fonológica.

4.2 Analogia como um processo de domínio geral

A caracterização da analogia como processo de domínio geral chama atenção para semelhanças estruturais em dois domínios diferentes, apesar das diferenças nos objetos que constituem esses domínios (Gentner, 1983). Manuais de linguística histórica geralmente citam analogias proporcionais como as seguintes (ver Trask, 2007):

(1)   talk : talked :: leap : leaped[1]
      'falar : falado :: pular : pulado'

Um exemplo não linguístico citado por Gentner e Markman (1997) ilustra que é a relação com os objetos que é transferida e esta é independente das propriedades dos objetos:

(2)   1 : 3 :: 3 : 9

Desse modo, em (2) o numeral "3" aparece em dois lugares, mas isso é totalmente secundário no que diz respeito à relação estrutural.

Apesar do aparente sucesso de (1) em descrever de que modo uma forma nova como *leaped* ('pulado') surgiu (para substituir a antiga *leapt*), é muito duvidoso que as analogias linguísticas sejam normalmente desse tipo. Primeiro, uma analogia proporcional requer que o usuário da língua evoque três formas e as compare para produzir uma nova forma. É muito mais provável que uma nova forma como *leaped* seja produzida pela evocação da construção geral de tempo Passado do inglês e seja aplicada a uma forma

---

1. Um exemplo dessa proporção em português brasileiro seria: beber : bebido :: escrever : escrevido. [N. T.]

que anteriormente tinha um tempo Passado irregular (Bybee; Moder, 1983; ver seção 5). Segundo, e mais importante, a natureza dos objetos envolvidos na analogia não é absolutamente arbitrária. A maioria das formações analógicas na língua se baseia em semelhança semântica ou fonológica com formas existentes. Assim, um novo enunciado *drives me happy* ('me deixa feliz') é muito improvável porque a construção com *drives* combina com adjetivos e sintagmas que indicam loucura ou insanidade. De modo semelhante, um novo verbo que entra na classe de tempos passados de *strung* ('amarrado', 'enfileirado') tem de ter alguma similaridade fonológica com os outros verbos dessa classe; então, um novo tempo de Passado para *dip* ('mergulhar'), como *dup*, seria altamente improvável (ver adiante, seção 4.5). Finalmente, uma analogia proporcional de quatro partes implica que um único par poderia influenciar um outro par; no entanto, na analogia morfológica, são muito raros os casos em que há apenas uma ocorrência de um padrão que atrai uma outra ocorrência (Bybee, 2001a).

Gentner e Markman (1997) discutem a relação entre similaridade e analogia, argumentando que há um contínuo entre as duas.

> *Analogia* ocorre quando comparações exibem um alto grau de similaridade relacional com muito pouca similaridade de atributo. À medida que a quantidade de similaridade aumenta, a comparação muda em direção à similaridade literal. (p. 48)

Por causa da importância de similaridade ou atributos compartilhados para a analogia linguística, temos que concluir que ela raramente é do tipo puramente proporcional. Por essa razão, a definição que usei antes, a saber, "o processo pelo qual um falante passa a usar um novo item em uma construção", parece adaptar-se melhor ao uso do termo na literatura linguística atual.[2] Deve-se notar, contudo, que o uso de um novo item em uma construção exige muito conhecimento relacional ou alinhamento estrutural (Boas, 2003), ambos pré-requisitos para analogia (Gentner; Markman, 1997).

---

2. Tomasello (2003) usa o termo "analogia" para se referir ao processo pelo qual abstrações gramaticais de ordem mais alta, como as categorias "nome" e "verbo", são formadas por crianças pequenas. O autor se referiria à criação de uma categoria em uma construção como esquematização.

4.3 Similaridade com enunciados prévios

Muitos estudos recentes têm demonstrado a importância da similaridade com enunciados prévios ou partes de enunciados na produção de novas expressões. Isso foi mostrado em estudos de *corpus* (Boas, 2003; Bybee; Eddington, 2006), na mudança linguística (Israel, 1996; Bybee, 2003b), na linguagem infantil (Lieven et al., 1997; Tomasello, 2003) e em experimentos (Krott; Baayen; Schreuder, 2001). Além disso, foi demonstrado que julgamentos do grau de aceitabilidade de novas expressões estão fortemente baseados na similaridade com sequências frequentes e convencionalizadas (Bybee; Eddington, 2006).[3] Nossos enunciados cotidianos contêm muitas sequências de palavras organizadas em torno de convencionalizações prévias. Tais fatos, que serão revistos adiante, constituem argumentos poderosos para a representação exemplar das experiências linguísticas.

Antes de examinar novos enunciados mais de perto, é importante assinalar que muitos deles não são novos ou, ao menos, contêm partes que não são totalmente novas. No contexto de asserções sobre a capacidade criativa infinita da habilidade linguística humana e o fato aparente de que os humanos podem expressar qualquer conceito pela linguagem, a constatação de que nossos enunciados reais contêm muitas sequências de palavras pré-embaladas é um tanto surpreendente. Estudos de *corpus*, como o de Erman e Warren (2000), têm mostrado que, mesmo em contagens muito conservadoras, cerca de 55% das escolhas de palavra não são "livres", mas sim determinadas por um *chunk* maior, ou *prefab* (unidade pré-fabricada). Outros estudos produziram resultados semelhantes (ver Pawley; Syder, 1983 e Wray, 2002, para discussão).

Considere as duas sentenças seguintes do *corpus* Switchboard, nas quais eu sublinhei o que considero ser *prefabs*, com um espaço entre eles.[4] As

---

3. Reações a sentenças "garden-path" potenciais também estão sujeitas à influência de experiências prévias de sequências de palavras (Jurafsky, 1996).

Sentenças "garden-path" são usadas em psicolinguística para ilustrar o fato de que, quando os humanos leem, eles processam uma palavra de cada vez. [N. T.]

4. Obviamente, há vários modos pelos quais um segmento de discurso poderia ser dividido em *prefabs*.

LÍNGUA, USO E COGNIÇÃO

duas sentenças têm trinta e cinco palavras ao todo, mas apenas vinte escolhas são feitas se cada *prefab* é considerado uma escolha "única", ou seja, um *chunk* único que é acessado como uma unidade do estoque cognitivo.[5]

(3) I mean I can remember when I was
     very young, much + young + er, and I
     applied for a job
     they said, well, are + n't + you planning to
     have children? Well, I mean,
     that's none of + their + business.
     'Quer dizer, eu posso me lembrar quando eu era
     muito jovem, muito + mais + jovem, e eu
     me candidatei a um emprego
     eles disseram, bem, você + não + está planejando
     ter filhos? Bem, quer dizer,
     isso não é da + conta + deles'.

20 escolhas, 35 palavras, 25 palavras em *prefabs*

Outros exemplos de *prefabs* incluem os *chunks* discutidos antes, sintagmas convencionalizados, como os sintagmas resultativos (*drive crazy* ['deixar maluco'], *tear apart* ['separar com força', 'rasgar'], *wipe clean* ['esfregar até limpar'], e *suck dry* ['sugar até secar'] [Boas, 2003]), itens associados (*black and blue* ['preto e azul'], *bread and butter* ['pão e manteiga'], *pick and choose* ['escolher a dedo'] etc.), combinações de verbo--partícula ou verbo-preposição (*look up* ['procurar'], *think about* ['considerar', 'pensar a respeito']) e muitas, muitas outras (ver Erman; Warren, 2000; Wray, 2002).

Prefabs são convencionais no sentido de que foram estabelecidos por meio de repetição no uso, mas não precisam ser de alta frequência. Assim

---

5. Pode haver variação entre falantes na atribuição de palavras a *prefabs* ou *prefabs* podem sobrepor-se de maneiras que não são mostradas aqui. Por exemplo, *when a was younger* ('quando eu era mais jovem') pode ser um *prefab* que se sobrepõe a *I can remember when* ('eu posso me lembrar quando'). Para evidência sobre a natureza de pré-fabricado do último, ver capítulo 9.

como podemos aprender uma palavra nova com apenas algumas poucas repetições (algumas vezes, para falantes nativos, com somente uma exposição), assim também podemos registrar um *prefab* após usar somente uma ou duas ocorrências.

Voltemos agora a novos enunciados. Apesar do forte uso de *prefabs* tanto na fala quanto na escrita, novos enunciados também ocorrem, alguns com alta similaridade com *prefabs* existentes e alguns mais remotos. É isso que dota a língua com sua tão proclamada criatividade. Então, nossa questão é: como exatamente os falantes usam a língua criativamente? A resposta a ser explorada aqui é que novos enunciados se baseiam firmemente em enunciados anteriores. Foi demonstrado que isso se dá nos estágios iniciais da aquisição da linguagem (Lieven et al., 1997; Dąbrowska; Lieven, 2005; ver adiante), e também constitui uma explicação bem plausível da produção adulta de novos enunciados, nos níveis que vão da morfologia à sintaxe.

Primeiro, há considerável evidência no nível da morfologia de que formações novas se baseiam fortemente na similaridade com exemplares existentes (Bybee; Moder, 1983; Köpcke, 1988; Aske, 1990; Eddington, 2000; Baayen, 2003). Bybee e Moder (1983) estudaram a pequena classe de verbos do inglês que formam seu tempo Passado como em *sing/sang/sung* ('cantar/cantei/cantado') ou *string/strung* ('amarrar/amarrei, amarrado') e descobriram que semelhança fonológica com membros de classes existentes influencia fortemente novas formações. Assim, em um experimento, verbos inventados que tinham uma nasal velar final foram muito mais flexionados na forma de tempo Passado com as vogais [æ] ou [ʌ] do que formas novas terminadas em outras consoantes. Isso reflete o fato de que 11 de 25 verbos nas classes *sing* ('cantar') e *string* ('amarrar') terminam por nasal velar. Contudo, uma combinação de consoantes finais não limita pertencimento à classe. Novas extensões do padrão são encontradas em verbos que terminam em [ŋk] e também em verbos que terminam em uma velar (não nasal), como *strike/struck* ('bater/batido'), *stick/stuck* ('fixar/fixado'), *dig/dug* ('cavar/cavado') e, comumente, mas não totalmente padrão, *drag/drug* ('arrastar/arrastado'). Não há extensões novas desse padrão, exceto para verbos que terminam em velar. Note, além disso, que um [s] ou [s] mais uma consoante também são fatores que contribuem. Treze dos verbos dessas classes começam com [s] ou [ʃ]. Logo, não são apenas as consoantes finais que determinam pertencimento, mas a forma fonológica de todo o verbo (ver seção 4.5 para discussão detalhada).

Outros estudos que demonstram a influência de similaridade com a estrutura fonológica de palavras existentes são estudos do acento tônico do espanhol feitos por Aske (1990), com base no Modelo Analógico da Linguagem, de Eddington (2000), e estudos de fonotática, de Pierrehumbert (1994), Coleman e Pierrehumbert (1997) e Vitevich et al. (1997), entre outros.

Um caso que nos leva além da similaridade fonológica é um estudo da ligação entre elementos nos nomes compostos do holandês, de Krott, Baayen e Schreuder (2001). Há três possibilidades: nenhum elemento de ligação, um morfema -en- ou um morfema -s-. Parece não ser possível formular regras para prever que elemento ocorre em um dado composto, contudo a composição é totalmente produtiva, e os falantes exibem um alto grau de concordância sobre que elemento ocorre em novos compostos. Os autores mostram, por experimentos, que os falantes estão comparando novos compostos a outros existentes para estabelecer o elemento de ligação para os novos. O fator mais importante é a palavra à esquerda ou a palavra modificadora do composto. Por exemplo, se a palavra modificadora é *lam* ('cordeiro') e a maioria dos compostos com *lam* recebe -s-, então um novo composto com *lam* também tem -s-. Se a palavra modificadora ocorre em compostos com uma variedade de elementos de ligação (como, por exemplo, *schaap-en-bout* ['perna de carneiro'], *schaap-ø-herder* ['pastor de ovelhas'], *schaap-s-kooi* ['curral de ovelhas'], *schaap-en-vlees* ['carne de carneiro']), então as escolhas são pesadas em termos de quantos tipos usam cada elemento de ligação (ver também Baayen, 2003). A palavra à direita, ou núcleo, também tem algum efeito, mas experimentos mostram que seu efeito é um tanto menor do que o da palavra modificadora. Para dar conta das respostas dos sujeitos da pesquisa, Krott et al. argumentam a favor de representações por exemplares para os compostos; quando diante da necessidade de inventar um novo composto, a família de compostos que compartilha a primeira palavra é ativada e usada como modelo para formar o novo composto. Baayen

(2003) observa que o modelo analógico usado pode ser considerado como uma formalização do modelo de rede que propus em vários trabalhos (Bybee, 1985, 1995, 2001a). Nesse modelo, como mencionado antes, entradas que compartilham traços fonéticos e semânticos são altamente conectadas dependendo do grau de similaridade. Assim, em tal rede, todos os compostos que compartilham palavras já seriam conectados no armazenamento, tornando a aplicação do processo analógico mais direta.

O problema encontrado na elaboração total de tais modelos, no entanto, está em especificar os traços relevantes com base nos quais a semelhança é medida. Este é um problema empírico premente. Precisamos perguntar: por que as consoantes finais dos verbos *strung* ('amarrado') são mais importantes do que as iniciais? Por que o primeiro membro dos compostos em holandês é mais importante do que o segundo membro? Algumas respostas possíveis para essas questões são: no caso dos verbos *strung* ('amarrado'), a vogal que marca o tempo Passado e as consoantes seguintes formam um constituinte fonológico — uma harmonização — que provou ser um constituinte importante, especialmente no inglês. No caso dos compostos do holandês, o elemento de ligação se assemelha a (e deriva etimologicamente de) um sufixo — o que significa que é mais identificado com o elemento anterior do que com o seguinte. Entretanto, estas são especulações *post hoc*; a necessidade urgente é de teorias substantivas totalmente elaboradas que prevejam que similaridades serão importantes.

Além do mais, precisamos perguntar: se a terminação de um verbo do inglês é o local para procurar a marcação de tempo Passado, por que o início importa, como na classe de *strung* ('amarrado')? Se o elemento de ligação dos compostos do holandês é analisado como um sufixo do primeiro elemento, por que o segundo elemento tem um efeito nas respostas dos falantes? A resposta para isso é que o processamento da linguagem parece ter um componente holístico juntamente com o sequenciamento linear mais familiar (Bybee, 2001a).

No nível das construções, a evidência também aponta para a importância de combinações prévias na produção de combinações recentes, baseadas no significado. Bybee e Eddington (2006) estudam verbos de "tornar-se" em vários *corpora* amplos do espanhol para determinar que verbos combinam-se com adjetivos. Esse é outro caso em que tentativas de estabelecer regras ou revelar os traços relevantes de verbos e adjetivos não foram bem-sucedidas. Há diversos verbos em espanhol que são usados com adjetivos ou sintagmas preposicionados para assinalar "entrar em um estado". Por exemplo, as seguintes combinações são convencionalizadas:

(4) *ponerse nervioso*   'ficar nervoso'
    quedarse solo   'ficar sozinho'
    quedarse sorprendido   'ficar surpreso'
    volverse loco   'ficar louco'

No *corpus* estudado, muitas ocorrências de construções de verbo tornar-se + adjetivo eram semanticamente similares às combinações mais convencionalizadas. Por exemplo, semelhantes a *quedarse solo* ('ficar sozinho'), que ocorreu 28 vezes nos *corpora*, havia as seguintes, que ocorreram apenas uma vez, ou duas, no caso de *aislado* ('isolado').

(5) *quedarse a solas*   'terminar sozinho'
    quedarse soltera   'acabar solteira' = uma solteirona
    quedarse aislado   'ficar isolado'
    quedarse sin novia   'ficar sem namorada'

Outro agrupamento com *quedarse* centra-se em *quedarse sorprendido* ('ficar surpreso'). Aqui estão alguns exemplos:

(6) *quedarse deslumbrado*   'ficar deslumbrado'
    quedarse asombrado   'ficar assombrado'
    quedarse pasmado   'ficar pasmo'
    quedarse asustado   'ficar assustado'

Outro tipo, *ponerse*, é convencionalmente usado com *nervioso* ('nervoso'), um sintagma que apareceu 17 vezes nos *corpora*, mas também apareceu com menor frequência no *corpus* com estes outros adjetivos relacionados a *nervioso*:

(7)   *ponerse pálido*   'ficar pálido'
    ponerse histérico   'ficar histérico'
    ponerse furioso   'ficar furioso'
    ponerse colorado   'ficar vermelho'

A distribuição das construções de verbo tornar-se + adjetivo nos dados sugere que os sintagmas mais frequentes, convencionalizados, servem de base analógica para a formação de novos sintagmas. O fato de que um único verbo, como *quedarse*, pode ocorrer com adjetivos em agrupamentos semânticos diferentes — "sozinho", por um lado, e "surpreso", por outro — sugere que a categorização não se dá em termos de traços mais gerais, como "duração da mudança" ou "envolvimento passivo ou ativo do sujeito", conforme foi proposto na literatura (Fente, 1970; Coste; Redondo, 1965), mas sim com base em similaridades de significado muito locais com sintagmas mais convencionalizados.

Julgamentos de aceitabilidade também sustentam o uso da analogia baseada no item em nova produção e compreensão. Outro aspecto do estudo de Bybee e Eddington (2006) é um experimento em que os sujeitos deveriam julgar a aceitabilidade de sintagmas com verbos de "tornar-se". Os estímulos foram construídos de modo a incluir o seguinte: (i) sintagmas convencionalizados de frequência mais alta; (ii) sintagmas de baixa frequência que eram semanticamente similares a sintagmas de alta frequência; e (iii) sintagmas que eram de baixa frequência e NÃO similares semanticamente a sintagmas existentes. Os sujeitos julgaram os primeiros dois tipos de sintagmas muito mais aceitáveis do que o terceiro tipo, o que sugere que a noção de aceitabilidade é fortemente baseada em ocorrências previamente experienciadas ou na similaridade com ocorrências previamente experienciadas. Esses resultados sustentam a visão de que tanto a produção quanto a compreensão envolvem correspondência de similaridade, e que correspondência com exemplares de frequência mais alta é mais provável do que com exemplares de frequência mais baixa.

As abordagens da gramática de construção (Fillmore et al., 1988; Goldberg, 1995, 2006), incluindo a Gramática Cognitiva (Langacker, 1987, dentre outros), dão conta da criatividade por elaboração de posições esquemáticas em uma construção. Duas ou mais realizações de uma posição em uma construção levam à formulação de um nó mais abstrato que domina as realizações. Desse modo, os adjetivos na construção com verbos de "tornar-se" em espanhol, ilustrada em (5), poderiam ser mais esquematicamente representados como "que não tem companhia humana". Contudo, se esquematicidade fosse a única fonte de criatividade na formação de construções, seria difícil explicar dois tipos de desenvolvimento: a extensão de semelhança de família de categorias e a criação de novos feixes. Por exemplo, a categoria em (5) também inclui historicamente sintagmas preposicionados com *sin* ('sem'). Estes parecem ter começado com sintagmas indicando a perda de um membro da família (*sin padre* ['sem pai']), mas agora é possível uma variedade de sintagmas, por exemplo *sin armas* ('sem armas'), *sin pluma* ('sem caneta') (Wilson, 2009), criando o que parece ser uma estrutura de semelhança de família, ao invés de uma estrutura abstrata, esquemática. Além disso, novos feixes surgem de novos *prefabs*, conforme mostrado pelo fato de que *quedarse* ('ficar') também é usado com *sorprendido* ('surpreso'), que não forma uma classe semântica com os itens em (5). Assim, um objetivo do presente trabalho é entender o papel da abstração *versus* o papel de exemplares individuais na previsão de novos enunciados (ver capítulo 5 para mais discussão).

Alguns pesquisadores duvidaram de que essa explicação da criatividade ou produtividade pudesse propiciar uma explicação do âmbito total de novos enunciados de que os humanos são capazes. De fato, Pinker e colaboradores (Pinker, 1991, 1999) e Jackendoff (2002), embora reconheçam a evidência robusta para a analogia de construções e itens específicos, querem manter a noção mais antiga de regras simbólicas — regras altamente gerais (*default*) para a morfologia e regras de estrutura sintagmática para a sintaxe. Apesar de as construções, de fato, diferirem em sua generalidade (ver capítulo 5), não há necessidade de postular dois tipos de processamento distintos para a língua. Mesmo os padrões mais gerais — por exemplo, os padrões associados com o verbo auxiliar *do* inglês e o tempo Passado — podem ser explicados como subprodutos de feixes de exemplares que são totalmente esquemáticos e, assim, altamente produtivos.

O fato de que eles se desenvolveram gradualmente ao longo do tempo, de que são adquiridos gradativamente e de que têm idiossincrasias argumenta contra a descrição por uma regra simbólica (ver capítulos 5 e 7 para uma discussão completa).

4.4 Analogia e linguagem infantil

Pesquisas na área de aquisição da linguagem na perspectiva da língua baseada no uso mostram-se promissoras em explicar como a criança atua a partir de enunciados específicos para a construção de padrões mais gerais (Tomasello, 1992, 2003; Lieven et al., 1997; Dąbrowska; Lieven, 2005). Tomasello (1992) demonstra a estreita relação de verbos particulares com construções particulares. Pine e Lieven (1993) e Lieven et al. (1997) encontraram evidência de que as produções de crianças com múltiplas palavras estão centradas em certos itens lexicais e expressões aprendidas pela repetição, e não fornecem evidência para regras generalizadas ou abstratas. Por exemplo, Lieven et al. (1997) descobriram, para crianças com idade entre 1 ano e 8 meses e 2 anos e 8 meses, que 60% de seus enunciados se centravam em 25 padrões de base lexical (tais como *There's a X* ['Tem um X'], *I want a Y* ['Eu quero um Y'], e assim por diante), enquanto 31% eram expressões aprendidas pela repetição. Em outro estudo impressionante, Dąbrowska e Lieven (2005) mostram como as perguntas formuladas por crianças entre 2 e 3 anos são fortemente baseadas em perguntas que as crianças já enunciaram. Os autores postulam duas operações que podem ser usadas para produzir novos enunciados: justaposição, que é uma concatenação linear de duas unidades — palavras, sintagmas ou construções (que podem elas mesmas ser internamente complexas do ponto de vista do adulto) — e superimposição, pela qual uma unidade elabora ou "preenche" uma posição esquemática em outra construção. Um exemplo de justaposição seria o enunciado *Are you downstairs now?* ('Você está lá embaixo agora?') ou sua variante *Now are you downstairs?* ('Agora você está lá embaixo?'). Superimposição envolveria tomar a unidade parcialmente esquemática *Shall I PROCESS?* ('Devo PROCESSAR?') e a unidade *open that* ('abra isso') para produzir a nova expressão *Shall I open that?* ('Devo abrir isso?').

Dąbrowska e Lieven analisam o conjunto de perguntas das últimas transcrições para ver quantas delas poderiam estar diretamente baseadas em perguntas das transcrições anteriores, usando apenas essas duas operações. Seus achados mostram uma correspondência estreita entre as perguntas anteriores feitas pelas crianças e as perguntas do teste. Primeiro, entre 21% e 75% das perguntas estudadas eram repetições diretas de perguntas do adulto imediatamente precedentes, repetições tardias, ou autorrepetições pela criança. Mais interessante ainda, 90% dos outros enunciados das crianças podiam ser derivados de enunciados previamente gravados, usando apenas as duas operações já descritas. Esse quadro da linguagem infantil indica pontos de partida muito específicos para a aquisição de construções: as crianças armazenam exemplares usados e gradualmente expandem esses exemplares para chegar a padrões mais gerais. Os dados de Dąbrowska e Lieven também revelam a habilidade crescente da criança para aplicar as operações de justaposição e superimposição; ao longo do curso de tempo dos *corpora*, os novos enunciados envolvem cada vez mais operações e uma grande variedade de material esquemático que participa da superimposição.

Estudos sobre crianças mais velhas começam a mostrar evidência de abstração maior dos padrões. Savage et al. (2003) demonstraram *priming* lexical e estrutural de construções ativa e passiva do inglês em crianças de 6 anos, mas somente *priming* lexical em crianças de 3 e 4 anos. Isto é, as crianças de 6 anos mais provavelmente usam uma oração ativa ou passiva dependendo da que elas acabaram de ouvir, ao passo que as crianças mais novas apenas eram influenciadas pelos itens lexicais que ouviram. Esses resultados indicam que um nível alto de abstração somente ocorre após considerável experiência com itens lexicais particulares e pronomes contidos nessas construções. Alcançar esse nível de abstração significa necessariamente que a especificidade lexical se perdeu? Langacker (1987) argumenta que não há razão para supor que exemplares específicos são descartados apenas porque o aprendiz chegou a uma abstração. De fato, parece que alguns exemplares de construções podem ser acessados como unidades simples, mesmo se a versão mais abstrata da construção também está disponível (ver capítulo 5 para maior discussão e capítulo 9 sobre *can remember* ['poder lembrar']).

As operações propostas por Dąbrowska e Lieven — justaposição e superimposição — estão igualmente disponíveis a adultos que produzem fala contínua usando construções. Superimposição, pela qual posições esquemáticas em construções são preenchidas por itens lexicais ou outras construções, parece ser o principal mecanismo de produção de estruturas complexas, assim como a principal fonte de estruturação hierárquica.

4.5 Analogia na mudança linguística

Na linguística histórica, o termo "analogia" e seus processos associados são frequentemente invocados para descrever mudança morfofonêmica em paradigmas morfológicos. Dois tipos de mudança são tradicionalmente diferenciados: nivelamento analógico, que indica a perda de uma alternância no paradigma, e extensão analógica, pela qual uma alternância é introduzida em um paradigma que não a continha antes. Um exemplo de nivelamento seria a regularização de *leapt* [lɛpt] para *leaped* [li:pt] ('pulou/ pulado'); aqui, a alternância entre [i:] e [ɛ] se perde, daí o termo "nivelamento". Entretanto, é importante observar que o mecanismo de mudança não é acuradamente descrito como "perda de uma alternância"; ao contrário, o que realmente acontece é a criação de uma forma nova, regular, pela aplicação da construção regular à base ou ao membro mais frequente do paradigma, nesse caso *leap* ('pula'). A evidência para esse mecanismo de nivelamento analógico é, primeiro, o fato de que a forma antiga não é de fato imediatamente perdida, mas continua a competir com a forma nova. Desse modo, a maioria dos dicionários de inglês lista *wept* e *weeped* ('chorou/chorado'), *leapt* e *leaped* ('pulou/pulado') e *crept* e *creeped* ('rastejou/ rastejado'). Segundo, o nivelamento analógico ocorre mais cedo em paradigmas de baixa frequência do que naqueles de alta frequência; por exemplo, *keep/kept* ('manter/mantido'), *sleep/slept* ('dormir/dormido') e outras formas mais frequentes não parecem ser tão suscetíveis ao nivelamento. Isso sugere que a baixa acessibilidade de formas pouco frequentes leva a uma situação em que uma nova forma regular é criada usando o padrão regular. Terceiro, a direção do nivelamento aponta para a mesma conclusão: o termo em que a nova forma se baseia é geralmente o membro mais frequente do paradigma (Manczak, 1980; Bybee, 1985).

O fato de que paradigmas de alta frequência mantêm sua irregularidade por muito mais tempo do que paradigmas de baixa frequência fornece evidência importante para o modelo que assume exemplares como representações. Já que exemplares de alta frequência têm representações mais fortes do que os de baixa frequência, e como feixes de exemplares de alta frequência têm exemplares cada vez mais fortes e em maior número, eles são muito mais acessíveis do que exemplares de baixa frequência. Sua maior acessibilidade faz com que seja menos provável que os falantes criem formas alternativas (como *keeped* ['mantido']) que substituiriam a forma irregular. O mesmo princípio pode ser aplicado a exemplares de alta frequência de construções morfossintáticas, conforme veremos adiante: certos exemplares de construções mais antigas podem ser mantidos na língua apesar do desenvolvimento de uma construção mais nova, mais produtiva. Tais casos constituem forte evidência de que exemplares específicos de construções são retidos nas representações da memória (Bybee, 2006a).

Segundo o consenso geral, a extensão analógica na morfologia é muito menos comum do que o nivelamento. Contudo, ela ocorre, e as condições em que ocorre são instrutivas, já que indicam os determinantes da produtividade, mesmo que seja produtividade limitada. Primeiramente, a extensão de uma alternância irregular raramente ocorre, se alguma vez ocorre, se a alternância existe em somente um paradigma. Ao contrário, é necessário um conjunto nuclear de paradigmas para atrair novos membros. Se os experimentos psicolinguísticos servem de indicação, mesmo dois paradigmas que compartilham uma alternância não são suficientes para causar a extensão (Bybee; Pardo, 1981; Bybee, 2001a). Logo, a produtividade depende, pelo menos em parte, da frequência de tipo: quanto maior a frequência de tipo, maior a produtividade ou a probabilidade de a construção ser estendida a novos itens.

A frequência de tipo, entretanto, interage com outros fatores, em particular, o segundo determinante importante para a produtividade: o grau de esquematicidade (Clausner; Croft, 1997). Esquematicidade se refere ao grau de dissimilaridade dos membros de uma classe. Classes altamente esquemáticas cobrem uma ampla gama de ocorrências. Um bom exemplo é o esquema de tempo Passado regular do inglês, que pode ser aplicado a um verbo de qualquer formato fonológico. Quando alta esquematicidade se combina com alta frequência de tipo, o resultado é uma construção maximamente produtiva. Uma classe morfológica com um alto grau de similaridade fonológica será menos esquemática — a definição fonológica da classe será mais restringida. Baixa esquematicidade limitará a produtividade, porque ela limita os itens candidatos a que a extensão poderia aplicar-se. No entanto, baixa esquematicidade combinada com frequência de tipo relativamente alto resulta em algum grau de produtividade.

Considere os verbos irregulares (ou fortes) do inglês. Eles representam remanescentes de um sistema mais antigo, talvez produtivo, em que mudanças de tempo eram assinaladas por mudanças internas de vogal. No inglês antigo, ainda se podia identificar certas classes de verbos que se comportavam de modo semelhante com relação a essas mudanças de vogal, muito embora o sistema estivesse se rompendo, e a nova construção com sufixação estivesse ganhando em produtividade (devido, largamente, a seu alto grau de esquematicidade). Assim, nos séculos entre o inglês antigo e o presente, muitas dessas classes perderam membros por causa da regularização (*helpan* "to help" ['ajudar'] tinha as formas *hilpth, healp, hulpon, holpen* [3ª. pessoa do singular presente, 3ª. pessoa do singular passado, passado plural, particípio passado] e agora só tem *help/helped*) ou por causa do desaparecimento desses verbos na língua (muitos desses verbos simplesmente não são mais usados). Contudo, uma classe de verbos fortes ganhou alguns membros novos por extensão analógica. Essa classe, que foi discutida antes, é exemplificada por *sing, sang, sung* ('cantar, cantou, cantado'), ou no caso de verbos que perderam a distinção entre o Passado e o Particípio Passado, por *string, strung* ('amarrar, amarrado'). Membros dessa classe que sobreviveram ao inglês antigo são mostrados em (8), organizados por suas consoantes finais.

LÍNGUA, USO E COGNIÇÃO

(8) -m swim   swam   swum
         'nadar' 'nadou' 'nadado'

-n	begin	began	begun	-n	spin	spun
	'começar'	'começou'	'começado'		'girar'	'girou/girado'
	run	ran	run		win	won
	'correr'	'correu'	'corrido'		'vencer'	'venceu/vencido'
-ŋ	ring	rang	rung	-ŋ	cling	clung
	'soar'	'soou'	'soado'		'grudar'	'grudou/grudado'
	sing	sang	sung		swing	swung
	'cantar'	'cantou'	'cantado'		'girar'	'girou/girado'
	spring	sprang	sprung		wring	wrung
	'saltar'	'saltou'	'saltado'		'torcer'	'torceu/torcido'
-ŋk	drink	drank	drunk	-ŋk	slink	slunk
	'beber'	'bebeu'	'bebido'		'esquivar'	'esquivou/esquivado'
	shrink	shrank	shrunk			
	'encolher'	'encolheu'	'encolhido'			
	stink	stank	stunk			
	'feder'	'fedeu'	'fedido'			

Membros dessa classe que foram acrescentados desde o período do inglês antigo, de acordo com Jespersen (1942), assim como algumas variantes dialetais, são mostrados em (9), também listados por consoante final.

(9) -ŋ sling   slung
         'atirar'   'atirou/atirado'
         sting   stung
         'picar'   'picou/picado'
         string   strung
         'amarrar'   'amarrou/amarrado'
         fling   flung
         'lançar'   'lançou/lançado'
         hang   hung
         'pendurar'   'pendurou/pendurado'
         bring   brung*
         'trazer'   'trouxe/trazido'

-k	strike	struck
	'bater'	'bateu/batido'
	stick	stuck
	'fixar'	'fixou/fixado'
	sneak	snuck*
	'andar (sorrateiramente)'	'andou/andado'(sorrateiramente)
	shake	shuck*
	'agitar'	'agitou/agitado'
-g	dig	dug
	'cavar'	'cavou/cavado'
	drag	drug*
	'arrastar'	'arrastou/arrastado'

(As formas marcadas com um asterisco são consideradas não padrão.)

Os novos membros têm somente duas partes principais e todos têm uma consoante velar em sua coda. Alguns deles também começam com uma sibilante ou grupo de sibilantes, o que aumenta a semelhança fonética das palavras como um todo. Os membros das classes originais tinham todos consoantes nasais, mas os novos membros se afastaram dessa exigência em direção ao critério de que a coda final contenha uma consoante velar. Desse modo, embora a semelhança fonética seja de suprema importância na definição dessa classe semiprodutiva capaz de extensão, a estrutura da categoria mudou ao longo do tempo. Esse exemplo ilustra um baixo grau de esquematicidade porque o formato fonético dos membros da categoria é muito restrito. Isso significa que sua produtividade é limitada; a produtividade obtida deve-se a um efeito "gangue": a alta concentração de verbos que compartilham propriedades fonéticas é mais suscetível de atrair novos membros do que outro grupo sem clara definição fonética.

Tanto a extensão quanto o nivelamento ocorrem à medida que a construção se aplica a itens que anteriormente participaram de alguma construção. Nos exemplos em (9), alguns dos verbos são denominais e a expectativa é de que fossem regularmente afixados; outros já eram irregulares, mas pertenciam a classes diferentes, por exemplo: *bring, brought* ('trazer, trazido') e *strike, stroke* ('bater, batido'). Uma vez que alternâncias de radical são minoria em inglês, a extensão tende a se aplicar à expansão de uma construção menor, e o nivelamento, à expansão de uma construção mais produtiva. Na mudança histórica, assim como na sincronia, a analogia é específica ao item e é frequentemente descrita como irregular em sua aplicação. Note-se que, no caso que discutimos aqui — o nivelamento de alternâncias em favor de tempo Passado regularmente afixado por um lado, e a extensão de construções menores por outro —, há uma certa tensão ou competição que impede o sistema de mover-se completamente para a "regularidade", o que significa que tudo poderia ser governado pela mesma regra geral (ver capítulo 5 para mais discussão de determinantes de graus de produtividade).

4.6 Analogia e construções

4.6.1 Analogia diacrônica na morfossintaxe

A que correspondem o nivelamento e a extensão na morfossintaxe? Ambos correspondem ao uso produtivo de uma construção, quer seja um padrão maior, quer seja um padrão menor. Ao longo do tempo, é comum observar uma construção estender seu domínio de aplicação ou perder território para alguma outra construção mais produtiva. Assim, na morfossintaxe como na morfologia, observamos muitos exemplos de competição de construções e muitos esforços de linguistas para detectar diferenças sutis na função e na distribuição de construções que parecem muito semelhantes. Adotar uma abordagem diacrônica baseada na analogia e levar em consideração o efeito da frequência de ocorrência sobre a retenção de padrões mais antigos em uma língua ajudam a entender essas situações onde duas ou mais construções muito semelhantes coexistem em uma língua.

Considere os dois tipos de negação em inglês estudados por Tottie (1991). Um tipo usa *not* depois do verbo auxiliar ou de *do* (como nos exemplos 10a e 11a), ao passo que o outro tipo usa *no* ou incorpora a negação em um pronome indefinido (como nos exemplos 10b e 11b).

(10) a. ... by the time they got to summer, there wasn't any more work to do.

'... quando eles entraram no verão, não havia mais trabalho a fazer'.

b. ... by the time they got to summer, there was no more work to do.

'... quando eles chegaram ao verão, não havia mais trabalho para fazer.'

(11) a. when you just can't do a thing.

'quando você já não pode fazer uma coisa'.

b. when you can just do nothing.

'quando você já não pode fazer mais nada'.

Tabela 4.1 Proporção de negação com *no* (Tottie, 1991)

	Falado	Porcentagem	Escrito	Porcentagem
Be existencial	34/38	89%	96/98	98%
Have estativo	18/28	64%	41/42	98%
Be cópula	12/20	60%	26/47	55%
Verbos lexicais	20/76	26%	67/104	64%

Note que em (10) os dois tipos de negação são intercambiáveis semântica e pragmaticamente, ao passo que, em (11), os dois tipos têm significados diferentes. Tottie escolheu estudar apenas os casos em que o significado era o mesmo, já que nesses casos, presumivelmente, não há, para o falante, restrições de escolha sobre que construção usar.

A situação diacrônica é a seguinte: o uso de *no* e dos pronomes indefinidos negativos é contínuo através da história documentada do inglês, enquanto o uso de *not* se desenvolveu mais recentemente, tendo sua origem em um pronome indefinido negativo, *ne + with* (cf. *nought/nohht*), com o significado *not at all* ('não em absoluto/de modo algum'), que aumentou sua esfera de uso dramaticamente nos períodos do inglês médio e do inglês moderno (Mossé, 1952; Campbell, 1959; ver discussão em Tottie [1991] e capítulo 7). Logo, temos uma construção mais antiga (a construção de incorporação da negativa) competindo com uma construção mais nova e mais produtiva (a construção com *not*). A situação é, de certo modo, análoga à competição entre o tempo Passado regular e irregular dos verbos em inglês, em que vimos que o padrão mais antigo de flexão (usando mudanças na vogal) é retido nos verbos com maior frequência de uso, enquanto verbos novos e verbos menos frequentes usam o padrão produtivo mais recente (Bybee, 2006a).

Tottie estudou essas duas construções em um amplo *corpus* de inglês britânico falado e escrito. Ela extraiu somente aqueles exemplos em que o uso da construção alternativa teria o mesmo significado e as mesmas implicações (como em (10)) e descobriu que certas construções, especialmente *be* existencial (como no exemplo (10)), *have* estativo (como em (12)) e *be* cópula (como em (13)), têm um uso maior de negação com *no* do que têm os verbos lexicais, conforme a Tabela 4.1. Isso sugere que a negação com *no*, ao invés de ser uma opção para todas as orações, ficou associada a certas construções.

(12) the Fellowship had no funds
     'a Congregação não tinha fundos'
(13) as a nation we are not doing well enough. This is no new discovery
     'como nação não estamos fazendo bem o suficiente. Isso não é nenhuma novidade'

As construções com *be* existencial, *have* estativo e *be* cópula são bem frequentes, sendo responsáveis por uma quantidade maior dos dados do que todos os verbos lexicais combinados. Sua frequência poderia ajudar a explicar o fato de que elas preservam a construção mais antiga; como os verbos de mudança de vogal do inglês (*break, broke* ['quebrar, quebrou/quebrado']; *write, wrote* ['escrever, escreveu/escrito'] e assim por diante), sua alta frequência fortalece suas representações e as torna menos prováveis de ser transformadas no padrão mais produtivo.

De fato, certos verbos frequentes, isto é, *know* ('saber'), *do* ('fazer'), *give* ('dar') e *make* ('fazer'), dão conta de muitos dos casos de negação com *no* nos exemplos lexicais:

(14) No, Marilyn does no teaching I imagine she's a research assistant.

'Não, Marilyn não ensina, eu imagino que ela é assistente de pesquisa'.

(15) I've done nothing except you know bring up a family since I left school.

'Eu não tenho feito nada, exceto, você sabe, cuidar de uma família desde que saí da escola'.

(16) I know nothing about his first wife.

'Não sei nada sobre a primeira esposa dele'.

Além disso, alguns verbos lexicais ocorrem em expressões convencionalizadas ou *prefabs*, que são usados, em sua maioria, na escrita:

(17) The ballads make no mention of the trapping of rabbits.

'As baladas não fazem menção à captura de coelhos'.

(18) Make no mistake about it, the divisions are very serious.

'Não faça confusão sobre isso, as divisões são muito sérias'.

(19) The split in the Conservative Party over Africa gives me no joy.

'A ruptura no Partido Conservador na África não me dá alegria'.

Esses exemplos demonstram que, mesmo depois de uma construção perder sua produtividade, exemplares específicos da construção podem manter-se, pois acumularam força por meio da repetição e, portanto, continuam a ser usados. Assim, tais exemplos fornecem evidência adicional para as representações por exemplares.

De forma semelhante, o fato de que *be* existencial, *have* estativo e *be* cópula mantêm a construção de incorporação negativa de modo mais robusto do que os verbos lexicais sugere uma representação em que a negativa é estabelecida na construção. Desse modo, ao invés de ter, por exemplo, uma construção geral com *have* estativo que se combina com uma ou outra das construções negativas em uma sequência de aplicação de regras, a representação cognitiva de um falante de inglês inclui construções mais específicas como... *have no...* ('... não ter...'), ... *have nothing...* ('... ter nada...'), ... *have no one...* ('... ter nenhum...'), e assim por diante.

Para sumarizar: uma estratégia negativa mais antiga que usa *no* ou pronomes indefinidos negativos está sendo substituída por uma construção negativa que usa *not*, uma estratégia que é igualmente útil em orações que não têm pronomes indefinidos, dando a elas uma margem distribucional sobre a construção de incorporação. Contudo, a construção mais antiga é retida em combinação com outras construções de alta frequência e com verbos lexicais muito frequentes ou convencionalizados. O espraiamento da construção mais nova, mais produtiva, assim, assemelha-se ao nivelamento analógico ou à regularização daquelas formações baseadas na construção mais nova, que estão substituindo formações baseadas na construção mais antiga. Outros exemplos incluem o Presente Perfeito em inglês (Smith, 2001).

4.6.2 Analogia como origem de novas construções

Finalmente, vamos mencionar a analogia como a origem de novas construções, utilizando o exemplo da construção *quedarse* + ADJETIVO em espanhol. Wilson (2009) traçou a história dessa construção desde seu início no século XII até hoje. Os primeiros exemplos envolvem o adjetivo *solo* ('sozinho') em um contexto em que uma pessoa fica só por causa da partida de outras.

(20) <u>E el conde quando vio que de otra manera no podia ser sino como queria el comum delos romeros no quiso ay quedar solo & fa zia lo mejor & cogio sus tendas & fue se empos delos otros.</u>
'E quando o conde viu que não poderia haver outra maneira exceto como o comum dos romeiros queria, ele não quis <u>ficar sozinho</u> e fez seu melhor e reuniu suas tendas e foi atrás dos outros'.
(*Gran conquista de Ultramar*, anon., século XIII; Davies, 2006.)

Há três exemplos como esse nos textos estudados e alguns outros casos de *quedarse* + ADJETIVO nos séculos XII e XIII, mas por volta do século XIV fica claro que as analogias baseadas em *quedarse solo* estavam preenchendo uma categoria e criando uma nova construção. Nos séculos XIV e XV, surgem dados como (21). Wilson argumenta que, nesse exemplo, enviuvar ou tornar-se viúvo usa *quedar* por analogia com o exemplo anterior, expressão fixada que significa "ficar sozinho".

(21) <u>Enla tierra de ansaj avia vn potente rrey al qual no avia quedado sy no vna</u> <u>hija la qual avia avi- do de su muger que enel ora del parto murio & quedo</u> <u>biudo mas el rrey hjzo criar la hija muy honorable mente.</u>
'Na terra de Ansaj, existia um rei poderoso a quem não havia restado ninguém, senão uma filha que ele tinha tido de sua mulher, a qual, no momento do parto, morreu e (ele) <u>ficou viúvo</u>, mas o rei criou a filha honradamente'.
(*Historia de la Linda Melosina*, anon., século XV; O'Neill, 1999)

Nesses séculos, também o adjetivo *huerfáno* ('órfão') é usado com *quedar*, assim como uma série de sintagmas preposicionados com *sin* ('sem'), por exemplo, *sin heredero* ('sem herdeiro'), *sin armas* ('sem armas'), *sin pluma* ('sem caneta') e até mesmo noções mais abstratas, como *sin dubda* ('sem dúvida') e *sin pena* ('sem pena'). Parece, então, que nesse período a categoria de adjetivo ou sintagma preposicionado que pode ser usado com *quedar(se)* expande-se por analogia com a expressão mais antiga com *solo*, o que dá surgimento a expressões que descrevem a perda de um membro da família, depois outras privações físicas, como a falta de armas e, finalmente, a expressões mais abstratas. Assim, uma construção mais geral é formada no começo com um único exemplar fixado. Para uma discussão adicional de outros usos de *quedar(se)* + ADJETIVO, ver Wilson (2009).

É importante observar que a analogia como um tipo de mudança linguística histórica é inseparável da analogia como um mecanismo do processamento cognitivo. A mudança linguística acontece à medida que as pessoas usam a língua, e todos os mecanismos de mudança devem ser baseados em mecanismos de processamento. Desse modo, quando vemos evidência da analogia operando ao longo do tempo, inferimos que mecanismos de processamento em ocorrências reais de uso da língua também estão operando.

4.7 Analogia *versus* regras

Um modelo que toma exemplares como representações nos leva a examinar como o específico interage com o geral. As línguas certamente têm muitos padrões altamente gerais, mas eles surgem diacronicamente e na aquisição de padrões mais locais e específicos. A analogia, como um mecanismo de processamento, permite-nos examinar como o específico dá origem ao mais geral. Essa perspectiva também desobriga o linguista de explicar todas as exceções. Se a analogia, e não as regras simbólicas, é postulada para padrões gerais, exceções de várias origens são esperadas, porque, por exemplo, itens particulares de alta frequência podem resistir à mudança analógica, ou padrões em competição podem surgir de instâncias específicas (ver discussão anterior). Em vez de tentar tornar as exceções regulares (mudando sua estrutura subjacente), poderíamos dar uma olhada no que as exceções estão nos dizendo sobre a generalização.

A analogia como um mecanismo de processamento para padrões linguísticos menores, menos produtivos, tornou-se mais aceita recentemente por linguistas gerativistas (Pinker, 1991; Jackendoff, 2002). Esses linguistas, entretanto, ainda defendem a noção de regras simbólicas para a morfologia altamente produtiva e regras de estrutura sintagmática para generalizações na sintaxe. Assim, seus modelos incluem dois tipos de processamento distintos, e eles têm que argumentar em favor de uma divisão discreta entre esses dois tipos, com o processamento analógico ocorrendo no léxico e o processamento simbólico ocorrendo em um componente de regras. Em contraste, modelos analógicos (Skousen, 1989; Eddington, 2000) e modelos conexionistas (Rumelhart; McClelland, 1986; Bybee; McClelland, 2005; McClelland; Bybee, 2007) argumentam em favor de uma gradação entre padrões improdutivos, específicos, e padrões mais gerais, mais produtivos. Conforme vimos neste capítulo, tanto padrões regulares como irregulares são gradientes em número e em semelhança com os itens aos quais se aplicam e, portanto, em sua produtividade (ver também capítulo 5).

Qual é realmente a diferença entre essas posturas? Na extensa literatura que se desenvolveu em torno da questão do tempo Passado do inglês, a distinção entre regras simbólicas e analogia tem sido caracterizada como segue.

Primeiro, a analogia faz referência a padrões de construção específicos armazenados ou a itens lexicais. Obviamente, exemplares similares armazenados são agrupados juntos, conforme vimos. Esses grupos tomam uma estrutura prototípica, com um membro central e muitos outros periféricos (ver capítulo 5 para mais discussão). Padrões organizacionais, esquemas ou categorias surgem no léxico ou no que tem sido chamado "constructicon" (um léxico com um inventário de construções) e não têm existência independente das unidades lexicais das quais emergiram. Em contraste, regras simbólicas são consideradas como pertencentes a um componente ou módulo que é separado do léxico.

Segundo, a produtividade de esquemas é altamente afetada pelo número de itens participantes: um esquema que agrupa muitos verbos diferentes, por exemplo, é mais produtivo do que um que agrupa apenas alguns poucos. Nessa visão, também, a produtividade é gradiente; além dos padrões produtivos e improdutivos, pode haver graus intermediários de produtividade. Regras, por outro lado, não são afetadas pelo número de tipos a que se aplicam. Como as regras são independentes das formas que afetam, não pode haver qualquer relação entre a regra e o número de itens a que ela se aplica. A produtividade de regras é determinada pelo *status* "default". Uma vez que a criança observa que certa regra é usada em situações "default", isto é, para novas formações, como verbos derivados de nomes, ela determina que essa regra é a regra *default* ou produtiva (Marcus et al., 1992).

Terceiro, a analogia é fortemente afetada pelas particularidades de tipos existentes. Bybee e Moder (1983) observaram experimentalmente que quanto mais próximo um verbo inventado estava do protótipo ou do melhor exemplar, *strung* ('amarrou/amarrado'), tanto mais provável que os sujeitos da pesquisa formassem seu tempo Passado mudando a vogal para [ʌ]. De modo semelhante, Köpcke (1988) descobriu que os alemães tendiam a pluralizar nomes inventados que terminavam por vogais plenas com -s, já que esta é a forma usada nos nomes alemães existentes com vogais plenas, como, por exemplo, *Autos*, *Pizzas*. Uma regra simbólica, por outro lado, se aplica a toda a categoria, como verbo ou nome, sem consideração ao formato particular de membros (Marcus et al., 1992).

Quarto, analogias são probabilísticas porque são baseadas em tipos particulares. Desse modo, os falantes exibiriam comportamento probabilístico ao basear a nova formação em outro padrão. Em contraste, regras são discretas em seu comportamento: uma forma ou está ou não está sujeita a uma regra porque uma forma pertence ou não pertence exclusivamente a uma categoria relevante.

Uma quinta diferença, que envolve regras de estrutura sintagmática, é que tais regras são puramente sintáticas e não têm relação com o sentido. É isso que "sintaxe autônoma" significa (Newmeyer, 1998). Já que construções relacionam significado a forma, todas as relações sintáticas em uma gramática de construções, em contraste, têm relevância semântica e estão fundamentadas nos contextos linguísticos e extralinguísticos em que são usadas.

Com um único mecanismo de processamento, um modelo analógico pode lidar com o mesmo leque de dados que é tratado no modelo de duplo processamento pelos dois mecanismos. Desse modo, a tarefa de comprovação recai sobre aqueles que propõem dois mecanismos de processamento ao invés de um e uma divisão discreta entre ambos ao invés de um contínuo.

4.8 Analogia e frequência

A analogia como um mecanismo de processamento e mudança interage com a frequência de uso de um modo que é distinto do modo como a redução fonética o faz: formas de alta frequência são menos propensas a sofrer mudança analógica do que itens de baixa frequência. Isso pode ser chamado Efeito de Conservação da alta frequência de ocorrência. A razão para isso pode ser relacionada àquilo que denominei "força lexical" (Bybee, 1985). Cada uso de uma palavra ou construção aumenta a força de seu feixe de exemplares, tornando a palavra ou sintagma lexicalmente mais acessível. Em outros termos, a frequência de uso aumenta o nível de ativação latente de uma instância armazenada da construção. A força lexical maior de tal instância a torna mais propensa a ser acessada do que uma construção comparável, porém mais composicional.

Isso é bem diferente do efeito de frequência associado com *chunking*, o Efeito de Redução (Bybee; Thompson, 2000; Bybee, 2002a, 2007). O Efeito de Redução é diretamente causado por prática neuromotora e a consequente sobreposição e redução de movimentos articulatórios. À medida que se espalha pelo léxico, esse mecanismo de mudança não é analógico, exceto talvez nos últimos estágios da difusão lexical (Kiparsky, 1995).

4.9 Conclusão

Neste capítulo, exploramos a natureza da analogia linguística para apoiar a proposta de que o processamento analógico é a base da capacidade humana para criar novos enunciados. Nesse contexto, é importante notar quanto da fala e da escrita é constituído de sequências de palavras pré-fabricadas. Essas expressões e construções convencionalizadas servem de base para a aplicação do processo de analogia, de domínio geral. Esse mecanismo de processamento foi identificado em estudos recentes da linguagem infantil, dando surgimento a novos enunciados, e argumentei que ele também pode ser aplicado na produção adulta para explicar novos enunciados. Este capítulo também retomou o modo como a analogia opera na mudança diacrônica, defendendo que é o mesmo mecanismo de processamento que é responsável por mudanças tradicionalmente identificadas como analógicas. As similaridades entre mudança analógica na morfologia e em construções sintáticas também foram destacadas, sob o argumento de que a analogia se aplica a ambos os níveis, tanto diacronicamente quanto no processamento sincrônico. O próximo capítulo elabora alguns dos conceitos apresentados neste capítulo, ao considerar os conceitos de esquematicidade e produtividade, especialmente nos contextos de resultados sobre a distribuição de frequência de realizações de construções em *corpora*.

5

Categorização e a distribuição de construções em *corpora*

5.1 Introdução

Nos três capítulos precedentes, consideramos alguns dos mecanismos de processamento básicos que dão à língua sua estrutura. Primeiro, examinamos as representações da memória para a linguagem, argumentando em favor da necessidade de representações por memória de exemplares. Então, consideramos *chunking* sequencial e sua importância para a estrutura morfossintática. Nessa discussão, também vimos como *chunking* interage com analisabilidade e composicionalidade e sua perda à medida que a autonomia aumenta. No capítulo 4, abordamos categorização e similaridade na discussão de analogia como um mecanismo para estender o uso de construções com novos itens. O presente capítulo examina as construções mais detalhadamente, considerando, em particular, a distribuição de ocorrências e tipos específicos de construções no uso da língua. O foco recai sobre a natureza das categorias que são criadas para as posições abertas nas construções e como a frequência de tipo e de ocorrência interage com a categorização semântica para determinar as propriedades dessas categorias, seus graus de esquematicidade e sua produtividade.

5.2 Por que construções?

Construções são pareamentos de forma e significado (em que significado também inclui pragmática), que frequentemente têm posições esquemáticas que variam com relação à quantidade de itens lexicais. As construções geralmente contêm material lexical explícito, tais como *way* ('caminho') ou *what* ('o que') e *be doing* ('estar fazendo'), como nos exemplos em (1). Embora todos que trabalham com construções concordem que elas cobrem desde palavras monomorfêmicas a palavras complexas, expressões idiomáticas, até configurações muito gerais como "construção passiva" (porque todos são pareamentos forma-significado), o termo *construção* geralmente se aplica a uma estrutura morfossintaticamente complexa que é parcialmente esquemática. Por exemplo, em (1), temos exemplos das construções informalmente expressas em (2), em que as posições esquemáticas são indicadas por letras minúsculas ou variáveis como "Y".

(1) a. Mr. Bantam corkscrewed his way through the crowd (Israel, 1996).
     'Mr. Bantam abriu caminho através da multidão, contorcendo-se'.
   b. What's that box doing here?
     'O que esta caixa está fazendo aqui?'.
(2) a. SUBJECT VERB (MANNER OF MOTION) POSS PRO$_1$ *way* ADVERBIAL
     'SUJEITO$_1$ VERBO (MODO DO MOVIMENTO) POSS PRO$_1$ *way* ADVERBIAL'
   b. *What* BE SUBJECT *doing* Y?
     'O que ESTAR SUJEITO fazendo Y?'

Fillmore, Kay e O'Connor (1988) fizeram a primeira proposta explícita sobre as propriedades das construções. O argumento deles para compreender a gramática em termos de construções é que os falantes sabem muito mais sobre uma língua além das regras bem gerais que dizem respeito a sujeitos, objetos, orações completivas e relativas. Há muitas expressões, como as de (1), que têm uma forma especial, efeito semântico e pragmático que não pode ser capturado por princípios mais gerais de gramática os quais não estejam vinculados a itens lexicais específicos ou a significados específicos. Assim, a proposta deles pretende dar conta da idiomaticidade da língua, que, conforme mencionado em capítulos anteriores, comporta uma grande porção de uso linguístico real. Eles também demonstraram que mesmo essas estruturas idiomáticas são produtivas e, portanto, devem ser consideradas como parte da gramática de uma língua.[1]

Levando o argumento deles mais à frente, podemos notar que não são apenas as porções idiomáticas da língua que mostram uma forte interação entre itens lexicais específicos e estruturas gramaticais. Mesmo o que deve ser considerado estruturas sintáticas gerais, como complementos oracionais, depende fortemente do verbo específico da oração principal. Assim, *think* ('achar') toma uma oração finita comum (*I think it's going to snow* ['Eu acho que vai nevar']) e *see* ('ver') toma um complemento gerúndio (*I saw him walking along* ['Eu o vi caminhando']). O argumento a favor das construções é que a interação entre sintaxe e léxico é muito mais ampla e profunda do que a associação de certos verbos com certos complementos. Conforme Langacker (1987) aponta em sua discussão sobre a interação entre sintaxe e léxico, há milhares de expressões convencionalizadas que são parte do conhecimento que um falante tem da sua língua. As expressões resultativas, como *suck dry* ('sugar até secar'), *drive crazy* ('deixar maluco'), sintagmas de verbo + partícula, como *follow up* ('seguir de perto'), *look over* ('examinar superficialmente'), *turn out* ('expulsar'), e muitas outras, seguem padrões gramaticais gerais, mas têm combinações convencionalizadas específicas. Conclui-se, então, que se deve explorar a possibilidade de que toda a gramática pode ser vista em termos de construções. Certamente, muitas gramáticas de referência tradicionais já foram escritas com base em construções.

As razões de Croft para preferir uma abordagem baseada nas construções derivam de trabalho tipológico sério que compara a morfosssintaxe translinguisticamente (Croft, 2001). As abordagens gerativas são mal equipadas para especificar diferenças importantes, mas frequentemente sutis, na distribuição de construções tanto em uma só língua quanto numa perspectiva comparativa (Newmeyer, 2005). Ao adotar a noção de construções, que

---

1. Jackendoff (2002) e Culicover (1999) também veem a idiomaticidade como a principal razão para se adotarem as construções; contudo, eles não consideram os padrões mais gerais da sintaxe como sendo também construções.

são essencialmente específicas à língua, e então observar sua variação nas línguas, uma importante compreensão acerca dos espaços semânticos cobertos por tipos de construção assim como hipóteses sobre seu desenvolvimento e mudança tornam-se disponíveis. Verhagen (2006) fornece uma comparação detalhada de três construções no inglês e no holandês que demonstra a utilidade de comparar construções, pois essa abordagem permite que o analista perceba diferenças de frequência, produtividade e esquematicidade nas construções das línguas, e não apenas diferenças de estrutura. Como as construções aparecem em forma muito específica e em níveis de abstração mais gerais, a gramática de construções oferece possibilidade de comparação em muitos níveis.

O argumento de Goldberg para especificar as relações gramaticais em termos de construções é que um dado verbo pode aparecer em um número de construções diferentes, de modo que ele não é o bastante para determinar que argumentos pode ter. Ao contrário, construções contêm o significado que especifica a função dos argumentos em uma oração e eles se combinam com o verbo para determinar o significado de uma oração (Goldberg, 1995, 2006).

Tomasello, Lieven e seus colaboradores consideram as construções um construto apropriado para a descrição e explicação do curso da aquisição da primeira língua (Tomasello, 1992, 2003; Pine; Lieven, 1993; Lieven et al., 1997; Dąbrowska; Lieven, 2005). Conforme mencionado no capítulo anterior, quando os enunciados das crianças são rastreados em detalhe, descobre-se que seus novos enunciados são fortemente baseados em seus enunciados prévios com a substituição de itens e sintagmas. Pode-se dizer, então, que elas estão no processo de formular construções parcialmente esquemáticas com base em enunciados específicos que elas já dominaram e podem usar.

Minhas razões para adotar uma abordagem baseada nas construções incluem todas as razões acima, mas também o fato de que construções são unidades particularmente apropriadas para a formulação de uma explicação de domínio geral da natureza da gramática. Primeiro, conforme mencionado no capítulo anterior, a formação, a aquisição e o uso de construções estão estreitamente relacionados ao processo de domínio geral de *chunking*, por meio do qual porções de experiência que são repetidas associadamente são reembaladas como unidade simples. Segundo, o desenvolvimento das porções esquemáticas de construções é baseado em categorizações específicas do item, estabelecidas por semelhança, outra capacidade cognitiva de domínio geral.

As construções são particularmente adequadas para modelos que assumem exemplares, já que elas são baseadas na superfície e podem emergir da categorização de enunciados previamente usados. Modelos que consideram exemplares, por sua vez, permitem um tratamento de construções que é essencial para a total compreensão das construções por armazenarem tanto instâncias específicas das construções quanto possibilitarem a abstração de uma representação mais generalizada. Como veremos neste capítulo, há importantes fatos sobre a distribuição de construções que afetam sua interpretação semântica e pragmática, as quais só podem ser captadas se exemplares forem retidos em estoque.

5.3 Categorização: categorias de exemplares

Talvez a propriedade mais importante das construções é que elas descrevem as relações entre itens lexicais específicos e estruturas gramaticais específicas. Os itens lexicais que ocorrem em uma construção contribuem para o significado da construção e ajudam a determinar sua função e distribuição no discurso. Como notado no capítulo 2, itens lexicais distintos que ocorrem em uma posição em uma construção constituem uma categoria baseada principalmente em traços semânticos. Nesta seção, examinamos os princípios que governam categorias de exemplares e, nas seções seguintes, discutimos o modo como essas categorias se manifestam em *corpora*.

Categorias de exemplares, construídas por meio da experiência (em vários domínios), exibem efeitos prototípicos, os quais derivam de pertencimento graduado a uma categoria: alguns exemplares são membros centrais da categoria enquanto outros são mais marginais. Essa propriedade é geralmente ilustrada com categorias naturais como PÁSSARO: alguns pássaros, como sabiá e pardal, são considerados como mais centrais à categoria do que outros, como, por exemplo, águias ou pinguins. Esse pertencimento graduado à categoria se revelou em experimentos com categorias naturais e culturais. Membros da mesma cultura podem selecionar um "melhor exemplar" consistente da categoria, reagir mais rápido quando questionados se um membro pertence à categoria comparado com outro mais marginal, e produzir ordenação consistente de grau de pertencimento à categoria (Rosch, 1973, 1978; Taylor, 1995; Croft; Cruse, 2004).

Os mecanismos de categorização por exemplares dão surgimento natural a efeitos de protótipo (Medin; Schaffer, 1978). Por um lado, o fato de que exemplares contêm todos os detalhes do percepto (seja ele um pássaro ou um enunciado) permite a categorização por vários traços, não apenas aqueles que são contrastivos. Por exemplo, um pássaro mais prototípico é pequeno — do tamanho de um sabiá ou de um pardal —, ao passo que pássaros grandes são menos prototípicos, muito embora tamanho não seja um traço distintivo de pássaros.

Além disso, pertencimento graduado a uma categoria pode acontecer em um modelo que assume exemplares pela interação de duas dimensões de categorização — semelhança e frequência. Rosch e colaboradores argumentam contra a frequência em experiências como um determinante de centralidade de pertencimento. Em seus experimentos, eles controlam a frequência de palavras dos nomes das entidades e ainda assim obtêm os efeitos de protótipo. Contudo, Nosofsky (1988) mostrou que aumentar a frequência de uma cor particular em uma tarefa de categorização de cor leva a uma mudança na categorização de cores marginais, sugerindo que o centro da categoria muda em direção à cor cuja frequência foi aumentada.

Dado que construções são objetos linguísticos convencionais, e não objetos naturais que inerentemente compartilham características, parece que a frequência de ocorrência pode influenciar significativamente a categorização na língua. Considerando também que usar uma língua é uma questão de acessar representações estocadas, aquelas que são mais fortes (as mais frequentes) são acessadas mais facilmente e podem, então, ser mais facilmente usadas como base para a categorização de itens novos. Por causa disso, um exemplar de alta frequência classificado como um membro de uma categoria tende a ser interpretado como um membro central da categoria ou, ao menos, sua maior acessibilidade significa que a categorização pode acontecer com referência a ele.

Exemplares recentes são alocados em espaço semântico mais próximo ou mais distante de exemplares fortes, dependendo do seu grau de semelhança. A categorização é probabilística nessas duas dimensões. Em algumas ocasiões, a categorização pode ser impelida por similaridade a um membro de menor frequência se houver maior similaridade a esse membro menos frequente (Frisch et al., 2001). Entretanto, a interação probabilística entre frequência e similaridade resultará em uma categoria cujo membro central é o membro mais frequente.

5.4 Dimensões em que as construções variam: grau de fixação *versus* esquematicidade nas posições de construções

Esquematicidade se refere à definição substantiva da categoria, que tanto pode fazer referência a traços semânticos quanto fonéticos ou a padrões mais holísticos. Na extremidade mais baixa da escala de esquematicidade, as posições em construções podem ser completamente fixas; esquematicidade mais alta é uma função do âmbito de variação dentro da categoria. Neste capítulo, nosso interesse primeiro são as categorias mais esquemáticas, mas nesta seção apresentamos brevemente exemplos que ilustram a área que vai de construções completamente fixas a altamente esquemáticas.

Nas duas construções exemplificadas em (1a) e (1b) no começo deste capítulo, há alguns elementos fixos. Em (1a), *way* ('caminho') é fixo, ao passo que o resto da construção é mais ou menos esquemático. Isto é, a construção deve conter *way* e não pode ser pluralizada ou mudada de qualquer outro modo. De forma semelhante, em (1b) *what* ('o que') e *do* ('fazer') no Progressivo são elementos fixos. Ambas as construções também contêm elementos gramaticais que são flexionados: o pronome possessivo que modifica *way* ('caminho') em (1a) (ver (2a)) ocorre na gama total de possibilidades, as formas de *be* ('estar') em (1b) e (2b) são flexionadas para concordar com o sujeito. Na medida em que essas posições são esquemáticas, elas são completamente determinadas gramaticalmente.

As construções podem ser bastante específicas, permitindo apenas um pequeno grau de variação em uma posição. Considere os adjetivos que ocorrem modificados por *vanishingly* ('de modo quase invisível'). No *corpus* do *Time Magazine*, há cinco exemplos de *small* ('pequeno') e um de *tiny* ('minúsculo'), *low* ('baixo') e *thin* ('fino'). O BNC registra: *small* ('pequeno') (20), *scarce* ('raro') (1), *low* ('baixo') (1), *improbable* ('improvável') (3). Embora o *prefab* seja *vanishingly small* ('infinitamente pequeno'), é interessante que um pequeno grau de criatividade seja evidenciado, criando uma categoria em torno do *prefab* com um baixo grau de esquematicidade.

Uma categoria maior, mais esquemática, é composta dos adjetivos que podem ser usados com *drive someone* _____ ('deixar alguém _____'). Boas (2003) encontrou dezesseis itens nessa posição no BNC. Alguns exemplos são: *mad* ('louco'), *crazy* ('maluco'), *insane* ('insano'), *wild* ('furioso'), *nuts* ('doido'), *up the wall* ('subir as paredes') etc. Outra vez, essa é uma classe semântica de adjetivos, aproximadamente sinônimos de *crazy* ('maluco') (no inglês norte-americano) e *mad* ('louco') (no inglês britânico). Outros exemplos de classes que são esquemáticas, mas estreitamente organizadas em torno de alguns membros centrais, são as classes de verbos que podem ocorrer na construção ditransitiva (Goldberg, 1995), os verbos que ocorrem na construção com *way* (Israel, 1996), os verbos que ocorrem no causativo com *into* (Gries et al., 2005) e os adjetivos em espanhol que ocorrem com verbos de "tornar-se", os quais serão discutidos na próxima seção.

As classes mais esquemáticas são categorias gramaticais no nível do NOME ou VERBO. Algumas das construções que acabamos de mencionar se referem a essas categorias altamente esquemáticas e generalizadas. A construção *drive someone X* ('deixar alguém X') poderia permitir quase que qualquer sintagma nominal como sujeito. Embora pareça que muitas construções imponham limites sobre os verbos que aparecem nelas, uma construção altamente gramaticalizada, como SN *be going to* VERBO ('SN ir VERBO$_{infinitivo}$'), permite que qualquer verbo ocupe a posição VERBO.

Conforme mencionado no capítulo 2, as posições esquemáticas nas construções levam ao desenvolvimento de categorias de exemplares. Nas próximas seções, examinamos a natureza dessas categorias como estabelecido por pesquisa empírica.

5.5 Pré-fabricados como centros de categorias

Muito comumente, as categorias que são formadas por itens que ocorrem nas posições esquemáticas de construções são semanticamente definidas. Num padrão distribucional comum, itens semanticamente semelhantes são agrupados em torno de um exemplar altamente frequente — um exemplar que poderia ser considerado um pré-fabricado à medida que ele representa o modo convencional de expressar uma ideia. Por exemplo, tomando uma pequena amostra (os anos 1990 e 2000 do *corpus* do *Time Magazine*), os adjetivos e sintagmas preposicionais que ocorrem com *drive* e suas formas flexionadas são como segue:

Crazy ('maluco')	25
Nuts ('doido')	7
Mad ('louco')	4
Up the wall ('subir as paredes')	2
Out of my mind ('fora de mim')	1
Over the edge ('no limite')	1
Salieri-mad ('louco como Salieri')	1

Possivelmente, a maioria dessas expressões são convencionalizadas, mas note que, no inglês norte-americano, *drive someone crazy* ('deixar alguém maluco') é mais frequente do que as outras. A hipótese (conforme Bybee; Eddington, 2006) é a de que o membro mais frequente serve como o membro central da categoria e que novas expressões tendem a ser formadas por analogia com o membro mais frequente.

Evidência para esse argumento pode ser encontrada quando se olha o número e usos de expressões com *drive someone* ('deixar alguém') + ADJETIVO/SINTAGMA PREPOSICIONAL de 1920 até o presente no *corpus* do *Time Magazine*. Um desenvolvimento importante que levou ao aumento de frequência do conjunto de expressões foi a emergência de um uso hiperbólico. Usos literais de *drive someone mad* ('deixar alguém louco'), em que o sentido de *mad* ('louco') é um estado de insanidade clínica, ocorre nos anos

1920 e 1930 e são muito mais frequentes do que os usos hiperbólicos até os anos 1960. "Hiperbólico" significa que a expressão é usada para indicar que alguém ficou irritado ou perturbado, mas não literalmente insano. *Drive someone crazy* ('deixar alguém maluco') sempre foi mais frequente no sentido hiperbólico, que começa no *corpus* nos anos 1930.

A centralidade de *drive someone crazy* ('deixar alguém maluco') em seu uso hiperbólico é comprovada por seu constante aumento em frequência dos anos 1930 até o presente. Por volta dos anos 1960, o uso dessa expressão aparentemente atingiu um ponto em que começa a atrair expressões sinônimas (ver Figura 5.1). O uso hiperbólico de *drive someone mad* ('deixar alguém louco') tem seu pico nos anos 1960 e depois declina. A expressão com *nuts* ('doido') é documentada em um uso literal na década de 1940, mas se torna frequente no uso hiperbólico também na década de 1960. No *corpus*, quando *up the wall* ('subir as paredes') ocorre com *drive* ('fazer') pela primeira vez nos anos 1960 é em seu uso hiperbólico; sua frequência aumenta nos anos 1970.

Figura 5.1 Usos hiperbólicos de *drive someone* ('deixar/fazer alguém') *crazy* ('maluco'), *mad* ('louco'), *nuts* ('doido') e *up the wall* ('subir as paredes') de 1920 a 2000 (*corpus* do *Time Magazine*)

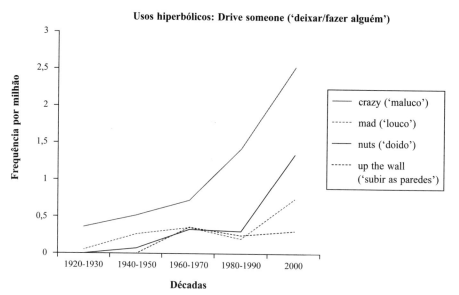

Parece, assim, que o aumento do uso de *drive someone crazy* ('deixar alguém maluco') em um uso subjetivo, hiperbólico, serviu para atrair outros modificadores em uma expressão análoga, que, por sua vez, aumentou a esquematicidade da construção. É interessante que *drive someone mad* ('deixar alguém louco'), em seu uso hiperbólico, não excluiu seu uso original mais literal indicando insanidade real (ver Figura 5.2).

Figura 5.2 Usos literal *versus* hiperbólico de *drive someone mad* ('deixar alguém louco') de 1920 a 2000

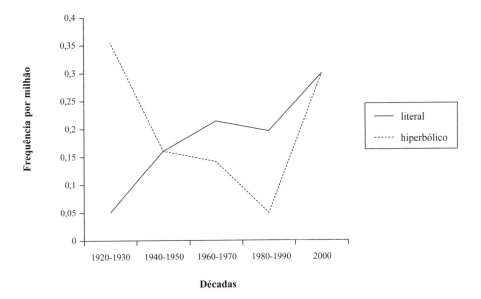

Por que *crazy* ('maluco') é o adjetivo que liderou o processo nesse caso? É o adjetivo mais frequente nesse domínio semântico. É menos sério do que *mad* ('louco') em seu significado "insano" porque, para os falantes norte-americanos, *crazy* ('maluco') não necessariamente indica uma condição clínica e, portanto, é mais apropriado ao uso hiperbólico.

Na próxima seção, discutimos em maior detalhe a natureza das categorias de exemplares que ocupam posições esquemáticas em construções, comparando essas estruturas com as categorias hipotetizadas com base em condições necessárias e suficientes que têm sido dominantes na linguística e no pensamento ocidental em geral. Veremos, uma vez mais, um papel importante para o membro de alta frequência da categoria e discutiremos as razões para esse papel central.

5.6 Categorias prototípicas: verbos "tornar-se" em espanhol

5.6.1 Fracasso das condições necessárias e suficientes

Uma tradição antiga na linguística tem sido tentar identificar os traços abstratos que caracterizam uma categoria ou marcador linguístico. Na prática estrutural e gerativa, quanto menos traços, melhor. Isso leva a uma busca pelos traços mais abstratos possíveis para caracterizar uma gama de itens ou usos e excluir todos os outros. Conforme mencionado no capítulo 2, Roman Jakobson (1990) afirmou explicitamente que tais traços abstratos, na verdade binários, eram necessários para simplificar as tarefas de aprendizagem e uso dos falantes, uma vez que a língua é tão complexa. Contudo, análises específicas que utilizam tais traços são invariavelmente controversas, indicando talvez que tais traços não estão captando os mecanismos que permitem aos falantes usar suas línguas produtivamente (ver discussão da categoria "irrealis" em Bybee, Perkins e Pagliuca [1994] e Bybee [1998a]).

Análises abstratas em termos de condições necessárias e suficientes estritas, em que um item pertence ou não pertence à categoria, estão em total contraste com a categorização por exemplares conforme descrita anteriormente, em que membros de categorias podem apresentar graus em sua centralidade ou marginalidade. Nesse modelo, a categorização se dá pela comparação local de itens recentes com itens estabelecidos, levando em conta tanto a semelhança em vários aspectos quanto a frequência de ocorrência. Isso significa que itens formam relações estreitas, locais, sempre que possível.

Em nosso estudo dos verbos "tornar-se" e dos adjetivos que os acompanham em espanhol (Bybee; Eddington, 2006), citamos vários tipos de evidência para tais feixes locais de membros de uma categoria construcional. O foco do estudo são quatro verbos que são usados com sujeitos animados e adjetivos para formar expressões de "tornar-se". Esses verbos são *quedarse, ponerse, volverse* e *hacerse*. Alguns estudos anteriores procuraram fornecer caracterizações gerais de quais adjetivos eram mais apropriados com quais verbos. Notou-se que nem todos os adjetivos ocorriam com cada verbo; ao contrário, parecia haver pares verbo-adjetivo convencionalizados. Tentativas de caracterizá-los em termos abstratos não tiveram sucesso; traços possíveis, como a duração do estado em que se entrou, ou o grau de envolvimento do sujeito, ou são empiricamente não justificáveis ou difíceis demais para aplicar em casos particulares. Um exemplo do primeiro problema é visto no fato de que um autor (Pountain, 1984) propõe que *ponerse* é usado com adjetivos que também são usados com a cópula *estar*, que indica um estado temporal, enquanto outro trabalho (Coste; Redondo, 1965) afirma que *ponerse* não pode ocorrer com adjetivos que ocorrem com *estar*. Um exemplo do segundo problema é que se diz que *quedar(se)* é usado para descrever mudanças passivas iniciadas por um agente externo (o que reflete sua fonte histórica) (Fente, 1970), mas exemplos encontrados em *corpora* exibem um campo de variação nessa dimensão. Alguns exemplos, como (3), implicam uma causa externa, mas outros, como (4), implicam controle interno.

(3) y la gente cuando la vea funcionar *se* va a *quedar asustada*.
      'e as pessoas, quando a vir funcionar, vão ficar assustadas'.

(4) — Como quieras, viejo. Las cosas se dán así, lo mejor es *quedarse tranquilo*. A mí tampoco me van tan mal.
      'Como queiras, velho. As coisas são assim, o melhor é ficar tranquilo. Para mim, não me parecem tão mal'.

Uma terceira dificuldade é que esses traços podem caracterizar o uso de um verbo, mas não necessariamente o distinguem do uso de outro verbo. Assim, tanto *quedarse* quanto *ponerse* podem ser usados com estados emocionais de curta duração (*quedarse sorprendido* ['ficar surpreso'] e *ponerse nervioso* ['ficar nervoso']) e estados físicos (*quedarse embarazada* ['ficar grávida'] e *ponerse mal* ['ficar doente']). Considere os dois exemplos seguintes, em que *quedarse tranquilo* e *ponerse tranquilo* ocorrem em situações em que uma pessoa está tentando acalmar outra:

(5) El chico se quejaba, gemía y ella lo acunaba pidiéndole que no llorase, que se *quedara tranquilo*...

'O garoto se queixava, gemia e ela o embalava, pedindo que não chorasse, que ficasse tranquilo...'

(6) — Yo le digo "compañero" para que se *ponga tranquilo*. Calma usted...

'Eu lhe digo "companheiro" para que você *fique tranquilo*. Acalme-se...'

Logo, ficou provado ser muito difícil caracterizar o grupo de adjetivos que são usados com cada verbo em termos de traços gerais que incluem apenas membros da categoria e excluem todos os outros.

5.6.2 Mais categorização local

O insucesso dos traços gerais, abstratos, para prever os usos em *corpus* dos verbos "tornar-se" sugere que a categorização mais local governa as escolhas feitas pelos falantes dos verbos que são usados com os adjetivos. Assim, Bybee e Eddington (2006) sugerem, para *quedarse*, vários feixes de adjetivos semanticamente relacionados, mas não traços abstratos abrangentes. Com base em exemplos de *corpus*, propomos várias categorias de adjetivos que ocorrem com *quedarse* e também um conjunto para *ponerse* (para maiores detalhes, ver Bybee; Eddington, 2006).

Apenas para justificar os achados do estudo de *corpus*, considere a Tabela 5.1, que lista os adjetivos que classificamos como semanticamente relacionados a *solo* ('sozinho'), um adjetivo que ocorre muito frequentemente com *quedarse*. Note que classificamos o oposto, *emparejado* ('acompanhado'), como semanticamente relacionado a "sozinho", porque opostos compartilham a maioria dos traços embora difiram em apenas um.

LÍNGUA, USO E COGNIÇÃO

Tabela 5.1 Número de adjetivos usados com *quedarse* relacionados a *solo* no *corpus* falado e escrito

Adjetivo	Fala	Escrita
Solo ('sozinho')	7	21
Soltera ('solteira')	1	2
Aislado ('isolado')	2	0
A solas ('a sós')	1	0
Sin novia ('sem namorada')	1	0
Oposto:		
Emparejado ('acompanhado')	1	0

Tomamos a similaridade semântica de *solo* com os adjetivos menos frequentes como indicador de que seu uso com o verbo *quedarse*, e não com qualquer outro verbo, se deve à comparação analógica com *quedarse solo*. A natureza local dessa categorização é indicada pelo fato de que outros feixes de adjetivos em torno de um exemplar de frequência mais alta (ou *prefab*) também ocorrem. Desse modo, a Tabela 5.2 mostra os adjetivos que são semanticamente similares ao mais frequente *quedarse inmóvil* ('ficar imóvel').

Tabela 5.2 Adjetivos com *quedarse* agrupados com *inmóvil* indicando "sem movimento"

Adjetivo	Fala	Escrita
Inmóvil ('imóvel')	0	17
Parado ('parado')	2	0
Tieso ('rígido')	0	3
Duro ('duro')	0	2
Petrificado ('petrificado')	0	1
De piedra ('de pedra')	1	0
Paralizado ('paralisado')	0	1
Seco ('seco')	0	1
Clavado al suelo ('pregado no chão')	0	1
Inoperante ('inoperante')	1	0
Encerrado ('fechado')	0	1

Tabela 5.3 Adjetivos com *quedarse* agrupados com *sorprendido*

Adjetivo	Fala	Escrita
Sorprendido ('surpreso')	4	3
Deslumbrado ('deslumbrado')	1	0
Fascinado ('fascinado')	0	1
Asombrado ('assombrado')	0	1
Asustado ('assustado')	1	0
Seco ('seco')	1	0
Acojonado ('impressionado')	1	0
Transtornado ('transtornado')	0	1
Alucinado ('alucinado')	3	0
Loco ('louco')	1	0
Frío ('surpreso')	1	1
Perplejo ('perplexo')	0	1
Pasmado ('pasmo')	0	1
Estupefacto ('estupefato')	0	2
Atónito ('atônito')	0	1
Preocupado ('preocupado')	0	1
Frustrado ('frustrado')	1	0
Colgado ('desapontado')	1	0

A Tabela 5.3 ilustra outro feixe — os adjetivos relacionados semanticamente a *quedarse sorprendido* ('ficar surpreso'). Conforme mencionado antes, seria bem difícil encontrar um traço abstrato que pudesse caracterizar o conjunto de adjetivos que ocorrem com esse verbo (à exclusão de outros verbos). Parece mais provável que, ao invés de acessar um traço altamente abstrato, os falantes se apoiam em comparações mais locais. Já que frequência mais alta significa maior acessibilidade, os adjetivos mais frequentes tendem a servir mais comumente como base para tal analogia.

5.6.3 Semelhança na categorização

A expansão de categorias por meio da adição de membros semelhantes pode tomar diferentes formas porque a semelhança pode ser diferentemente acessada em ocorrências diferentes do uso contextualizado da língua. Nos dados das expressões "tornar-se" em espanhol, encontramos vários tipos de similaridade semântica manifestada em categorias, quatro das quais podem ser ilustradas com exemplos do feixe *inmóvil* mostrado na Tabela 5.2.

Primeiro, como era de se esperar, sinônimos ou quase sinônimos podem ser atraídos para uma categoria. Assim, *parado* é usado com *quedarse* assim como *inmóvil*. Segundo, metáforas que resultam em significados semelhantes também vão ocorrer na mesma categoria, como, por exemplo, *de piedra* ('de pedra') com a interpretação de imóvel. Terceiro, expressões hiperbólicas, como *paralizado* ('paralisado') com o significado de inerte, também são usadas com *quedarse*. Quarto, há itens que compartilham um traço (sem movimento), mas acrescentam outros, tal como *atrapado* ('preso'), que indica imobilidade atribuída a alguma entidade controladora. Finalmente, para nossa surpresa, em um experimento em que se pediu aos sujeitos para julgar a semelhança entre pares de adjetivos, os seguintes foram avaliados como altamente semelhantes: *bueno* ('bom'), *rico* ('rico'), *famoso* ('famoso') e *fuerte* ('forte'). Essas avaliações, que não são do tipo que uma análise linguística semântica forneceria, sugerem que associações inferenciais socialmente informadas podem estar funcionando nas categorizações dos usuários da língua. Todos esses adjetivos ocorrem nos dados com o verbo *hacerse*.

5.6.4 Feixes múltiplos nas categorias construcionais

Não é incomum encontrar distribuições locais dentro de categorias construcionais. Muitos exemplos de duas ou mais categorias que preenchem uma posição na construção têm sido discutidos na literatura. Por exemplo, a construção com *way* ('caminho') toma dois verbos — modo do movimento e criação de um caminho (Goldberg, 1995; Israel, 1996). O exemplo (7) ilustra o tipo modo do movimento e o exemplo (8) ilustra o tipo de criação do caminho (exemplos do *corpus* do *Time Magazine*).

(7) Annabel *wormed her way* into the circle around Kezia...
'Annabel abriu seu caminho até o círculo em torno de Kezia como uma minhoca...'.

(8) A skier *carves his way* down a pristine slope of powder...
'Um esquiador cava seu caminho por um declive virgem salpicado de neve...'.

Exemplos mais antigos com o predecessor do verbo modal *can* (*cunnan* ['poder']), no inglês antigo, mostram três tipos de verbos com função de complemento,[2] tendo cada um deles evoluído de modo próprio (Bybee, 2003b; ver também Goosens, 1990). O significado anterior de *can* era "saber", e os três usos refletem esse significado. Os verbos com função de complemento, em um conjunto, lidam com conhecimento e compreensão e, como tal, simplesmente apoiam o significado desbotado de *can* à medida que ele se torna mais frequente. Outro conjunto é formado pelos verbos de enunciação, os quais, quando combinados com *can*, podem indicar que o sujeito tem conhecimento para asseverar, de fato, sua proposição. O terceiro tipo é usado com verbos que indicam habilidades. Antes, podia-se dizer *X can (knows) the harp* ['X pode (sabe) a harpa'], significando que X toca a harpa. Mais tarde, outro verbo é acrescentado a tais sentenças: *X can (knows) the harp play* ['X pode (sabe) a harpa tocar'].

Goldberg (1995) também identifica vários grupos de verbos usados na construção ditransitiva. Estes incluem, por exemplo, verbos que significam atos de dar: *give* ('dar'), *hand* ('entregar'), *pass* ('passar'), *sell* ('vender'), *trade* ('negociar'), *lend* ('emprestar'), *serve* ('servir'), *feed* ('alimentar'); verbos de enviar: *send* ('enviar'), *mail* ('postar'), *ship* ('enviar por navio'); verbos de comunicar uma mensagem: *tell* ('contar'), *show* ('mostrar'), *ask*

---

2. A expressão "verbos com função de complemento" corresponde à tradução de "complement verb" em inglês. Tal função refere-se a verbo que ocorre como complemento de outro verbo. Por exemplo, na oração *Eu quero um doce* o complemento do verbo *querer* é 'um doce', e na oração *Eu quero comer* o complemento do verbo *querer* é 'comer'. Portanto, em *Eu quero comer* o verbo *comer* tem a função de complemento, o que lhe rende o atributo de 'complement verb', ou seja, de verbo que tem função de complemento. [N. T.]

('perguntar'), *teach* ('ensinar'), *write* ('escrever'); verbos de criação: *bake* ('assar'), *sew* ('costurar'), *make* ('fazer'), *build* ('construir') etc. Nesse caso, pode haver alguns elos entre as categorias, mas não há um significado abstrato geral que indique ao falante de inglês quais verbos podem ser usados nessa construção e quais não podem.

Desse modo, a situação de descobrir vários grupos de itens lexicais que são usados em dada posição em uma construção é bastante comum e aparentemente não apresenta nenhuma irregularidade aos usuários da língua, como sugeriria uma análise que tenta encontrar um único significado abstrato ou contraste para caracterizar toda a classe de itens que ocorrem em uma certa posição na construção. Ao contrário, as distribuições discutidas aqui sugerem categorização com base em propriedades semânticas específicas, concretas, de itens lexicais, as quais criam categorias (às vezes, várias) com pertencimento gradiente.

5.7 O papel do membro mais frequente da categoria

Nos estudos de Adele Goldberg sobre as construções de estrutura argumental, ela também observou o enviesamento de frequência entre os verbos que ocorrem em tais construções e considerou seu papel na aquisição de construções. O *corpus* de fala de mães para crianças analisado por Goldberg, Casenheiser e Sethuraman (2004) revela que cada uma de três construções tem um verbo que é mais frequente do que todos os outros. A Tabela 5.4 é uma reprodução de Goldberg (2006).

Tabela 5.4 Verbos mais frequentes e número de tipos de verbo de 15 mães para 3 construções no *corpus* de Bates et al. (1998)

Construção	Mães	Número de tipos de verbo
SUJ — V — OBL	39% *go* ('ir') (136/353)	39
SUJ — V — OBJ — OBL	38% *put* ('pôr') (99/256)	43
SUJ — V — OBJ — OBJ$_2$	20% *give* ('dar') (11/54)	13

Goldberg (2006, p. 77) argumenta que os verbos *go* ('ir'), *put* ('pôr') e *give* ('dar') são frequentes nessas construções, não apenas porque eles são os mais frequentes na língua, mas porque eles são semanticamente gerais e podem ser aplicados a um grande número de argumentos. Ela também defende que cada um desses verbos "designa um padrão básico de experiência" e, assim, tem significados que são facilmente acessíveis às crianças. Além disso, ela assinala que os próprios verbos têm significados que se assemelham fortemente aos significados postulados para as construções em que eles ocorrem. Desse modo, o uso da construção com esses verbos que não fornecem nenhum sentido adicional ajuda a criança a estabelecer o significado da construção. Presumivelmente, a partir dessa base, a criança (e o adulto) pode continuar a usar a construção com outros verbos que podem acrescentar outros significados ao enunciado total.

Casenheiser e Goldberg (2005) testaram o efeito do *input* enviesado sobre a aprendizagem com crianças de 5 a 7 anos e com adultos. Eles elaboraram um experimento para testar a contribuição da frequência de tipo e de ocorrência em que se ensinava a crianças e a adultos uma construção argumental inventada em inglês. A construção tinha um verbo inventado (com um sufixo em algumas das condições) e o verbo aparecia no fim da oração, diferentemente de qualquer outra construção em inglês. O significado da construção era ensinado através de uma apresentação em vídeo que acompanhava o estímulo linguístico. Em uma condição, os verbos inventados apareciam no estímulo com relativa baixa frequência de ocorrência: três verbos novos ocorreram quatro vezes e dois ocorreram duas vezes (4-4-4-2-2). Na outra condição, foi apresentado o mesmo número de verbos, mas um tinha uma frequência de ocorrência maior do que todos os outros, ocorrendo oito vezes, enquanto os outros quatro ocorreram duas vezes (8-2-2-2-2).

Na literatura linguística, a frequência de tipo é considerada um determinante fundamental de produtividade, ao passo que tal papel não foi atribuído à frequência de ocorrência (MacWhinney, 1978; Bybee, 1985; Hay; Baayen, 2002). Com base nisso, seria de se esperar que os sujeitos respondessem de modo semelhante em ambas as condições. Entretanto, os resultados mostraram que tanto adultos quanto crianças aprenderam a construção melhor na condição mais enviesada, em que um tipo de verbo foi apresentado oito vezes, já que eles responderam corretamente com maior frequência a novas instâncias da construção.

Casenheiser e Goldberg (2005) e Goldberg (2006) propõem que a repetição de um verbo particular em uma construção particular ajuda a estabelecer a correlação entre o significado da construção e sua expressão formal. Goldberg (2006) argumenta que, na aprendizagem de categorias em geral, uma categoria central, ou de baixa variação, é mais fácil de aprender. A condição com uma instância de alta frequência de ocorrência é exatamente tal categoria.

Deve-se acrescentar uma referência aqui ao trabalho de domínio geral sobre analogias. Kotovsky e Gentner (1996) mostram que a familiaridade com um conjunto fixo de relações é necessária antes que essas relações possam ser estendidas a outros objetos. Manter constantes tantas partes quanto possível auxilia a internalização das relações. Assim, ter uma instância de uma construção que é fixa em algumas poucas repetições pode auxiliar na aprendizagem de partes da construção e como elas produzem o significado geral.

Quanto aos usuários adultos da língua, é também importante observar que usos convencionalizados de formas linguísticas refletem situações convencionalizadas a que as pessoas se referem frequentemente. Logo, tanto a forma quanto o significado são facilmente acessíveis e estabelecem bons modelos para novas formações analógicas, que preenchem o espaço da categoria em torno do membro central ou frequente.

Finalmente, conforme mencionado no capítulo anterior, o desenvolvimento diacrônico parece emanar do membro central de uma categoria. Parece que expressões convencionalizadas podem desenvolver-se por meio de umas poucas repetições e estabelecer um modo convencionalizado de falar sobre uma situação. Então, variações sobre esse tema começam a criar uma categoria. Como mencionado no capítulo 4, Wilson (2009) discute o desenvolvimento da construção *quedarse* + ADJ, a qual parece ter começado com *quedarse solo* ('ficar sozinho'). Logo essa expressão foi combinada com outros usos de *quedarse* nesse sentido, tais como: *quedarse sin padre* ('ficar sem pai'), *quedarse viuda* ('ficar viúva'), *quedarse huérfano* ('ficar órfão') e *quedarse sin herederos* ('ficar sem herdeiros').

O pertencimento graduado a uma categoria e o papel central do membro frequente permeiam, portanto, as dimensões linguísticas, desempenhando uma função no uso sincrônico da língua (tal como refletido nas distribuições em um *corpus*), na aquisição da língua pela criança e na expansão diacrônica das categorias.

5.8 Estrutura de semelhança de família

Dada a interação entre os dois fatores que estou propondo para dar conta da estrutura da categoria — frequência e semelhança — e a proposta de que sua aplicação a qualquer situação dada é probabilística, as analogias podem ser baseadas em um membro de menor frequência se esse membro exibe maior semelhança com a situação nova. Tais situações levam à expansão criativa de categorias e ao que Wittgenstein (1953) denominou "estrutura de semelhança de família".

Por exemplo, voltando aos adjetivos usados com *quedarse*, um dos mais frequentes é *quieto* ('quieto'). Este se relaciona a outro adjetivo frequente com *quedarse*, *inmóvil*, que se refere a imóvel, mas não necessariamente quieto. Por outro lado, *tranquilo* ('tranquilo') indica imobilidade, com conotações positivas de calma. Relacionado a *tranquilo* ('tranquilo'), então, está *conforme* ('satisfeito'), que então leva ao adjetivo *a gusto* ('contente'). Agora, *a gusto* não compartilha traços com *inmóvil* diretamente — um significa "contente" e o outro, "imóvel" —; ainda assim, eles participam da mesma categoria estendida devido a essa cadeia de semelhanças de família, como mostrado em (9). Cadeias de semelhança de família são compatíveis com o mecanismo de analogias locais que permitem novas combinações.

(9) *inmóvil — quieto — tranquilo — conforme — a gusto*
  'imóvel' — 'quieto' — 'tranquilo' — 'satisfeito' — 'contente'

As analogias locais também permitem a criatividade e a invenção de palavras. No *corpus* do *Time Magazine*, há um uso da construção com *drive* com a criação recente *Salieri-mad*. Isso parece indicar um tipo de loucura que se manifestou no compositor Salieri, que tinha tanto ciúme do sucesso de Mozart que assumidamente o envenenou e foi responsável pela morte posterior do compositor. Aqui está a passagem do *corpus*:

(10) ... for the rest of your life, knowing that if you had just not slept in that one morning or skipped your kid's stupid school play, you could have made it? Wouldn't that <u>drive you Salieri-mad</u>? That's why I needed to call someone who just missed TIME 100 and let him know. It was the only way I could feel better about myself. There were several candidates who just missed the list...
'... pelo resto da sua vida, sabendo que, se você não tivesse dormido naquela exata manhã ou perdido a estúpida peça escolar de seu filho, você teria conseguido? Isso não <u>o deixaria louco como Salieri</u>? É por isso que precisei ligar para alguém que perdeu TIME 100 e dizer a ele. Foi o único modo de eu me sentir melhor comigo mesmo. Havia vários candidatos que perderam a lista...'.

Estrutura de semelhança de família é, então, uma consequência do modo como as categorias se expandem por analogia. Cadeias de analogias locais criam cadeias de semelhança de família. Tais cadeias podem estender-se por uma ampla porção de espaço semântico, levando a categorias altamente esquemáticas. Elas também podem estar estritamente centradas em um membro de alta frequência em casos de menor esquematicidade. Na próxima seção, consideramos categorias mais esquemáticas que parecem ser menos centrais do que as discutidas até agora.

5.9 Categorias que são mais esquemáticas

Até agora examinamos categorias altamente focadas que são organizadas em torno de um membro central e exibem altos graus de semelhança entre os membros. Essas seriam as categorias menos esquemáticas, devido a seu âmbito limitado. Mas outras relações entre os itens que ocorrem em dada posição em uma construção também são possíveis. A aprendizagem por exemplares admite categorias de vários tipos. Algumas categorias são muito mais esquemáticas e não têm um membro central de alta frequência. Outras têm um membro de alta frequência, mas não exibem expansão com base nesse membro.

Em nosso estudo dos adjetivos que ocorrem com *quedarse*, descobrimos que um grupo de adjetivos — aqueles que indicam condições corporais — parecia muito mais esquemático do que outras categorias que tínhamos revelado. Veja a lista de adjetivos na Tabela 5.5. O modo convencionalizado de dizer que uma mulher está grávida é *quedarse embarazada*, e o modo convencionalizado de dizer o mesmo sobre um animal é *quedarse preñada*. Os outros adjetivos não são estreitamente relacionados a esses em qualquer das relações de similaridade que descobrimos nos dados para as categorias mais focadas. Apesar dessas relações de similaridade mais distantes, esses itens podem constituir uma categoria, mas uma mais esquemática do que as categorias que examinamos até agora.

Tabela 5.5   Adjetivos com *quedarse* indicando estados corporais

Adjetivo	Fala	Escrita
Embarazada ('grávida')	4	0
Preñada ('prenhe')	3	1
Desnutrido ('desnutrido')	1	0
En bolas ('nu')	1	0
Ciego ('cego')	0	4
Asfixiado ('asfixiado')	1	0
Calvo ('calvo')	2	0
Encogido ('encolhido')	0	1
Mejor ('melhor')	1	0
Viejo ('velho')	1	0
Pelado ('barbeado')	0	1
Toruno ('castrado')	0	1
Delgado ('fino')	0	1
Estéril ('estéril')	0	1

LÍNGUA, USO E COGNIÇÃO

Outro exemplo de uma categoria altamente esquemática, embora pequena, é encontrado para o verbo *volverse*. O modo convencional de dizer "ficar louco" em espanhol é *volverse loco*, e ele ocorre frequentemente em dados falados e escritos. Poder-se-ia esperar que tal expressão originasse expressões sinônimas do mesmo modo que *drive someone crazy* ('deixar alguém maluco'), em inglês, gerou um vasto conjunto de expressões. Contudo, os dados do espanhol produziram os adjetivos com *volverse* listados na Tabela 5.6. Exceto para *idiota* ('idiota') e *llena de furia* ('cheia de fúria'), os adjetivos usados com *volverse* não mostram qualquer semelhança especial com *loco*. Não fomos capazes de explicar esse resultado inesperado. Apenas podemos observar que tais padrões existem no uso da língua.

Tabela 5.6 Adjetivos com *volverse*

Adjetivo	Fala	Escrita
Loco ('louco')	6	10
Idiota ('idiota')	0	1
Llena de furia ('cheia de fúria')	0	1
Mística ('mística')	0	1
Pesado ('irritante')	0	1
Raquítico ('raquítico')	0	1
Fino ('fino')	0	1
Exquisito ('requintado')	1	0
Esquivo ('tímido')	0	1
Ensimesmado ('introvertido')	0	1
Sumiso ('submisso')	0	1
Susceptible ('suscetível')	0	1
Mieles ('doce')	0	1
Negro ('negro')	0	1
Viejo ('velho')	0	1

Outra categoria altamente esquemática ocorre com *hacerse*, o outro verbo do espanhol que é usado com sujeitos animados e adjetivos para significar "tornar-se". Esse verbo tem muitos usos com sujeitos inanimados e também com nomes, incluindo expressões convencionalizadas como *hacerse tarde* ('ficar tarde') e *hacerse amigos* ('ficar amigos'). No entanto, com sujeitos animados e adjetivos, ele ocorreu somente vinte e quatro vezes com dezesseis adjetivos diferentes. Conforme mostra a Tabela 5.7, estes têm significados bastante diferentes. Notamos, anteriormente, que, em um experimento de avaliação semelhante, os sujeitos consideraram *bueno, fuerte, rico* e *famoso* relacionados. Os outros únicos adjetivos que testamos foram *aburrido* ('aborrecido') e *presente* ('presente'), e estes foram avaliados como diferentes uns dos outros e dos demais adjetivos testados.

Tabela 5.7 Adjetivos com *hacerse*

Adjetivo	Fala	Escrita
Aburrido ('aborrecido')	1	0
Cursi ('relaxado')	1	0
Consciente ('consciente')	1	2
Realista ('realista')	0	1
Responsable ('responsável')	0	1
Mayor ('adulto')	1	1
Viejo ('velho')	0	2
Duro ('duro')	0	1
Fuerte ('forte')	1	1
Invulnerable ('invulnerável')	0	1
No inferior ('não inferior')	1	0
Digno ('digno')	0	1
Bueno ('bom')	1	0
Famoso ('famoso')	1	1
Rico ('rico')	0	2
Visible ('visível')	0	2
Presente ('presente')	0	3

LÍNGUA, USO E COGNIÇÃO

Os grupos nas Tabelas 5.6 e 5.7 — os adjetivos usados com *volverse* e *hacerse* — constituem grupos muito esquemáticos, já que seus significados cobrem um vasto território. Apesar dessa esquematicidade, os dados mostram que as construções com esses verbos não são tão produtivas como aquelas com os outros dois verbos — *quedarse* e *ponerse*. A diferença em produtividade pode ser observada na Tabela 5.8, que exibe as frequências de ocorrências e de tipo para cada verbo nos *corpora*. *Quedarse* e *ponerse* respondem pela maioria das ocorrências assim como pela maioria dos tipos encontrados nos dados. Na próxima seção, discutimos o que se sabe sobre os fatores que determinam a produtividade.

Tabela 5.8 Número de ocorrências e de tipos com sujeito humano e adjetivo em *corpus* falado de 1,1 milhão de palavras e *corpus* escrito de cerca de um milhão de palavras (Marcos Marín, 1992; Eddington, 1999)

	Fala		Escrita		Total
	Ocorrências	**Tipos**	**Ocorrências**	**Tipos**	**Tipos[3]**
Quedarse	68	40	181	54	69
Ponerse	36	23	85	45	62
Hacerse	8	8	16	11	16
Volverse	7	2	22	13	14
Total	119		304		147

Enquanto as categorias de adjetivos usados com *volverse* e *hacerse* são pequenas e não muito produtivas, elas são altamente esquemáticas, cobrindo um amplo domínio de traços semânticos. Também é comum uma categoria dentro de uma construção ser altamente esquemática e, portanto, altamente produtiva. Tais categorias bem estudadas, como o tempo Passado regular do inglês, são altamente esquemáticas (aplicando-se a qualquer tipo fonológico

---

3. O "número total de tipos" será menor do que o total de tipos em cada *corpus* porque alguns tipos ocorreram nos *corpora* falado e escrito.

ou semântico de verbo) e altamente produtivas (aplicando-se facilmente a novos verbos). De modo semelhante, construções que são muito gramaticalizadas se tornam altamente esquemáticas e produtivas. Por exemplo, embora os verbos usados com *can* fossem restritos, com favorecimento dos verbos de enunciação e cognitivos, agora qualquer tipo semântico de verbo pode ser usado com *can*. O fato de que as classes mais centrais e menos esquemáticas das construções com *quedarse* e *ponerse* são altamente produtivas (dada a categorização semântica) mostra que esquematicidade e produtividade são dimensões independentes ao longo das quais as construções variam.

5.10 Produtividade

Produtividade é a probabilidade de que uma construção se aplicará a um novo item. É, pois, uma propriedade da categoria ou das categorias formadas pelas posições abertas em uma construção. Cada posição lexical em uma construção tem seu próprio grau de produtividade. Assim, na construção exemplificada por *drive someone crazy* ('deixar alguém maluco'), a posição do verbo pode ser ocupada pelos verbos *drive* ('deixar'), *send* ('mandar, enviar'), *make* ('fazer') (Boas, 2003), ao passo que a do adjetivo, conforme notamos antes, pode ser preenchida por uma grande quantidade de tipos e, assim, é mais produtiva. Note, contudo, que a posição do verbo é menos bem definida semanticamente e, assim, mais esquemática do que a posição do adjetivo, outra demonstração de que esquematicidade e produtividade são independentes.

A produtividade tem sido estudada no domínio morfológico mais do que em outro, e alguns dos fatores que determinam a produtividade na morfologia podem ser aplicados a construções morfossintáticas também. Como mencionado antes, a frequência de tipo é um determinante fundamental da produtividade, com a frequência de tipo mais alta levando à maior produtividade. O efeito de frequência de tipo pode ser restringido de várias maneiras. Deve-se levar em conta o fato de que tipos de frequência de ocorrência extremamente alta contribuem menos para a produtividade por causa de sua autonomia e perda de analisabilidade. Além disso, a esquematicidade restringe a produtividade: a natureza altamente focada da classe de adjetivos que ocorrem na construção "*drive someone* _____" ('deixar alguém _____') restringe sua habilidade de expansão.

Tem havido várias explicações para a importância da frequência de tipo propostas na literatura. Baayen (1993) enfatiza o número de tipos que ocorre em uma única ocorrência em um *corpus* como indicativo de produtividade. Visto que esses "hapax legomena" são menos familiares, talvez novos, eles requerem decomposição (*parsing*), o que ativa as partes componentes, renovando, desse modo, a analisabilidade da construção. No caso de morfologia derivacional, isso protege os níveis de ativação dos afixos contra a deterioração. No caso de construções morfossintáticas, o uso de exemplares de baixa frequência ativa a construção toda e fortalece sua representação mais do que o uso de um exemplar de alta frequência da construção.

Embora concordemos com a explicação para a produtividade há pouco mencionada — que a análise gramatical contribui para a ativação da construção (ver também Hay, 2001; Hay; Baayen, 2002) —, podemos ainda reconhecer que, em um modelo que toma exemplares como representações, a quantidade de exemplares armazenados de uma posição construcional com alta frequência de tipo será maior do que a quantidade para uma posição com baixa frequência de tipo. Dado que o mecanismo por trás da produtividade é a analogia específica do item, uma construção com uma posição de alta frequência de tipo será mais provavelmente usada para formar um enunciado novo do que uma com frequência de tipo mais baixa, simplesmente porque há mais candidatos em que basear a analogia.

De acordo com Baayen, a análise gramatical é necessária para ocorrências de baixa frequência e contribui para a produtividade. Do outro lado do espectro, a autonomia relativa de ocorrências de alta frequência não contribui para a produtividade da construção geral (conforme apontado em Bybee, 1985, e outros). À medida que um exemplar de uma construção atinge alta frequência de ocorrência, ele é processado sem ativação dos outros exemplares da construção e começa a perder analisabilidade e composicionalidade. Assim, construções representadas principalmente por membros de alta frequência ou expressões formulaicas tendem a não ser produtivas. Considere o exemplo dos dois tipos de negação discutidos no capítulo 3. A negação com *no* tem uma frequência de ocorrência de 314 no *corpus* que Tottie

(1991) estudou, e a negação com *not* tem uma frequência de ocorrência de 139. Como a última é mais produtiva, frequência de ocorrência claramente não é um determinante da produtividade. A alta contagem de ocorrência para a negação com *no* se deve a seu alto nível de uso com alguns verbos muito frequentes — *be* existencial e cópula, e *have* estativo. A negação com *no* também é usada com alguns verbos lexicais, mas muitos deles estão em expressões formulaicas. Desse modo, a proporção tipo/ocorrência para a negação com *no* no *corpus* falado é muito mais baixa (0,45) do que a negação com *not* (0,57), como é no *corpus* escrito, em que a proporção é 0,63 para a negação com *no* e 0,86 para a negação com *not* (Tottie, 1991, p. 449).

Logo, alta frequência de ocorrência diminui a produtividade na morfologia e também na morfossintaxe se certo nível de autonomia é alcançado. A seção seguinte contém uma breve discussão da autonomia.

5.11 Centralidade de pertencimento não é autonomia

Neste capítulo, vimos que exemplares de frequência relativamente alta de uma construção são membros centrais e servem para atrair novos membros para uma construção. No capítulo 3, argumentamos que, em níveis de frequência extremamente altos, os exemplares podem tornar-se autônomos, criando, por meio disso, uma nova construção. Membros autônomos não contribuem para a categorização ou produtividade porque eles formaram sua própria construção. Assim, há dois diferentes tipos de comportamento, dependendo dos graus de frequência de uso.

A autonomia crescente, que cria uma nova construção, foi discutida em Bybee (2003b e 2006a). Para a atual discussão, é relevante o fato de que, quando um caso particular de uma construção — isto é, uma construção com um item lexical particular — se torna altamente frequente, ela é processada como uma unidade. Conforme vimos no capítulo 3, quanto mais frequentemente uma sequência é processada diretamente como uma unidade, tanto menos provável que ela ative outras unidades ou a construção à qual ela pertence e tanto mais provável que ela perca sua analisabilidade. Ao mesmo tempo, o uso em contextos específicos contribui para mudanças no significado, que diminuem a composicionalidade e fazem o antigo exemplar de uma construção se afastar de sua origem. Por exemplo, a construção *be going to* ('ir + verbo infinitivo') surgiu de uma construção oracional de finalidade, em que qualquer verbo podia ocupar a posição que *go* ('ir') agora ocupa. Por causa da generalidade semântica de *go* ('ir'), ele passou a ser o verbo de movimento mais frequente na construção de finalidade. Devido a seu uso no contexto, podia-se inferir um sentido de intenção para fazer alguma coisa, e isso se tornou parte de seu significado. Como resultado do seu acesso frequente como uma unidade e a mudança semântica devido a inferências no contexto, SUJEITO *be going to* VERBO se tornou uma nova construção, independentemente da construção de finalidade de que se originou.

Em contraste, exemplares de construções como *quedarse solo* ('ficar sozinho') não exibem autonomia, nem o verbo está a caminho de se tornar um morfema gramatical. O exemplar permanece semanticamente composicional e totalmente analisável; é convencionalizado e usado como um ponto de referência para extensões analógicas da construção.

5.12 Problemas com a Análise Colostrucional

A Análise Colostrucional, outro método para analisar a distribuição de lexemas em construções com o objetivo de tratar do significado de construções, se desenvolveu recentemente. A Análise Colostrucional (Stefanowitsch; Gries, 2003) está particularmente interessada na utilização de métodos computacionais para determinar quais lexemas são mais "atraídos" para construções e quais são "repelidos" por elas. Os pesquisadores que desenvolvem esse método acham importante levar em consideração a frequência total de ocorrências de um lexema para determinar quão esperado ele é em uma construção, assim como a frequência do lexema na construção. Desse modo, um lexema com uma contagem alta de frequência total é menos atraído por uma construção do que um com frequência baixa, mantendo-se o resto igual. Além disso, o cálculo leva em conta a frequência do lexema na construção relativa a outros lexemas que aparecem na construção. O quarto e último fator é a frequência de todas as construções no *corpus*. Uma vez que todos os quatro fatores são usados para calcular a força colostrucio-nal, o método não permite determinar se os quatro fatores são significativos. Eu sugiro, por razões que serão esboçadas adiante, que a frequência do le-xema L na construção é o fator mais importante, e que talvez sua frequência relativa desempenhe um papel em relação à frequência total da construção.

Considere, primeiro, a questão de se a frequência total de um lexema diminui ou não sua atração para uma construção. Stefanowitsch e Gries (2003) e Gries et al. (2005) explicam que a atração se refere à força da associação entre o lexema e a construção. Dado que Gries et al. argumentam que a Aná-lise Colostrucional pode ajudar a determinar o significado de uma construção, "atração" ou Força Colostrucional corresponderia a quão prototípico ou central o lexema é para o significado e o uso da construção. No cálculo, a alta fre-quência de ocorrência total de um lexema reduz sua Força Colostrucional. O raciocínio é controlar os efeitos de frequência geral: para um lexema ter alta Força Colostrucional, ele deve ocorrer na construção mais frequentemente do que seria previsto por puro acaso (Gries et al., 2005, p. 646).

O problema com essa linha de raciocínio é que os lexemas não ocorrem em *corpora* por puro acaso. Cada lexema foi escolhido pelo falante em um contexto particular por uma razão particular. Além disso, é completamente possível que os fatores responsáveis pela alta frequência de um lexema em um *corpus* sejam precisamente os fatores que o tornam um membro central e definidor da categoria de lexemas que ocorrem em uma posição em dada construção (ver seções 5.7 e 5.11). Considere, por exemplo, o adjetivo *solo* do espanhol, que é um dos adjetivos mais frequentes na expressão com *quedarse*. Seu significado é "sozinho", um significado muito geral, compa-rado com *aislado* ('isolado'), *soltera* ('solteira') etc. Seu significado geral o faz frequente em *corpora* e o torna um membro central da categoria de adjetivos que ocorrem nessa construção. Logo, nesse caso, a Análise Colos-trucional pode gerar resultados errados, porque uma frequência total alta dará à palavra *solo* um grau mais baixo de atração para a construção de acordo com essa fórmula.

Gries et al. (2005, p. 665) depreciam o uso de "frequência simples" (presumivelmente, eles se referem à frequência de ocorrência) em uma aná-lise baseada no uso. Eles dizem:

Nós, portanto, desejamos enfatizar outra vez que argumentar e teorizar somente com base em simples frequência de dados implica um risco considerável de produzir resultados que podem não apenas ser completamente devidos à distribuição randômica de palavras [em um *corpus*], mas que também podem ser menos baseados no uso do que a análise pretende ser.

Como Bybee e Eddington (2006) usam "frequência simples" ou frequência de ocorrência de um adjetivo em uma construção para examinar a natureza das categorias de adjetivos usados com cada verbo "tornar-se" em espanhol, pode-se fazer uma comparação entre os resultados assim obtidos com os resultados da Análise Colostrucional. Para calcular a Força Colostrucional, usamos as contagens da frequência de ocorrência total para todos os adjetivos (em todas as suas formas flexionadas) no *corpus* escrito utilizado em Bybee e Eddington.[4] Infelizmente, há alguma incerteza quanto ao quarto fator mencionado antes — o número de construções que ocorrem no *corpus*. Não há como contar o número de construções em um *corpus* porque uma dada oração pode instanciar múltiplas construções. Stefanowitsch e Gries (2003) e Gries et al. (2005) utilizam uma contagem do número de verbos no *corpus*. Já que não estamos usando um *corpus* anotado, tal contagem não ficou disponível para nós. Ao contrário, usamos o tamanho do *corpus* como o quarto fator e calculamos a Força Colostrucional ao utilizar vários *corpora* de tamanhos diferentes. Os resultados relatados aqui tomam o tamanho do *corpus* como dois milhões de palavras, embora outros tamanhos de *corpus* forneçam resultados semelhantes.

A análise baseada em *corpus* de Bybee e Eddington considera os adjetivos mais frequentes que ocorrem com cada um dos quatro verbos "tornar--se" como os centros das categorias, com adjetivos semanticamente relacionados cercando esses adjetivos centrais, dependendo da sua similaridade semântica, conforme discutido antes. Desse modo, nossa análise utiliza frequência e semântica. Proponentes da Análise Colostrucional esperam chegar a uma análise semântica, mas não incluem qualquer fator semântico

---

4. Sou grata a Clay Beckner por calcular a Força Colostrucional para as construções do espanhol. Ele usou o *software* em Gries (2004).

em seu método. Já que considerações semânticas não entram na análise, parece plausível que dela não possa emergir uma análise semântica.

A análise de Bybee e Eddington foi corroborada por dois experimentos. Um deles foi uma tarefa de julgamento de semelhança semântica, cujos resultados mostraram que um número grande de falantes concordou com nossas propostas de grau de semelhança entre os adjetivos. O segundo experimento solicitava julgamentos de aceitabilidade para sentenças retiradas do *corpus*. Desse modo, todas as sentenças estímulos eram gramaticalmente bem formadas, mas mesmo assim os falantes foram capazes de posicioná-las numa escala de cinco pontos se elas soavam "perfeitamente boas", em um polo, ou "estranhas", em outro. Esses julgamentos nos diriam quão prototípico ou central um adjetivo é para a construção em que ele ocorreu nas sentenças estímulos. Nossa hipótese era (a) que adjetivos que ocorressem frequentemente na construção ocupariam posição mais alta na escala, (b) aqueles que tivessem frequência baixa seriam os próximos mais altos na avaliação da aceitabilidade, e (c) aqueles com frequência inconstante na construção e não relacionados semanticamente aos adjetivos de alta frequência na construção teriam as avaliações de aceitabilidade mais baixas. Esses achados foram fortemente confirmados pelos resultados do experimento.

Uma boa maneira de comparar a Análise Colostrucional à análise de frequência simples é ver como a Análise Colostrucional se sai em prever os resultados do experimento de aceitabilidade — quanto mais alta a Força Colostrucional do adjetivo na construção, mais aceitável a sentença deve ser.

Nas Tabelas 5.9 e 5.10, comparamos a Força Colostrucional e a frequência na construção para os julgamentos de aceitabilidade dos sujeitos (48 sujeitos completaram a tarefa). Na primeira coluna, estão os adjetivos que ocorreram nos estímulos; a segunda coluna mostra o número total das respostas dos sujeitos que colocaram a sentença nas duas categorias mais altas de aceitabilidade; a terceira coluna mostra o cálculo da Força Colostrucional; a quarta coluna, a frequência do adjetivo na construção; e a quinta coluna mostra a frequência do adjetivo no *corpus*. A frequência no *corpus* diminui a Força Colostrucional, logo esse número ajuda a explicar os valores da terceira coluna. Os adjetivos estão divididos em três grupos: alta frequência na construção; baixa frequência, mas semanticamente relacionados aos

LÍNGUA, USO E COGNIÇÃO

exemplares de alta frequência; e baixa frequência, não relacionados semanticamente aos exemplares de alta frequência (*convencido* e *redondo* têm uma frequência na construção de 0 porque não ocorreram no *corpus*; como os adjetivos não relacionados de baixa frequência foram raros no *corpus*, Bybee e Eddington tiveram que criar alguns estímulos para o experimento).

Tabela 5.9 Comparação de julgamentos de aceitabilidade, Força Colostrucional e frequência na construção para adjetivos com *quedarse*[5]

	Aceitabilidade alta	Força Colostrucional	Frequência na construção	Frequência no *corpus*
Alta frequência				
Dormido ('adormecido')	42	79,34	28	161
Sorprendido ('surpreso')	42	17,57	7	92
Quieto ('quieto')	39	85,76	29	129
Solo ('sozinho')	29	56,25	28	1.000
Baixa frequência relacionados				
Perplexo ('perplexo')	40	2,62	1	20
Paralizado ('paralisado')	35	2,49	1	1
Pasmado ('pasmado')	30	2,72	1	16
Clavado al suelo ('pregado no chão')	29	3,92	1	1
Baixa frequência não relacionados				
Convencido ('convencido')	31	0	0	87
Desnutrido ('desnutrido')	17	3,23	1	5
Redondo ('redondo')	10	0,01	0	128
Orgullosísmo ('orgulhoso', 'arrogante')	6	3,92	1	1

---

5. Na Análise Colostrucional, todos os itens foram "atraídos" para a construção, exceto *convencido* e *redondo*, que foram repelidos.

Tabela 5.10 Comparação de julgamentos de aceitabilidade, Força Colostrucional e frequência na construção para adjetivos com *ponerse*

	Alta aceitabilidade	Força Colostrucional	Frequência na construção	Frequência no *corpus*
Alta frequência				
Nervioso ('nervoso')	37	50,06	17	159
Enfermo ('doente')	32	8,82	4	243
Furioso ('furioso')	24	14,49	5	60
Pesado ('pesado')	22	15,83	6	124
Baixa frequência relacionados				
Agresivo ('agressivo')	34	2,55	1	49
Inaguantable ('intolerável')	27	3,54	1	5
Negro ('desagradável')	22	1,20	1	1.129
Revoltoso ('rebelde')	6	3,46	1	6
Baixa frequência não relacionados				
Sentimental ('sentimental')	19	2,58	1	45
Viejo ('velho')	11	1,07	1	1.551
Maternal ('maternal')	11	2,94	1	20
Putona ('promíscua')	2	3,54	1	5

Primeiro, observe que os adjetivos que ocorreram nas construções com a frequência mais alta têm a Força Colostrucional mais alta e também têm as avaliações de aceitabilidade mais altas. Para esses casos, a Força Colostrucional e a frequência simples fazem as mesmas previsões.

Para os adjetivos de frequência baixa, contudo, o experimento revelou, conforme Bybee e Eddington tinham previsto, uma diferença entre adjetivos de baixa frequência que são semanticamente similares aos de alta frequência e aqueles que não o são. Isso se mostrou muito significativo no experimento com os adjetivos de baixa frequência semanticamente relacionados, reunindo julgamentos quase tão altos quanto os adjetivos de alta frequência. Em contraste, a Análise Colostrucional trata do mesmo modo todos os adjetivos que ocorreram com baixa frequência na construção, atribuindo a eles pontos muito baixos. Obviamente, a Análise Colostrucional não pode fazer a distinção entre semanticamente relacionados e não semanticamente relacionados, uma vez que ela trabalha apenas com números e não com o significado. Assim, para determinar que lexemas são os mais adequados ou os mais centrais em uma construção, uma simples análise de frequência com semelhança semântica produz os melhores resultados.

Uma interpretação razoável dos resultados do estudo de *corpus* e do experimento de Bybee e Eddington (2006) é que lexemas com frequência relativamente alta em uma construção são centrais na definição do significado da construção (Goldberg, 2006) e servem como ponto de referência para novos usos da construção. Se essa interpretação estiver correta, então a frequência do lexema em outros usos não é importante. Gries e colaboradores defendem seu método estatístico, mas não propõem um mecanismo cognitivo que corresponda à sua análise. Por qual mecanismo cognitivo o usuário de uma língua desvaloriza um lexema em uma construção se ele geralmente é de alta frequência? Esta é a pergunta a que a Análise Colostrucional deve responder.

Um comentário adicional sobre os resultados da Análise Colostrucional: lexemas que ocorrem apenas uma vez em uma construção num *corpus* são tratados de dois modos pela Análise Colostrucional: se eles são frequentes em todo o *corpus*, então se diz que eles são repelidos pela construção, e se eles são pouco frequentes no *corpus*, então eles tendem a ser atraídos pela construção. Já observamos que, sem consultar o significado dos lexemas, tais resultados podem não fazer sentido. Além disso, em muitas análises como essa — ver, por exemplo, muitas das tabelas em Stefanowitsch e Gries (2003) — lexemas de baixa frequência são ignorados. O problema com isso é que os lexemas de baixa frequência muitas vezes exibem expansão produtiva da categoria de lexemas usados na construção (Baayen, 1993). Sem saber qual é o âmbito dos lexemas de baixa frequência, semanticamente relacionados, não se pode definir a categoria semântica de lexemas que podem ser usados numa construção.

5.13 Graus maiores de abstração

A maioria das teorias linguísticas assume *a priori* que as gramáticas contêm generalizações muito amplas e categorias altamente abstratas, como SUJEITO, OBJETO, ADJETIVO etc. Em nossa discussão até agora, focalizamos muitas construções pequenas que formam generalizações locais sobre grupos de itens lexicais. O foco tem sido essas generalizações de nível baixo porque elas têm sido ignoradas em outras teorias. Além disso, parece possível que evidência empírica para essas generalizações locais nos ajudará a entender os mecanismos que criam a gramática. Chegou a hora de perguntar que *status* as categorias e as generalizações mais abstratas têm em uma gramática baseada no uso.

A primeira questão se refere à evidência para categorias e construções mais abstratas. A razão por que teorias estruturais e gerativas assumem a existência de abstrações é o fato de que os usuários da língua podem produzir enunciados novos que são bem formados, pois seguem os padrões de outros enunciados na língua. Essas teorias assumem que os falantes aplicam regras gerais para realizar esse feito. Contudo, evidência resultante de trabalho baseado no uso, incluindo este capítulo, mostra que a produtividade (a capacidade de aplicar estrutura existente a novos enunciados) pode ser obtida por meio de analogias locais com exemplares existentes, sem referência a generalizações de nível mais alto ou mais abstratas. Logo, ao invés de simplesmente assumir que os falantes formam generalizações mais abstratas, é preferível buscar evidência explícita de que esse é o caso.

Há várias razões para não assumir que abstrações de nível mais alto existem na cognição para a língua. O fato de que muitas construções compartilham características, tais como referência a um sujeito, verbo ou SN, é coberto na Gramática das Construções pela noção de "herança", que relaciona construções em uma gramática sincrônica e permite que elas compartilhem propriedades. No entanto, o fato de que construções compartilham propriedades não necessariamente significa que os falantes fazem generalizações sobre as construções. Uma explicação diacrônica também é possível: uma vez que novas construções se desenvolvem de construções existentes, as propriedades de construções existentes são transferidas para as novas ao longo do tempo. Assim, a categoria SUJEITO será a mesma em um vasto conjunto de construções em uma língua. Uma vez que essa relação diacrônica é, em si mesma, uma explicação suficiente para o compartilhamento de propriedades, propostas sobre generalizações que os falantes fazem devem ser explicitamente testadas.

Tanto evidência quanto contraevidência já foram encontradas. Num nível de domínio geral, Bowdle e Gentner (2005, p. 198) argumentam que as pessoas podem igualar tipos de situação para formar um esquema de problema abstrato — isso poderia ser similar às categorias mais abstratas da gramática. Entretanto, mais pesquisas seriam necessárias para ver se esse tipo de situação de emparelhamento pode ser aplicado à língua. Em pesquisa diretamente vinculada à língua, Savage et al. (2003) descobriram que crianças de 3 e 4 anos eram afetadas por *priming* lexical em uma tarefa em que elas descreviam uma gravura depois de ter ouvido uma descrição de outra gravura. Em contraste, crianças de 6 anos eram afetadas por *priming* lexical e estrutural (tendo sido testadas com sentenças ativas transitivas ou passivas). Esse estudo sugere que crianças mais novas estão adquirindo construções em contextos lexicais muito específicos, mas crianças mais velhas estão começando a formar construções mais abstratas que se estendem sobre muitos exemplares. Estudos que mostram *priming* estrutural com adultos, usando construções gerais como ditransitiva e passiva, também sugerem que um nível de abstração pode ser alcançado.

Visto que os linguistas assumiram a generalidade das regras linguísticas, muito pouca pesquisa tem considerado seriamente a questão de quão geral tais regras podem realmente ser e como o geral interage com o específico. Razões para duvidar da generalidade máxima das regras linguísticas têm surgido em trabalhos recentes. Por exemplo, o experimento de Goldberg, em que ela ensinou crianças e adultos falantes de inglês uma construção com verbo final, mostra que as pessoas podem aprender construções com ordenação de palavras diferente de qualquer outra construção na língua. De fato, a situação no alemão, em que orações principais têm o verbo na segunda posição e orações subordinadas, na posição final, mostra que não há necessidade de generalização máxima para a ordenação de palavras. Bybee (2001b) aponta muitos casos em que as orações principal e subordinada têm propriedades diferentes, o que questiona a noção generalizada de ORAÇÃO, pelo menos em bases universais.

A força de certas generalizações linguísticas, como a alta produtividade do sufixo de tempo Passado regular do inglês ou a onipresença e a regularidade dos padrões para o verbo auxiliar do inglês, sugere abstrações na forma de regras. Contudo, o fato de que alta frequência de tipo leva a frequência de tipo ainda mais alta (e, assim, regularidade ou generalidade) não aponta necessariamente para regras abstratas, simbólicas: a disponibilidade de um padrão como modelo para a formação analógica de novos exemplares desse padrão pode fornecer uma explicação muito mais concreta para a generalidade sem recorrer a abstrações. Mesmo aceitando essa conclusão, muitas perguntas ainda restam quanto à interação das construções mais gerais, esquemáticas e produtivas com instâncias específicas dessas construções.

5.14 Conclusão

Este capítulo explorou algumas das propriedades de uso de construções que afetam sua estrutura interna, sua produtividade, sua esquematicidade e sua analisabilidade, focalizando a estrutura das categorias que constituem as posições esquemáticas nas construções. Evidência de que o uso afeta a estrutura das categorias nas construções é encontrada no fato de que itens com alta frequência de ocorrência nas construções constituem o centro das categorias construcionais e que alta frequência de tipo se correlaciona com produtividade. A categorização semântica dos lexemas que ocorrem nas construções também é apontada como um fator determinante no espraiamento da construção a novos itens. Os dados apresentados argumentam a favor de representações de memória enriquecida, porque tais representações levam ao fortalecimento de exemplares particulares com o uso e o registro de detalhes do significado de lexemas usados em construções, os quais servem de referência para a produção de inovações analógicas.

6

De onde vêm as construções? Sincronia e diacronia em uma teoria baseada no uso

6.1 Diacronia como parte da teoria linguística

Retornando à nossa discussão da língua como um sistema adaptativo complexo ou auto-organizador, este capítulo focaliza diretamente os processos de mudança que criam estruturas emergentes, pois esses processos ou mecanismos de mudança são a base fundamental para a explicação de por que a língua é como é. A importância da diacronia para a compreensão da gramática, especialmente em um contexto tipológico, mas também para a compreensão de processos cognitivos, tem sido enfatizada por vários linguistas ao longo de décadas; por exemplo, Greenberg (1963, 1969, 1978a), Givón (1979 e outros), Heine et al. (1991), Haiman (2002), assim como meu próprio trabalho — Bybee (1985, 1988c) e Bybee et al. (1994) e outros. A mudança linguística não é apenas um fenômeno periférico que pode ser incluído em uma teoria sincrônica; sincronia e diacronia precisam ser vistas como um todo integrado. A mudança é uma janela para representações cognitivas e um criador de padrões linguísticos. Além disso, se concebemos a língua do modo descrito neste livro, tanto como variável quanto tendo categorias gradientes, então a mudança se torna parte integral do quadro completo.

Este capítulo e os dois seguintes tratam diretamente de diacronia. Começamos nossa discussão nas seções 6.2-6.5 com o fenômeno diacrônico de gramaticalização, que tem sido intensamente estudado ao longo das últimas décadas. A meu ver, a pesquisa empírica em gramaticalização tem contribuído mais para nosso entendimento da gramática do que qualquer outro trabalho empírico durante o mesmo período. A perspectiva proporcionada pelos estudos de gramaticalização é de uma gramática sempre em evolução através do processo diário natural de uso da língua; ela vê a língua como parte de nossa experiência perceptual, neuromotora e cognitiva geral (Bybee, 2002a). Ver como a gramaticalização opera desmistifica a gramática e mostra que ela é derivável por meio de processos de domínio geral. A nova visão de gramática que emerge do trabalho sobre gramaticalização também mostra que a crença de que a aquisição da linguagem pelas crianças é uma fonte potencial de mudanças linguísticas maiores é, sem dúvida, um erro. Uma comparação de uso *versus* aquisição como fonte de mudança linguística é exposta na seção 6.6.

A gramaticalização deriva de uma coleção de processos concorrentes que afetam cada nível envolvido em um enunciado, da fonologia à morfossintaxe, semântica e pragmática. Em vista da prioridade concedida à morfossintaxe em muitas teorias correntes, o capítulo 7 examina o modo como uma importante categoria morfossintática do inglês — a categoria de verbo auxiliar — se desenvolveu no tempo. Os padrões associados a essa categoria se desenvolveram gradualmente e alinhados aos fatores que afetam construções discutidas nos capítulos anteriores. O capítulo 8 discute a questão de reanálise sintática e argumenta que a estrutura de constituinte exibe gradiência que possibilita que a reanálise de estruturas sintáticas seja também gradiente.

Considerando ainda a interação de diacronia e sincronia, o capítulo 10 discute as implicações da gramaticalização e da gramática baseada no uso para a compreensão do significado gramatical. Como em outras áreas, achamos uma interessante interação entre o muito geral e o específico. Eu argumento, como fiz em outros trabalhos, que a visão estruturalista do significado gramatical como um conjunto de oposições abstratas não está de acordo nem com evidência sincrônica de uso nem com evidência diacrônica de como tal significado evolui.

6.2 Gramaticalização

O processo mais difundido pelo qual itens e estruturas são criados é a gramaticalização. Ele é geralmente definido como o processo pelo qual itens ou sequências de itens lexicais se tornam um morfema gramatical, mudando sua distribuição e função no processo (Meillet, 1912; Lehmann, 1982; Heine; Reh, 1984; Heine; Hünnemeyer; Claudi, 1991; Hopper; Traugott, 2003). Assim, no inglês, *going to* (com uma forma finita de *be*) se torna o marcador de intenção/futuro *gonna*. Contudo, mais recentemente, tem sido observado que é importante acrescentar que a gramaticalização de itens lexicais ocorre dentro de CONSTRUÇÕES PARTICULARES e, ainda, que a gramaticalização cria novas construções (Bybee, 2003b; Traugott, 2003). Logo, *going to* não se gramaticaliza na construção exemplificada por *I'm going to the gym* ('eu estou indo para a academia'), mas apenas na construção em que um verbo segue *to*, como *I'm going to help you* ('eu vou ajudar você').

A construção que deu surgimento ao futuro com *going to* era uma construção de finalidade mais geral, como em *they are going to Windsor to see the king* ('eles estão indo a Windsor para ver o rei'), ou *they are journeying to see the queen's picture* ('eles estão viajando para ver o quadro da rainha'). Como o futuro com *be going to* tem hoje uma função diferente da antiga construção de finalidade e o verbo *go* perdeu seu sentido de movimento nesse uso, podemos dizer que [SUJ *be going to* VERBO] é uma construção distinta da construção de finalidade. Novos morfemas gramaticais são criados por gramaticalização, mas já que os morfemas gramaticais são definidos em termos da construção em que ocorrem, tanto um novo morfema gramatical quanto uma nova construção resultam do processo.

Linguistas históricos sempre foram cientes da gramaticalização como um modo de criar novos morfemas gramaticais, mas foram as pesquisas realizadas nos anos de 1980 e 1990 que revelaram a ubiquidade da gramaticalização. Documentação translinguística e histórica deixa claro que a gramaticalização ocorre em todas as línguas o tempo todo e que todos os aspectos da gramática são afetados. Além disso, há o fato notável de que, em línguas não relacionadas, itens lexicais com significados muito semelhantes entram no processo e dão surgimento a morfemas gramaticais que também têm significados muito semelhantes. Bybee, Perkins e Pagliuca (1994) estudaram tais correspondências em tempo, aspecto e modalidade em uma amostra de 76 línguas representando os maiores grupos linguísticos do mundo. Nesse trabalho, foi descoberto que marcadores de futuro se desenvolvem de verbos de movimento em um amplo leque de línguas não relacionadas; marcadores de futuro também derivam de verbos de volição (p. ex., inglês *will* ['desejar']); progressivos comumente vêm de expressões locativas ('estar localizado fazendo algo'); progressivos podem ainda se desenvolver em imperfectivos ou presentes; tempos passados e perfectivos vêm de expressões resultativas ('ter algo feito') ou de verbos significando "acabar". Exemplos nesse domínio podem ser encontrados em Bybee et al. (1994), e uma gama mais ampla de exemplos pode ser encontrada em Heine e Kuteva (2002). A importância dessas correspondências translinguísticas será discutida no capítulo 11.

6.3 Como ocorre a gramaticalização

Um exame intenso do processo de gramaticalização em textos, em mudança em progresso e através de línguas, leva à conclusão de que o processo ocorre durante o uso da língua (Bybee; Pagliuca, 1987; Bybee, 1988b; Bybee; Perkins; Pagliuca, 1994; Bybee, 2003b). Vários fatores entram em jogo e esses fatores foram discutidos na literatura citada anteriormente e muitos deles já foram discutidos nos capítulos precedentes deste livro. Conforme mencionado, a gramaticalização envolve a criação de uma nova construção com base em uma construção já existente. Logo, envolve o processo pelo qual uma instância lexical particular de uma construção (*go*, na construção de finalidade) torna-se autônoma de outras instâncias da construção. Esse processo inclui, é claro, a perda de analisabilidade e composicionalidade (ver capítulos 3 e 8). Ele envolve a criação de novos *chunks*, com as mudanças fonéticas concomitantes, desencadeadas pelo aumento da frequência. Mudanças semânticas e pragmáticas ocorrem como resultado dos contextos em que a construção emergente é usada.

Vamos examinar essas partes do processo de gramaticalização uma por uma. Veremos que um aumento na frequência de ocorrência desempenha importante papel nas mudanças que ocorrem, ao passo que, ao mesmo tempo, algumas das mudanças, em troca, levam a aumentos na frequência de ocorrência. Esse efeito autoalimentador explica a força que empurra para frente uma mudança por gramaticalização.

Com a repetição, a instância particular da construção se torna um *chunk*. Conforme mencionamos no capítulo 3, as sequências envolvidas em *chunk* sofrem redução fonética. Uma vez que elas podem finalmente atingir frequência extremamente alta de ocorrência, as construções em processo de gramaticalização podem sofrer redução muito radical. A extensão da redução é uma medida do grau de gramaticalização (Bybee et al., 1994, capítulo 4). Como exemplo, já mencionei *going to* reduzindo-se para *gonna*. Também há redução em processo em sintagmas como *want to* ('querer + infinitivo'), *have to* ('ter de +infinitivo') e *supposed to* ('suposto + infinitivo'). Olhando para o passado, descobrimos que a marca de passado do inglês *-ed* é a redução de *dyde* (did); a primeira pessoa do singular do sufixo de futuro do espanhol *-é* é a forma reduzida do verbo auxiliar *habeo* do latim. Tal redução se deve à automatização de movimentos articulatórios nessas sequências; conforme essas cadeias são repetidas, elas se tornam mais fluentes com mais sobreposição e redução de movimentos (ver discussão no capítulo 3).

Também como resultado de *chunking*, as unidades internas da expressão sob gramaticalização se tornam menos transparentemente analisáveis e mais independentes de outras instâncias das mesmas unidades (ver Boyland, 1996). Assim, *have* ('ter') em *have to* ('ter de') se torna mais distante de *have* em outra expressão gramatical, o Perfeito. As formas de *have* no Perfeito se contraem com o sujeito (*I've seen* ['eu vi'], *he's taken* ['ele pegou'] etc.), mas as formas de *have* em *have to*, não (**I've to go* ['tenho de ir']). É claro, isso é causado em parte pelas mudanças semânticas que ocorrem.

A mudança semântica ocorre gradualmente e envolve vários tipos de mudança. Por exemplo, componentes do significado parecem perdidos. Assim, *gonna* não indica mais movimento no espaço; *will* não indica mais "querer"; *can* não significa mais "saber" ou "saber como" em todas as ocorrências; *a/an* ('um(a)') ainda é singular, mas não especifica explicitamente "um/a". Esse tipo de mudança tem sido chamado "desbotamento" (*bleaching*). Ele surge à medida que essas expressões aumentam seus contextos de uso. Muito embora *can* ('poder') ainda possa indicar que o sujeito tem o conhecimento para dizer a verdade em (1), ele não indica absolutamente nada sobre conhecimento em (2), mais geral.

(1) I can tell you that she has gone with her uncle.

'Eu posso lhe dizer que ela saiu com o tio dela'.

(2) Walk as quietly as you can.

'Ande tão silenciosamente quanto puder'.

À medida que uma nova construção (como [SUJEITO + *be going to* VERBO] se expande e é usada com mais e mais sujeitos e verbos principais, seu significado também se generaliza. Pode-se notar, também, que o uso frequente leva à habituação, pela qual um elemento repetido perde um pouco da sua força semântica (Haiman, 1994). Como generalização e habituação enfraquecem o significado de uma construção em gramaticalização, ela então pode aplicar-se a mais e mais casos, provocando um aumento em frequência.

No entanto, nem toda mudança semântica envolve perda de significado, conforme Traugott apontou em muitas publicações (Traugott, 1989; Traugott; Dasher, 2002, dentre outros). Como mencionado nos capítulos anteriores, atos de comunicação nunca são totalmente explícitos e requerem um grande uso de inferência — casos em que o ouvinte interpreta mais do que é expresso. Quer dizer, um enunciado implica certas coisas e o ouvinte obtém essa informação por inferência. Na mudança por inferência pragmática, os significados que são frequentemente implicados por uma construção no contexto associado podem ser convencionalizados como parte do significado da expressão. Contextos de uso frequentes para *be going to*, como *I am going to deliver this letter* ('eu vou entregar essa carta'), implicam intenção e, como resultado, intenção de agir se tornou parte importante do significado da expressão *be going to*.

O fato de que a gramaticalização se manifesta na fonética, morfossintaxe, semântica e pragmática indica a construção como uma unidade apropriada para descrever e explicar esse processo, já que as construções fornecem o lócus para conectar esses aspectos do sinal linguístico. O fato adicional de que a gramaticalização cria variação no uso torna os exemplares apropriados para modelar as representações cognitivas que permitem que a gramaticalização ocorra. Muitas construções envolvendo morfemas sob gramaticalização têm um âmbito de uso que vai de significados muito específicos (geralmente refletindo usos mais antigos, mas ver capítulo 10) a significados muito gerais, como nos exemplos (1) e (2). Um modelo que assume exemplares de estágios sucessivos representaria as frequências relativas dos diferentes usos de uma construção. Além disso, uma representação por um feixe de exemplares inclui muita informação sobre o contexto em que um enunciado ocorreu e que significados foram extraídos do seu uso, porque as inferências que acompanham o uso de construções também são gravadas na representação cognitiva (ver capítulos 2, 3 e 8). Se inferências específicas comumente ocorrem com uma construção, sua representação será reforçada e consequentemente elas podem ser ativadas quando a construção ocorre, tornando-as, em essência, parte do significado da construção. O campo de variação fonética que ocorre em morfemas gramaticais dentro de construções também é naturalmente representado em um modelo que toma exemplares como representações (Bybee, 2001a).

A descrição de gramaticalização apresentada aqui enfatiza os mecanismos que operam para causar mudanças cujo efeito acumulativo é a criação de novos morfemas gramaticais. Todos esses mecanismos de mudança requerem repetição e são impelidos por aumento de uso: *chunking*, redução fonética, autonomia crescente, generalização para novos contextos (via analogia), habituação e inferência pragmática. Estes são os mecanismos básicos de mudança que podem atuar em qualquer material sob gramaticalização. Os mesmos processos estão atuando em gramaticalizações muito comuns, como os futuros com *go*, e também em outros mais raros, como os futuros a partir de advérbios temporais (p. ex., no tok pisin, *bai* < *by and by* ['mais tarde']). Na medida em que esses processos explicam similaridades através de línguas, eles também permitem e criam diferenças: um futuro gramaticalizado de *go* ('ir') terá diferentes nuances semânticas de um futuro de *want* ('querer'); um futuro que se gramaticalizou recentemente terá uma leitura forte de intenção, ao passo que um futuro que passou por mais desenvolvimentos pode não ter usos de intenção (Bybee; Perkins; Pagliuca, 1994). Desse modo, a gramaticalização tem grande potencial para explicar as semelhanças bem como as diferenças entre línguas (Bybee; Dahl, 1989).

Por meio da gramaticalização, vemos como a gramática de uma língua pode surgir exatamente quando a estrutura surge, em um sistema adaptativo complexo. Os mecanismos que operam em tempo real à medida que os falantes e ouvintes usam a língua, repetida várias vezes em múltiplos eventos de fala, levam a uma mudança gradual por meio da qual morfemas gramaticais e suas construções associadas emergem. O material lexical que consiste de forma e significado é moldado em construções que são convencionalizadas, repetidas, e sofrem mudança posterior tanto na forma como no significado.

6.4 O poder explanatório da gramaticalização

Compreender como as estruturas surgem nas gramáticas nos proporciona possibilidades de explicação não disponíveis em descrições puramente sincrônicas. Visto que os padrões morfossintáticos são o resultado de longas trajetórias de mudança, eles podem ser sincronicamente arbitrários; logo, a única fonte para explicar suas propriedades é a diacrônica.

Por exemplo, como novas construções são instâncias específicas de construções velhas, muitas de suas propriedades, tal como a ordenação de elementos, são determinadas pela construção da qual surgiram. Se perguntarmos por que o *not* do inglês vem depois, e não antes, do primeiro verbo auxiliar ou cópula no sintagma verbal, teremos de nos voltar para a diacronia

LÍNGUA, USO E COGNIÇÃO

para obtermos uma resposta. Essa resposta é que o elemento *not* derivou, no inglês médio, de um elemento negativo *nã* ou *nõ* mais um pronome indefinido *wiht*, significando "alguém, algo" quando o pronome era o objeto do verbo. Ele, de fato, acompanhava todos os verbos, inclusive verbos principais finitos, mas se limitou mais tarde a acompanhar verbos auxiliares e cópulas do modo descrito no capítulo 7.

O mesmo desenvolvimento estabeleceu uma competição entre esse *not* negativo mais novo e o antigo modo de negar, usando sintagmas de "incorporação negativa", tais como *no longer* ('não mais'), *nothing* ('nada'), *no one* ('nenhum', 'ninguém'), e assim por diante. Conforme mencionado no capítulo 4, essa competição continua hoje nos pares sinônimos como:

(3) I know nothing.   *vs.*   I don't know anything.
    'Eu não sei nada'.
(4) There were no funds.   *vs.*   There weren't any funds.
    'Não havia fundos'.

A explicação para o fato de que o inglês tem duas construções sentenciais negativas, assim como a explicação para as propriedades de cada uma, depende de nossa compreensão das mudanças particulares de gramaticalização que ocorreram e de que propriedades as construções tinham durante o período de tempo em que a gramaticalização se deu (ver capítulo 7 para mais discussão).

Outro papel que a diacronia desempenha é na explicação de padrões tipológicos, como as correlações entre a ordenação vocabular em diferentes constituintes, conhecida como "universais da ordenação vocabular" (Greenberg, 1963; Dryer, 1988). Esses padrões têm explicações diretas por meio da gramaticalização (Givón, 1984). Por exemplo, considere o fato de que verbos auxiliares (verbos que tomam outro verbo como complemento e compartilham os mesmos argumentos que o outro verbo) ocorrem depois do verbo principal em línguas OV (Objeto-Verbo), mas antes do verbo principal em línguas VO (Verbo-Objeto). Os verbos auxiliares se desenvolvem de verbos principais, os quais tomam outros verbos como complementos. Nas línguas OV, tais complementos precedem o verbo finito (o que vai tornar-se verbo auxiliar), enquanto nas línguas VO os complementos seguem o verbo finito. Assim, a ordenação V-AUX será característica de línguas OV, ao passo que a ordenação oposta será característica de línguas VO. Além disso, se tais verbos auxiliares se tornam afixos, eles serão sufixos em línguas OV e prefixos em línguas VO. Para esse caso, não são necessários princípios sincrônicos (como Harmonia Transcategorial [Cross-Category Harmony], Hawkins, 1983); a gramaticalização nos dá as ordenações corretas. Considere os seguintes exemplos de Givón (1984, p. 231):

Suaíli: ordenação VO

(5)   a-li-soma kitabu   li 'estar' > PASSADO

        ele-PASS-ler livro

        'ele leu um livro'

(6)   a-ta-soma kitabu   taka 'querer' > FUTURO

        ele-FUT-ler livro

        'ele lerá um livro'

(7)   a-me-soma kitabu   *mála 'acabar' > ANTERIOR

        ele-ANT-ler livro

        'ele leu um livro'

Ute: ordenação OV

(8)   wúųka-xa   'ter/estar' > ANTERIOR

        trabalhar-ANT

        'ele trabalhou'

(9)   wúųka-vaa(ni)   *páa 'ir/passar' > FUTURO

        trabalhar-FUT

        'ele trabalhará'

A ocorrência de exceções às correlações de ordenação usual sustenta essa interpretação. Por exemplo, em suaíli e outras línguas, em que um perfeito ou perfectivo deriva de um verbo que significa "acabar" (nesse caso, do protobanto *gid ['acabar']), ele se torna um sufixo, muito embora as línguas banto sejam classificadas como VO. A razão é que, quando uma sequência de verbos que se gramaticaliza envolve o verbo "acabar", esse verbo tende a ocorrer em ordem icônica — depois do verbo que descreve o que acabou. Eis um exemplo de ewe (Heine; Reh, 1984, p. 127):

(10) é-du   nu   vɔ   vɔ   'acabar' > ANTERIOR
     ele-comer   coisa   acabar
     'ele comeu'

Explicações semelhantes para correlações de ordenação vocabular estão disponíveis para a ordenação de adposições, genitivos e outras construções. Logo, a gramaticalização constitui uma fonte poderosa de explicação para fatos específicos à língua assim como generalizações translinguísticas.

6.5 Críticas à gramaticalização: unidirecionalidade e teoria da gramaticalização

Depois de observar o fenômeno de gramaticalização e os mecanismos que desencadeiam o processo, bem como a gradualidade da mudança e a variabilidade de construções gramaticais, minha visão da natureza da gramática mudou completamente em relação ao que me ensinaram. A visão estruturalista e gerativista de estruturas e regras discretas, abstratas, simplesmente não é compatível com os fatos dinâmicos e variáveis da gramaticalização. Em contraste, uma teoria gramatical baseada em construções e que permita a variabilidade baseada no uso entre instâncias de construções (como proposto aqui e em Bybee, 2006a) é bem adequada à representação de gramaticalização em processo.

Muitas das críticas à gramaticalização vêm de linguistas gerativistas que veem essa incompatibilidade e concluem que deve haver alguma coisa errada com explicações da gramaticalização, ao invés de concluir que deve haver algo errado com uma teoria da gramática estruturalista ou gerativista. Não é coincidência que a maioria das pesquisas sobre gramaticalização nos anos 1980 e 1990 foi feita por linguistas funcionalistas, que não aceitam postulados gerativistas. Esse trabalho é, portanto, difícil de conciliar com a teoria gerativista. A seguir, são apresentadas algumas críticas à gramaticalização levantadas pelos seus detratores.

(1) A gramaticalização é um epifenômeno que envolve a coocorrência de vários tipos de mudança, que também ocorrem de forma independente: ou seja, redução fonética, inferência e desbotamento semântico (Campbell, 2001; Newmeyer, 1998). Não há dúvida de que essa afirmação é correta. De fato, é um ponto explicitamente abordado por Hopper (1991), um reconhecido pesquisador funcionalista da gramaticalização. Hopper demonstra que todos os princípios mais conhecidos da gramaticalização também operam no que deve ser considerado como mudança lexical. De fato, se a gramática é um sistema adaptativo complexo e se está baseada em processos de domínio geral, então a implicação é que a gramática em si mesma é epifenomenal. No entanto, é importante notar que a coocorrência comum de um conjunto de processos que levam à gramática ainda necessita de explicação. Eu sugeri essa explicação na abordagem precedente: já que todos os processos dependem, de uma forma ou de outra, da repetição, o aumento na frequência desencadeia sua operação, enquanto, ao mesmo tempo, o resultado desses processos (significados semanticamente mais generalizados ou uma aplicabilidade maior devido a inferências) conduz ao aumento da frequência (Bybee, 2009a). Assim, podemos concordar que a gramaticalização é um conjunto de processos ao invés de um único processo monolítico.

(2) A crítica mais básica e que reflete profundas diferenças teóricas entre gerativistas e linguistas baseados no uso é a alegação de que pode não haver quaisquer processos diacrônicos (Newmeyer, 1998, p. 238):

> Mas eu sinto que o termo "processo" é perigoso quando aplicado a um conjunto de desenvolvimentos *diacrônicos*. A razão para o perigo é que ele nos convida a conceber tais desenvolvimentos como estando sujeitos a um conjunto distinto de leis que são independentes das mentes e comportamentos dos usuários individuais da língua. Contudo, nada transgeracional pode ser situado em *qualquer* faculdade humana. As crianças não nascem com memórias raciais que as preenchem com detalhes da história das formas que elas ouvem.

O problema de gerativistas, então, está em compreender como um processo pode proceder na mesma direção através de indivíduos e gerações.

Isso, de fato, é um problema se assumimos que a mudança linguística só pode ocorrer durante a aquisição da linguagem (mas ver seção 6.6). Entretanto, se os processos diacrônicos são continuamente impelidos por mecanismos que ocorrem quando a língua é usada por todos os falantes de todas as gerações, então não há perigo em agrupar a aplicação repetida de mecanismos sob a rubrica de um "processo". Pelo contrário, é muito revelador, já que sempre buscamos os mecanismos que subjazem ao processo.

Também é importante observar que os pesquisadores funcionalistas da gramaticalização nunca consideraram os processos envolvidos como "independentes das mentes e comportamento de usuários individuais da língua". Os muitos estudos de Traugott sobre a inferência se referem diretamente aos usuários da língua e suas estruturas cognitivas. De modo semelhante, as propostas de Heine e seus colaboradores com relação ao papel da metáfora e metonímia na mudança semântica também as consideram como processos cognitivos de tempo real. O último capítulo de Bybee, Perkins e Pagliuca (1994) é dedicado à discussão dos mecanismos de mudança que ocorrem na gramaticalização, os quais operam em usuários individuais da língua à medida que eles usam a língua.

(3) A noção de unidirecionalidade despertou críticas similares (Janda, 2001). Um aspecto fascinante da gramaticalização é que, uma vez iniciada, é muito comum que o processo continue na mesma direção — mudando as formas de menos para mais gramatical. As mudanças que ocorrem na direção oposta são relativamente raras e tendem a se mover apenas um passo na direção contrária ao invés de reverter sistematicamente (Norde, 2001). Os tipos mais comuns são casos de lexicalização (Brinton; Traugott, 2005), como usar uma preposição ou um advérbio como um verbo, como em *to up the ante* ('subir o valor da aposta'), mas outros casos interessantes também existem. Tais mudanças, contudo, constituem uma minoria de mudanças gramaticais, enquanto a grande maioria vai de menos para mais gramatical. Logo, as mudanças não são absolutamente aleatórias. Janda assume que a mudança ocorre apenas na aquisição; ele sustenta essa posição citando autores que fizeram suposições semelhantes, mas ele não fornece evidência empírica de que esse é o caso. Baseado nessa crença, ele aponta que crianças não podem saber em que direção uma mudança segue.

O problema aqui é que a crença de que a língua só pode mudar durante a aquisição é incorreta. Vale notar que essa alegação é frequentemente feita por pesquisadores cuja pesquisa empírica não trata realmente dessa questão (Janda, Newmeyer). Na próxima seção, discutimos diretamente a mudança linguística baseada nas crianças. Por enquanto, note que é a visão gerativista de gramática como discreta e imutável no adulto que torna essa crença necessária e que nega a notável unidirecionalidade da mudança por gramaticalização. Em contraste, se o uso é a base da gramática e da mudança na gramática, então não há razão *a priori* pela qual a mudança não pode ocorrer na vida do adulto. Dado que os mecanismos que impulsionam as mudanças causadas por gramaticalização operam em todas as gerações, não há razão para duvidar de que a mudança pode ser unidirecional.

(4) Finalmente, há a crítica de que não existe tal coisa como uma teoria da gramaticalização (Newmeyer, 1998, p. 240). Novamente, o problema reside nas suposições feitas por gerativistas. Conforme mencionei anteriormente, a gramaticalização exige que desistamos de muitas das hipóteses da gramática gerativa e as substituamos por outras crenças ou hipóteses. Por exemplo, a noção de que gramáticas são abstratas, discretas e imutáveis no indivíduo e de que toda a variação e gradiência são adicionadas no fim da gramática ou se devem ao desempenho é abandonada como resultado do estudo de gramaticalização. Pelo contrário, a gramaticalização nos leva diretamente a uma teoria baseada no uso: o termo "teoria da gramaticalização" refere-se às dimensões sincrônica e diacrônica. Nessa teoria, as duas dimensões não são opostas, mas devem ser consideradas juntas em nosso esforço para compreender a língua. Essa teoria não só faz previsões diacrônicas fortes, mas também tem profundas consequências para a análise e descrição sincrônicas. Isso a torna uma teoria.

6.6 A origem da mudança: aquisição da linguagem ou uso linguístico?

Estudos empíricos mostram claramente que a mudança ocorre de forma gradual, com longos períodos de variação em que tendências estatísticas se

LÍNGUA, USO E COGNIÇÃO

tornam mais pronunciadas, levando, em algumas ocasiões, a distribuições quase categóricas (Kroch, 1989a e 1989b; Hook, 1991; Torres-Cacoullos, 2000). A gradualidade da mudança tem sido um problema para teorias estruturalistas, porque, se estruturas subjacentes são discretas e invariáveis, deve-se seguir que a mudança é abrupta. Nas teorias baseadas no uso, a mudança ocorre quando a língua é usada e pode ser implementada por meio de pequenas mudanças em probabilidades distribucionais ao longo do tempo. Não há necessidade de postular que reestruturação maciça acontece no espaço de uma geração (ver os exemplos nos capítulos 7 e 8).

Dado que nas teorias estruturalistas e gerativistas as estruturas gramaticais são discretas e independentes do significado e uso, a mudança deve ser considerada como uma anomalia. A origem da mudança não pode residir no uso ou na própria gramática, e assim foi proposto, nessas teorias, que a mudança na gramática só pode acontecer durante sua transmissão através das gerações. Embora muitos escritores assumam que o processo de aquisição da linguagem pela criança muda a língua (Halle, 1962; Kiparsky, 1968; Lightfoot, 1979, e muitos outros antes e depois; ver Janda, 2001 para mais referências), ainda não há evidência empírica de que esse é o caso (Croft, 2000).

De fato, os poucos estudos que comparam a mudança linguística com a linguagem infantil chegam a muitas diferenças e também a muitas similaridades. Na fonologia, Drachman (1978) e Vihman (1980) compararam alterações fonológicas comuns na linguagem infantil a mudanças sonoras encontradas nas línguas do mundo e descobriram grandes dissemelhanças. Por exemplo, enquanto a harmonia consonantal é comum na linguagem infantil (isto é, as crianças tendem a usar a mesma consoante duas vezes em uma palavra, p. ex., *dadi* para *doggie* ['cãozinho']), a harmonia consonantal não ocorre nas línguas de adultos do mundo. Em contraste, a harmonia vocálica ocorre em muitas línguas, mas não na linguagem infantil. Hooper (1979) e Bybee e Slobin (1982) encontraram tanto semelhanças quanto diferenças entre a aquisição de morfologia e mudança morfológica. Por um lado, Hooper descobre que as crianças, de fato, aprendem formas básicas ou não marcadas e as usam para criar formas mais complexas, que espelham algumas mudanças analógicas. Por outro lado, Bybee e Slobin relatam que algumas formações produzidas por crianças não têm continuação em crianças mais velhas e adultos.

Em seu estudo de 1977, Naomi Baron compara o desenvolvimento de causativos perifrásticos na linguagem infantil e na história do inglês. Seus resultados mostram algumas semelhanças e algumas diferenças:

(a) comparando causativos perifrásticos com *make* ('fazer'), *have* ('ter') e *get* ('ganhar'; 'obter'), ela descobriu que *get* é o último a se desenvolver historicamente, mas o primeiro a se desenvolver na linguagem infantil contemporânea. Isso demonstra que os fatores que influenciam o desenvolvimento diacrônico não são provavelmente os mesmos que aqueles que influenciam o desenvolvimento da linguagem infantil.

(b) Em contraste, *get* + nome + locativo (*did you get some clay on your nose?* ['você ficou com barro no seu nariz?']) é o desenvolvimento mais antigo nas crianças e na história. A concretude dessa construção comparada à causativa com um adjetivo (*I get my boots muddy* ['eu fiquei com as botas enlameadas']), particípio passado (*he will get hitten by a bus, won't he?* ['ele será atingido por um ônibus, não é?']) e infinitivo (*Let's get her to send a cable* ['Vamos fazê-la enviar um telegrama']) (exemplos de Baron, 1977, p. 138-47) provavelmente explica seu desenvolvimento mais cedo tanto na diacronia como na ontogenia.

(c) O espraiamento dos causativos com *get* para complementos infinitivos acontece rapidamente, mas é muito tardio em crianças, talvez devido ao fato de que infinitivos são raramente usados na fala com crianças.[1]

(d) As crianças generalizam partindo de *get* + nome + locativo para adjetivo e depois para particípio passado. Na história, a perífrase com *get* começa com locativos, vai para infinitivos, depois particípios passados e adjetivos. Esse estudo, então, mostra que linguagem infantil e desenvolvimento diacrônico têm algumas semelhanças e algumas diferenças, mas claramente sustenta a alegação de que nem toda mudança linguística pode ser atribuída ao processo de aquisição.

Também levando em consideração mudanças que ocorrem na gramaticalização do significado, Slobin (1997b) argumenta que os sentidos semânticos/pragmáticos — como os significados epistêmicos — produzidos pelo

---

1. Presumivelmente, esse argumento não conta os infinitivos nos verbos auxiliares emergentes com ocorrência frequente, como *wanna*, *hafta*, *gonna* etc.

LÍNGUA, USO E COGNIÇÃO

processo de gramaticalização não estão disponíveis para crianças muito pequenas. O tipo de inferência que é necessário para a mudança semântica é algo que as crianças aprendem mais tarde no desenvolvimento. Esses estudos, então, não mostram a estreita correspondência entre aquisição de linguagem pela criança e mudança linguística que se esperaria se a primeira fosse o veículo para a mudança linguística.

Onde há semelhanças, como na ordem de aquisição dos sentidos do Presente Perfeito do inglês e seu desenvolvimento diacronicamente, parece ser o caso que similaridades surgem não porque as crianças são responsáveis por mudar a língua, mas porque as crianças estão respondendo aos mesmos fatores que os adultos. Slobin (1994) demonstra que os contextos discursivos em que as crianças descobrem as funções do Presente Perfeito mostram alguns paralelos com os contextos em que o Presente Perfeito desenvolve, historicamente, suas funções atuais. Além disso, a ordem em que usos do Presente Perfeito se desenvolvem para as crianças é semelhante à ordem diacrônica: por exemplo, as crianças usam o significado de estado resultante do Presente Perfeito antes do perfeito de experiência e o perfeito continuativo, o que reflete a ordem de desenvolvimento diacrônico. No entanto, Slobin nota que as crianças começam com as noções concretas e aquelas mais ancoradas no presente porque essas noções são cognitivamente as mais simples, naturais e acessíveis. Semelhantemente, na diacronia, as noções mais concretas geralmente constituem os pontos de partida para a gramaticalização porque o material com que o processo opera vem do léxico básico — nomes concretos, como partes do corpo, e verbos altamente generalizados, como *be* ('ser; estar'), *have* ('ter') e *go* (ir'). Assim, o paralelo aqui entre ontogenia e filogenia é a correspondência entre dois processos que podem ser apenas superficialmente similares.

Uma abordagem baseada no uso prediria que a gramática de uma criança, embora naturalmente separada daquela dos adultos — no sentido de que a gramática da criança está alojada na cognição da criança, que é separada da cognição do adulto —, seria, não obstante, baseada na experiência da criança filtrada através de suas habilidades limitadas. Desse modo, as representações cognitivas da criança refletiriam a variação encontrada na língua *input*. Isso é o que estudos de variação corrente e mudanças em processo revelam: não encontramos lacunas ou mudanças abruptas ao longo de gerações, conforme a hipótese da mudança baseada na criança prediria, mas que mesmo crianças bem novas produzem variantes de formas linguísticas que são bons reflexos da variação adulta.

Em estudos de aquisição de variação fonológica, observa-se consistentemente que as crianças produzem variantes com probabilidades que refletem as encontradas na fala de adultos, primeiro para restrições fonológicas (nas idades de 3 e 7 anos) e, mais tarde, para restrições sociais (Patterson, 1992; J. Roberts, 1997; Chevrot et al., 2000). Não há relatos de produções categóricas seguidas pela aquisição de variação, conforme se poderia esperar se as gramáticas das crianças representassem mudanças discretas da gramática do adulto. J. Roberts (1997) verifica que crianças falantes de inglês norte-americano de 3 e 4 anos têm as mesmas restrições fonológicas sobre a supressão de t/d que os adultos. Elas também têm restrições morfológicas semelhantes. Patterson (1992) e J. Roberts (1994) mostram que crianças de 3 e 4 anos usavam as mesmas restrições estilísticas e gramaticais que os adultos ao empregar as variantes de -*ing*. Foulkes e Docherty (2006), em um estudo sobre variação subfonêmica de oclusivas na fala de adultos e crianças de Newcastle, verificam que crianças da pré-escola tinham variantes oclusivas pré-aspiradas, que refletiam aquelas encontradas na fala de suas mães, com algumas produzindo até mesmo mais pré-aspiração do que suas mães. À medida que as crianças cresciam, contudo, sua articulação de oclusivas começava a se diferenciar, com as meninas mantendo a pré-aspiração, que é característica da fala de mulheres jovens, e os meninos a perdendo.

Assim como na linguagem do adulto, Chevrot et al. (2000) propuseram que a variação se situa nas entradas lexicais de palavras particulares. Díaz-Campos (2004) observa que crianças falantes de espanhol de 42 a 71 meses (3 anos e 6 meses a 5 anos e 11 meses) adquirem a supressão de /d/ médio do modo do adulto, nem tanto como uma regra variável, mas em termos de itens lexicais particulares: palavras de alta frequência têm mais supressão do que palavras de baixa frequência, exatamente como nos dados de adultos. Assim, parece que as crianças são sensíveis a probabilidades no *input* e adquirem palavras e estruturas específicas de um modo detalhado que espelha o uso que as cerca.

Poucos estudos trataram de variantes morfossintáticas na linguagem infantil, mas estudos da língua crioula tok pisin sustentam fortemente a visão mais contínua da mudança linguística, assim como mostram que os aprendizes de primeira língua não são os únicos que podem mudar a língua. Em um amplo estudo do uso do morfema *bai* como um marcador de futuro (do inglês *by and by* ['mais tarde']), Romaine (1995) estuda a colocação desse morfema diretamente antes do verbo como um indicador de que ele alcançou um estágio avançado de gramaticalização. Romaine compara dados de usuários de tok pisin como primeira língua com dados daqueles que a usam como segunda língua. Ela verifica que o uso pré-verbal de *bai* ocorre na mesma razão em ambos os grupos de falantes. Em outras palavras, os usuários de tok pisin como primeira língua não estão fazendo mudanças substanciais no uso das formas da língua. Todos os usuários estão movendo a língua na mesma direção (ver também Smith, 2002, para resultados similares para outras construções em tok pisin).

Esses estudos apoiam fortemente uma perspectiva baseada no uso da mudança linguística. Dados de crianças são variáveis em muitas das mesmas formas que os dados de adultos. Além do mais, há um fluxo contínuo de uma geração para outra; a própria noção de geração, na verdade, é simplista demais já que as crianças recebem *input* de falantes de todas as idades. Qualquer usuário da língua pode mudá-la quando a mudança linguística é vista como mudanças graduais em padrões distribucionais de uso. É claro que, sendo um tipo de comportamento rotinizado, não é provável que o comportamento linguístico passe por mudanças maiores na fonologia ou morfossintaxe na idade adulta. Porém, como argumentado aqui, mesmo na idade adulta, certas mudanças podem ocorrer. Sankoff e Blondeau (2007) estudaram uma mudança no ponto de articulação de /r/ no francês de Montreal no mesmo grupo de falantes ao longo do tempo e descobriram que, de fato, a razão em que eles produzem uma variante inovadora — o [R] dorsal — aumenta em alguns falantes na idade adulta.

Costuma-se concordar que padrões fonológicos são particularmente resistentes à mudança no adulto, mas que a escolha lexical e os padrões morfossintáticos são mais flexíveis. De fato, não há motivo para supor que mudanças quantitativas no uso de uma construção não possa ocorrer com adultos. Certamente, os adultos podem adotar novas formas quando elas se tornam mais frequentes no *input*. Um exemplo excelente é o espraiamento de *you guys* ('pessoal') como pronome de segunda pessoa do plural no inglês norte-americano. Muitas pessoas da minha geração evidenciaram o rápido aumento em frequência dessa forma e seu espraiamento através de áreas dialetais. Por causa de sua frequência na experiência, não importa quanto nos oponhamos em usar a forma (especialmente para destinatários femininos), terminamos adotando-a. Ademais, é razoável assumir que os adultos podem generalizar construções usando-as criativamente com novos itens lexicais. Na verdade, isso é bem normal na produção diária e explica a capacidade de expressar pensamentos sem forma linguística prévia. Recorde, do capítulo anterior, o rápido aumento no uso da construção [*drive someone* ADJ] nos anos 1960 e 1970. Presumivelmente, os adultos estavam estendendo essa construção para expressar um significado hiperbólico e para aumentar sua frequência de tipo com expressões como *drive someone up the wall* ('fazer alguém subir pelas paredes'). O próximo capítulo também vai mostrar que a extensão gradual de *do* perifrástico, em perguntas e negativas com *not*, no século XVI, ocorreu na linguagem adulta, e não na transmissão intergeracional (Warner, 2004).

Obviamente, novas gerações contribuem para mudanças na distribuição e podem contribuir para a perda de construções. Gerações mais jovens podem ser mais livres para estender o uso de construções. Ainda, variantes de formas linguísticas ou construções particulares que têm frequência muito baixa podem não fazer parte do repertório de formas de falantes mais jovens. Um exemplo seria a atribuição gradual de *shall* ('dever') como um verbo auxiliar. No inglês norte-americano, ele se tornou restrito a certos tipos de pergunta (*Shall I let him go?* ['Devo deixá-lo ir?']) e expressões fixas (*shall we say* ['digamos']), mas mesmo nesses contextos ele se tornou mais raro. É duvidoso se muitos falantes jovens alguma vez usam a forma. A disponibilidade de construções alternativas para a mesma função aumenta a probabilidade de perda.

Finalmente, considerações da situação sociolinguística em que crianças pequenas se encontram sugerem fortemente que elas ajustariam seus enunciados e, assim, suas representações cognitivas, para os falantes mais velhos ao redor delas, ao invés de insistir em suas próprias criações, conforme sugere a visão gerativista da linguagem. As crianças simplesmente não têm poder social para criar mudança linguística entre grandes grupos de falantes adultos. Labov (1982) apresenta a conclusão de que mudanças são mais avançadas em adolescentes e pré-adolescentes, e não em crianças no meio do processo de aquisição, uma vez que esses usuários mais velhos podem expressar alguns desafios às normas e criar seu próprio grupo social coeso.

6.7 Conclusão

Embora seja certamente necessário compreender os papéis distintos da sincronia e da diacronia tanto na descrição quanto na teoria, também é importante ter em mente que a língua é um objeto cultural convencional que tem evoluído ao longo do tempo e continua a evoluir. A teoria linguística não está completa se não incorporar a contribuição da mudança linguística para a compreensão da estrutura da língua.

Dadas as recentes pesquisas empíricas sobre gramaticalização, pode-se dizer, com segurança, que hoje entendemos muito mais sobre as origens da gramática do que antes. Tendo identificado os processos de domínio geral que funcionam juntos para criar a gramática, podemos também postular um cenário plausível para as origens primeiras da gramática. Conforme discutido no capítulo 11, assim que duas palavras são colocadas juntas e usadas em contexto, existe o potencial para a convencionalização da ordenação vocabular e a automatização, habituação e categorização, que entram na criação de morfemas gramaticais e construções.

7

Reanálise ou criação gradual de novas categorias? O verbo auxiliar do inglês

7.1 Abordagens da reanálise

O estudo da gramaticalização tem mostrado que novos marcadores gramaticais e construções surgem gradualmente ao longo do tempo, por meio da operação de vários processos de redução, assim como de processos de inferência no contexto. Essas mudanças graduais têm o efeito de criar novas categorias gramaticais ou novos membros de categorias e o que poderia ser visto como novas "regras" ou convenções da gramática. A criação de novas estruturas gramaticais é frequentemente chamada de "reanálise". A reanálise é comumente vista como uma mudança abrupta, mas oculta, na gramática, que pode não ter efeitos visíveis imediatos (Langacker, 1978; Lightfoot, 1979; Kroch, 1989a; Harris; Campbell, 1995; Haspelmath, 1998; Janda, 2001; Roberts; Roussou, 2003; Van Gelderen, 2004). É essa visão que requer uma descontinuidade na transmissão da língua entre gerações (Andersen, 1973); a criança tem acesso apenas a formas superficiais da língua, e não à gramática do adulto, e pode, portanto, formular uma gramática que difere em estrutura da gramática do adulto. Conforme mencionado no capítulo 6, Janda (2001) argumenta que a descontinuidade entre gerações torna alguns aspectos da gramaticalização — como a unidirecionalidade — implausíveis e inexplicáveis.

A natureza gradual da gramaticalização e a falta de evidência para reanálise abrupta sugere que, ao invés de postular mudanças ocultas, inerentemente não observáveis, revisemos nossa concepção de gramática sincrônica de modo que ela esteja mais alinhada aos fatos da mudança gramatical. Haspelmath (1998) aponta que a reanálise não teria que ser considerada abrupta se as categorias gramaticais e os próprios constituintes fossem vistos como fluidos, gradientes e variáveis. Assim, os fatos gradientes do uso, da variação sincrônica e da mudança diacrônica gradual poderiam ser tomados como evidência principal de que as próprias gramáticas incorporam a gradiência e a variabilidade encontradas nos dados.

Este capítulo examina o desenvolvimento da categoria "verbo auxiliar" em inglês. Escolhi esse caso porque é um excelente exemplo de uma classe fechada de itens com um conjunto particular de propriedades morfossintáticas. A maioria das teorias de gramática argumentaria que uma língua ou tem tal categoria ou não. Nessas teorias, é difícil imaginar como tal categoria poderia se desenvolver gradualmente. Contudo, os dados disponíveis mostram um período de certa flutuação na manifestação dessa categoria. A resposta a essa situação tem sido propor que houve uma mudança abrupta que criou essa categoria, mas as formas superficiais mudaram muito gradualmente (Lightfoot, 1979, 1991; Kroch, 1989a, 1989b; Harris; Campbell, 1995).

Uma abordagem contrastante seria revisar nossas noções de gramática sincrônica de tal modo que gradiência em categorias, mudança gradual e fatores quantitativos fossem diretamente representados na gramática. Sob tal perspectiva, a mudança gramatical, seja descrita como gramaticalização, seja como reanálise, poderia acontecer gradualmente. Na análise apresentada aqui, o desenvolvimento da categoria de verbo auxiliar é visto como o desenvolvimento e espraiamento gradual de algumas construções novas — a construção de verbo modal auxiliar e a negativa com *not* — e a restrição de uma construção mais antiga — inversão sujeito-verbo — a itens de alta frequência. Uma gramática que toma construções como a unidade básica para o pareamento de som e significado e que contém representações de exemplares de construções, bem como construções generalizadas, pode explicar o processo gradual de gramaticalização e a criação de novas categorias, que é frequentemente descrita como "reanálise".

A outra questão importante no debate sobre reanálise diz respeito a mudanças na estrutura de constituintes, em particular a criação de novos constituintes e a perda de estrutura interna nas construções em gramaticalização. Essa questão será tratada no próximo capítulo, no contexto de um exame de como a estrutura de constituintes emerge numa gramática baseada no uso.

7.2 Verbos auxiliares em inglês

Fischer (2007) chamou o desenvolvimento de verbo auxiliar em inglês de um caso paradigmático de mudança morfossintática, em parte porque tem sido o foco de tratamento sob várias perspectivas, começando na era gerativista com Lightfoot (1979), um trabalho que estimulou muita discussão (Warner, 1983; Plank, 1984; Goossens, 1987; Nagle, 1989; Denison, 1993). Já que o verbo auxiliar se desenvolve por meio de gramaticalização, há mudanças tanto no domínio semântico/pragmático quanto no morfossintático. Enquanto os estudos funcionalistas de gramaticalização, incluindo os meus próprios, têm focalizado os tipos de mudança semântica/pragmática, a discussão aqui pretende lançar luz sobre como a categoria morfossintática e construções relacionadas se desenvolveram.[1] Evidência importante para atingir esse objetivo diz respeito ao surgimento e espraiamento do uso de *do* em perguntas e negativas, porque o uso de *do* é necessário nas construções que marcam perguntas e negação, nas quais o verbo auxiliar desempenha

---

1. Tratamentos das mudanças semânticas nos modais podem ser encontrados para *will* e *shall* em Bybee e Pagliuca (1987); para *may*, em Bybee (1988b); para *would* e *should*, em Bybee (1995); e para *can*, em Bybee (2003b). Ver também Traugott (1989) sobre *must*.

um papel especial, para se aplicar a todas as orações. Entretanto, a maioria dos estudos sobre verbo auxiliar se concentrou nos modais e não incluiu o desenvolvimento de *do* (Lightfoot, 1979; Plank, 1984; Fischer, 2007). Por outro lado, estudos sobre a expansão de *do* não têm geralmente incluído fatores relacionados à gramaticalização dos modais (Ogura, 1993; Kroch, 1989a). Embora Lightfoot (1979), I. Roberts (1985) e Kroch (1989a) relacionem o surgimento de *do* perifrástico ao desenvolvimento da categoria "verbo auxiliar" em inglês, eles não o consideram instrumental no desenvolvimento dessa categoria.

Argumentarei que a motivação para o surgimento de *do* em perguntas e negativas é o aumento na frequência de uso dos verbos auxiliares modais, o que levou ao estabelecimento de construções competidoras para a expressão da interrogação e da negação. Através do estudo da expansão de *do* nesses contextos, podemos ver que as novas construções aumentaram sua produtividade às custas das mais antigas, que tendiam a ser usadas por um tempo maior com verbos principais de alta frequência. A argumentação central feita aqui é que distribuições quantitativas importam e são parte da gramática. A discussão fará referência a muitos dos mecanismos de mudança e aos efeitos de frequência esboçados anteriormente neste livro.

Usarei o termo "verbo auxiliar" em referência ao inglês para incluir todos os itens que podem inverter com o sujeito em perguntas e que são seguidos diretamente pela negativa em negação de oração principal. Note que isso é apropriado porque classes fechadas são diretamente definidas pelas posições nas construções em que ocorrem (Croft, 2001). Nossa investigação envolve uma classe formal e como ela evoluiu no tempo. Ela é de interesse porque é uma classe muito rígida e pequena, e participa de várias construções. Contudo, é importante notar que ela não é semanticamente coerente, já que inclui verbos auxiliares modais, duas construções de tempo/aspecto — o Perfeito e o Progressivo —, a cópula e, até recentemente, *have* ('ter') possessivo. Além do mais, esses membros da classe não se desenvolveram simultaneamente; ao contrário, cada um teve sua própria trajetória e velocidade de desenvolvimento da mudança semântica (Plank, 1984).

7.3 Gramaticalização de modais e outros verbos auxiliares

As construções que definem a categoria de verbo auxiliar se desenvolveram através de um conjunto de mudanças por gramaticalização que não estavam necessariamente relacionadas entre si. Consideramos, aqui, o desenvolvimento dos verbos auxiliares modais, o Perfeito e o Progressivo perifrásticos e a gramaticalização do elemento negativo *not*.

Os verbos auxiliares modais que sobreviveram no inglês atual são *will, would, shall, should, may, might, can, could* e *must*. Além desses, dois verbos (*dare* e *need*) são usados como verbo principal e verbos auxiliares modais ao longo de suas histórias. Os traços definidores de verbos auxiliares modais são que eles invertem com o sujeito em perguntas e alguns outros contextos, tomam a negativa diretamente depois deles e não têm flexão de 3ª. do singular no tempo presente. Sua história foi discutida em um grande número de trabalhos (Lightfoot, 1979; Plank, 1984; Denison, 1993; Fischer, 2007) e será recontada brevemente aqui.

Todos os modais listados anteriormente derivam historicamente de verbos, mas, quando o inglês antigo foi documentado, eles já tinham desenvolvido algumas propriedades que os distinguiam do resto dos verbos. Todos eles, exceto *will*, eram verbos de Pretérito-Presente, um termo que se refere ao padrão conjugacional em que o tempo Presente de fato tem o padrão de um tempo passado forte (ou Pretérito), e o tempo Passado se baseia no padrão verbal fraco (envolvendo *-d-*). Esse padrão flexional provavelmente indica uma mudança semântica anterior pela qual a forma de Passado implicava significado de presente e essa implicação se tornou parte do novo significado (Bybee et al., 1994, p. 74-8). Muitos dos verbos de Pretérito-Presente tinham significados que comumente entram nas trajetórias de gramaticalização que levam a significado modal ou futuro: *sceal* ('ser obrigado, dever'), *mœg* ('ter poder'), *cann* ('saber'), *dearr* ('ousar') e *moste* ('poder, dever'). No inglês antigo, eles podiam ser usados como o verbo principal finito da oração ou com um outro verbo principal. Ao longo do tempo, esse último uso se tornou mais frequente e sua habilidade para ocorrer como verbo principal se perdeu. No entanto, é importante notar que isso aconteceu em diferentes épocas para cada verbo modal e estava relacionado à perda gradual de significado lexical, isto é, à gramaticalização de cada verbo modal (Plank, 1984). Diferenças no período de gramaticalização podem ser vistas em *shall* e *will*, pois, embora ambos expressem significado futuro, *shall* se gramaticalizou muito antes de *will* (Bybee; Pagliuca, 1987). *May* e *can* também estão no mesmo domínio semântico (de habilidade e possibilidade), mas *may* adquire significado epistêmico por volta do inglês moderno inicial, enquanto *can* ainda tem de alcançar esse estágio (Bybee, 1988b).

Conforme mencionado antes, gramaticalização crescente é sempre acompanhada por aumento na frequência de uso, o que significa, nesse caso, que orações contendo um verbo auxiliar modal e um verbo principal aumentaram gradualmente em frequência do período do inglês antigo até o presente. Veremos, na próxima seção, que, por volta da metade do século XVI, cerca de um terço de todas as orações finitas continha um verbo modal.

Ademais, o Perfeito perifrástico, que tinha suas origens em uma construção resultativa no inglês antigo (Carey, 1994; Hopper; Traugott, 2003), continuou sua gramaticalização no inglês médio. Embora no inglês moderno inicial ocorresse em apenas 5% das orações, ele ainda contribui para o número de orações que têm um elemento auxiliar além de um verbo principal. O Progressivo também tinha começado um processo de gramaticalização, mas, no século que focalizamos, ele era ainda bem infrequente. Assim, a gramaticalização de modais e o Perfeito levaram a uma situação em que mais e mais orações tinham um elemento auxiliar.

7.4 Uma nova construção negativa

Outra construção recentemente gramaticalizada, em que um novo elemento negativo, *not*, segue o verbo, também desponta. No inglês antigo e no inglês médio inicial, a negação sentencial era acompanhada de uma partícula pré-verbal *ne* ou *na*. No inglês médio, um elemento de reforço consistindo de *nā* ou *nō* + *wiht* ('alguém, algo') tornou-se *noht* (com muitas outras variantes ortográficas) e, mais tarde, *not*. No começo, *not* ocorria com o *ne* pré-verbal (como em [1]), porém mais tarde esse marcador se perdeu e *not* sozinho servia como o marcador (2). Já que era derivado de uma negativa mais um nome na posição de objeto direto, ele seguia o verbo, primeiro como objeto direto, depois como acréscimo a um objeto direto (Mossé, 1968; Denison, 1993).

(1) he ne edstont nawt as foles doð ah...
    'ele não para não como tolos fazem mas...'
(2) my wife rose nott
    'minha mulher levantou-se não'

Assim, uma nova construção para a negação surge de um caso específico da construção VO. Observe que, visto que *not* ocorria depois do verbo finito, ele também ocorreria logo depois do verbo modal e de outros verbos auxiliares em desenvolvimento, porque eles ainda eram basicamente tratados como verbos no período do inglês médio inicial. Exemplos do período moderno inicial de Shakespeare estão em (3):

(3) a. you lack not folly to commit them
         'a você não falta loucura para cometê-los'
     b. I do not all believe
         'eu não acredito em tudo'
     c. The Count Rousillon cannot be my brother
         'O Conde Rousillon não pode ser meu irmão'
         (Shakespeare, *All's well that ends well*, I.3)

7.5 Uma antiga construção para perguntas

A última construção que vamos considerar aqui tem o sujeito e o verbo invertidos de sua posição normal. Essa ordenação em perguntas e outras construções existia desde o período do inglês antigo e podia ser usada com todos os verbos (Traugott, 1972, p. 73, 119, 160). Tanto perguntas de *sim* ou *não* quanto perguntas com *wh-* (qu-) tinham o verbo antes do sujeito. A inversão moderna do sujeito e do verbo auxiliar constitui um caso especial dessa construção mais antiga. Uma vez que a ordenação com o verbo antes do sujeito persistiu no inglês moderno inicial, as ilustrações em (4), de Shakespeare, mostram uma com o verbo principal antes do sujeito e a outra com um verbo auxiliar modal em desenvolvimento:

(4) a. what say you of this gentlewoman?
     'o que diz você desta dama?'
     b. may the world know them?
     'pode o mundo conhecê-los?'
     (Shakespeare, *All's well that ends well*, I.3)

Até o período do inglês moderno inicial, a construção geral para perguntas tinha o verbo finito antes do sujeito. Ela pode ser representada como:

(5) [(PALAVRA WH-)   VERBO PRINCIPAL   SUJEITO]$_{pergunta}$

Antes de os modais se gramaticalizarem e aumentarem em frequência, a posição rotulada VERBO PRINCIPAL nessa construção incluiria qualquer verbo, mesmo aqueles que mais tarde se tornaram modais ou verbos auxiliares. Essa construção será chamada "P-VERBO PRINCIPAL" no que segue.

7.6 Um segundo padrão emerge

Em perguntas e negativas, então, os verbos auxiliares emergentes eram tratados exatamente como o verbo principal em inglês antes do século XVI. O fato de que os modais estavam se gramaticalizando (juntamente com o Perfeito e o Progressivo) significa que eles estavam crescendo marcadamente em frequência de ocorrência. A Tabela 7.1 mostra como os verbos auxiliares (primariamente os modais e uns poucos casos de Perfeitos) se comparam em frequência com a cópula *be* e os verbos principais finitos. Observe que, na época de Shakespeare (1594-1602), 37% de orações continham verbos auxiliares. Dado que muitas orações tinham a cópula *be* (27%), o número de orações com verbos finitos principais caiu para 36%.

Uma situação semelhante acontece em perguntas (a Tabela 7.1 exibe orações de todos os tipos). A Tabela 7.2 mostra a frequência relativa de verbos auxiliares em perguntas no período de interesse aqui. Outra vez, devido à frequência da cópula *be* e dos modais, os verbos finitos principais constituem apenas um terço das ocorrências.

Conforme mencionado na discussão anterior sobre *chunking*, o fato de que uma sequência é suficientemente frequente para se estabelecer como uma unidade de processamento significa que ela é uma construção. *Will* e *shall* tomam a liderança em perguntas; em uma amostra de 118 perguntas de *All's well that ends well*, 32 têm modais e, dessas, 18 têm *will* e 6, *shall*.[2] Esse padrão, na experiência dos falantes, daria surgimento às construções de pergunta mostradas em (6) e (7).

(6) [(PALAVRA WH-)   *will*   sujeito   VERBO PRINCIPAL   X]$_{pergunta}$

(7) [(PALAVRA WH-)   *shall*   sujeito   VERBO PRINCIPAL   X]$_{pergunta}$

Os outros modais — *can*, *must*, *would*, *should* etc. — também ocorrem com frequência suficiente para dar surgimento ao processamento de *chunkings* do mesmo formato. Se essas construções separadas fossem agrupadas sob uma única abstração, teríamos o seguinte resultado:

(8)   [(PALAVRA WH) $\left\{ \begin{array}{l} will \\ shall \\ would \\ can \\ must \\ may \\ could \\ should \\ might \end{array} \right\}$ SUJEITO VERBO PRINCIPAL]$_{pergunta}$

---

2. As perguntas foram coletadas da comédia de Shakespeare *All's well that ends well*. Então, as últimas vinte de cada 100 das primeiras 1000 foram examinadas e extraídas se eram perguntas contendo um verbo principal ou verbo auxiliar. Isso resultou em 118 exemplos de perguntas.

LÍNGUA, USO E COGNIÇÃO

Tabela 7.1 Aumento na frequência de verbos auxiliares (modais, *be* em passiva e perfeito, *have* no perfeito) comparada a verbos principais finitos (com ou sem *do*) e *be* como verbo principal. Todos os tipos de oração[3]

Datas	Verbo finito	*Be*	Auxiliares	Porcentagem de perífrase com *do*
1460-1480	118 (50%)	63 (27%)	55 (23%)	0
1550-1570	102 (47%)	44 (20%)	73 (33%)	17%
1594-1602	349 (36%)	263 (27%)	352 (37%)	54%
1630-1707	136 (44%)	76 (25%)	98 (32%)	53%
Inglês atual[4]	83 (41%)	39 (19%)	50 (25%)	100%

Tabela 7.2 Perguntas com um verbo principal (com *do* ou com o verbo principal invertido), formas de *be*, modais e perfeitos (*have* possessivo não foi incluído)

Peças	Data	Verbo principal com ou sem *do*	*Be*	Modais + perfeitos	Total
Udall	1566	11 (17%)	28 (44%)	24 (43%)	63
Stevenson	1550	25 (33%)	24 (27%)	26 (38%)	75
Shakespeare*	1599-1602	131 (34%)	149 (39%)	107 (28%)	387

* Dados coletados de *All's well that ends well* e *As you like it*.

---

3. Foram contadas aproximadamente 100 orações dos seguintes textos:

1460-1480:

Ludus conventriae, 1460-1477.

Mankind, *The macro plays*, 1465-1470.

1550-1570:

Nicholas Udall, *Roister Doister*, 1566.

William Stevenson, *Gammer Gurton's needle*, 1550.

1594-1602:

William Shakespeare, *Love's labour's lost*, 1594; *A midsummer night's dream*, 1595; *As you like it*, 1599-1600; *The merry wives of Windsor*, 1599-1600; *All's well that ends well*, 1602; *Measure for measure*, 1604.

1630-1707:

Thomas Middleton, *A chaste maid in Cheapside*, 1630.

John Vanbrugh, *The relapse*, 1697. Ato II, Cena 1.

George Farquhar, *The beaux stratagem*, 1707. Ato I, Cena 1.

4. Os dados da fala moderna foram tirados do *corpus* Switchboard. Note que os dados da fala não são comparáveis às peças escritas. Nos dados de Switchboard, 15% dos verbos finitos eram *think* ('achar') e *know* ('saber'), que são usados como marcadores discursivos.

Como linguistas, somos tentados a usar um termo designativo de categoria, como "verbo modal" ou "verbo em gramaticalização", para descrever a lista de elementos que ocorrem em uma construção. Contudo, é importante lembrar que o próprio fato de que essas palavras são permitidas na construção as define como uma classe (Croft, 2001); nenhum termo abstrato é necessariamente indicado, especialmente dada a representação por exemplares. Precisamos, todavia, de um nome para essa construção em nossa discussão; vamos nos referir a ela como "P-AUX".

A emergência dessa construção com base na construção inicial que invertia todos os verbos se deve ao aumento de frequência dos modais. Não há reanálise porque um conjunto de verbos não mudou seu estatuto de verbo principal para verbo auxiliar. Ao invés disso, uma nova construção emergiu gradualmente da mais antiga (P-VERBO PRINCIPAL), à medida que os modais passavam a ser mais usados. Ambas as construções (P-VERBO PRINCIPAL) e (P-VERBO AUX) continuaram a ser usados na língua; a construção mais antiga ocorre com certos verbos principais no século XVI. Ambas são lexicalmente específicas, embora a construção nova seja muito mais restrita.

Conforme notado por muitos (Kroch, 1989a; Warner, 2004), na construção P-VERBO AUX em (8), o sujeito aparece antes do verbo principal, que é, obviamente, sua posição em declarativas afirmativas e outras construções. Dado que construções são parte de uma rede em que itens e ordenações semelhantes estão relacionados, a ordenação afirmativa de SUJEITO — VERBO PRINCIPAL poderia reforçar essa parte da construção, dando a ela prioridade sobre a construção mais antiga (P-VERBO PRINCIPAL), em que a ordem é VERBO PRINCIPAL — SUJEITO. Kroch et al. (1982) e Warner (2004) falam sobre isso como uma estratégia de processamento que auxilia a compreensão. Já que eles estão trabalhando com um modelo que tem regras de estrutura frasal e regras de movimento, e não com construções, seu recurso a essas semelhanças tem que ser em termos de uma estratégia de processamento, um dispositivo necessário além das regras gramaticais. Em contraste, em uma gramática de construções, a representação dessa vantagem é bastante evidente, já que partes de construções diferentes podem ser relacionadas diretamente umas a outras. Diessel e Tomasello (2005) mostram que respostas de crianças a orações relativas em um ambiente experimental revelam que a preferência por relativas formadas sobre sujeitos e agentes deve-se, no mínimo, à manutenção nessas relativas da ordenação da oração principal. Logo, na competição que foi estabelecida entre as duas construções, a construção mais nova (8) pode ser favorecida por causa de sua similaridade com a estrutura da oração principal.

Além dos dois modos de formar perguntas que acabamos de discutir, é razoável assumir que, devido à alta frequência do verbo *to be*, ele teria sua própria construção interrogativa. Ele, é claro, mantém a prática de inverter com o sujeito:

(9)   [(PALAVRA WH-) *be*   SUJEITO...]$_{pergunta}$

Um outro verbo principal com alta frequência foi *have*; pode-se também postular uma construção separada para perguntas com *have*.

(10) [(PALAVRA WH-) *have*   SUJEITO...]$_{pergunta}$

Deixando de lado *be* e *have* por enquanto, a competição que se estabelece é entre a construção P-VERBO PRINCIPAL e P-AUX; a primeira posiciona o verbo principal antes do sujeito, enquanto a segunda posiciona um verbo auxiliar antes do sujeito, com o verbo principal em seguida. Note que a nova construção não pode alcançar generalidade total, assim como não pode se aplicar a verbos principais finitos, não modificados.

7.7 Dois padrões para negativas com *not*

Para as negativas com *not*, surge um conjunto semelhante de construções. *Not* ocorria depois do verbo finito (e algumas vezes, também, depois do objeto pronominal) de modo que a construção original para *not* era VERBO PRINCIPAL-NEG, como em (11):

(11) [SUJ   VERBO PRINCIPAL   *not* ...]~negativa~

Porém, novamente, o aumento na frequência dos modais em desenvolvimento levou ao surgimento de uma nova construção. A Tabela 7.3 mostra a frequência de verbos auxiliares nas sentenças negativas com *not* comparadas àquelas com verbos principais finitos e *be*.

Tabela 7.3 Negativas com *not*, números mostrando verbos principais (usados ou não com *do*), formas de *be* e os modais e perfeitos (*have* possessivo não foi incluído)

Peça	Data	Verbo principal com ou sem *do*	*Be*	Modais + perfeitos	Total
Udall	1566	19 (28%)	8 (12%)	42 (61%)	69
Stevenson	1575	25 (30%)	27 (32%)	31 (37%)	84
Shakespeare**	1595-1602	58 (21%)	85 (30%)	137 (49%)	280

** Dados coletados de *All's well that ends well* e *A midsummer night's dream*.

Parece que modais em orações negativas são ainda mais frequentes do que em perguntas e afirmativas. A construção em (12) exibe a lista de verbos modais que ocorrem na nova construção (em ordem descendente de frequência).[5] Novamente, *will* é o mais frequente. Observe que, no texto contado, a lista de modais na negativa difere da lista dada acima para as perguntas. A lista negativa inclui *dare* e *need* e omite *might*, conforme mostrado em (12). Uma explicação completa da construção incluiria, obviamente, todos os verbos auxiliares atestados. Essa construção será denominada NEG-AUX.

---

5. Esses exemplos de negativas foram coletados do seguinte modo: todas as instâncias de *not* foram extraídas da comédia *All's well that ends well*. 160 exemplos de *not* foram selecionados tomando-se os últimos 20 exemplos de cada 100, até 800. Exemplos de *not* usados sem verbo foram excluídos.

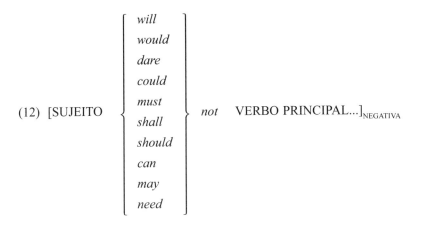

Havia várias maneiras de colocar a negação em uma oração no período moderno inicial: uma construção mais antiga usando a incorporação negativa (ver discussão no capítulo 4) competia com a construção mais nova com *not*, de modo que todas as orações negativas eram candidatas a *do* perifrástico.

Contudo, como aconteceu com as perguntas, o aumento em frequência de modais e Perfeitos, junto com a frequência continuada de *be*, deixou somente 20-30% de orações negadas com *not* e verbos principais não modificados. Tendo em vista a disponibilidade de *do* como um verbo auxiliar para concorrer com modais, e o Perfeito com *have* ou *be* (e a Passiva com o último), a construção mostrada em (12) poderia se espalhar para ser usada com todos os verbos por meio da expansão de *do*.

Como aconteceu com as perguntas, seria possível considerar os outros verbos auxiliares (*have* do Perfeito, *be* da Passiva ou do Progressivo) para se amoldar nessa construção, ao menos em geral. Também, como no caso de perguntas, as duas construções existem simultaneamente na língua. A competição entre elas será assunto das seções 7.9-7.11.

7.8 Infinitivo com *to*

Outra propriedade definidora dos verbos auxiliares modais é que eles tomam a forma infinitiva do verbo principal sem o marcador de infinitivo *to*. Os modais têm sido usados com verbos principais desde o período do inglês antigo, quando os infinitivos eram marcados pelo sufixo *-an*. O uso de *to* como um marcador de oração de finalidade ocorreu no inglês antigo, mas a expansão gradual (via gramaticalização) de *to* para um número cada vez maior de contextos infinitivos tinha apenas começado. As construções de verbo modal + verbo principal relevantes aqui já estavam convencionalizadas sem *to* e nunca foram reformuladas no padrão mais novo por causa de sua alta frequência de uso (Haspelmath [1989] mostra que os infinitivos se desenvolveram de marcadores de oração final translinguisticamente; ver Los [2005] para *to* infinitivo do inglês).

7.9 *Do* perifrástico

Conforme já observado, as construções mais novas que estão começando a definir uma classe de verbos auxiliares não podem se aplicar a orações que têm um verbo principal finito ao invés de um verbo auxiliar emergente. As construções P-AUX e NEG-AUX não podem se generalizar para sentenças sem verbos auxiliares. Entretanto, havia também uma construção perifrástica com *do* em que este tinha perdido a maioria (ou todo) de seu significado anterior, provavelmente causativo (Ellegård, 1953; Denison, 1985; Kroch, 1989a).

(13) Thou dost the truth tell. (Udall, *Roister Doister*, 1566)
'Você deve a verdade dizer'.

A literatura sobre a origem do verbo auxiliar *do* parece favorecer a visão de que ele surgiu de uma construção causativa em que um infinitivo seguia *do* (Ellegård, 1953; Denison, 1985). Segundo Ellegård, há apenas uns poucos exemplos no inglês antigo de tal uso, mas *do* com significado causativo se tornou comum no inglês médio nos dialetos do leste. No inglês médio, *do* perifrástico (tido como vazio de significado) coexistia com *do* causativo em alguns dialetos. Ziegeler (2004) e outros também registram um uso perfectivo de *do* à medida que ele se expande além do uso causativo e começa a ser usado como um verbo auxiliar "vazio".

À medida que *do* começa a ser usado nas construções de pergunta e negativas, o tipo de construção com verbo auxiliar pode expandir-se para verbos principais. Isso acontece gradualmente em uma proporção diferente em perguntas e negativas. Já que o uso de *do* perifrástico é diagnóstico para o espraiamento das novas construções de verbo auxiliar, as seções seguintes documentam a expansão de *do* para sustentar a hipótese de que o desenvolvimento do verbo auxiliar moderno aconteceu gradualmente através da extensão das construções que definiam a categoria, e não abruptamente por reanálise no processo de aquisição da língua.

7.10 Duas hipóteses

A abordagem corrente se apoia em duas hipóteses: primeiro, um gatilho importante para a expansão das construções com verbo auxiliar foi o aumento da frequência de uso dos modais; segundo, o espraiamento de *do* nessas construções é mais bem explicado pela postulação de duas construções competidoras, uma das quais ganha em frequência de tipo e produtividade às custas da outra, que se mantém principalmente em exemplares de alta frequência.

Considere a primeira hipótese. As construções P-AUX e NEG-AUX eram usadas mais frequentemente do que P-VERBO PRINCIPAL e NEG-VERBO PRINCIPAL nesse período por causa do aumento de uso dos modais, conforme exibido nas Tabelas 7.1, 7.2 e 7.3. As contagens para o século XVI mostram aproximadamente um terço de verbos principais finitos, um terço de cópulas e um terço de modais e outros verbos auxiliares em toda parte, assim como em perguntas e negativas. Logo, orações com verbos principais finitos não eram a maioria nessa época. A hipótese, então, é que as construções P-AUX e NEG-AUX se expandiram para orações com verbos principais finitos por meio do uso de *do*.

Ellegård (1953, p. 154-55) argumenta contra uma proposta anterior de que o uso de *do* se desenvolveu por analogia aos verbos auxiliares em desenvolvimento (Bradley, 1904; Curme, 1931) porque o uso de *do* não se expandiu também para sentenças declarativas afirmativas. A Tabela 7.4 mostra que perguntas e negativas constituem uma pequena minoria de todas as orações finitas. A alta frequência de declarativas afirmativas significa que elas poderiam resistir à mudança com base nesses padrões menores. Também o fato de que as duas construções sob discussão tinham funções específicas — assinalando perguntas, em um caso, e negativas, no outro — significa que não havia motivação para a expansão de *do* para declarativas afirmativas.

Tabela 7.4 Declarativas negativas e perguntas são muito menos frequentes do que declarativas afirmativas

Peça	Data	Orações finitas	Negativas	Perguntas
Udall	1566	128	21 (16%)	17 (13%)
Stevenson	1575	122	12 (10%)	12 (10%)
Shakespeare	1601/1602	131	21 (16%)	19 (15%)
MWW	Ato I	305	20 (6%)	38 (10%)
Middleton	1630	127	13 (10%)	10 (8%)

Além disso, conforme mostra a Tabela 7.5 (em comparação às Tabelas 7.1 e 7.2), há uma tendência para mais verbos principais finitos (sem verbos auxiliares) nas declarativas afirmativas do que em perguntas e negativas. Assim, não há razão para prever que *do* como verbo auxiliar se expandiria para contextos declarativos afirmativos.

A segunda hipótese é que o espraiamento de *do* constituía a expansão de duas novas construções de verbo auxiliar para pergunta e negativa, em detrimento das construções mais antigas. O mecanismo para essa mudança era analogia, processo pelo qual um falante começa a usar um item novo em uma construção (ver capítulo 4). A crescente aplicação de analogia se expressa em um *corpus* como um aumento na frequência de tipo — já que mais itens são usados na construção. Ao mesmo tempo, itens com alta frequência de ocorrência resistem à mudança por analogia. Desse modo, espera-se que o uso de *do* ocorrerá nos estágios iniciais com verbos principais de baixa frequência de ocorrência.

Tabela 7.5 Distribuição de verbos principais finitos, formas de *be*, modais e perfeitos em orações declarativas afirmativas

Peça	Data	Verbo principal finito	*Be*	Modais + perfeito	Total
Udall	1566	62 (50%)	20 (16%)	30 (24%)	124
Stevenson	1575	37 (43%)	19 (22%)	29 (34%)	85
Shakespeare*	1601/1602	103 (34%)	105 (34%)	97 (32%)	305

* Ato I de *The merry wives of Windsor.*

Uma vez que verbos mais frequentes ocorrerão na construção mais antiga por mais tempo, a inversão do verbo principal finito envolverá menos tipos e mais ocorrências inicialmente. Observe, nas Tabelas 7.6 e 7.7, que a proporção tipo/ocorrência para verbos principais finitos invertidos é sempre mais baixa do que para *do*. Note, também, que as percentagens de ocorrências que usam *do* crescem gradualmente.

Embora o uso de *do* em negativas com *not* fique atrás de seu uso em perguntas, a Tabela 7.6 mostra a mesma relação entre proporções tipo/ocorrência para o uso de *do versus* sua ausência: em cada período de tempo, essa proporção é mais baixa para *not* seguindo um verbo principal finito do que para *not* seguindo um elemento auxiliar. Isso significa que os verbos de frequência mais alta estavam mantendo o padrão mais antigo por mais tempo, conforme se poderia prever se a mudança fosse baseada em analogia com as construções de verbo auxiliar.

As Tabelas 7.6 e 7.7 também mostram que *do* em perguntas avançou mais rapidamente do que *do* em negação. Essa cronologia não pode ser atribuída a uma diferença na frequência de perguntas *versus* negação nos textos. Provavelmente a tendência está relacionada ao fato de que havia modos alternativos de expressar a negação, isto é, por meio da incorporação de negativa, em que *do* não era usado.

Tabela 7.6 Proporções tipo/ocorrência para perguntas com verbo principal invertido e perguntas com *do* invertido[6]

Datas	Verbo principal	Proporção tipo/ ocorrência	Do	Proporção tipo/ ocorrência	Percentual de *do*
1566-1588	31/50	0,62	24/32	0,75	39%
1599-1602	18/53	0,34	42/61	0,69	54%
1621-1649	20/32	0,63	47/53	0,89	62%
1663-1697	10/17	0,59	51/83	0,61	83%

Tabela 7.7 Proporções tipo/ocorrência para negativas com *not* aparecendo depois de um verbo principal finito e com *do* (ou *don't*)

Datas	Verbo principal	Proporção tipo/ ocorrência	Do	Proporção tipo/ ocorrência	Percentual de *do*
1566-1588	48/65	0,74	15/15	1,00	23%
1599-1602	56/110	0,51	20/27	0,74	20%
1621-1649	84/115	0,73	43/48	0,90	29%
1663-1697	10/31	0,32	57/80	0,71	72%

---

6. As peças usadas para essas contagens foram:

1566-1588:

Nicholas Udall, *Roister Doister*, 1566.

William Stevenson, *Gammer Gurton's needle*, 1550.

John Lyly, *Endymion the man in the moon*, 1585-1588.

1599-1602:

William Shakespeare, *All's well that ends well*, 1660; *Measure for measure*, 1602.

1621-1649:

Phillip Massinger, *A new way to pay old debts*, 1621-1625.

James Shirley, *The lady of pleasure*, 1635.

William D'Avenant, *Love and honour*, 1649.

1663-1697:

George Villiers, *The rehearsal*, 1663.

George Etherege, *The man of mode (Sir Fopling Flutter)*, 1676.

John Vanbrugh, *The relapse*, 1697. Ato II, Cena 1.

7.11 Difusão lexical

As proporções tipo/ocorrência das Tabelas 7.6 e 7.7 levantam a questão de que tipos de verbos exatamente eram mantidos nas construções mais antigas por mais tempo. Os estudos de difusão lexical do uso de *do* perifrástico por Ellegård (1953) e Ogura (1993) mostram tanto verbos de alta frequência quanto verbos em expressões fixas sendo retidos nas construções mais antigas por mais tempo. Não é surpreendente que os verbos sejam diferentes para perguntas e para declarativas negativas.

(14) Para perguntas de objeto afirmativas, os verbos usados sem *do* por mais tempo são os seguintes:

say ('dizer'), *mean* ('significar'), *do* ('fazer'), *think* ('achar, pensar').

(15) Para declarativas negativas, os verbos usados sem *do* por mais tempo são os seguintes:

know ('saber, conhecer'), *do* ('fazer'), *doubt* ('duvidar'), *care* ('cuidar'), *fear* ('temer').

Além disso, para declarativas negativas *list* ('registrar'), *skill* ('ter habilidade'), *trow* ('jogar') e *boot* ('favorecer') são conservadores porque aparecem em expressões fixas.

(16) It boots thee not to be compassionate. (*Richard II*, I.3)

'Não há benefício você ficar se lamentando'.

It skills not much when they are delivered. (*Twelfth night*, V.1)

'Não faz muita diferença quando eles são entregues'.

I list not prophesy. (*The winter's tale*, IV.1)

'Eu prefiro não prever'.

O fato de que os verbos que resistem à introdução de *do* são diferentes nas duas construções sugere fortemente que, enquanto as duas construções se desenvolviam em paralelo e, obviamente, tinham tido alguma conexão, elas eram, não obstante, duas construções, não uma "regra" (p. ex. *do*-suporte).

Have possessivo, que é o item menos frequente daqueles que participam das construções negativa e interrogativa, começou a aceitar *do* mais recentemente, em especial no inglês norte-americano. Note que *have* Perfeito não toma *do*, o que indica uma ruptura entre esses usos de *have*.

Embora originalmente eu tenha procedido ao estudo dos verbos auxiliares do inglês e das construções em que eles ocorrem porque o comportamento desses itens parecia ser governado por regra, a difusão lexical gradual das construções com *do* indica que essas "regras" são evasivas tanto quanto quaisquer outras. O fato de que *have* possessivo recentemente sucumbiu ao uso com *do* assim como o fato de que alguns usos residuais mais antigos de inversão sujeito-verbo permanecem na língua indicam que as construções se expandiram gradualmente, mas não necessariamente se tornaram completamente gerais. Um exemplo da retenção da construção mais antiga ocorre em *How goes it?* ('Como vão as coisas?').

Outro problema que se resolve pela análise baseada na construção é o comportamento ambivalente de *dare* ('ousar') e *need* ('precisar'), que sempre ocorreram em ambos os tipos de construção (Traugott, 2001; ver também Beths, 1999; Taeymans, 2004, 2006). Ao invés de ter de decidir se eles são verbos principais ou verbos auxiliares, a abordagem da gramática de construções permite que uma construção atribua pertencimento aos itens que ocorrem em suas posições. Assim, quando *dare* e *need* ocorrem na posição de verbo auxiliar, eles são verbos auxiliares. Esses dois verbos têm ocorrido, por séculos, nas posições de verbo principal e de verbo auxiliar, conforme mostram os exemplos (17) e (18), de Sienicki (2008).

(17) Verbo principal:

    a. In two or three years a Tarpawlin shall not dare to look after being better than a Boatswain. (Pepys, 1666-1667)

    'Em dois ou três anos, um Tarpawlin não ousará procurar ser melhor do que um Boatswain'.

    b. that we shall nede to be purefyed (*In die Innocencium*, 1497)

    'que nós precisaremos ser purificados'

(18) Verbo auxiliar:

    a. Now I dare swear he thinks you had 'em at great Command, they obey'd you so readily. (Vanbrugh, 1696)

    'Agora eu ouso jurar que ele pensa que você os tem em grande Comando, eles obedeceram você tão prontamente'.

b. If I need be, adde therto abstynence and other manere turmentynge of thy flesshe. (Malory, 1470)
'Se preciso for, adicione também abstinência e outro tipo de dor da tua carne'.

Pode-se perguntar por que outros verbos não têm tanta liberdade quanto *dare* e *need*. É claro, antigamente alguns tinham: *have*, em seu sentido possessivo, gradualmente mudou do uso nas construções com verbo auxiliar para o uso na posição de verbo principal. Os outros modais e verbos auxiliares, sendo muito mais frequentes, se tornaram mais fixados em suas construções. Ademais, como eles mudaram semanticamente, não podem mais ser usados como verbos principais.

7.12 Conclusões: construções e mudança baseada no adulto

Tanto a gramaticalização quanto a reanálise gradual acontecem por meio do desenvolvimento de uma nova construção a partir de uma instância particular de uma antiga construção. Isso explica o comportamento de infinitivos, em particular por que não há *to* com modais e por que os modais mais novos em desenvolvimento, *gonna*, *have to*, *want to* etc., têm *to*. Como os modais se desenvolveram em um período em que *to* não tinha ainda se tornado um marcador de infinitivo, ele está ausente; como os modais mais novos estão se desenvolvendo em um período em que *to* é o marcador de infinitivo, ele está presente nesses sintagmas.

Na presente análise da expansão das construções com verbo auxiliar, apelamos para os efeitos de frequência de tipo e de ocorrência. Como alta frequência de tipo se correlaciona com produtividade, fomos capazes de traçar a expansão das construções com verbo auxiliar com o uso de *do* com um número cada vez maior de tipos de verbos. A alta frequência de ocorrência de exemplares particulares de construções explica a resistência à mudança pelos modais, por *have* Perfeito e por *be* cópula. Do mesmo modo que os elementos verbais mais frequentes na língua, eles mantêm os antigos meios de formar perguntas e negativas, pela inversão ou por ter a negativa diretamente depois deles. Essa hipótese é sustentada pelo fato de que verbos principais comumente usados na negativa e em perguntas foram os últimos a mudar, e os modais menos frequentes, *dare* e *need*, e *have* possessivo, mudaram depois que os verbos principais o fizeram.

Desse modo, fomos capazes de mostrar como a assim chamada "reanálise" pode ser gradual: se entendemos a gramática em termos de construções, e depois reconhecemos que exemplares de construções ocorrem na representação cognitiva e são fortalecidas pelo uso da língua, então a mudança gradual nas distribuições de frequência pode ser representada diretamente na gramática. Como elas mudam ao longo do tempo, então a gramática também pode mudar gradualmente ao longo do tempo.

Evidência adicional de que a criação da categoria "verbo auxiliar" ocorre em mudança gradual mesmo na vida de adultos e não como um resultado da transmissão da língua através das gerações (conforme defendido por Lightfoot, 1979, 1991; Roberts; Roussou, 2003; Van Gelderen, 2004) é apresentada em Warner (2004). Usando várias medidas e dados de vários autores dos séculos XVI e XVII, Warner testou a hipótese de mudança geracional. Rastreando o uso de *do* por autores no século XVII, ele encontrou evidência de que autores individuais (Samuel Johnson e William Shakespeare) aumentaram seu uso de *do* ao longo do tempo. Rastreando o uso de *do* pela idade dos autores, Warner não encontrou padrão que sugira mudança geracional. Ao contrário, os padrões de uso são mais individuais, sugerindo o que ele chama "mudança pública" ou mudança no uso individual adulto.

Finalmente, a análise apresentada aqui não privilegia a classe de itens que invertem com o sujeito e tomam um *not* seguinte. O argumento é que esses itens eram bem frequentes nas construções mais antigas e resistiram à mudança. Obviamente, nem todos os verbos modais auxiliares eram de frequência alta extrema, então é necessário invocar analogia na criação dessa classe gramatical. Porém, a análise enfatiza a heterogeneidade da classe, estrutural e semanticamente. Conforme disposto no capítulo 1, mesmo os verbos auxiliares modais são muito diversos semanticamente, cobrindo modalidade, tempo e aspecto. O Perfeito, o Progressivo e a cópula *be* são estruturalmente distintos, cada um dos dois primeiros tomando uma forma diferente do verbo principal, e a cópula funcionando, de algum modo, como um verbo principal. Isso ilustra como a estrutura de uma língua é o produto de sua história. Uma vez que a convencionalização se apoia mais na repetição do que no significado ou na estrutura, as línguas podem conter padrões para os quais uma explicação sincrônica não pode ser encontrada. Esse ponto é mais bem ilustrado no próximo capítulo, em que a reanálise gradual é discutida no contexto de mudanças aparentes na estrutura de constituintes.

8

Constituência gradiente e reanálise gradual

8.1 Introdução

Nos capítulos anteriores, discutimos os processos cognitivos que interagem para criar a estrutura linguística que entendemos como gramática. Este capítulo e o próximo argumentam a favor dessa hipótese, mostrando (i) como processos de domínio geral podem criar coesão entre unidades que os linguistas consideram como estrutura de constituintes e também dar conta da reanálise gradual (este capítulo), e (ii) como a convencionalização pode criar padrões locais que poderiam ser considerados "subgramaticais" porque eles ligam propriedades que não são características da gramática como tradicionalmente definida (capítulo 9).

8.2 *Chunking* e constituência

No capítulo 3, vimos que o processo de domínio geral *chunking* poderia explicar a convencionalização e a coesão (tanto fonética quanto semântica) encontradas em grupos de palavras que são recorrentes na experiência. Em Bybee (2002a), defendi que a estrutura de constituintes é derivável de *chunking* sequencial de material que tende a ocorrer junto: unidades que são semanticamente relevantes entre si tendem a ocorrer adjacentes umas às outras no discurso (Haiman, 1985). Assim, demonstrativos e determinantes ocorrem próximos aos nomes; marcadores de aspecto e tempo ocorrem perto de verbos, e assim por diante. Sequências de unidades semanticamente coerentes que foram encadeadas por meio de repetição são, então, consideradas constituintes.

A evidência de que a própria estrutura de constituintes não é dada, mas derivável de processos mais básicos, é que esses processos também se aplicam a casos em que constituintes tradicionais não emergem. Em Bybee (2001a), discuti o caso do verbo auxiliar do inglês, que pode contrair-se com o sujeito, especialmente quando o sujeito é um pronome. Conforme Krug (1998) apontou, o elemento mais frequente que segue *I* ('eu') é *am* ('sou/estou'); *I am* também é o par de palavras que se contrai com mais frequência.

Bybee (2002a) considera o verbo auxiliar *will* e os elementos que o precedem e o seguem. Como um verbo auxiliar de tempo, seria esperado maior coesão de *will* com o verbo seguinte do que com o sujeito precedente. O que, então, explica sua contração com o sujeito? A Tabela 8.1 (reproduzida de Bybee, 2002a, Tabela 5) exibe os dez itens mais frequentes que precedem e seguem *will*, ou sua forma contraída, no *corpus* Switchboard (a vírgula e o ponto final representam pausas). Está claro que os pares sujeito e verbo auxiliar são mais frequentes do que os pares verbo auxiliar e verbo principal. Isto é, no *corpus* Switchboard, *I will* (ou *I'll*) são quase duas vezes tão frequentes quanto a combinação mais frequente *will* + VERBO, que é *will be*. Já que sujeito e verbo auxiliar são tradicionalmente atribuídos a constituintes diferentes e já que sua combinação não demonstra coerência ou relevância semântica, é apenas sua frequência de coocorrência que os leva a fundir-se em uma simples unidade fonológica.

Obviamente, a frequência de cadeias de duas palavras não é tudo, já que algumas das combinações de pronome + *will* ou *'ll* (p. ex., com *she*) são menos frequentes do que algumas das combinações *will/'ll* + verbo. Parece que a contração se estendeu dos pronomes mais frequentes para os menos frequentes e possivelmente para alguns sintagmas lexicais plenos, embora no *corpus* Switchboard a forma contraída só seja encontrada com pronomes.

Tabela 8.1 Os dez itens mais frequentes antes e depois de *will* e *I'll* (*corpus* Switchboard; total = 3195)

Precedente		Seguinte	
I ('eu')	918	*Be* ('ser/estar')	466
They ('eles')	471	, (= pausa)	244
We ('nós')	368	*Have* ('ter')	199
It ('ele/a')	256	*Get* ('obter')	130
You ('você/s')	200	*Go* ('ir')	119
That ('isso/esse', 'que')	183	*Do* ('fazer')	103
He ('ele')	122	*Probably* ('provavelmente')	90
She ('ela')	53	*Just* ('só', 'apenas')	81
, (= pausa)	47	*Tell* ('dizer')	75
People ('pessoas')	38	. (= pausa)	42

Conforme mencionado no capítulo 3, frequência de coocorrência é importante para o sintagma *I don't know* ('eu não sei'); há mais fusão entre *I* e *don't* do que entre *don't* e *know*. *Don't* é o segundo item mais frequente a seguir *I*, logo depois de *am*, e, apesar de que vários verbos sigam *don't*, nenhum o faz com tanta frequência quanto *I* precedendo *don't*.

É interessante que a alta frequência extrema de certas combinações de verbo auxiliar + VERBO PRINCIPAL também permita a fusão em alguns casos. Por exemplo, *don't know* é frequentemente usado sozinho, como em *dunno*. Ademais, certos sintagmas, como *maybe*, *wanna be* e *would-be* se tornaram adjetivos ou advérbios.

Os exemplos da contração sujeito-verbo auxiliar demonstram que um dos mecanismos básicos para a criação de estrutura de constituintes é *chunking*. Essa é a Hipótese de Fusão Linear, de Bybee (2002a). O outro critério é alguma coerência semântica da unidade toda. A contração sujeito-verbo auxiliar demonstra que essas duas exigências são independentes, mas, visto

LÍNGUA, USO E COGNIÇÃO

que elas geralmente coincidem, um epifenômeno resultante é a estrutura de constituintes.

Como *chunking* é um processo gradiente, a estrutura de constituintes pode também ser gradiente, como apontado em Bybee e Scheibman (1999). De fato, mudanças que ocorrem gradualmente na gramaticalização também demonstram que a estrutura de constituintes é um fenômeno gradiente. Embora as línguas geralmente exibam excelentes exemplos de constituintes, tais como SNs, há muitos casos em que uma análise em constituintes discreta não pode ser sustentada pelos dados.

8.3 Categorização e constituência

Outro fator que é essencial para determinar a estrutura de constituintes é a categorização, que resulta em conexões de rede que subjazem à analisabilidade, conforme discutido no capítulo 3. Considere como um exemplo o debate sobre o estatuto de preposições complexas como *on top of* ('em cima de'), *in front of* ('em frente de') e *in spite of* ('apesar de', 'a despeito de'). O inglês tem vários sintagmas como esses, que, de muitas maneiras, funcionam do mesmo modo que preposições simples. Eles obviamente se originaram em uma sequência de dois sintagmas preposicionais, mas o primeiro nome no sintagma é geralmente relacional e tende a perder seu estatuto nominal à medida que perde a habilidade de se flexionar e tomar determinantes ou modificadores adjetivos. A análise completa de constituintes do sintagma original é mostrada em (1), com um SPrep encaixado sob um SN que é, ele próprio, objeto de uma preposição.

(1) [in [spite [of [the king] $_{SN}]_{SPrep}]_{SN}]_{SPrep}$
     '[a [despeito [de [o rei] $_{SN}]_{SPrep}]_{SN}]_{SPrep}$'

Conforme argumentamos em Beckner e Bybee (2009), chegar a essa análise estrutural requer identificação dos elementos dentro do sintagma como se ocorressem em qualquer lugar no léxico, isto é, requer categorização. No modelo de rede discutido anteriormente, isso significaria formar associações com os exemplares de nomes e preposições particulares no sintagma. Repetição do sintagma também o estabelece como um exemplar por si mesmo (porque ele é um *chunk*) e permite que significados, inferências e fatores contextuais sejam atribuídos diretamente a ele.

A Figura 8.1 exibe a rede de relações do sintagma *in spite of*. Cada palavra desse sintagma está relacionada à "mesma" palavra em outros contextos no léxico. Contudo, os graus de relação são gradientes, conforme veremos adiante. A palavra *spite* do sintagma pode ser relacionada ao nome *spite* ('desafio', 'desprezo', 'desdém'), que tem seu próprio significado e, por sua vez, está relacionado ao verbo *spite* ('aborrecer'). As duas preposições podem ser identificadas com outras instâncias das mesmas preposições. Na Figura 8.1, não foi atribuído significado a essas preposições altamente gerais. Assumimos que cada uma delas está situada em uma grande rede de contextos de uso que incluem significados específicos e gerais.

Figura 8.1 Rede de conexões entre *in spite of* ('apesar de') e suas palavras componentes

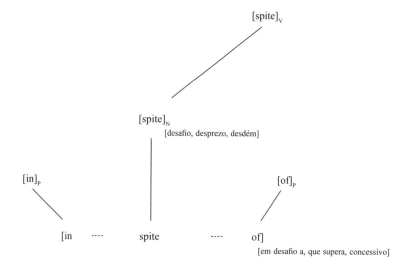

LÍNGUA, USO E COGNIÇÃO

Conforme acabamos de mencionar, como uma cadeia de palavras que frequentemente ocorrem juntas, *in spite of* tem sua própria representação por exemplares, a qual inclui informação sobre seus contextos de uso, significado e inferências. O grau em que *in spite of* é um sintagma autônomo e o grau em que ele é analisável depende da força da ativação do todo *versus* ativação das partes componentes no uso. Na representação na Figura 8.1, as linhas que conectam as partes do sintagma a outros exemplares dessas partes podem tornar-se mais fracas à medida que o sintagma é acessado como um todo de modo crescente. Nesse sentido, a analisabilidade decresce, assim como a estrutura de constituintes interna (ver Hay, 2001, e a discussão no capítulo 3). Em termos de construções, *in spite of* + SN se tornou uma construção via repetição. No presente contexto, nossa discussão abordará como a sequência fixa na construção evoluiu e se tornou autônoma.

8.4 Estrutura de constituintes de preposições complexas

O problema da constituência de preposições complexas é duplo: dado um ponto de partida como em (1), em que existe uma fronteira de constituintes entre [*in spite*] e [*of* SN] há, primeiro, algum ponto em que o nome perde sua autonomia e categorialidade? E, segundo, o sintagma *in spite of* se torna um único constituinte com o SN como seu objeto, caso em que *of* não é mais uma preposição nesse sintagma? Os argumentos a favor e contra considerar tais sintagmas como constituintes ou preposições complexas, e não uma sequência de dois sintagmas preposicionais, envolvem a extensão em que as partes individuais (as preposições e o nome) podem ser identificadas como tal; em outras palavras, sua analisabilidade.

Considere os "indicadores de separação sintática" listados por Quirk et al. (1985). Quatro deles têm a ver com a analisabilidade do nome: pode o nome tomar um leque de determinantes (2), pode ele tomar adjetivos pré--modificadores (3) e pode ele ser substituído por um outro nome (4)? Como quarto indicador, seus exemplos comparam *on the shelf by* (*the door*) ['na prateleira perto d(a porta)'] a *in spite of*. O primeiro sintagma satisfaz as condições para dois sintagmas preposicionais, ao passo que o segundo satisfaz os critérios para uma preposição complexa:

(2) on a shelf by (the door)   *in a/the spite of
    'em uma prateleira perto d(a porta)'   *'em um/o despeito de'
(3) on the low shelf by...   *in evident spite of
    'na prateleira de baixo perto de...'   *'em evidente despeito de'
(4) on the ledge by...   *in malice of
    'na borda perto de...'   *'em malícia de'

Quirk et al. (1985) também usaram como critério a habilidade de o nome na preposição complexa ser pluralizado. Já que *spite* é um nome incontável, temos que recorrer a um exemplo diferente. Desse modo, verificamos que o plural em (5) tem um significado diferente do singular:

(5) a. in the neighborhood of Boston
        'na vizinhança de Boston'
     b. in the neighborhoods of Boston
        'nos bairros de Boston'

Todos esses critérios dependem da análise da palavra (*shelf* ou *spite*) como um nome com um conjunto completo de propriedades nominais. Se o sintagma se tornou inanalisável em algum grau, a identificação tradicional do nome como tal se tornou mais fraca, fazendo com que essas operações de modificação e de substituição não se apliquem.

Outro grupo de critérios diz respeito à omissão ou não da segunda preposição e de seu objeto, como em (6), ou a substituição por um pronome possessivo, como em (7), sem alterar o significado:

(6) on the shelf   *in spite
    'na prateleira'   *'em desafio'
(7) on its shelf   *in its spite
    'em sua prateleira' *'em seu despeito'

Esses indicadores também dependem do grau em que o nome no sintagma ainda é identificável como um nome.

O conjunto final de indicadores tem a ver com as preposições e se elas podem ou não ser variadas. Esse critério mostra quão analisáveis são as preposições, assim como o nome.

(8) on the shelf at (the door) *in spite for
     'na prateleira em (a porta)' *'a despeito para'
(9) under the shelf by *for spite of
     'sob a prateleira junto a' *'para despeito de'

Parece, então, que os critérios para constituência propostos por Quirk et al. (1985) têm a ver com a amplitude em que as partes do sintagma ainda são analisadas como preposições e nomes, isto é, associadas com outros exemplares das mesmas preposições e nomes. Isso é, claro, uma questão de grau, e, dentro do mesmo sintagma, podem-se ter algumas partes que são menos identificáveis (p. ex., *dint* ['golpe'] em *by dint of* ['à força de']) e algumas que são mais identificáveis (p. ex., *by* ['por'] em *by dint of* ['por força de']).

Naturalmente, o que estamos testemunhando aqui é a gramaticalização gradual de sequências de sintagmas preposicionais em preposições complexas, que, no devido tempo, podem tornar-se simples preposições (Hoffman, 2005; Hopper; Traugott, 2003). Tal é a origem das preposições *before* ('antes'), behind ('atrás'), *inside* ('dentro') etc. Como o processo é gradual, a perda de analisabilidade também é gradual. Já que cada sintagma tem seu próprio desenvolvimento, não há necessidade do mesmo comportamento em todo o conjunto de candidatos a preposições complexas. A gradiência da situação sincrônica deixa em aberto a possibilidade de os gramáticos discutirem se é possível ou não o reconhecimento de uma categoria de preposições complexas. Enquanto Quirk et al. (1985) defendem explicitamente a gradiência e a sobreposição de múltiplas análises, pesquisadores de inclinação mais gerativista querem manter a posição de que preposições complexas não existem como uma categoria da gramática do inglês (Seppänen et al., 1994; Huddleston; Pullum, 2002).

Seppänen et al. (1994) propõem quatro outros critérios para determinar a estrutura de constituintes das preposições complexas: Fronteamento, Coordenação, Elipse e Intercalação. Segue aqui como eles aplicam esses testes a *in spite of* ('apesar de'):

(10) Fronteamento

Of what obstacles did he say he would do it *in spite*?

*'*De* que obstáculos ele disse que faria *apesar*?'

(11) Coordenação

In spite of your objections and *of* the point raised by Dr. Andersson, we feel confident that we can proceed with the project.

'*Apesar de* suas objeções e *do* ponto levantado pelo Dr. Andersson, sentimo--nos confiantes de que podemos prosseguir com o projeto'.

(12) Elipse

Falante A: He did it *in spite of* John and the auditor.

   'Ele fez isso *apesar de* John e do auditor'.

Falante B: *Of* what auditor? I didn't know they had one in this firm.

   '*De* qual auditor? Eu não sabia que eles tinham um nessa firma'.

(13) Intercalação

The morning air was clear and clean, *in spite*, one might add, *of* the traffic and crowds.

'O ar da manhã estava claro e limpo, *apesar*, pode-se acrescentar, *do* tráfego e das multidões'.

Muito embora *in spite of* falhe em um dos testes (o teste de Fronteamento), o fato de que ele passa em todos os outros nessas sentenças criadas é evidência suficiente para convencer Seppänen et al. (1994) do estatuto preposicional de *of* nesse sintagma. Operando com uma noção discreta de estrutura de constituintes, eles não têm explicação por que um teste falha enquanto os outros parecem ter sucesso.

Considere agora a natureza dos dados usados por Seppänen et al. (1994). Essas sentenças inventadas soam todas muito literárias e artificiais. Naturalmente, podemos criar sentenças como essas, mas as pessoas realmente usam Coordenação, Elipse e Intercalação conforme sugerem essas sentenças?

Beckner e Bybee (2009) relatam que em uma busca no *Corpus of Contemporary American English* (COCA), com 385 milhões de palavras, encontrou somente 7 exemplos comparáveis de coordenação, todos eles de fontes escritas. Aqui estão três exemplos:

(14) Last July after she beat out a field of 67 applicants in a nationwide search, President Anderson feels that she was chosen for the job, not *because* or *in spite of* the fact that she is Black and a woman, but simply because she was the most qualified applicant. (1992)

'Em julho passado, depois que ela venceu um campo de 67 candidatos em uma pesquisa de âmbito nacional, presidente Anderson sente que ela foi escolhida para a tarefa, não *porque* ou *apesar do* fato de que ela é negra e mulher, mas simplesmente porque ela era a candidata mais qualificada'.

(15) The prime minister remains unable to reap the credit for economic success, which is perceived to have occurred *in spite*, not *because*, *of* his policies; he is unable to unify his party or even his cabinet because he does not have the authority. (1995)

'O Primeiro-Ministro continua incapaz de receber o crédito pelo sucesso econômico, que se percebe ter ocorrido *apesar*, não *por causa*, de suas políticas; ele é incapaz de unificar seu partido ou mesmo seu gabinete porque ele não tem autoridade'.

(16) A lesson in how Congress makes politically expedient decisions *at the expense* (or *in spite*) *of* the constitutional implications of their actions. (2002)

'Uma lição sobre como o Congresso toma decisões politicamente oportunas *à custa* (ou *apesar*) *das* implicações constitucionais de suas ações'.

Porém, em casos de coordenação de *in spite of* com outra expressão similar, encontramos mais casos em que *of* é repetido, o que indica a natureza fixa desse sintagma. No *Corpus of Contemporary American English*, Beckner e Bybee (2009) localizaram 35 ocorrências. Dois exemplos são dados a seguir:

(17) The dogma of self-expression says that the gifted child can flower *in the absence of* or *in spite of* art education. (1995)

'O dogma de autoexpressão diz que a criança talentosa pode florescer *na ausência de* ou *apesar de* educação artística'.

(18) In this allegedly anti-American country Sarkozy would be elected (as early as the spring of 2007) either *because of* or *in spite of* the public perception that he is somehow "American". (2005)

'Nesse país, supostamente antiamericano, Sarkozy seria eleito (já na primavera de 2007) *por causa da* ou *apesar da* percepção popular de que ele é, de alguma forma, "americano"'.

Padrões de uso com ocorrências múltiplas de *in spite of* encadeadas fornecem, também, evidência para a natureza fixa desse sintagma. Os falantes de inglês preferem apresentar ocorrências múltiplas de *in spite of* como uma sequência ininterrupta; (19) é um exemplo característico:

(19) *In spite of* motorbikes, *in spite of* karaoke music, *in spite of* the stink of gasoline fumes that seeps into each kitchen. (2005)

'*Apesar das* motocicletas, *apesar da* música de *karaoke*, *apesar do* mau cheiro de fumaça de gasolina que vaza para cada cozinha'.

No *Corpus of Contemporary American English*, há 43 exemplos desse tipo, sem contraexemplos em que apenas subpartes de *in spite of* são justapostas.

Além disso, o fato de que *in spite of* pode ser associado a preposições simples, como em (20) e (21), sugere que o sintagma está funcionando como uma unidade.

(20) Scorsese's strongest works are fictions of formation, in which a religious conviction comes *with* or *in spite of* a vocation. (1991)

'Os trabalhos mais fortes de Scorsese são ficções de formação, em que uma convicção religiosa vem *com* ou *apesar de* uma vocação'.

(21) Commitment is healthiest when it is not *without* doubt, but *in spite of* doubt. (1991)

'O comprometimento é mais saudável não quando ele é *sem* dúvida, mas *apesar da* dúvida'.

Seppänen et al. (1994) defendem, ainda, que *in spite of* retém uma estrutura interna de constituintes porque pode ser interrompido na fala, como

LÍNGUA, USO E COGNIÇÃO

em seu exemplo inventado (13). Beckner e Bybee (2009) procuraram tais usos no *corpus* do *Time* e no *Corpus of Contemporary American English* e localizaram somente um exemplo (de 1999, citando Robert Ingersoll, de 1877):

(22) The religionists of our time are occupying about the same ground occupied by heretics and infidels of one hundred years ago. The church has advanced, *in spite*, as it were, *of* itself.

'Os beatos de nosso tempo estão ocupando aproximadamente o mesmo território ocupado por heréticos e infiéis de cem anos atrás. A igreja avançou, *apesar*, por assim dizer, *de* si mesma'.

No exemplo (22), a intenção óbvia de Ingersoll é reviver a semântica original de *of spite*, e então ele interrompe *in spite of* para chamar a atenção para as palavras que compõem a sequência. Outro critério de Seppänen et al. (1994), Elipse, baseado em diálogos irreais, inventados, parece não ter apoio em dados de *corpus* natural.

A evidência aponta, então, para a possibilidade de análises múltiplas, gradientes, da preposição complexa *in spite of*. A Figura 8.1 é consistente com os dados do *corpus*. Embora as linhas de conexão entre as partes do sintagma e suas contrapartes exemplares em outros contextos estejam enfraquecendo, elas ainda são, em certa medida, viáveis, permitindo aos falantes algum grau de liberdade, especialmente na escrita, para manipular as partes do sintagma.

8.5 Mudança semântica: *in spite of*

As análises semânticas de Seppänen e colegas (1994) e de Huddleston e Pullum (2002), diferentemente da de Quirk et al., excluem o uso de semântica na determinação da estrutura de constituintes. Esses autores consideram a semântica como um guia não confiável para a estrutura sintática. Quirk et al. (1985) apontam que as preposições complexas funcionam como preposições simples, portanto não contam como evidência para o estatuto de constituintes na análise gerativa. Em contraste, uma abordagem baseada no uso considera o significado como, no mínimo, tão importante quanto os critérios sintáticos para a determinação da análise que os falantes mais provavelmente podem fazer. O fato de que, semanticamente, *on top of* ('em cima de') funciona como o oposto de *under* ('sob') (uma preposição mais simples), ou que *in spite of* é parafraseável por *despite* ('não obstante') são indicadores de que essas expressões originalmente complexas ganharam um estatuto unitário.

Especialmente no caso comum no inglês contemporâneo, em que *in spite of* tem significado concessivo, suas partes internas são de pouca ou nenhuma consequência. Em seus usos anteriores (a partir do século XV), o sintagma era empregado em circunstâncias em que o nome, *spite*, parecia adequado, com seu significado nominal de "desprezo, desdém, desafio", com um objeto que era um inimigo ou uma autoridade que era desafiada (para uma evolução similar do espanhol *a pesar de*, ver Torres Cacoullos; Schwenter, 2005; Torres Cacoullos, 2006).

(23) The Erle þen, with his peppil, drove ouer þe havon of Gravenying thaire pray of bestes, att lowe water, *in spite of* al þe Flemmynges, and brought hem with al thaire prisoners to Caleis, and lost neuer a man; thonket be God! (*The Brut*, 1400-82)

'Então o Conde, com seu povo, passou pelos seus rebanhos de animais, a passagem em Gravening em maré baixa, *apesar do* Flemish, e os trouxe com todos os seus prisioneiros para Calais, e nunca perdeu um homem; graças a Deus!'.

Exemplos mais posteriores (do século XVI ao XIX) generalizaram o objeto de *in spite of* para alguma força ou obstáculo que tem de ser superado. Agora o significado de *spite* nesse sintagma não mais aponta para seu significado como um nome.

(24) The benefits of innoculation have established the practice *in spight of* all opposition. (*Gentl. Mag.*, 1762. XXXII. 217/2)

'Os benefícios da inoculação estabeleceram a prática *apesar de* toda a oposição'.

(25) The tears, *in spite of her*, forced their way between her fingers. (SCOTT *Br. Lamm*, 1818, xx)

'As lágrimas, *apesar de*la, forçaram seu caminho entre seus dedos'.

A mudança semântica posterior nesse sintagma surge por meio de inferência (Traugott, 1989; Traugott; Dasher, 2002; Hoffmann, 2005). Se uma situação é alcançada mesmo quando há forças opositoras ou obstáculos, a inferência é que não se esperaria a situação sob essas circunstâncias. O significado concessivo, que é frequentemente encontrado hoje, indica que algo foi feito contra a expectativa. *Corpora* modernos revelam exemplos que são ambíguos entre as leituras de forças contrárias e contraexpectativas, como em (26), bem como exemplos que têm apenas as leituras de contraexpectativa, como em (27).

(26) *In spite of* the rough conditions, travel advisories and the war on terrorism, scores of older Americans are uprooting their lives to help needy nations improve their living conditions. (*Time Magazine*, 2003)

'*Apesar das* duras condições, conselheiros de viagem e guerra ao terrorismo, grupos de americanos mais velhos estão se desapegando de suas vidas para ajudar nações necessitadas a melhorar suas condições de vida'.

(27) Yet *in spite of* music's remarkable influence on the human psyche, scientists have spent little time to understand why it possesses such potency. (*Time Magazine*, 2000)

'Contudo, *apesar da* notável influência da música sobre a psique humana, os cientistas têm gasto pouco tempo para entender por que ela possui tal potência'.

Exemplos como (27), que são comuns hoje, mostram que não são acessadas análises internas dos significados das partes da expressão quando ela é usada. Simplesmente não há um modo direto de chegar aos significados das partes, especialmente do significado do antigo nome para a interpretação concessiva. Em minha opinião, isso é a indicação mais clara do estatuto de constituintes que se esperaria alcançar.

8.6 Descategorização como resultado da perda de analisabilidade

Um importante indicador da gramaticalização de um nome ou de um verbo dentro de uma construção é a descategorização. Hopper (1991) baseia sua discussão sobre esse fenômeno na noção relativa de categoria lexical descrita em Hopper e Thompson (1984). À proporção que um nome, por exemplo, é capaz de ser "enfeitado" com atributos caracteristicamente nominais, tais como flexões de número ou caso, determinantes e outros modificadores, isso é uma questão de grau e depende crucialmente do uso do elemento no discurso. Dado que um nome dentro de um sintagma em gramaticalização, como uma preposição complexa, não está desempenhando funções referenciais típicas de nomes, segue-se que ele perderia seus atributos nominais.

Utilizando apenas os processos já examinados neste livro, os modelos de Exemplares e de Rede possibilitam-nos dar uma abordagem formal do processo diacrônico de descategorização. Essa análise é inerente no diagrama da Figura 8.1, assim como os processos de mudança que essa representação sofrerá à medida que a expressão *in spite of* for usada. Retomando as propostas de Hay (2001), conforme explicado no capítulo 3, podemos ilustrar como o uso impacta essa representação e a transforma de analisável e composicional para autônoma (ver Torres Cacoullos, 2006, para um tratamento comparável da gramaticalização de *a pesar de* ['apesar de'] em espanhol).

Após a experiência de algumas repetições de uma sequência de palavras, o cérebro estabelece uma representação (ou exemplar) para aquela sequência como um atalho. As palavras na sequência ativarão outros exemplares da mesma palavra de modo vigoroso, no início. A evidência que Hay (2001) apresenta e a evidência advinda da gramaticalização sugerem que o acesso subsequente a essa sequência se dá via atalho, com graus variados de ativação das palavras componentes. Cada instância de acesso da unidade total fortalece a unidade total. Cada instância de acesso por ativação das partes componentes fortalece as relações com as palavras componentes.

A composicionalidade do sintagma poderia ser mantida, inicialmente, pelo uso em contextos em que os significados das partes componentes são enfatizados. Mas, à medida que o significado de *spite* enfraquece pelo uso em contextos em que ele não é tomado literalmente, a relação com o nome *spite* continua a enfraquecer, e essa palavra no sintagma *in spite of* perde suas propriedades nominais.

Considere alguns exemplos. Nas comédias de William Shakespeare, o nome *spite* ocorre 20 vezes, mas somente 6 dessas ocorrências estão no sintagma *in spite of.* É interessante que, em dois desses exemplos, a relação com o nome *spite* é bastante transparente. Em (28), *spite* é modificado por *very* ('muito'), o qual, nesse uso, significava "verdadeiro" quando modificava um nome. Em (29), Beatrice continua a usar *spite* como um verbo, evocando, assim, o significado lexical completo.

(28) *Troilus and Cressida* (Shakespeare, 1600)
Ajax hath lost a friend
And foams at mouth, and he is arm'd and at it,
Roaring for Troilus, who hath done to-day
Mad and fantastic execution.
Engaging and redeeming of himself
With such a careless force and forceless care
As if that luck, *in* very *spite of* cunning,
Bade him win all.
'Ajax perdeu um amigo
E lançando espuma pela boca, e ele está armado e para isso,
Bradando por Troilo, que fez hoje
Uma execução louca e fantástica,
Envolvente e libertadora de si mesmo
Com uma força tão descuidada e cuidados débeis
Como se essa sorte, em verdadeiro *desafio de* astúcia,
Ordenasse-lhe ganhar tudo'.

(29) *Much ado about nothing*
BENEDICK Suffer love! A good epithet! I do suffer love
indeed, for I love thee against my will.
BEATRICE *In spite of* your heart, I think; alas, poor heart!
If you *spite* it for my sake, I will *spite* it for
yours; for I will never love that which my friend hates.
'BENEDICK Sofrer de amor! Um bom epíteto! Eu sofro mesmo de amor
de fato, porque eu amo você contra minha vontade.
BEATRICE *Apesar do* seu coração, eu penso; ai de mim, pobre coração!
Se você o *desafia* por minha causa, eu o *desafiarei* pela
sua; pois nunca amarei aquele que meu amigo odeia'.

Outros exemplos do século XVII mostram mais analisabilidade do que é possível agora, pois (30) exibe *spite* com o artigo definido e (31) revela uma substituição da primeira preposição.

(30) *In the spight of* so many enemies. (SANDERSON, *Serm.* 546, 1632)
'*Apesar de* tantos inimigos'.

(31) *For spight of* his Tarbox he died of the Scab. (OSBORN, *King James* Wks. 1658 [1673])
'*Apesar de* seu Tarbox, ele morreu de Sarna'.

Tais exemplos são raros hoje em dia, se é que eles ocorrem, já que a relação de *in spite of* com *spite* é semanticamente mais remota, especialmente quando o sintagma tem significado concessivo. Hay (2001) prevê que a perda de analisabilidade e composicionalidade surgiria mais prontamente quando a forma de base (nesse caso, *spite*) é menos frequente do que a forma derivada (nesse caso, *in spite of*). Nas comédias de Shakespeare, como dissemos, de 20 ocorrências de *spite*, somente 6 se deram no sintagma. Hoje na língua inglesa, contudo, 90% das ocorrências de *spite* se dão em *in spite of.* Torres Cacoullos (2006) encontrou um decréscimo de frequência semelhante de *pesar* em comparação ao sintagma *a pesar de* ('apesar de') em espanhol.

Desse modo, à medida que o nome no sintagma sob gramaticalização se torna mais distante de outras ocorrências do nome porque está circunscrito em um sintagma, e à medida que ele perde seu significado anterior que o teria ligado ao nome independente, ele perde sua categorialidade. Uma consequência da perda de categorialidade é a perda de estrutura interna do sintagma. De dois sintagmas preposicionais, obtemos uma preposição com muitas palavras. Parece que a gramaticalização sempre resulta em perda de estrutura interna de constituintes. A perda de complexidade é uma realização de um dos princípios de Hawkins (2004): a frequência reduz a complexidade.

8.7 Reanálise gradual

Alguns autores que tratam da gramaticalização parecem equacionar tal processo de redução da complexidade com reanálise, fazendo afirmações tais como: gramaticalização é o processo pelo qual um item lexical é reanalisado como um morfema gramatical (Lord, 1976; Marchese, 1986; Harris; Campbell, 1995; Roberts; Roussou, 2003). Nem sempre fica claro, todavia, se tais afirmações pretendem descrever o resultado do processo — antes da gramaticalização, o item X era um item lexical e agora é gramatical — ou o mecanismo real de mudança pelo qual falantes/aprendizes aplicam uma análise a uma cadeia diferente da análise que ela tinha antes. No caso da última interpretação, uma teoria com estrutura de constituintes e de categoria discretas tem dificuldade de lidar com o fato de que a gramaticalização acontece gradualmente (ver discussão no capítulo 7).

Já vimos que a rede de representações que dá origem à constituência pode mudar gradualmente, o que resulta em mudanças graduais nos graus de analisabilidade e composicionalidade das construções em gramaticalização. Há dois outros modos pelos quais a reanálise pode ser considerada gradual, e trataremos delas no restante deste capítulo.[1]

Primeiro, nem todos os membros de uma classe sob gramaticalização mudam na mesma proporção. Mencionamos isso com relação aos verbos auxiliares modais no capítulo 7: *shall* se torna um marcador de futuro antes de *will*; *may* alcança *status* de marcador de possibilidade de raiz antes de *can* e já se moveu para possibilidade epistêmica (Bybee; Pagliuca, 1987; Bybee, 1988b). Há muitos outros casos. Lichtenberg (1991), por exemplo, menciona que os verbos que se tornam preposições em To'aba'ita fazem isso em diferentes proporções, perdendo propriedades verbais em épocas diferentes. Ele assinala que uma previsão importante da proporção da mudança é a frequência de ocorrência da preposição. Um ponto semelhante pode ser levantado sobre as preposições complexas do inglês: elas estão se tornando menos analisáveis em proporções diferentes, de acordo com os testes aplicados por Quirk et al. (1985), Seppänen et al. (1994) e Huddleston e Pullum (2002).

Segundo, alguns exemplares de construções em gramaticalização perdem analisabilidade (= sofrem reanálise) antes de outros. Na próxima seção,

---

1. Lichtenberg (1991) menciona uma terceira maneira pela qual a reanálise pode ser gradual: ela pode gradualmente se difundir pela comunidade de fala.

discutimos os dados de Bybee e Torres Cacoullos (2009) sobre o desenvolvimento do progressivo em espanhol. Descobrimos que ocorrências da mesma construção com verbos diferentes se comportam diferentemente com respeito a vários critérios sintáticos e semânticos (para exemplos do mesmo fenômeno na expressão do futuro inglês, ver Torres Cacoullos; Walker, 2009).

8.8 O progressivo espanhol: gramaticalização avançada em *prefabs*

Em Bybee e Torres Cacoullos (2009), exploramos o efeito de alta frequência e usos pré-fabricados de construções no processo de gramaticalização da construção generalizada. O estudo de caso são os Progressivos em espanhol, que se desenvolveram de verbos de localização-postura, como *estar*, ou de verbos de movimento, como *andar* e *ir*, mais um gerúndio (cujo sufixo é -*ndo*). No início, o verbo finito é um item lexical independente com sentido espacial, conforme mostrado nos exemplos (32) a (34), do século XIII. A evidência para o sentido locativo nesses exemplos é um sintagma locativo, que está sublinhado. O sintagma sob gramaticalização aparece em letras maiúsculas.

(32) Et <u>ali</u> ESTAUA el puerco <u>en aquella llaguna</u> BOLCANDO se (XIII, GE. II)
'E <u>ali</u> ESTAVA o porco <u>naquela poça</u> se CHAFURDANDO'
(33) YUASSE ANDANDO <u>por la carrera</u> que ua al pozo (XIII, GE. I)
'Ele FOI ANDANDO <u>pela estrada</u> que vai para o poço'
(34) Et ANDANDO BUSCANDO los. Encontrosse con un omme quel preguntó como <u>andaua</u> o que <u>buscaua</u> (XIII, GE. I)
'E ANDANDO BUSCANDO por eles encontrou-se com um homem que lhe perguntou como <u>andava</u> ou o que <u>buscava</u>'

Embora o significado locativo seja claramente discernível nesses exemplos, no espanhol moderno expressões com *estar* (35), *andar* (36) e *ir* (37) seguidos de gerúndio geralmente expressam o significado aspectual do Progressivo, como nestes exemplos de Torres Cacoullos (1999, 2001):

(35) Pero ESTÁS HABLANDO de una forma de vida, Gordo.

'Mas ESTÁS FALANDO de uma forma de vida, Gordo'.

(36) ANDO BUSCANDO unas tijeras, porque se me rompió una uña.

'ESTOU BUSCANDO uma tesoura, porque quebrei uma unha'.

(37) Pero ya VA SALIENDO la cosecha así, por partes.

'Mas a colheita já VAI SAINDO assim, por partes'.

Entretanto, como é comum na gramaticalização, há uma grande quantidade de sobreposição nos usos dessas construções; alguns casos aspectuais ocorrem muito cedo, enquanto alguns usos recentes ainda revelam a origem locativa.

A reanálise envolvida na gramaticalização dessas construções toma um verbo principal com um complemento no gerúndio e converte essa sequência em uma forma verbal perifrástica ou composta em que o verbo finito funciona como um verbo auxiliar, e o verbo na forma de gerúndio é o verbo principal.

(38) $[estar]_{verbo}$ $[VERBO + ndo]_{comp}$ → $[estar + VERBO + ndo]_{verbo\ progressivo}$

Diagnósticos da mudança na constituência são (i) diminuição gradual de elementos intervenientes entre o verbo auxiliar emergente e o gerúndio (39), (ii) perda da capacidade de colocar mais do que um gerúndio com o mesmo verbo auxiliar emergente (40), e (iii) colocação de pronomes objetos clíticos antes do todo complexo ao invés de ligado ao gerúndio (41).

(39) ESTÁ <u>Melibea muy afligida</u> HABLANDO con Lucrecia sobre la tardança de Calisto.

'[Instruções para o palco] ESTÁ <u>Melibea, muito aflita</u>, FALANDO com Lucrécia sobre o atraso de Calisto'.

(40) Le YVAN MENGUANDO los bastimentos <u>e</u> CRECIENDO las necessidades.

'Suprimentos IAM [lit: foram] MINGUANDO <u>e</u> necessidades, CRESCENDO'.

(41) ESTÁ DIZIÉNDO la allá su corazón.

'Seu coração lá ESTÁ DIZENDO a ela'.

À medida que exemplos como esses começam a desaparecer, temos uma indicação do unitarismo das novas construções progressivas. Um estudo quantitativo do número de exemplos desses tipos demonstra gramaticalização crescente ou unitarismo ao longo dos séculos, do XIII ao XIX (Bybee; Torres Cacoullos, 2009).

Essas construções progressivas emergentes têm gerado vários *prefabs*, que aqui definimos com referência à frequência relativa da combinação verbo auxiliar-gerúndio comparada ao número total de ocorrências do verbo auxiliar e ao número total de ocorrências do gerúndio. Se certa combinação, por exemplo, *estar aguardando* ('estar esperando'), constitui 2% ou mais dos dados de verbo auxiliar (o uso total de *estar*) e 50% ou mais dos dados de gerúndio (isto é, *aguardando* é usado com *estar* mais do que com qualquer outro verbo auxiliar), então ela é considerada um *prefab*. A Tabela 8.2 exibe os *prefabs* identificados para o verbo auxiliar *estar*.

Tabela 8.2 *Prefabs* (como porcentagem de verbo auxiliar e gerúndio; todos os períodos de tempo combinados)

		Porcentagem de verbo auxiliar	Porcentagem de gerúndio
ESTAR	*Aguardando* ('esperando')	2% (14/672)	93% (14/15)
	Diciendo ('dizendo')	3% (22/672)	44% (22/50)
	Durmiendo ('dormindo')	2% (14/672)	93% (14/15)
	Escuchando ('escutando')	3% (23/672)	96% (23/24)
	Esperando ('esperando')	7% (48/672)	89% (48/54)
	Hablando ('falando')	5% (32/672)	71% (32/45)
	Mirando ('olhando')	7% (49/672)	84% (49/58)
	Oyendo ('ouvindo')	2% (15/672)	94% (15/16)
	Pensando ('pensando')	2% (13/672)	62% (13/21)

Dois desses *prefabs* são atestados no período mais antigo, *estar hablando* ('estar falando') e *estar esperando* ('estar esperando'). Outros se tornaram

LÍNGUA, USO E COGNIÇÃO

prefabs do século XVII ao XIX. Utilizando os três diagnósticos para constituência ou unitarismo mencionados antes, demonstramos que esses *prefabs* estão à frente da construção geral na obtenção de estatuto unitário. Quer dizer, eles têm menos elementos intervenientes entre o verbo auxiliar e o gerúndio, menos gerúndios justapostos e mais clíticos colocados na frente do complexo todo em cada século examinado.

Como esses *prefabs* são mais frequentes do que outros casos da construção, eles são acessados como uma unidade simples mais frequentemente do que outras instâncias, levando à perda de analisabilidade, conforme discutido antes. O verbo auxiliar dentro do *prefab* se tornará menos conectado a ocorrências de *estar* locativo em outras construções e, assim, perderá seu significado locativo mais cedo do que em outras ocorrências da construção progressiva. Bybee e Torres Cacoullos propõem, então, que esse desbotamento de significado em *prefabs* pode ter um efeito sobre o significado da construção geral, catalisando sua gramaticalização posterior.

Isso, portanto, é ainda outro modo pelo qual a reanálise pode ser gradual — ela ocorre mais cedo em algumas instâncias de uma construção do que de outras. Observe que isso é evidência adicional para um modelo que assume exemplares como representações, sob o qual instâncias individuais de construções podem desenvolver suas próprias características. Nesse caso, parece que as propriedades de exemplares de frequência mais alta de uma construção podem ter um efeito sobre o desenvolvimento da construção geral. Veja o capítulo 10 para uma discussão do impacto do significado de *prefabs* sobre construções em processo de gramaticalização.

8.9 Conclusões

Neste capítulo, apresentei evidência de que a estrutura de constituintes surge por meio da aplicação dos processos de domínio geral de *chunking* e de categorização. Como ambos os processos produzem representações gradientes, com base em como exemplares particulares são processados no uso da língua em tempo real, segue que a estrutura de constituintes é gradiente em várias dimensões. O ponto básico é que o grau em que uma sequência é analisável ou associada com outros exemplares daquela palavra em outros contextos pode variar, dependendo de quão fortemente essa conexão é ativada durante o uso da língua. As consequências dessa variação são que (i) construções do mesmo tipo (p. ex., preposições complexas) podem gramaticalizar-se em diferentes proporções e (ii) a mesma construção em processo de gramaticalização pode estar mais avançada em seu desenvolvimento com alguns itens lexicais do que com outros.

9

Convencionalização e o local *versus* o geral: *can* do inglês moderno

9.1 Introdução

Dado que *chunking* ocorre mesmo com níveis baixos de repetição, há muito potencial para que combinações de palavras se tornem convencionalizadas, acessadas como um todo, e providas de usos ou funções especiais. Neste capítulo, estudamos as combinações de *can* e *can't* com verbos e seus complementos, que se tornaram convencionalizados, alguns com significado especial ou função discursiva e outros sem. Utilizando um grande *corpus* do inglês norte-americano falado (*corpus* Switchboard), descobrimos certas regularidades de uso que escaparam à observação dos gramáticos e que, de fato, desafiam muitos dos princípios gerais da gramática. Esses fatos "subgramaticais" sustentam a independência da convencionalização como um dos fatores de domínio geral que é crucial para a emergência da gramática.

De especial interesse são os casos em que parece que é o significado que se tornou convencionalizado, não apenas a sequência de palavras. O papel do significado se torna aparente em casos em que a negação assume uma forma alternativa, em que *can* ('poder') é substituído por *be able to* ('ser capaz de'), e em que o critério de que um sintagma temporal esteja presente é satisfeito pelo sintagma em outra oração. Por convencionalização do significado quero dizer que línguas específicas têm conceitos específicos para os quais chamam a atenção. Slobin (1996, 2003) se refere a esse fenômeno como "thinking for speaking" ('pensar para falar'). Como aponta Slobin (1997a), seu efeito na língua é evidente em padrões de lexicalização e também na estratificação em gramaticalização, quando uma língua pode desenvolver múltiplas expressões gramaticalizadas no mesmo domínio, por exemplo, obrigação ou graus de distanciamento temporal nos sistemas de tempo.

No capítulo 7, discutimos em detalhe o desenvolvimento do verbo auxiliar no inglês via emergência das construções de pergunta e negativas. Vimos que, ao longo do tempo, o uso dos verbos modais auxiliares, incluindo *can* ('poder'), cresceu consideravelmente desde o inglês antigo. O uso de *can* como verbo auxiliar começa em realidade no inglês médio, com uma grande expansão dos verbos com os quais ele pode ser usado (Bybee, 2003b). Hoje, *can* é altamente frequente e é usado com o significado de capacidade ou possibilidade de raiz (ver Coates, 1983). Este capítulo examina usos especiais de *can*, aqueles encontrados em ambientes de alta frequência, para achar pistas da relação das funções específicas com as funções mais gerais.

O estudo começou como uma pesquisa dos usos atuais do verbo auxiliar modal *can*, seguido por um estudo diacrônico da expansão dos verbos principais coocorrentes e os significados de *can* no inglês moderno inicial (Bybee, 2003b). O estudo anterior já tinha deixado claro que, por volta do inglês moderno inicial, *can* podia ser usado com verbos passivos, estativos e dinâmicos sem restrição aparente. Interessada em quais outros desenvolvimentos poderiam suceder, especialmente com relação a *can versus can't*, escolhi investigar os verbos mais frequentes usados com *can* no *corpus* Switchboard (Godfrey et al., 1992). Não surpreendentemente, quando se estudam combinações de palavras frequentes, descobrem-se muitas sequências formulaicas.

9.2 Padrões gerais *versus* locais: negação

A construção para formar a negação sentencial em inglês, conforme visto no capítulo 7, segue o padrão mostrado em (1):

(1) Construção geral para a criação de um sintagma verbal:
[... VERBO AUXILIAR + NEGATIVA + VERBO PRINCIPAL...]

Muitas construções mais específicas se desenvolveram dessa construção geral, de modo que há duas maneiras de se chegar à mesma sequência de palavras. Por exemplo, se *can't* não é sempre a negação direta de *can*, precisaríamos postular construções mais específicas para *can't* com verbos principais particulares. Evidência do inglês norte-americano falado sugere fortemente que, para alguns verbos de cognição e de comunicação, há construções específicas que distinguem *can* de *can't*. Uma indicação disso é a frequência relativa das formas afirmativa e negativa. Em geral, esperamos que usos afirmativos sejam mais comuns do que negativos, com base em resultados translinguísticos de que todas as línguas "marcam" a negativa com um marcador explícito, mas nenhuma língua marca a afirmativa e deixa a negativa não marcada. Já que as relações de marcação se correlacionam muito estreitamente com frequência relativa (Greenberg, 1963), esperamos encontrar mais afirmativas do que negativas em qualquer grupo de dados examinados.

Como previsto, *can* é três vezes mais frequente do que *can't*, mas, dos 21 primeiros verbos que seguem *can* e dos 21 primeiros que seguem *can't* no *corpus* Switchboard, em seis a sequência com *can't* foi mais frequente. A Tabela 9.1 lista esses seis e, ainda, um grupo representativo de verbos de alta frequência, cuja afirmativa foi mais frequente do que a negativa, conforme previsto.

Todos os casos em que a negativa é mais frequente do que a afirmativa são expressões formulaicas ou *prefabs*; de fato, em alguns desses casos em que a afirmativa é mais frequente, as construções negativas também são *prefabs*. A maioria das expressões com *can't* envolve verbos cognitivos ou epistêmicos — verbos que dão ao falante avaliação subjetiva de uma parte do discurso. Uma vez que esses casos de "marcação local" (Tiersma, 1982) se devem a *prefabs* ou generalizações locais, a sequência de *can't* + certos verbos não constitui realmente a negação de *can*, mas faz parte de construções inteiramente diferentes.

Tabela 9.1 Comparação de frequência de *can* ('poder') + VERBO com *can't* ('não poder') + VERBO

Negativa mais frequente do que afirmativa*			
	Can	*Can't*	% de afirmativa
Seem ('parecer')	2	1 9	11%
Believe ('acreditar')	20	73	22%
Think ('achar')	49	115	30%
Remember ('lembrar')	113	172	40%
Say ('dizer')	56	83	40%
Afford ('pagar')	73	93	43%
Afirmativa mais frequente do que negativa*			
Go ('ir')	125	20	86%
Understand ('entender')	36	11	80%
Put ('colocar')	39	13	75%
Get ('obter', 'conseguir')	98	51	66%
Imagine ('imaginar')	36	22	62%

*Números brutos tomados de porções de diferentes tamanhos do *Switchboard*.

9.3 Construções com verbos cognitivos/epistêmicos

9.3.1 Can't seem

Can't seem ('poder não parecer') é muito mais frequente do que *can seem* ('poder parecer'). A negativa tem um significado formulaico, não transparente de *can't manage* ('não ser capaz de'), talvez devido a uma inferência de um significado subjetivo de *not able to appear to* ('não ser capaz de parecer') para *appear not to be able to* ('parecer não ser capaz de').

(2)   I *can't seem* to find the middle.
     'Eu posso não parecer (= ser capaz de) encontrar o meio'.
(3)   They *can't seem* to read properly.
     'Eles podem não parecer (= ser capazes de) ler adequadamente'.

LÍNGUA, USO E COGNIÇÃO

No *corpus*, 18 de 19 ocorrências tinham tal significado nessa construção. Uma das duas ocorrências de *can seem* listada na tabela também era, de fato, negativa:

(4) A mess that nobody *can seem* to get out of.
'Uma confusão da qual ninguém pode parecer (= ser capaz de) se livrar'.

O exemplo (4) mostra que a presença de *can't* não é exigida pela expressão para ter significado formulaico; qualquer tipo de negação é possível. Logo, não é a expressão *can't seem* que é convencionalizada, mas o significado ou a descrição da situação de um modo particular que o é.

Observe como o exemplo da versão afirmativa (5) é composicional e não formulaico em seu significado.

(5) The violence *can seem* very realistic.
'A violência pode parecer muito realística'.

Nesse exemplo, *can* recebe seu significado de possibilidade concreta ('existem condições gerais externas') e modifica *seem* ('parecer') para chegar ao sentido composicional de "é possível para a violência parecer muito realística". Note que (2) não tem uma interpretação paralela: "não é possível para mim parecer encontrar o meio...". Assim, *can't seem* não pode ser adequadamente descrita como a contraparte negativa de *can seem*; é outra construção.

9.3.2 Can't think, can't believe, can't say: *distribuição enviesada em construções*

Um olhar quantitativo para a distribuição de *can think* ('poder achar, pensar')/*can't think* ('não poder achar, pensar'), *can believe* ('poder crer')/*can't believe* ('não poder crer') e *can say* ('poder dizer')/*can't say* ('não poder dizer') mostra que as expressões afirmativas *versus* as negativas aparecem em diferentes construções. Considere, primeiro, a Tabela 9.2, que exibe números de ocorrências, em vários contextos, de todos os casos de *can think* ('poder achar, pensar') (N = 49) e 100 casos (do total de 115 no *corpus*) de *can't think*. Todos os exemplos de *can't think* ('não poder achar, pensar') são de primeira pessoa do singular (em que o sujeito foi omitido, mas a primeira do singular é aparente). As ocorrências de *can think* ('poder achar, pensar') também são principalmente de primeira do singular, embora primeira do plural ocorra uma vez e a segunda pessoa, *you* ('você/s'), seis vezes. As duas expressões compartilham a forte tendência de ocorrer com *of* ('de') depois: 84% para *can think* ('poder achar, pensar') e 90% para *can't think* ('não poder achar, pensar') — ver exemplos (6)-(9).

Tabela 9.2 Contextos para *can think* ('poder pensar, achar') e *can't think* ('não poder achar, pensar')

	Can ('poder')	Can't ('não poder')
Of ('de')	84% (41)	90% (90)
Oração relativa	78% (32/41)	0
Of any, anything ('de qualquer, algo')	0	22% (22)

Embora tanto a afirmativa quanto a negativa ocorram com *of* + SN, o contexto mais comum para a afirmativa com *of* ('de') é em uma oração relativa, como em (6) e (7). Os núcleos dessas orações relativas são pronomes indefinidos, ou sintagmas com *the only thing* ('a única coisa'), *the best thing* ('a melhor coisa') e *the other thing* ('a outra coisa'). Naturalmente, pronomes indefinidos como *any* ('qualquer') e *anything* ('algo') apenas ocorrem como objeto de *of* ('de') quando o verbo modal é negativo.

(6)   That's about all I can think of to talk about right now.
      'Isso é tudo sobre o que eu posso pensar em falar agora'.
(7)   whatever ethnic background you can think of
      'qualquer que seja a origem étnica na qual você possa pensar'
(8)   I can't think of the guy's name.
      'Eu não posso pensar no nome do rapaz'.

(9) I can't think of which one it was.
'Eu não posso pensar em qual era'.

Também é semanticamente natural para o objeto de *I can't think of* ('eu não posso pensar em') ser um nome ou um sintagma, como *many alternatives* ('muitas alternativas').

Uma vez que há usos negativos que ocorrem na construção que nunca (ou raramente) ocorrem com a construção afirmativa, parece que eles não são derivados composicionalmente da negação de *can*, mas são, eles próprios, construções que podem ser acessadas sem necessariamente ativar *can* (ver a discussão no capítulo 8).

Can believe ('poder crer') e *can't believe* ('não poder crer') também são enviesados em suas distribuições. *Can't believe* ('não poder crer') foi encontrado 83 vezes no *corpus* e *can believe* ('poder crer'), 20 vezes. Pode ser visto, na Tabela 9.3, que *can't believe* ('não poder crer') ocorre em um leque mais amplo de tipos de construções do que sua contraparte afirmativa.

Tabela 9.3 Itens que seguem *can believe* ('poder crer') e *can't believe* ('não poder crer')

	Can ('poder') (20)	*Can't* ('não poder') (73)
Oração com *that*	1	9
Oração	0	26
That (demonstrativo)	13	9
This (demonstrativo)	0	5
It ('ele/a, expletivo')	3	6
SN	1	5
Oração com *how*	0	3
Fim de turno ou S	0	8

Naturalmente, é sabido que *I can't believe* ('não poder crer') é uma expressão comum de surpresa por parte do falante. Dos 73 exemplos encontrados, três tinham *you* ('você/s') como sujeito e dois tinham *they* ('ele/as'); todos os outros eram primeira pessoa do singular. Observe também que somente um caso de *I can believe* ('eu posso crer') é seguido por uma oração finita (com *that*), enquanto 35 casos de *I can't believe* (' eu não posso crer') são seguidos por uma oração finita (nove com *that* e 26 sem). Os exemplos (10) e (11) são típicos.

(10) I can't believe the lady gave it to her.
      'Eu não posso crer que a senhora deu-o a ela'.
(11) My husband said I can't believe that you made 500 dollars doing that.
      'Meu marido disse que eu não posso crer que você conseguiu 500 dólares fazendo isso'.

É interessante que, enquanto *it* ('ele/a; expletivo') e *that* ('esse/isso') ocorrem como objeto de *believe* ('crer') na afirmativa e na negativa, parece muito arbitrário que *this* ('este/isto') ocorra apenas com a versão negativa no *corpus*.

Finalmente, considere a única ocorrência de *I can believe* ('eu posso crer') com uma oração com *that* ('que'):

(12) That kind of a guy I can believe like that Bill Clinton would...
      'Aquele tipo de rapaz que eu posso crer que Bill Clinton iria...'.

Isso poderia também representar uma construção formulaica *I can believe that that kind of X would* ('eu posso crer que aquele tipo de X iria'). A ausência de outros exemplos sugere que *I can believe that* ('eu posso crer que') + ORAÇÃO não é uma construção produtiva.

Can say ('poder dizer') ocorreu no *corpus* 53 vezes e *can't say* ('não poder dizer'), 83. *Can say* ('poder dizer') ocorreu com a primeira pessoa do singular (20 vezes) e também ocorreu com *you* ('você/s') (15 vezes), *they* (eles/as) (oito vezes), *we* ('nós') (seis vezes) e outros SN (seis vezes). *Can't say* ('não poder dizer') também foi predominantemente usado com *I* ('eu') (61 vezes), mas também ocorreu com *you* ('você/s') (10 vezes), *we* ('nós') (quatro vezes), *he* ('ele') e um SN lexical, um de cada, e foi omitido duas vezes (presumivelmente, o sujeito era *I* ['eu']).

Os usos mais frequentes da afirmativa e da negativa poderiam ser considerados epistêmicos: esses usos refletem o significado mais antigo de *can*,

LÍNGUA, USO E COGNIÇÃO

que evoluiu de "saber". No inglês antigo, quando se dizia "can say", significava ter o conhecimento para dizer verdadeiramente. Esse é um uso que ainda é comum hoje, mais na negativa do que na afirmativa. Os exemplos (13) e (14) mostram a negativa.

(13) I can't say that I would vote for him.
    'Eu não posso dizer que votaria nele'.
(14) I can't say I really enjoyed it.
    'Eu não posso dizer que eu realmente gostei'.

Outro uso de *can say* ('poder dizer') que emergiu no *corpus* conversacional é para a construção de um argumento. De maneira interessante, havia várias escolhas de complementizadores emergentes, como *okay*, *you know* ('sabe'), *all right* ('certo') e *yes* ('sim') (ver Tabela 9.4). Isso parece ser uma mudança do uso em "posso de fato dizer" para algo como "posso justificavelmente dizer".

(15) Her opponent can say well, look, they did it to us.
    'Seu oponente pode dizer: bem, olha, eles fizeram isso conosco'.
(16) Then everybody can say okay nobody gets to do it.
    'Então todo mundo pode dizer: certo, ninguém tem que fazer isso'.

Tabela 9.4 Contextos para *can say* ('poder dizer') e *can't say* ('não poder dizer')

	Can ('poder')	*Can't* ('não poder')
Oração com *that*	3	23
Oração	11	27
Oração com *well* ('bem')	4	3
Okay / *You know* ('sabe') / *All right* ('certo') / *Yes* ('certo') — oração	10	0
Em oração relativa	10	0
Variado	17	25

Em uma construção similar àquela encontrada para *can think* ('poder achar, pensar'), *can say* ('poder dizer') pode ser usado em orações relativas com núcleos como *only thing* ('única coisa'), *about all* ('sobre tudo'), *what else* ('o que mais') e *what more* ('o que mais'). A negativa não é usada em tais construções.

O ponto importante a observar nesses sintagmas com *can* é que seus usos formulaicos, subjetivos, são diferentes na afirmativa e na negativa. Apesar do fato de eles obedecerem às regras sintáticas gerais para modais e negativas, suas interpretações foram modeladas no discurso; eles refletem manobras discursivas comuns e avaliações subjetivas de que os falantes necessitam.

9.4 Uma distribuição mais equivalente: *can* e *can't afford*

O outro verbo que é usado mais na negativa do que na afirmativa não tem um significado especial na negativa; tanto *can afford* ('poder pagar') quanto *can't afford* ('não poder pagar') são *prefabs* no sentido de que eles são convencionalizados. *Afford*, que antigamente significava "controlar ou conseguir (algo planejado ou desejado)", é obsoleto nesse sentido (em que, a propósito, era frequentemente usado com *may* ['poder']) e agora é usado principalmente com *can* para significar "ter recursos para fazer ou possuir alguma coisa". A distribuição com objetos SN e infinitivos é quase a mesma para a negativa e a afirmativa, o que sustenta, outra vez, seus significados paralelos (ver Tabela 9.5).

Tabela 9.5 Categorias que seguem *can afford* ('poder pagar') e *can't afford* ('não poder pagar')

	Can ('poder')	*Can't* ('não poder')
Objeto SN	60,3% (44)	54,8% (51)
Infinitivo	34,2% (25)	39,8% (37)

Evidência adicional para a convencionalização desses sintagmas é o fato de que *afford* ('pagar') não é usado no sentido descrito anteriormente com qualquer outro verbo auxiliar modal. Ao contrário, *afford* ('pagar') com outros modais tem o sentido de "fornecer, proporcionar", como no exemplo seguinte:

(17) Said the President: "It is not a cure for business depression but *will afford* better organization for relief in future depressions." (*Time Magazine*, 1931)
'Disse o Presidente: "Isso não é remédio para a crise dos negócios, mas proporcionará melhor organização para alívio em crises futuras"'.

Se um verbo modal ou outro verbo auxiliar é necessário para expressar o significado de *can afford* ('poder pagar'), *can* tem de ser parafraseado por *be able to* ('ser capaz de'), como nos exemplos seguintes:

(18) Ultimately no business house will be *able to afford* any mail but air mail. (*Time Magazine*, 1923)
'No fim das contas, nenhuma casa de negócios será capaz de manter qualquer correspondência, exceto correspondência aérea'.
(19) I haven't been *able to afford* a TV ad since last Aug. 20, so help me God. (*Time Magazine*, 1968)
'Eu não tenho sido capaz de pagar um anúncio de TV desde 20 de agosto, que Deus me ajude'.

O exemplo de *can/can't afford* ('poder/não poder pagar') realça a importante questão mencionada antes: não é necessariamente apenas a forma da expressão que é convencionalizada, mas o significado também, conforme demonstrado pelo fato de que uma paráfrase do verbo modal também servirá.

Esse ponto não era tão evidente nos exemplos epistêmicos discutidos antes, porque as expressões que são usadas para controlar o discurso são mais fixas em suas formas do que os mais proposicionais *can/can't afford* ('poder/não poder pagar'). Entretanto, há alguns exemplos que se assemelham aos já discutidos, em que *be able to* ('ser capaz de') tem de ser substituído por *can* ('poder'). O exemplo (20) tem a mesma interpretação que *I can't think of any* ('não posso pensar em algo') (no Presente Perfeito), e o exemplo

(21) significa o mesmo que *you can't believe it* ('você não pode acreditar nisso') com um marcador de futuro. Contudo, (22), com sua forma de Presente Perfeito e com o advérbio *honestly* ('honestamente'), parece ter um significado mais proposicional do que os usos comuns de *I can't believe it* ('eu não posso acreditar nisso').

(20) There must be some worth mentioning. I just haven't been *able to think* of any. (*Time Magazine*, 1966)

'Deve haver alguma coisa que valha a pena mencionar. Eu só não fui capaz de pensar em nada'.

(21) "Good God", says Bush, "it is so powerful, you won't be *able to believe it*." (*Time Magazine*, 1990)

'"Meu Deus", diz Bush, "isso é tão poderoso que você não será capaz de acreditar nisso"'.

(22) "I just haven't honestly been *able to believe* that he is presidential timber." (*Time Magazine*, 1962)

'"Eu honestamente não fui capaz de acreditar que ele é candidato à presidência"'.

Parece que algumas expressões, especialmente aquelas que assumiram as funções discursivas de expressar avaliações subjetivas do falante, mais provavelmente perdem um pouco de sua qualidade pragmática quando flexionadas em diferentes tempos ou modalidades, se já se tornaram altamente pragmaticizadas (Company Company, 2006), ao passo que expressões que mantêm uma função mais proposicional podem ser parafraseadas, já que parece que a visão conceitual da situação descrita pode ser o que é convencionalizado, como em *"thinking for speaking"* ('pensar para falar') (Slobin, 1996, 1997a, 2003).

9.5 Afirmativas mais frequentes do que negativas

Naturalmente, nem todos os verbos cognitivos são mais frequentes com *can't* ('não poder'), porque sua frequência depende de quais *prefabs* ou marcadores discursivos surgiram. Para *imagine* ('imaginar') e *understand* ('entender'), a expressão formulaica mais frequente está na afirmativa, isto é, *I can understand that* ('eu posso entender que') e *I can imagine* ('posso imaginar').

Colocando verbos cognitivos/epistêmicos em mais perspectivas, considere os três verbos materiais de alta frequência, *go* ('ir'), *get* ('obter') e *put* ('pôr'). Para esses verbos, *can* ('poder') é mais frequente do que *can't* ('não poder') e pode-se ver, na Tabela 9.6, que todos os contextos negativos correspondem a um afirmativo. Para esses verbos materiais, as expressões formulaicas encontradas no *corpus* têm partículas e preposições (palavras P) em lugar de *can* ('poder'). Por exemplo, encontramos *go to* ('ir para'), *go back* ('voltar'), *go out* ('sair'), *get rid of* ('livrar-se de'), *get enough* ('obter o suficiente'), *put in* ('pôr em'), *put up* ('levantar') e *put on trial* ('levar a julgamento').

Tabela 9.6 Verbos materiais com *can* ('poder') e *can't* ('não poder')

		Can ('poder')	*Can't* ('não poder')
	palavra P	56% (70)	40% (8)
	verbo	8% (10)	10% (2)
Go ('ir')	intransitivo	6% (8)	15% (3)
	SN lugar	13% (16)	15% (3)
	outro	17% (21)	20% (4)
	palavra P	28% (27)	41% (21)
	SN	49% (48)	24% (12)
	adj./part.	8% (8)	8% (4)
Get ('obter')	causativo	8% (8)	4% (2)
	passiva	1% (1)	6% (3)
	outro	25% (25)	31% (16)
	SN Sprep	51% (20)	54% (7)
Put ('pôr')	SN prep	18% (17)	39% (5)
	prep SN	13% (5)	8% (1)

Apenas poucas expressões formulaicas que exigem *can* ('poder') ou *can't* ('não poder') foram encontradas: uma na negativa, *can't go wrong* ('não poder dar errado'), e uma na afirmativa, *can go ahead and* V ('poder ir em frente e V').

9.6 Conclusões provisórias

Expressões formulaicas incrementam a frequência de ocorrência ou de sequência; isso, por sua vez, torna essas expressões formulaicas mais fáceis de acessar, o que, então, as torna mais prováveis de serem usadas de novo. Assim como na gramaticalização, frequência alta faz com que expressões fiquem mais propensas a mudanças de significado por meio de inferência; repetição das mesmas inferências constrói sua força na representação por um feixe de exemplares de significado e contexto. No devido tempo, as inferências se tornam parte do significado.

Vimos, também, que a função da sequência determina que tipos de elementos são convencionalizados nela. Verbos cognitivos com *can* ('poder') e *can't* ('não poder') tendem a se tornar *prefabs* com significado discursivo/ pragmático. Verbos materiais combinam-se com direcionais ou outros tipos de advérbios, objetos nominais e preposições para formar seu próprio conjunto de *prefabs*.

9.7 *Can* e *can't remember*

Vamos agora olhar com mais detalhe o papel de *can* ('poder') e *can't* ('não poder') em expressões com verbos cognitivos, examinando a distribuição de *remember* ('lembrar') sem um verbo modal em comparação com *remember* ('lembrar-se') com *can* ('poder') e *can't* ('não poder').[1] No *corpus*, encontramos os números mostrados na Tabela 9.7.

---

1. Tao (2003) também estuda os usos de *remember* no discurso.

LÍNGUA, USO E COGNIÇÃO

Tabela 9.7 Número de ocorrências de quatro expressões no Switchboard

I remember ('eu me lembro')	396
I don't remember ('eu não me lembro')	120
I can remember ('eu posso me lembrar')	111
I can't remember ('eu não posso me lembrar')	172

Todas as quatro expressões ocorrem comumente no *corpus*. O que é intrigante sobre essas expressões é que parece não haver muita diferenciação semântica entre *remember* ('lembrar') e *can remember* ('poder lembrar') ou suas negativas. Se me lembro de algo, então isso implica que posso me lembrar disso; se posso lembrar isso, então me lembro disso. Isso vale para as negativas também. Apesar desses significados muito similares, as expressões têm distribuições sintáticas diferentes, um fato que provavelmente passaria despercebido sem um estudo baseado em um *corpus*. As Tabelas 9.8 e 9.9 exibem os tipos de construções em que cada expressão aparece. As tabelas se baseiam em 100 ocorrências de cada expressão, mas cada coluna não chega a 100 porque fragmentos, trocas de falantes, disfluências e usos variados foram excluídos. *Nome* representa um grupo de substantivos como *guy's name* ('nome do rapaz'), *his name* ('seu nome'), *title* ('título'), *size* ('tamanho'), *design* ('projeto') etc. O enviesamento nas distribuições mostradas na Tabela 9.8 deve-se a fatores pragmáticos associados a contextos afirmativos e negativos.

Tabela 9.8 Distribuição, no Switchboard, de itens seguindo quatro sintagmas (cerca de 100 ocorrências de cada um), pragmaticamente determinados

	I remember ('eu me lembro')	*Don't remember* ('não lembrar')	*Can remember* ('poder lembrar')	*Can't remember* ('não poder lembrar')
Tempo + oração	15	0	19	2*
Oração com *when* ('quando')	14	0	17	0
Palavra *wh-* (QU-)	0	37	0	46
Nome	0	14	0	23

Tabela 9.9 Distribuição, no Switchboard, de itens seguindo quatro sintagmas

	I remember ('eu me lembro')	*Don't remember* ('não lembrar')	*Can remember* ('poder lembrar')	*Can't remember* ('não poder lembrar')
VERBO + *ing*	21	14	21	0
Tempo + oração	15	0	19	2
Oração	23	0	2	0

Sintagmas temporais mais oração e orações com *when* ('quando') não ocorrem na negativa por razões pragmáticas. Se o falante não se lembra ou não pode se lembrar de uma situação, então essa situação não pode ser descrita com uma oração temporal ou com *when* ('quando'). Os exemplos seguintes ilustram os primeiros dois tipos.

(23) Tempo: I can remember once in high school I wanted some extra money.

'Eu posso lembrar-me de uma vez na escola em que eu queria algum dinheiro extra'.

I remember as a kid my parents watching the Ed Sullivan show.

'Eu me lembro, em criança, de meus pais assistindo ao programa de Ed Sullivan'.

(24) *When* ('quando'): I can remember when I bought my house I needed help.

'Eu posso lembrar-me de que, quando comprei minha casa, eu precisava de ajuda'.

I remember when I was real little, I, we all went to some kind of scary movie.

'Eu me lembro de que, quando eu era bem pequeno, eu, nós todos fomos a uma espécie de filme de terror'.

As duas ocorrências marcadas com asterisco na Tabela 9.8 são casos de construção com temporal indefinida seguida por uma oração negada.

(25) I can't remember a year when we didn't have one of some kind (a garden).

'Eu não posso lembrar-me de um ano em que não tivemos um de algum tipo (um jardim)'.

LÍNGUA, USO E COGNIÇÃO

(26) I can't remember you know a day that I walked out and the wind wasn't blowing.

'Eu não posso lembrar-me, sabe, de um dia em que eu tivesse saído e o vento não estivesse soprando'.

Objetos *wh-* (qu-) e objetos *nominais* também não ocorrem na afirmativa no *corpus*, por razões pragmáticas:

(27) Palavra *wh-* (qu-): I can't remember where I read that.

'Eu não posso lembrar onde eu li isso.'

I don't remember what it's called.

'Eu não me lembro de como isso é chamado'.

(28) *Nome*: I can't remember that guy's name.

'Eu não posso lembrar-me do nome daquele rapaz'.

I don't remember the name of it.

'Eu não me lembro do nome disso'.

Desse modo, as distribuições na Tabela 9.8 se devem às diferenças gerais entre afirmativa e negativa. De modo interessante, os exemplos com *remember*/*don't remember* ('lembrar/não lembrar') e *can remember*/*can't remember* ('poder lembrar/não poder lembrar') ocorrem nas mesmas construções (exceto pelos dois exemplos mostrados em (25) e (26)). Quaisquer diferenças de significado entre *remember* ('lembrar') com e sem *can* ('poder') parecem mínimas. Minha intuição é que o uso de *can't* implica que o falante tentou lembrar-se e não conseguiu, ao passo que o uso de *remember* sem o verbo modal não tem essa implicação.

Em contraste, as distribuições mostradas na Tabela 9.9 parecem ser muito mais arbitrárias. Essa tabela inclui uma linha — Tempo + oração — que também aparece na Tabela 9.8. Aqui vamos compará-la à oração simples depois da expressão. Mas considere, primeiro, a distribuição das orações com gerúndio (VERBO + *ing*).

O fato de que VERBO + *ing* não ocorre com *can't remember* ('não poder lembrar') parece arbitrário, já que ocorre tanto com *don't remember* ('não lembrar') e *can remember* ('poder lembrar'), como em (29).

(29) Verbo -*ing*: I can remember being in those earthquakes.
'Eu posso lembrar-me de ter estado nesses terremotos'.
I don't remember doing all that stuff.
'Eu não posso lembrar-me de ter feito todas essas coisas'.

A mesma construção com *can't remember* ('não poder lembrar') não parece agramatical, mas ela simplesmente não ocorreu no *corpus* (# indica que o tipo de enunciado não ocorre no *corpus*):

(30) # I can't remember doing all that stuff.
'Eu não posso lembrar-me de ter feito todas essas coisas'.

Talvez (30) tenha um sentido ligeiramente mais composicional, como se alguém tivesse dito *I can remember doing X* ('Eu posso lembrar-me de fazer X') e alguém tivesse respondido *I can't remember doing X* ('Eu não posso lembrar-me de fazer X'). Se estiver correto, isso sugere que *don't remember* ('não lembrar') VERBO + -*ing* é o *prefab*.

Outra distribuição enviesada é com uma oração que começa com um sintagma temporal. Embora *I remember* ('eu me lembro') aceite uma oração de qualquer tipo e também orações que começam com sintagmas temporais, *I can remember* ('eu posso me lembrar') predominantemente aceita uma oração começando com um sintagma temporal (oração temporal); ver exemplos (31) e (32).

(31) Oração: I remember I saw him in a concert.
'Eu me lembro de que o vi num concerto'.
(32) Sintagma temporal: I can remember in the late sixties early seventies you couldn't even hardly find a Japanese car around.
'Eu posso lembrar-me de que, no final dos anos sessenta e começo dos setenta, você dificilmente poderia encontrar um carro japonês'.

A oração complementar com *can remember* ('poder lembrar') sempre começa com um sintagma temporal, exceto nos dois exemplos seguintes. Em (33), o complemento de *I can remember* ('eu posso me lembrar') não

LÍNGUA, USO E COGNIÇÃO

começa com um sintagma temporal, mas o sintagma *many years ago* ('muitos anos atrás') está no discurso precedente. Pode ser que uma oração finita depois de *I can remember* ('eu posso lembrar-me') exija uma base em algum tempo específico no passado.

(33) You know I — I my I remember my my grandmother many years ago when she was in a nursing home before she died... I can — *I can remember she had several strokes* and the nursing home...

'Você sabe eu — eu minha eu me lembro minha minha avó muitos anos atrás quando ela estava em um lar para idosos antes de morrer... eu posso — eu posso me lembrar ela teve vários derrames e o lar para idosos...'

Por outro lado, (34) não tem essa base. Tem um marcador, *uh*, de uma pausa ou disfluência. Mas, mesmo nesse exemplo, há um forte enviesamento para que o complemento oracional de *I can remember* ('eu posso me lembrar') comece com um sintagma temporal.

(34) I can remember uh the entire office got new electric typewriters because we hadn't spent all the budget money in December.

'Eu posso me lembrar ãh todo o escritório conseguiu máquinas de escrever elétricas porque nós não tínhamos gasto todo o dinheiro do orçamento em dezembro'.

Isso significa que a construção com uma oração finita depois de *I can remember* ('eu posso lembrar-me') seria como em (35):

(35) [*I can remember* + SINTAGMA TEMPORAL + ORAÇÃO]

Essa construção prediria que (36) ocorreria, mas não (37):

(36) I can remember years ago I saw him in a concert.
'Eu posso lembrar-me de que, anos atrás, eu o vi num concerto'.

(37) # I can remember I saw him in a concert.
'Eu posso lembrar-me de que eu o vi num concerto'.

Há três propriedades muito singulares de (35) como uma construção. Primeiro, geralmente o verbo principal seleciona o tipo de complemento, mas aqui o verbo modal com o verbo influencia o tipo de complemento. Isso significa que a presença do verbo modal não é apenas o resultado de outra construção, mas a própria expressão *can remember* ('poder lembrar') deve selecionar o tipo de complemento. Segundo, a exigência de que um complemento comece com um sintagma temporal não é, em geral, parte da gramática. Sintagmas temporais são comumente considerados opcionais, especialmente no nível da oração, e o conjunto de fatores que as orações encaixadas podem ter usualmente inclui se o verbo é finito ou não e como os argumentos do verbo são marcados. É muito incomum que um verbo principal selecione propriedades opcionais de uma oração encaixada. Terceiro, embora o sintagma temporal introduza a oração complemento em 90% das vezes, em (33) parece que o sintagma temporal está numa oração anterior. Assim, o critério de coocorrência pode ser semântico e não estrutural. Mesmo que seja semântico, eu argumentaria que ele é arbitrário, já que *I remember* ('eu me lembro'), cujo significado é tão similar a *I can remember* ('eu posso me lembrar'), não tem esse critério.

9.8 Por que o inglês distingue *remember* de *can remember*?

Entre os 21 verbos mais usados com *can/can't* ('poder/não poder') estão os verbos cognitivos *remember* ('lembrar'), *understand* ('entender'), *imagine* ('imaginar'), *think* ('pensar, achar'), *believe* ('acreditar'), e os verbos de comunicação *tell* ('contar') e *say* ('dizer'). De modo interessante, desde a documentação mais antiga, *cunnan* ('saber'), do inglês antigo — a origem etimológica de *can* — foi usado com verbos desses tipos semânticos bem como com aqueles indicando habilidades (Goossens, 1990).

O exemplo (38) mostra o uso de *cunnan* como verbo principal. Ele aparece com um objeto direto e tem o significado de "conhecer".

(38) Ge dweliað and ne cunnn halige gewritu. (Evangelho de Mateus, XXII, 29)
‘Você é levado ao erro e não conhece a escritura sagrada’.

Com verbos cognitivos, como em (39), Bybee (2003b) argumenta que não apenas *cunnan* é usado com verbo cognitivo, de significado mais lexical, como também é esse verbo lexical que é usado para reforçar e fortalecer o significado cognitivo de *cunnan*. Quer dizer, o uso harmônico de *cunnan* com outros verbos de significado similar pode indicar o início do desbotamento do significado de *cunnan*.

(39) Nu cunne ge tocnawan heofenes hiw. (Evangelho de Mateus, XVI, 3)
'Agora você pode distinguir o matiz do céu'.

Com verbos de comunicação, *cunnan* acrescenta o significado de ser capaz de dizer verdadeiramente, isto é, ter o conhecimento para dizer.

(40) Weras þa me soðlice secgan cunnon. (c. 1000 Elena, 317)
'Então os homens podem verdadeiramente me dizer'.

Embora o uso de *cunnan* como verbo principal tenha desaparecido no período moderno, o uso de *can* com verbos cognitivos e de comunicação é documentado continuamente (Bybee, 2003b). Conforme mencionamos em nossa discussão sobre *can say* ('poder dizer'), o significado desse sintagma ainda contém algo de sua semântica mais antiga de "conhecimento para dizer". Com verbos cognitivos, continuamos com a situação do verbo modal e do verbo principal em um tipo de harmonia, de tal modo que o significado de *can* ('poder') + verbo cognitivo não é tão diferente do significado do verbo cognitivo sozinho. Esses exemplos tornam claro que sequências pré-fabricadas são altamente convencionalizadas e podem permanecer na língua por um longo tempo. Além disso, significados mais antigos podem ser retidos em *chunks* pré-fabricados (Hopper, 1987; Bybee; Torres Cacoullos, 2009).

9.9 Conclusões

Este breve estudo do uso de *can* ('poder') e *can't* ('não poder') em combinações de alta frequência revelou vários fatos que parecem fora de sincronia com muitas hipóteses sobre as estruturas sintáticas. Primeiro, como uma categoria marcada, esperaríamos que as negativas fossem menos frequentes que as afirmativas, mas, ao contrário, descobrimos que, com muitos verbos de alta frequência, a negativa *can't* ('não poder') era mais frequente do que a afirmativa *can* ('poder'). A razão para isso é que o verbo modal negativo se combinava com um verbo cognitivo ou de comunicação para constituir uma sequência pré-fabricada com funções discursivas especiais. Para salientar essa conclusão, também vimos que verbos materiais, como *go* ('ir'), *get* ('obter') e *put* ('colocar'), tinham uma distribuição mais comum com respeito à negação.

Então, examinando mais cuidadosamente as diferenças entre (*don't*) *remember* ('[não] lembrar') e *can/can't remember* ('poder/não poder lembrar'), descobrimos várias propriedades interessantes da construção *can remember* ('poder lembrar'). Primeiro, contra as expectativas baseadas em construções translinguísticas mais salientes, a presença do verbo auxiliar faz diferença na determinação de que tipo de complemento o verbo principal pode tomar. Em geral, o verbo principal determina o tipo de complemento, por exemplo, oração com *that* ('que') *versus* complemento com *-ing*; logo, é surpreendente que *remember* ('lembrar') e *can remember* ('poder lembrar') tenham tipos de complementos diferentes. Segundo, o elemento que é condicionado por *can + remember* ('poder + lembrar') é uma parte opcional da oração encaixada, um sintagma temporal inicial. O que esse exemplo nos ensina é que estruturas frequentemente repetidas podem tornar-se convencionalizadas e, portanto, parte da gramática, mesmo se os elementos que se tornam convencionalizados juntos não sejam elementos que geralmente dependem um do outro nos tipos mais conhecidos de construções gramaticais.

Finalmente, um achado que resulta deste estudo é um contraste entre marcadores discursivos que assumiram funções pragmáticas e subjetivas e tendem a não ser alterados por tempo, pessoa ou modificadores, por um lado (Scheibman, 2000; Traugott; Dasher, 2002; Company Company, 2006), e fórmulas que constituem o modo usual de descrever uma situação, as quais podem ter forma alterada, por outro. Os primeiros constituem *prefabs* cuja forma é fixa, ao passo que os últimos representam construções em que parte do significado pode ser expressa em outras partes do discurso.

10

Exemplares e significado gramatical: o específico e o geral

10.1 Introdução

É importante que o significado seja especificamente abordado no contexto de uma teoria baseada no uso, porque, conforme vimos em muitas partes de nossa discussão, a forma morfossintática é muito frequentemente influenciada pelo significado. A discussão até agora fez referência ao significado várias vezes, especialmente com respeito à mudança diacrônica, à reanálise gradual, às diferenças de significado entre pré-fabricados *versus* expressões composicionais e ao significado de membros de categorias que preenchem posições em construções. Aqui, quero abordar diretamente a questão do significado gramatical, de que modo estudos de gramaticalização baseados no uso e modelos que assumem exemplares como representações fazem previsões sobre a natureza do significado gramatical que não foram necessariamente discutidas por aqueles que tratam o significado de uma perspectiva estrutural sincrônica.

Considerando-se o sucesso dos modelos de exemplares em analisar problemas fonéticos e fonológicos, eu adotei nos capítulos precedentes deste livro a modelagem de exemplares para a análise de construções. Neste capítulo, veremos quais são as consequências de analisar o significado gramatical em termos de representações baseadas na experiência e de memória enriquecida. Argumentarei que as categorias semânticas para construções gramaticais e morfemas não são definidas por condições necessárias e suficientes; ao contrário, elas têm propriedades que foram descobertas para outras categorias da gramática. Por causa de sua estrutura de categoria enriquecida e uso de alta frequência, é natural que as categorias semânticas gramaticais (assim como as lexicais) possam repartir-se em duas ou mais categorias, criando polissemia nas formas gramaticais. A categorização por exemplares prevê e modela tais mudanças. As representações de memória enriquecida também implicam que elementos do contexto e que inferência a partir do contexto seriam incluídos nas representações por um feixe de exemplares. Isso significaria que inferências repetidas e convencionalizadas não precisam ser calculadas a cada vez, mas poderiam tornar-se parte de uma representação.

Os princípios básicos de uma abordagem estrutural do significado — a abstração do significado gramatical e o uso de oposições — indica que esses princípios não estão errados, mas são somente parte de um quadro maior, que também inclui categorias concretas e polissêmicas e significados estratificados, ou sobrepostos, ao invés de oposições binárias estritas. Porque aquilo de que falamos e como falamos fornecem um panorama rico e variado, os significados que precisamos usar não podem ser repartidos em um ou dois espaços dimensionais, mas devem ajustar-se às curvas e aos contornos da experiência humana.

A organização deste capítulo procede de uma discussão em profundidade sobre os mecanismos da mudança semântica na gramaticalização e sobre o que os processos de mudança indicam acerca da natureza do significado gramatical em comparação com os princípios de abstração e oposição em teorias estruturais do significado gramatical. O fato de que o significado gramatical surge do significado lexical é explorado primeiro na seção 10.2; depois são discutidos os mecanismos de mudança e seus efeitos; generalização do significado é apresentada na seção 10.3; reforço pragmático, na seção 10.4; retenção de significado lexical, na seção 10.5; e absorção de significado a partir do contexto, em 10.6. O último mecanismo é operante no desenvolvimento de morfemas zero, que é discutido na seção 10.7. As seções restantes contrastam essa visão emergente do significado gramatical com as noções de significado abstrato, invariável, na seção 10.9, e de oposições, na seção 10.10. Finalmente, a discussão trata da interação entre experiências humanas e significado gramatical.

10.2 O significado gramatical vem do significado lexical

A origem de muitas das ideias a serem discutidas aqui não é precisamente a teoria de exemplares, mas o exame empírico do modo como o significado gramatical surge e muda ao longo do tempo. A dimensão diacrônica é importante, não porque os falantes sabem a origem e a história das formas de sua língua, mas porque a diacronia determina grande parte das distribuições sincrônicas e dos significados de formas. A dimensão diacrônica também é importante como uma fonte de evidência sobre a categorização cognitiva, já que tal categorização faz previsões sobre mudanças possíveis. Qualquer caracterização sincrônica do significado deve ser compatível com mudanças anteriores e futuras do significado. Finalmente, se tentamos entender por que o significado gramatical é como é, devemos examinar como e por que ele surge. Para tanto, examinamos os mecanismos pelos quais o significado muda na gramaticalização mais detalhadamente do que no capítulo 6.

Estudos sobre gramaticalização mostram claramente que o significado gramatical surge de significado lexical em quase todos os casos (uma classe importante de exceções são os morfemas zero, que serão discutidos na seção 10.7). Isso significa que há substância semântica que pode ser transmitida através de gerações em morfemas gramaticais do mesmo modo que em morfemas lexicais. Essa substância semântica é discernível e adquirível por meio de contextos de uso de morfemas gramaticais dento de construções. A substância semântica de morfemas gramaticais é particularmente evidente em casos em que podemos comparar dois morfemas gramaticais que evoluíram de diferentes construções fontes; porém, também podemos vê-la em contextos em que o morfema gramatical reteve seu significado mais antigo e/ou sua distribuição.

Ao discutir a mudança de significado do léxico para a gramática, mencionaremos os três mecanismos de mudança semântica mais importantes na gramaticalização: desbotamento ou generalização de significado; reforço pragmático por meio de inferência; e absorção de significado do contexto linguístico e extralinguístico.

10.3 Generalização de significado: o caso do inglês *can*

10.3.1 Visão geral

Conforme mencionamos no capítulo 6, a generalização de significado ocorre à medida que uma construção gradualmente estende sua distribuição para ocorrer com novos itens lexicais e em novos contextos. É importante ter em mente que tais mudanças são parte do uso cotidiano da língua; os falantes precisam ser capazes de estender construções para novos usos a fim de expressar novas ideias. Esta seção ilustra esse processo com o exemplo do desenvolvimento do verbo auxiliar modal *can* ('poder'), do inglês antigo até o presente. Primeiro, eu apresento uma visão geral da generalização do significado de *can* ('poder') e então passo a representar as mudanças mais detalhadamente via representação por exemplares do significado desse verbo modal.

Generalizações de significado implicam a perda do significado específico anterior do item lexical — nesse caso, *cunnan*, do inglês antigo, que significava "saber". Quando usado com outro verbo, especialmente aquele que indicava uma habilidade, ele significava "saber como" e revelava capacidade mental. Mais tarde, no inglês médio, ele indicava tanto capacidade mental quanto física do agente. A partir daí, ele se generalizou para possibilidade de raiz, que significa "condições gerais de habilidade". Essas são condições fora do agente e incluem condições físicas e sociais (Goossens, 1990; Bybee, 2003b), conforme demonstram dois exemplos contemporâneos:

(1) "Why don't we just go for the biggest star we *can get*? Why don't we call Jack Nicholson?". (*Time Magazine*, 2000)
'"Por que nós simplesmente não vamos atrás da maior estrela que nós *podemos conseguir*? Por que nós não chamamos Jack Nicholson?"'.

(2) You *can read* all the profiles and other features at our two environmental websites. (*Time Magazine*, 2000)
'Você *pode ler* todos os perfis e outros aspectos em nossos dois *websites* ambientais'.'

Nesses exemplos, não são as habilidades particulares dos agentes (*nós* e *você*, que é genérico nesse exemplo) que são indicadas, mas circunstâncias externas. Esse significado generalizado também é mais abstrato do que capacidade ou conhecimento; nesse caso, *can* ('poder') é parafraseável como "é possível para X fazer Y".

Ao mesmo tempo, porém, certos usos de *can* ('poder') retêm significado mais antigo. Ainda é possível para *can* ('poder') indicar capacidade mental (3) ou capacidade física (4).

(3) But could any ritual prepare the six shamans — so removed from modernity that Don Nicolas *can read* the Incan code of knotted cords but speaks no Spanish — for the big city? (*Time*, 2000)
'Mas poderia qualquer ritual preparar os seis xamãs — tão afastados da modernidade que Don Nicolas *pode ler* o código inca de cordões com nós, mas não fala espanhol — para a cidade grande?'.

(4) A sea lion *can swim* up to 25 m.p.h. for short bursts, enabling it to nab an underwater foe by snaring it in a clamp placed in its mouth. (*Time*, 2003)
'Um leão marinho *pode nadar* até 25 milhas por hora por pequenas explosões, que lhe permitem prender um inimigo subaquático por meio de um grampo colocado em sua boca'.

Conforme também observamos no capítulo 9, *can* ('poder') ainda é usado com verbos cognitivos e de comunicação praticamente do mesmo modo que no inglês antigo. Assim, é importante notar que, apesar da generalização de seu significado em alguns contextos, significados mais antigos, mais específicos, ainda podem ser invocados em contextos particulares.

A interação complexa de sentidos de *can* ('poder') é construída pelos falantes por meio de experiência com ocorrências particulares. Os falantes armazenam essas ocorrências em representações por exemplares, distribuindo-as em feixes de acordo com suas interpretações em contexto. No que segue, eu ilustro como tais feixes de exemplares se apresentam, utilizando um estágio mais antigo do inglês com comentários sobre como as mudanças para o inglês contemporâneo seriam representadas. Nesse processo, vemos mais especificamente como a generalização (i. e., desbotamento) se realiza no uso ao longo do tempo.

10.3.2 Can *no inglês médio*

Considere a situação com *can* ('poder') no inglês médio, com base nos textos de *The Cantebury tales* (Goossens, 1990; Bybee, 2003b). A partir do inglês antigo, o predecessor de *can* ('poder'), *cunnan*, podia ser usado como um verbo principal e com três classes de verbos com função de complemento. Primeiro, no uso do verbo principal, *can* (grafado *kan*), como usado por Chaucer, tinha um objeto direto e significava "saber".

(5) In alle the ordres foure is noon that *kan*
     So muchel of daliaunce and fair langage. (Prólogo, 210)
     'Em todas as quatro ordens, não há ninguém que saiba muito de galanteio e linguagem formosa'.

Havia usos com três classes de verbos com função de complemento. (i) Com verbos denotando habilidades, o significado original "saber como" é basicamente equivalente a um sentido de capacidade (6):

(6) Ther seen men who *kan* juste, and who *kan* ryde. (*The knight's tale*, 1746)
     'Agora vejo homens que podem combater e que podem cavalgar'.

(ii) Com verbos de comunicação, uma interpretação diferente se mantém desde o inglês antigo: conforme o exemplo (7) mostra, o significado com esses verbos indicava "conhecimento para dizer com verdade".

LÍNGUA, USO E COGNIÇÃO

(7) As I cam nevere, I *kan* nat tellen wher. (A. Kn., 2810)
'Como nunca estive lá, não posso dizer onde'.

No entanto, ocorreu uma mudança no inglês médio de tal modo que certos usos pré-fabricados de *can say* ('poder dizer') e *can tell* ('poder contar') se desenvolveram como recursos retóricos para emprego em narrativas (Bybee; Torres Cacoullos, 2009). Nesses *prefabs*, conforme mostrado em (8) a (13), o significado de *can* ('poder') perde sua interpretação de conhecimento e passa a indicar capacidade. Por exemplo, em (8), que parece ser um *prefab* já que ocorreu três vezes em somente 300 ocorrências, e (9) até (11), que são variações de (8), o narrador está completando uma descrição e prosseguindo. Ele não diz nada mais, não porque seu conhecimento esteja esgotado, mas porque ele quer continuar a história (exemplos de Chaucer).

(8)   I kan sey yow namoore. (B. ML., 175; B. NP., 4159; G. CY., 651)

(9)   I kan no more seye. (TC., 1, 1051)

(10) I kan sey you no ferre. (A. Kn., 2060)

(11) I kan no moore expound in this matter. (B. Pri., 1725)
'Eu não posso lhe dizer nada mais'.

O sentido de capacidade é especialmente aparente em (12), que ocorreu quatro vezes, e (13), em que *bettre* ('melhor') indica que a qualidade que está sendo modificada não é veracidade, mas capacidade.

(12) I kan no bettre sayn. (B. ML., 42; B. ML., 874; E. Mch., 1874; I. Pars., 54)

(13) I kan telle it no bettre. (B. ML., 881)
'Eu não posso dizer isso melhor'.

(iii) Finalmente, verbos cognitivos eram usados no inglês antigo com *cunnan* ('saber') em um tipo de expressão harmônica em que o verbo lexical particular, como *discern* ('discernir'), *know* ('saber'), *remember* ('lembrar'), *distinguish* ('distinguir'), *understand* ('entender'), tornou o "conhecimento" indicado por *cunnan* mais explícito. Tais usos se mantêm no inglês médio, conforme o exemplo (14) mostra, e no inglês contemporâneo, em que *can remember* ('poder lembrar') significa aproximadamente a mesma coisa que *remember* ('lembrar'), como visto no capítulo 9.

(14) To mannes wit, that for oure ignorance
Ne *konne* noght knowe his prudente purveiance. (*The man of law's tale*, 483)
'Pelo juízo do homem, o qual em sua ignorância
Não *pode* planejar seu aprovisionamento com cuidado'.

A aparente inovação no inglês médio é o uso de *can* ('poder') para expressar capacidade com verbos diferentes daqueles já mencionados, isto é, verbos que indicam habilidades, comunicação ou cognição. Aqui estão alguns exemplos de *can* (*kan*) em usos nos quais a interpretação poderia ser "saber como" ou "ser capaz".

(15) He that me kepte fro the false blame,
While I was on the lond amonges yow,
He *kan* me kepe from harm and eek fro shame. (*The man of law's tale*, 29)
'Ele, que me manteve longe de falsa culpa
enquanto eu vivi entre vocês,
Ele pode ainda me manter longe da ofensa e também da vergonha [Ele = Deus]'.

(16) Thus *kan* oure Lady bryngen out of wo Woful Custance, and many another mo. (*The man of law's tale*, 977)
'Assim pode Nossa Senhora trazer da mais profunda aflição Woeful Constance, e muitos outros'.

(17) Now han ye lost myn herte and al my love! I *kan* nat love a coward, by my feith. (B. NP., 4100-4101)
'Agora você perdeu meu coração e todo meu amor; eu não posso amar um covarde, por minha fé'.

(18) But I wol passe as lightly as I *kan*. (B. NP., 4129)
'Mas eu prosseguirei tão levemente quanto eu puder'.

Já que essas combinações com *can* ('poder') parecem ainda ser analisáveis nos exemplos encontrados nos textos, temos de pensar na caracterização semântica de *can* ('poder') como uma sobreposição de significados condicionados, em alguns casos, pelo contexto — em particular, pelo verbo lexical. A Figura 10.1 ilustra como as interpretações de *can* ('poder') podem ter sido organizadas por construções, especialmente no inglês médio. As colunas mostram uma progressão em estágios da mudança de significado.[1] As linhas horizontais no alto da figura indicam que construções eram usadas no período antes do inglês médio (inglês antigo) e são usadas no período subsequente (inglês contemporâneo).

Como capacidade é o significado mais geral e pode ser usado com quase qualquer verbo para produzir um significado coerente, é a interpretação que mais provavelmente se torna mais frequente. Enquanto a habilidade aumenta, como a leitura para *can* ('poder') no inglês moderno e no inglês contemporâneo, os outros usos se tornam menos frequentes. O uso de *can* ('poder') como verbo principal desapareceu completamente.[2]

A Figura 10.1 exibe a complexidade do significado de *can* ('poder') no inglês médio. Observe que ela inclui os sentidos mais lexicais e os mais generalizados, e que certos contextos favorecem alguns desses significados. Nessa figura, o estágio I [*can* + SN] seria omitido para o inglês contemporâneo, seria acrescentado um significado extra à construção *can* + verbo cognitivo e haveria muito poucos exemplares da leitura "saber para dizer" de *can* + verbo de comunicação. Um enorme grupo [*can* + outros verbos] teria leitura de capacidade e, além disso, o sentido de possibilidade de raiz ocuparia um grande espaço semântico. Na seção 10.11, retomamos alguns comentários sobre como uma possibilidade de raiz se desenvolveu no inglês contemporâneo.

---

1. A Figura 10.1 é muito similar à análise de categoria radial de Goossens (1990) para *can* no inglês médio.

2. Esse fato indica que o uso como verbo principal permaneceu associado ao uso como verbo auxiliar, mas o emprego como habilidade se tornou a interpretação mais comum. O uso de *can* como verbo principal para significar "saber" se tornou menos comum e menos aceitável.

Figura 10.1 Representação por exemplares dos significados de *can* no inglês médio e sua persistência no tempo, do inglês antigo ao inglês contemporâneo

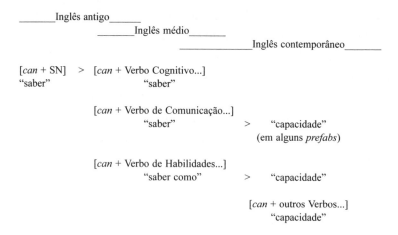

Mais uma vez, eu gostaria de enfatizar que as mudanças entre o inglês antigo e o médio são perceptíveis apenas porque estamos abarcando vários séculos e olhando para estágios anteriores e posteriores. As mudanças reais envolveram pequenas escolhas feitas pelos falantes em eventos de fala individuais, com base em sua experiência anterior com essas construções. Logo, nesta seção, vimos como poucos usos muito específicos de *cunnan* do inglês antigo se expandiram em um amplo leque de usos, generalizando, assim, o significado desse verbo modal.

10.4 Reforço pragmático

O reforço pragmático tem sido defendido por Elizabeth Traugott como um tipo de mudança semântica na gramaticalização (Traugott, 1989; Traugott; Dasher, 2002; mas ver também Dahl, 1985; Bybee, 1988b; Bybee et al., 1994). Esse importante mecanismo de mudança permite que inferências e significados fornecidos pelo contexto se tornem parte do significado de um morfema gramatical ou construção. Em contraste com a generalização, a inferência pragmática possibilita que significado novo se torne associado a uma construção. Tais significados novos derivam do contexto e não formam uma linha direta do significado lexical para o gramatical. Contudo, é interessante notar que as mudanças inferenciais são muito similares translinguisticamente, conforme previsto pelo princípio de unidirecionalidade. Esse fato sugere que as inferências que são preferidas no contexto são frequentemente muito semelhantes através das culturas (ver capítulo 11 para mais discussão).

Raciocínio inferencial é uma parte importante, embora rotineira, da comunicação. Como seria muito enfadonho expressar de forma explícita tudo que precisamos transmitir com a língua, muito é deixado a cargo do conhecimento do ouvinte sobre o contexto e do poder da inferência. Desse modo, as interpretações que, no fim das contas, levam ao que consideramos uma mudança no significado estão ocorrendo o tempo todo no uso habitual da língua. É apenas quando uma construção é fortemente associada com a mesma inferência que os falantes podem, então, usá-la para expressar a inferência na ausência do significado mais antigo. Nesse ponto, reconhecemos que ocorreu uma mudança, mas de fato muitos novos eventos de uso estabelecem o cenário e deveriam ser considerados como "mudanças".

Mudança por inferência (convencionalização da implicatura) não produz gradiência semântica suave como o faz mudança por generalização. Inferências comuns atribuem noções de intenção ou causação, por exemplo, onde originalmente elas não eram expressas. Assim, o significado mais antigo e o significado inferido podem produzir ambiguidade. Não obstante, a existência de muitos casos ambíguos ou de sobreposição tornam a mudança gradual em sua implementação. Nas subseções seguintes, discuto dois casos de mudança semântica envolvendo inferência pragmática, ambos referidos anteriormente neste livro — o caso de futuros em gramaticalização e a preposição complexa *in spite of* ('apesar de').

10.4.1 Futuros

Bybee et al. (1994) argumentam que o desenvolvimento de marcadores de tempo futuro usualmente envolve um estágio em que os marcadores expressam intenção do sujeito. Esse significado de intenção não pode surgir de generalização semântica, mas deve ser atribuído a inferências feitas frequentemente. Essa hipótese é sustentada por descrições translinguísticas de um uso de intenção para futuros que evolui de todas as fontes — movimento em direção a uma meta, volição, obrigação e mesmo advérbios temporais. Por exemplo, o sintagma do inglês *be going to* ('estar indo') é usado com seu significado lexical no inglês moderno inicial, mas frequentemente esse significado implica intenção, especialmente quando o sujeito é primeira pessoa do singular. Desse modo, no inglês de Shakespeare, a fim de responder à pergunta *Where are you going?* ('Onde você está indo?'), é apropriado dizer *I am going to deliver some letters* ('Eu estou indo entregar algumas cartas'), muito embora essa resposta não responda diretamente a *where* ('onde'). Ela pode, em vez disso, expressar a intenção do falante e aparentemente isso é, em geral, satisfatório da perspectiva daquele que pergunta. Assim, do movimento progressivo da primeira pessoa em direção a uma meta, a implicação de intenção pode tornar-se convencionalizada.

Marcadores de futuro advindos de origens de volição (p. ex., *will* do inglês) e de origens de obrigação (p. ex., *shall* do inglês) também têm usos intencionais antes de desenvolverem usos de futuro. Considere esse exemplo do inglês médio de *Sir Gawain and the green knight*, em que tanto *shall* quanto *will* são usados com um sentido de intenção, embora, nesse ponto, ambos ainda expressem muito de seu significado mais antigo de obrigação e volição, respectivamente, conforme tento mostrar na tradução.

(19) And I *schal* erly ryse, on hunting *wyl* I wende. (Gawain, 1101-2)
'E eu tenho de acordar cedo, porque eu quero ir caçar'.

Embora futuros muito mais raramente se desenvolvam de advérbios temporais translinguisticamente, mesmo em tal caso, um uso de intenção pode ser documentado. Romaine (1995) demonstra, para a língua crioula Tok Pisin, que o marcador de futuro *bai*, que evolui do sintagma *by and by* ('depois') ou *bai m bai* é usado para expressar intenção, como em (20):

(20) Ating bai mi go long maket nau. (Romaine, 1995, p. 413)
'Eu acho que irei ao mercado agora'.

Logo, da expressão de volição da primeira pessoa (*I want to* ['eu quero']), obrigação (*I have to* ['eu tenho de']), movimento em direção a uma meta (*I'm going to* ['estou indo a']) e tempo posterior (*I do it by and by* ['eu faço isso depois']), o ouvinte pode inferir intenção, a menos que a inferência seja cancelada explicitamente ou no contexto. Já que falantes e ouvintes estão interessados nas intenções uns dos outros, essa inferência particular é frequentemente feita, e assim pode tornar-se parte do significado da construção.

10.4.2 In spite of

Outro caso típico de mudança de significado por inferências frequentemente feitas é a mudança para significado concessivo do sintagma *in spite of* ('apesar de'), discutido no capítulo 8. Vimos que o sintagma, cujo significado era anteriormente *in defiance of* ('em desafio a'), gradualmente se generalizou ao ponto que o objeto de *in spite of* ('apesar de') poderia ser qualquer tipo de força ou obstáculo opositor. A maior mudança inferencial, levando a um significado concessivo, deveu-se a uma inferência de que se uma situação foi alcançada diante de obstáculos, então, dados esses obstáculos, não se esperava que a situação fosse alcançada. Esse significado é mais subjetivo, no sentido de que provê a avaliação do falante da imprevisibilidade da situação descrita. Considere dois exemplos do capítulo 8. O primeiro, (21), é um exemplo do significado de força ou obstáculo opositor, mas carrega a implicação de que o evento da oração principal é inesperado, dadas essas condições. O segundo exemplo tem apenas o sentido de contraexpectativa de *in spite of* ('apesar de'), já que a oração introduzida por esse sintagma não apresenta obstáculo à situação da oração principal. A subjetividade acrescentada a ambos os exemplos vem da escolha do escritor em justapor duas orações de tal modo que expressem sua própria surpresa.

(21) *In spite of* the rough conditions, travel advisories and the war on terrorism, scores of older Americans are uprooting their lives to help needy nations improve their living conditions. (*Time Magazine*, 2003)
'*Apesar das* duras condições, conselheiros de viagem e guerra ao terrorismo, grupos de americanos mais velhos estão se desapegando de suas vidas para ajudar nações necessitadas a melhorar suas condições de vida'.

(22) Yet *in spite of* music's remarkable influence on the human psyche, scientists have spent little time to understand why it possesses such potency. (*Time Magazine*, 2000)

'Contudo, apesar da notável influência da música sobre a psique humana, os cientistas têm gasto pouco tempo para entender por que ela possui tal potência'.

Como a generalização de significado, a mudança por inferência pragmática produz um significado mais abstrato. No caso de *in spite of* ('apesar de'), ele expressa uma relação concessiva, que pode aumentar a frequência de uso da expressão, já que ela pode se aplicar a mais contextos do que o significado de obstáculo, conforme vemos em (22), que não tem interpretação de obstáculo.

Já discutimos o fato de que a convencionalização dessas inferências pragmáticas como parte do significado de uma expressão é bem explicada em uma representação de memória enriquecida, em que as inferências extraídas de cada exemplar são registradas na memória junto com a construção usada. Assim como a representação na Figura 10.1 é complexa, também o são as representações que incluem um significado anterior, mais concreto, e as inferências extraídas dela, porque, uma vez que a inferência se torna estável o suficiente para ser usada sem o significado concreto, esse significado não desaparece instantaneamente.

10.5 Retenção de significado lexical

Como a mudança de significado ocorre em pequenos incrementos e como os falantes são capazes de formar muitas generalizações locais (conforme previsto por um modelo que assume exemplares), há muitos exemplos de significados mais específicos que são retidos à medida que a gramaticalização acontece. Considere o futuro do inglês marcado por *will*. Na seção anterior, comentei o desenvolvimento diacrônico de *will*. Ele veio de um verbo que significava "querer" e adquiriu usos de intenção por inferência, conforme descrito anteriormente. Uma inferência posterior com base em alguns casos de intenção é previsão. Quer dizer, o que o sujeito pretende fazer, pode-se prever que ele fará. Uma previsão é uma asserção sobre o tempo futuro; assim, quando o falante assevera que alguém tem uma intenção, o ouvinte pode inferir (nem sempre corretamente, claro) que o falante também está prevendo o que o sujeito fará. Considere o seguinte exemplo do inglês moderno inicial, em que se pode considerar que intenção e previsão são transmitidas:

(23) Madam, my lord *will* go away to-night; a very serious business calls on him. (*All's well that ends well*, II, 4)
'Madame, meu senhor parti*rá* esta noite; um negócio muito sério o chama'.

Exemplos como (24), com uma interpretação de intenção/previsão, ainda ocorrem.

(24) The procedure is on the appeal and I *will* fight until the last drop of my blood to demonstrate my innocence. (COCA, 1990)
'O processo está em recurso e eu luta*rei* até minha última gota de sangue para provar minha inocência'.

Ademais, o exemplo (25) tem ambas as interpretações, porque o verbo principal pode ser interpretado como dinâmico ou estativo.

(25) I *will* remember to my grave the response we got. The response was, "You have to do what you have to do." (COCA, 1990)
'Eu me lembra*rei* até o túmulo da resposta que tivemos. A resposta foi: "Vocês têm de fazer o que vocês têm de fazer"'.

Como a previsão pode ser pensada como o significado central do tempo futuro, é justo dizer que *will* marca o tempo futuro no inglês contemporâneo, e exemplos em que ele funciona desse modo são comuns. Considere os exemplos seguintes:

(26) If she's not defeated in this current round, I suspect that she *will* be retiring within the next few months. (COCA, 1990)
'Se ela não for derrotada nessa rodada corrente, eu suspeito que ela esta*rá* se aposentando nos próximos meses'.

(27) Off of public lands in Nevada alone over the next five years, more than U$ 10 billion worth of gold is going to be removed. And you and I *will* not get a penny for that. (COCA, 1990)

'Retirados de terras públicas só em Nevada nos próximos cinco anos, mais de U$ 10 bilhões de ouro vai ser removido. E você e eu não ganha*remos* nem um centavo por isso'.

No entanto, isso não é tudo que *will* faz. Os *corpora* contêm muitos bons exemplos de casos em que *will* reflete seu significado fonte lexical de volição pela indicação de disposição (Coates, 1983; Bybee; Pagliuca, 1987). Um contexto se dá em orações com *if* ('se') que são parte de uma sentença condicional. O segundo *will*, em (29), indica previsão.

(28) This hacker is offering me $1,000 if I *will* give him a declined credit card that has a mother's maiden name. (COCA falado, 2005)

'Esse *hacker* está me oferecendo $1.000 se eu lhe *der* um cartão de crédito recusado que tenha o nome de solteira de uma mãe'.

(29) If they *will* just give me three weeks, this area will knock their eyes out.

'Se eles me *derem* apenas três semanas, essa área os surpreenderá'.

Outro contexto se dá em uma construção com o sintagma *find/get someone who will...* ('encontrar/conseguir alguém que...'), em que *will* assinala disposição, como em (30):

(30) And now he got someone who *will* stand up and say, "Well, this jury did a terrible job, because I know the case better, but gee, no one in law enforcement will listen to me."(COCA, 1990)

'E agora ele conseguiu alguém que se levant*ará* e di*rá*: "Bem, esse júri fez um péssimo trabalho, porque eu conheço bem o caso, mas nossa!, ninguém na execução da lei me ouvirá"'.

Talvez o contexto mais comum em que encontramos a manutenção do significado lexical completo seja a negativa, em que *will not* ou *won't* comumente indicam recusa ou indisponibilidade, como em (31) (ver também o segundo *will* em (30)):

LÍNGUA, USO E COGNIÇÃO

(31) All right, Raymond, I guess the best question... since she *will* not be specific, I'll follow up. (COCA, 1990)

'Certo, Raymond, eu acho que a melhor pergunta [...] como ela não se*rá* específica, eu prosseguirei'.

(32) She does not want to communicate. It's not that she can't, but she *will* not answer you. I tried —. (COCA, 1994)

'Ela não quer se comunicar. Não é que ela não possa, mas ela não lhe responde*rá*. Eu tentei —'.

Juntamente com previsão, que é o uso mais comum no inglês contemporâneo, *will* também expressa intenção e disposição, e, em contexto negativo, recusa e relutância. Essa situação de polissemia que deriva de significados anteriores de um marcador de futuro e de mudanças mais recentes por inferência não é absolutamente incomum; a pesquisa translinguística em Bybee et al. (1994) revelou vários casos em que um significado modal de futuro mais antigo, como volição ou obrigação, ainda estava disponível em certos contextos. O ponto interessante é que a origem lexical do futuro prevê que nuanças modais estarão disponíveis. Observe que, se tentamos empregar um marcador de futuro diferente, como *be going to* ou *shall* nos exemplos (28) a (32), o resultado é uma mudança no significado ou mesmo uma interpretação anômala.

A retenção de um pouco do significado anterior em contextos específicos é um resultado natural da armazenagem de exemplares de construções e seus significados. As construções particulares que discutimos aqui não se prestariam à inferência de previsão e, assim, a uma mudança para previsão como seu significado. Orações hipotéticas com *if* ('se') não contêm asserções e, portanto, não contêm previsões, embora possam se referir a tempo futuro. A referência a tempo futuro é expressa pelo presente simples em uma oração com *if* ('se').[3] Ainda, a construção de oração relativa *someone who will*

---

3. Em *corpora* grandes, contudo, podem-se encontrar alguns exemplos de *will* em uma oração com *if* ('se') que expressa futuro, e não disposição. Considere este exemplo:

(i) If I would really get tired from this, and if I *will* start sing worse, I will just change it. (COCA, 2004)

'Se eu realmente ficar cansado com isso, e se eu *começar* a cantar pior, eu apenas mudarei isso'.

('alguém que') pode conter referência a tempo futuro, mas não à asserção de previsão.

Entretanto, como mostram os exemplos, construções especiais não são necessárias para que as leituras de intenção e disposição ou relutância apareçam. Exemplos como (24) e (25) são casos que podem ter tanto leituras de intenção quanto de previsão, mas também há exemplos em que apenas intenção é expressa:

(33) And in a controversial compromise with the Sandinistas, Mrs. Chamorro announced she *will* keep Daniel Ortega's brother, Humberto, as commander of the 70,000 man Sandinista army. (COCA, 1990)

'E em um compromisso controverso com os sandinistas, a senhora Chamorro anunciou que ela mant*erá* o irmão de Daniel Ortega, Humberto, como comandante do exército sandinista de 70.000 homens'.

Aqui apenas intenção ou disposição é uma leitura possível, já que a senhora Chamorro não faria uma previsão dessa natureza sobre si própria. A existência de tais casos, bem como daqueles em que *will* ocorre em uma construção específica, é argumento forte a favor do reconhecimento de polissemia no significado gramatical. Embora uma designação como "depois do momento de fala" seja comum a todos os exemplos que vimos, ela não é de modo algum suficiente para caracterizar *will*. A despeito da importância do contexto, este, sozinho, não pode prover os significados de intenção e disposição; eles devem ser uma parte inerente da representação semântica de *will*. Logo, o significado de *will* deve incluir previsão, intenção e disposição; o que antes era inferido, agora é parte do significado.

10.6 Absorção de significado a partir do contexto

Morfemas gramaticais são sempre parte de uma construção e seus significados apenas podem ser entendidos como derivados do significado da construção total. O que poderia parecer como um único morfema gramatical pode muito bem participar de uma variedade de construções, cada uma com

LÍNGUA, USO E COGNIÇÃO

um significado diferente. A contribuição do morfema gramatical para a construção pode diferir de acordo com os estágios de gramaticalização. Nos estágios iniciais, o morfema gramatical é significativo em si mesmo e fornece parte do significado da construção; mais tarde, à medida que o morfema gramatical se torna mais e mais desbotado de seu significado, ele pode ser apenas convencionalmente uma parte da construção e, de fato, derivar seu significado da construção total ao invés de dar, ele próprio, sua contribuição. Essa situação é descrita em Bybee et al. (1994) como "absorção de significado a partir do contexto".

Considere a negativa sentencial do francês *ne... pas*. A primeira parte dessa construção é o morfema negativo herdado do latim, que ocorre antes do verbo finito, e a segunda parte vem de um nome significando "passo". A segunda parte foi presumivelmente acrescentada como uma partícula enfática, com o significado "VERBO não um passo". No início, vários outros nomes ocorriam na mesma posição que *pas*, incluindo *mie* ('migalha'), *gote* ('pingo'), *amende* ('amêndoa'), do francês antigo, assim como *point* ('ponto'), que ainda ocorre ocasionalmente nessa posição (Hopper, 1991). Logo, *pas* não tinha originalmente significado negativo, mas hoje é usado independentemente para assinalar negação, como na expressão *pas beaucoup* ('não muito'), e quando a partícula negativa *ne* é suprimida no discurso casual, como em *je sais pas* ('eu não sei'). Parece evidente que *pas* assumiu significado negativo da construção em que ocorria e é capaz de transmitir esse significado negativo para outras construções.[4]

10.7 Morfemas zero

Um morfema zero expressa significado, mas não tem marcador explícito. Um exemplo é o singular de nomes contáveis em inglês, em que a ausência de um sufixo em, por exemplo, *the horse* ('o cavalo') assinala que somente um cavalo é referido. Um morfema zero é sempre apenas um

---

4. Outro conjunto de exemplos diz respeito a indicativos que se tornam subjuntivos, conforme discutido em Bybee et al. (1994, p. 230-6).

membro de uma categoria gramatical; os outros membros têm de ter marcador explícito. Desse modo, o singular em inglês para nomes pode ser marcado pela ausência de um sufixo apenas porque o plural é assinalado pela presença de um sufixo. Zeros só podem ocorrer em categorias gramaticais que são obrigatórias. Quer dizer, zero só pode indicar singular em nomes contáveis porque número é obrigatoriamente expresso em inglês para nomes contáveis. Em uma língua sem marcação de número obrigatória nos nomes, como o japonês, a ausência de um marcador de número não expressa necessariamente singular; logo, não é um morfema zero.

O significado de morfemas gramaticais zero não pode desenvolver-se do mesmo modo que o significado de morfemas explícitos, já que não há fonte lexical para seu significado. Ao contrário, parece que morfemas zero se desenvolveram porque um morfema oposto se gramaticalizou, deixando o zero para indicar sua oposição (García; Van Putte, 1989; Bybee, 1994). Nesta seção, examinamos o desenvolvimento do significado de 'zero'.

É sabido que os morfemas zero não são randomicamente distribuídos entre os membros de categorias gramaticais, mas são translinguisticamente previsíveis (Greenberg, 1966; Bybee, 1985). Por exemplo, marcadores zero são encontrados translinguisticamente em nomes no singular, mas não no dual ou plural; para o tempo presente, mas não para o passado ou o futuro; para o perfectivo flexionado, mas não geralmente para o imperfectivo; para o indicativo, mas não comumente para o subjuntivo, e assim por diante. Greenberg (1966) também mostra que morfemas zero ou membros não marcados de categorias também são os que mais frequentemente ocorrem no discurso.

Em Bybee (1994), forneci uma explicação para essas correspondências com respeito à gramaticalização. A gramaticalização de marcadores explícitos ocorre por causa do uso de palavras extras para desviar o ouvinte da interpretação mais frequente. Por exemplo, nomes referenciais são mais frequentemente individuados no discurso e referidos no singular (Hopper; Thompson, 1984). Assim, se o singular não é pretendido, então algum material linguístico extra é exigido para indicar plural. O uso continuado desse material extra pode levar a sua gramaticalização como um marcador de plural. Em tal caso, nenhum marcador explícito para o singular se desenvolve porque o significado singular é corretamente inferido na maioria dos casos.[5]

Bybee (1994) considera o desenvolvimento de zeros em sistemas de tempo/aspecto. A distribuição de morfemas zero na amostra de 76 línguas usada em Bybee et al. (1994) mostra que a proporção de zeros em sistemas de tempo e aspecto é realmente pequena: somente 17 marcadores eram zeros, comparados com mais de 200 marcadores explicitamente expressos. Entre os tempos e aspectos flexionais comumente expressos, o presente habitual e o presente geral podem ter expressão zero, mas o presente progressivo, não; no passado, apenas o perfectivo pode ter expressão zero. No que segue, proponho uma explicação desses fatos com relação ao uso do presente zero do inglês na conversação.

Conforme geralmente observado, a estrutura do tempo presente é bem diferente daquela do passado (Binnick, 1991; Bybee et al., 1994; Bybee, 1994; Dahl, 1995; Michaelis, 2006). O tempo passado assinala que a situação descrita pela oração ocorreu antes do momento de fala. Em termos de uma linha do tempo, o passado compreende um vasto domínio. Segue que, no passado, uma língua pode, mas não necessita, distinguir também um passado simples (narrativo) ou uma forma perfectiva, contrastando-o com um passado progressivo e/ou um passado habitual. O presente é mais problemático, pois enquanto a caracterização paralela do presente seria concomitante com o momento de fala, o momento de fala é um ponto e não um domínio, então apenas estativos e progressivos podem, de fato, ser concomitantes com o evento de fala. Significado habitual e genérico descreve situações que ocorrem dentro de um período de tempo que inclui o momento de fala, mas que podem não estar realmente acontecendo no tempo da fala.[6]

Em inglês, um marcador verbal zero indica presente habitual, como no exemplo (34). O presente progressivo é expresso por *be* ('estar') +

---

5. Em algumas línguas, tanto o singular quanto o plural têm afixos (p. ex., os prefixos da classe dos nomes nas línguas banto. Em tais casos, Greenberg (1978b) argumentou que os marcadores de singular e de plural derivam de demonstrativos.

6. Conforme discutido em Bybee (1994), Dahl (1995) e Michaelis (2006), o significado aspectual, no presente habitual e em sentenças genéricas, é o mesmo; assim, quando uso o termo "presente habitual", pretendo incluir o genérico.

VERBO + *ing* ('ndo'), que, em (35), indica uma situação acontecendo no momento de fala.[7]

(34) He still *takes* the horses nobody else wants, older horses, horses with foals, with ears frozen off or otherwise less beautiful than those in cigarette ads. (COCA, 1990)

'Ele ainda *pega* os cavalos que ninguém mais quer, cavalos mais velhos, cavalos com potros, com orelhas danificadas ou ainda menos bonitos do que aqueles em propagandas de cigarros'.

(35) I'm *taking* a huge chance just talking to you now because it's not going to be liked. (COCA, 1990)

'Eu estou *tendo* uma enorme chance apenas falando com você agora porque isso não vai ser apreciado'.

Observe que a ausência do Progressivo em (34) requer uma interpretação habitual. Outro uso do presente simples é para narrativas, algumas vezes chamado "presente histórico". Esse uso é muito frequente na prosa jornalística, como a encontrada nos dados do COCA. Aqui está um exemplo:

(36) The guy's standing there, this little photographer, and Tommy just comes running across the street, slams into him, knocks him down, breaks his pelvis. (COCA, 1998)

'O cara está em pé lá, esse pequeno fotógrafo, e Tommy vem correndo, atravessando a rua, choca-se com ele, joga-o no chão, quebra sua pélvis'.

Os aspectos disponíveis no passado diferem daqueles do presente. No tempo passado, temos leituras aspectuais narrativa (perfectivo), habitual e progressiva. Sequências narrativas típicas, como (37), usam Passado simples em inglês. Mas o Passado simples também pode ser usado em situações habituais, como (38). Outros modos de expressar o passado

---

7. Note que muitos casos do Progressivo também não estão realmente ocorrendo no momento de fala, como neste exemplo:

We get to the people who *are taking* drugs and we try to treat them.

'Nós chegamos até as pessoas que *estão usando* drogas e tentamos tratá-las'.

LÍNGUA, USO E COGNIÇÃO

habitual são com *used to* ('costumava') e *would*, como nos exemplos (39) e (40), respectivamente.

(37) I *noticed* a woman who *came* up and she kind of *brushed* me aside and she *headed* right for one of the local photographers, one of the commercial photographers. (COCA, 1990)
'Eu *percebi* uma mulher que *vinha*, e ela tipo me *jogou* para o lado e se *dirigiu* direto para um dos fotógrafos locais, um dos fotógrafos comerciais'.

(38) The same local commercial photographers who *took* fotos and then *sold* them back to the party goers night after night were also supplying the newspaper which, at the time, had only a small staff of its own. (COCA, 1990)
'Os mesmos fotógrafos comerciais locais que *tiravam* fotos e então as *vendiam* de volta para os participantes da festa noite após noite também estavam suprindo o jornal que, na época, tinha somente uma pequena equipe própria'.

(39) They *used to* stand in the back of the room and laugh for me. (COCA, 1990)
'Eles *costumavam* ficar em pé no fundo da sala e rir para mim'.

(40) He kept asking me, "Well, could it have happened like this?" and I *would* say yeah and he *would* tell me to repeat it in my own words and the other officer *would* write it down. (COCA, 1990)
'Ele continuava me perguntando: "Bem, isso poderia ter acontecido assim?" e eu di*ria* sim, e ele me di*ria* para repeti-lo com minhas próprias palavras, e o outro policial o anota*ria*'.

Contudo, o Passado Simples, em inglês, não é usado para situações progressivas no passado — isto é, situações que ocorreram no ponto de referência no passado. Em vez dele, é usado o passado progressivo, como em (41).

(41) As he *was taking* me home, we were stopped by police and it turned out that he was wanted for about seven counts of rape in another state. (COCA, 1990)
'Quando ele *estava me levando* para casa, fomos parados pela polícia e descobri que ele era procurado por cerca de sete acusações de estupro em outro estado'.

A diferença entre a marcação aspectual no presente e no passado é que, no presente, a interpretação mais comum do presente marcado por zero é a habitual, ao passo que o passado simples (que tem expressão explícita) é interpretado como narrativo, a menos que haja indicações explícitas de que ele deve ser interpretado como habitual (ver *night after night* ['noite após noite'] no exemplo (38)). Por que há essa diferença entre presente e passado e de onde vem o significado que não é explicitamente marcado?

O ponto importante a notar é que, na experiência humana e no que os humanos querem comunicar, o presente e o passado não são paralelos. Não é apenas porque o momento preciso da fala não sirva como um bom tempo de referência, dado que é um ponto e não um domínio, mas, além disso, quando as pessoas falam no tempo presente, elas estão falando mais sobre como as coisas são — em termos de estados e situações habituais — do que sobre o que aconteceu (Thompson; Hoper, 2001; Scheibman, 2002). Assim, argumentei em Bybee (1994) que o significado *default* do presente seria mais provavelmente o habitual, e a interpretação *default* do passado seria o perfectivo.

Essa proposta pode ser expandida se considerarmos novamente de onde vem o significado habitual que é sinalizado por zero nos verbos do inglês. No inglês antigo, havia um tempo Passado e um Presente marcado por zero, que era usado para significados habitual, progressivo e futuro, com verbos dinâmicos e, claro, para o presente, com verbos estativos. Já apresentamos o desenvolvimento de vários marcadores de futuro; além disso, a construção progressiva *be* ('estar') + VERBO + *ing* ('ndo') se desenvolveu e se tornou muito frequente nos últimos séculos. Esses desenvolvimentos reduziram o território do Presente. O Presente ainda pode ser usado para o futuro se o contexto deixa claro que o futuro é pretendido, mas ele não pode ser usado para o progressivo. O resultado é que a interpretação comum do presente com verbos dinâmicos é habitual.

Conforme mencionei antes, a interpretação mais usual é frequentemente marcada por zero, e a gramaticalização ocorre para indicar o significado menos comum ou mais específico. Nesse caso, o argumento seria que, no presente, para verbos dinâmicos, a interpretação *default* é o presente habitual. Como podemos demonstrar que esse é o caso? Se a interpretação *default* é a mais comum, então o presente habitual deveria ser mais frequente no uso da língua do que o presente progressivo. Em inglês, podemos contar formas para determinar as relações de frequência, já que o progressivo é explicitamente marcado. Assumimos que, em línguas como o inglês médio, em que a distinção não

LÍNGUA, USO E COGNIÇÃO 281

é marcada, ocorria a mesma proporção de progressivos e habituais que no inglês contemporâneo; o primeiro apenas não era explicitamente marcado.

Usando os dados conversacionais do *Corpus of Spoken American English*, que forma a base de Scheibman (2002), a Tabela 10.1 mostra que 78% dos verbos dinâmicos ocorrem no Presente simples, enquanto somente 22% são usados no Progressivo. O Presente simples tem uma interpretação habitual, exceto em uma pequena porcentagem de usos do presente simples que são presentes narrativos: apenas 11 exemplos foram identificados, menos de 1% do total de Presentes simples nesses intercâmbios conversacionais. Dada essa preponderância de usos habituais no tempo presente, é razoável assumir que a leitura habitual prevaleceria sobre o progressivo mesmo em línguas em que nenhum deles é marcado, contanto que a prática conversacional seja similar à do inglês contemporâneo.

Tabela 10.1 Marcação do Presente simples e Progressivo em predicados não modais[8]

	Progressivo	Presente simples	Total
Tipos de verbos dinâmicos:			
Material	67	140	**207**
Percepção	0	15	**15**
Corporal	13	24	**37**
Sentimento	1	27	**28**
Verbal	14	134	**148**
Total de tipos dinâmicos	**95 (22%)**	**340 (78%)**	**435**
Tipos de verbos estativos:			
Cognição	7	236	**243**
Existencial	5	53	**58**
Relacional	5	565	**570**
Total de tipos estativos	**17 (2%)**	**854 (98%)**	**871**
Total	**112**	**1194**	**1306**

---

8. Sou muito grata a Joanne Scheibman por preparar essa tabela para ser usada neste capítulo.

O significado do presente habitual não surgiu de uma fonte lexical, mas da interpretação mais comum do tempo presente. Em Bybee (1994), defendi que o contexto é muito rico em significado, e, conforme observamos anteriormente, ouvintes e falantes estão muito cientes das inferências que podem ser feitas, dados o enunciado e o contexto rico. À medida que o Progressivo se torna mais frequente, os ouvintes podem inferir que, se ele não é usado, seu significado não é pretendido. Desse modo, se o Progressivo não aparece, o significado deve ser habitual. García e Van Putte (1989) argumentam que, com a repetição, a associação de uma inferência tal como "o falante não disse X, ele/a deve querer dizer Y" pode tornar-se automatizada; o cérebro constrói um atalho pelo qual a ausência de um marcador vem a ter significado, e esse significado surge do contexto rico em que nos comunicamos. Concluímos, então, que, embora os morfemas zero não tenham significado que derive de significado lexical, como os morfemas explícitos, eles ainda estão impregnados de significado, que foi derivado de seus contextos comuns de uso.

10.8 Natureza das categorias semânticas para as formas gramaticais

A evidência diacrônica sugere que as formas e construções gramaticais são plenas de significado, parte originada nas fontes lexicais das formas e parte produzida por convencionalização de inferências discursivas comuns. Um modelo que assume exemplares supre os meios para descrever essa situação, em que o significado de formas e construções gramaticais pode ser variado em contextos locais e suprido pela riqueza das inferências que os ouvintes podem fazer a partir da situação comunicativa. Porém, mesmo sem evidência diacrônica, não há razão para supor que o significado gramatical é completamente abstrato e consiste de condições necessárias e suficientes, porque nenhum outro aspecto do significado linguístico tem essas propriedades. Os estudos de Rosch e colaboradores demonstraram que as categorias semânticas para os significados de palavras mostram efeitos prototípicos ao invés de condições necessárias e suficientes (ver a discussão na seção 5.3).

Lakoff (1987) desenvolve a ideia de categorias radiais, que produzem polissemia encontrada em categorias de vários tipos. Assim, há razão para supor que o significado gramatical tem uma estrutura similar.

Surpreendentemente, entretanto, há muitos linguistas, incluindo aqueles que aprovam a gramática de construções, que adotam a visão de que cada morfema gramatical ou construção tem de ter um e somente um significado invariável, e que todos os desvios desse significado são fornecidos pelo contexto lexical. Essa visão é particularmente popular em estudos sobre o aspecto verbal (Contini-Morava, 1989; Smith, 1997; Michaelis, 2006) e surge do fato de que verbos de diferentes categorias lexicais requerem diferentes interpretações de marcadores aspectuais (Vendler, 1967). Assim, o analista espera simplificar o sistema aspectual, mostrando que um único significado abstrato para um membro do sistema pode ser moldado no contexto para dar todas as interpretações superficiais.

Conforme vimos, o significado gramatical é abstrato, e a gramaticalização mostra uma abstração crescente de tal significado. Contudo, também vimos que a gramaticalização não passa uma esponja no passado — frequentemente, significados mais específicos são retidos durante um longo período de tempo, como vimos na discussão de *shall*, *will* e *can*, do inglês. Então, um erro geralmente cometido por linguistas que veem a gramática como estrutura discreta é promover uma tendência a uma restrição ou a um princípio absoluto. A evidência revista neste capítulo sugere que o aspecto interessante do significado gramatical é o modo como o abstrato ou geral interage com o mais específico (Bybee; Torres Cacoullos, 2009).

Assim, a visão apresentada aqui contrasta com uma visão comum do significado gramatical que pode ser relacionada à forte influência de Roman Jakobson. Enquanto muitos estruturalistas e gerativistas norte-americanos recuam ante a presunção de saber o que um morfema ou uma oração significam, Jakobson articulou e aplicou uma teoria do significado gramatical que estava em consonância com os princípios gerais da estrutura linguística como ele os via. O mais básico desses princípios era o de oposição semântica, baseado nas oposições binárias que apareceram no seu trabalho sobre fonologia.

O conceito de oposição é uma noção estruturalista clássica, baseada na suposição de que os elementos significativos de uma língua são todos definidos em contraste uns com os outros. Logo, um morfema gramatical não é concebido como tendo significado inerente, mas como tendo significado que lhe é acrescentado pela participação em um sistema de contrastes. Sob essa visão de significado gramatical, o tempo presente em uma língua que também tem expressão gramatical para os tempos passado e futuro será diferente de um tempo presente em uma língua que expressa o tempo passado, mas não o tempo futuro. Jakobson propôs ainda que essas oposições eram decomponíveis em conjuntos de traços binários em que o valor de menos (–) era o valor não marcado (do modo como marcado foi definido em Jakobson (1957, 1966)). Também segue dessa visão que cada membro do sistema tem um significado abstrato e invariável que está presente em todos os contextos de uso. Variações de interpretação são atribuídas a itens lexicais coocorrentes ou outros fatores no contexto.

Nem todos os aspectos dessa teoria sobreviveram na prática corrente, mas o objetivo de encontrar um significado abstrato, invariável para cada forma gramatical ou construção ainda fornece, frequentemente, a base para análise. Nas seções seguintes, argumento que, embora o significado gramatical seja em geral abstrato, não é plausível reduzir todo o significado e nuança encontrados em contextos específicos a um traço abstrato.

10.9 Significado abstrato, invariável?

Nesta seção, gostaria de examinar a hipótese de significado invariável e argumentar que ela é incompatível com uma teoria baseada no uso, com um modelo que assume exemplares e com os fatos de gramaticalização, e, além disso, que muitas das análises particulares propostas sob essa hipótese são inadequadas. Ao contrário, proponho reconhecer a tensão interessante entre significados generalizados e significados associados a contextos particulares. Vimos que marcadores gramaticalizados têm significados muito gerais; contudo, também vimos que eles podem ter significados específicos relacionados com certas construções ou com certas situações interacionais. Concluiremos, como Dahl (1985), que o espaço conceitual a que os morfemas gramaticais se referem não é unidimensional nem as coisas sobre as quais falamos são igualmente distribuídas através de espaço conceitual.

Vamos considerar, como exemplo, a análise do tempo em inglês, apresentada por Michaelis (2006). Essa autora aceita a caracterização do tempo Passado do inglês como uma indicação de uma situação obtida antes do momento de fala.[9] No entanto, conforme observado acima, o tempo presente também é mais difícil de caracterizar, já que o momento de fala é um ponto no tempo, e a maioria das situações se desdobra ao longo do tempo, tornando sua relação com o momento de fala mais complexa. Michaelis nota que apenas estados, que permanecem estáveis no tempo, podem ser verdadeiramente simultâneos com o momento de fala.[10] Ela então passa dessa observação para a proposta de que o tempo presente é um "seletor de estado", querendo dizer que ele "pode impor leituras estativas a qualquer verbo dinâmico com o qual se combina, desse modo resolvendo conflito semântico entre o verbo e a flexão que é associada a ele" (2006, p. 223). Esse significado, MIchaelis argumenta, caracteriza todos os usos do tempo presente do inglês.

Na seção 10.7, discutimos os significados do tempo presente do inglês expressos por zero. Eu observei que o significado que ocorre mais comumente para verbos dinâmicos é o presente habitual ou genérico, mas que a prosa jornalística, em particular, também usa, muito frequentemente, o presente para narrativas.[11] Não mencionei os usos futuros do tempo presente,

---

9. Mais detalhadamente, Michaelis observa, como muitos outros, que a interpretação de passado para estados não indica se o estado continuou ou não no presente.

10. Esse ponto está sujeito a algumas diferenças de interpretação. Uma situação de presente habitual que descreve situações repetidas dentro de um campo de tempo, incluindo o presente, poderia ser vista como simultânea ao momento de fala (cf. a definição de Comrie, 1976, de habitual como "uma situação que é característica de um período estendido de tempo..." [p. 27-8]).

11. Michaelis interpreta equivocadamente a afirmação seguinte de Bybee et al. (1994), como se estes afirmassem que o presente no inglês não tivesse significado. Diacronicamente, ele não tem significado lexical, conforme argumentamos antes, mas toma seu significado do contexto:

"O tempo presente, de acordo com Bybee et al. (1994, p. 152), 'não transmite absolutamente significado explícito; refere-se à situação *default* de que outros tempos representam desvios'. Por causa dessa semântica neutra, eles argumentam, o tempo presente pode 'absorver o significado inerente a fenômenos sociais e físicos normais, e esse significado, se descrito e separado explicitamente, consiste de ocorrência e comportamento habituais, assim como de estados em progresso' (ibid.)". (Michaelis, 2006, p. 231-2)

embora estes também sejam importantes.[12] Por exemplo, (42) mostra a propriedade geral de que alguma indicação de tempo futuro é necessária para que o morfema zero seja interpretado como futuro.

(42) And this meeting *takes* place next Thursday, so we'll keep you informed. (COCA, 1990)

> 'E essa reunião *acontece* na próxima quinta-feira, então manteremos vocês informados'.

Michaelis propõe que todos os usos do tempo Presente podem ser caracterizados como impondo uma interpretação estativa sobre a situação e que isso pode dar surgimento às leituras habitual e futura. Se a flexão (zero de presente) conflita com o tipo de verbo, isto é, se o verbo não é estativo, então a flexão coage uma interpretação estativa do verbo.

Para que essa análise descreva as sentenças habitual e futura com o tempo presente, é preciso uma considerável manipulação de conceitos. Considere o exemplo do presente habitual dado anteriormente, aqui repetido como (43):

(43) He still *takes* the horses nobody else wants, older horses, horses with foals, with ears frozen off or otherwise less beautiful than those in cigarette ads. (COCA, 1990)

> 'Ele ainda *pega* os cavalos que ninguém mais quer, cavalos mais velhos, cavalos com potros, com orelhas danificadas ou ainda menos bonitos do que aqueles em propagandas de cigarros'.

Conforme acontece com todas as sentenças habituais, essa é entendida como descrevendo vários eventos do mesmo tipo que são repetidos ao longo do tempo, e esse tempo inclui o momento presente. Não considero essa sentença absolutamente estativa. Michaelis argumenta que todos os eventos têm várias fases e incluem um "repouso", que é estativo; o tempo presente

---

12. Usos futuros do Presente simples não ocorreram nas amostras analisadas para a Tabela 10.1.

seleciona o repouso que inclui tempo de referência. Se esse for o caso, então como obtemos a informação de que ele pega cavalos em múltiplas ocasiões e continua a fazer isso? O "repouso" para *takes* ('pega'), pretendido nessa sentença — pegar, manter (ao menos por um tempo) e cuidar — deve ser a parte de *keep* ('manter'); contudo, não é isso que a sentença significa. Se alguém quisesse expressar essa ideia mais estativa, diria *he keeps horses no one else wants* ('ele mantém cavalos que ninguém mais quer').

Uma manipulação complexa semelhante é necessária para obter uma leitura futura de uma sentença no tempo presente. Referindo-se ao exemplo *The flight arrives at noon* ('O voo chega ao meio-dia'), Michaelis diz:

> Como a chegada tem um perfil temporal estendido que não pode caber dentro do momento presente, esse evento deve ser "arremessado" para um lado ou outro da divisão do presente para que o conflito semântico entre a flexão de tempo e o verbo seja resolvido. (2006, p. 234)

Dado que tais sentenças sempre têm um contexto temporal explícito, não poderíamos supor que, ao invés de ver sentenças presentes indicadoras de futuro como estativas, cuja interpretação deve, de algum modo, ser resolvida, poderíamos satisfazer-nos com uma análise que diz que presentes com advérbios futuros são interpretados como futuros? De fato, muitos autores notaram que a interpretação é de um "futuro programado", não um futuro geral (Comrie, 1985, p. 47). Michaelis observa que essa é uma interpretação convencionalizada em inglês e que outras línguas poderiam ter interpretações diferentes. Em um modelo que assume exemplares, esse significado convencionalizado seria, de fato, parte da representação semântica. No modelo de Michaelis, não está claro como se chega a essa interpretação quando os falantes usam a língua, se o único significado do presente é "seletor de estado".

Outras questões surgem quando Michaelis tenta justificar o tempo Presente como um estado seletor em face do uso das perífrases de presente com progressivo e perfeito. Ela afirma que "adverbiais de tempo presente", incluindo *now* ('agora') e *this moment* ('este momento'), são compatíveis apenas com predicações estativas, porque "o presente é concebido como um momento e apenas estados são verificáveis com base em uma 'amostra' momentânea única" (2006, p. 239). Ela prossegue argumentando, com base nisso, que o futuro com *will* faz uma predicação de estado, como em seu exemplo (39), mostrado aqui como (44):

(44) My daughter will now play the clarinet for you.
'Minha filha tocará agora a clarineta para vocês'.

Com um fundamento semelhante, Michaelis argumenta que o Presente Progressivo e o Presente Perfeito também indicam estados, já que coocorrem com *now* ('agora').

(45) She is playing the clarinet *now.*
'Ela está tocando a clarineta *agora*'.
(46) She has played the clarinet *now.*
'Ela tocou a clarineta *agora*'.

No entanto, o exemplo (44), em particular, indica para mim que *now* ('agora') e, de fato, o tempo Presente não sinalizam um ponto correspondente ao momento de fala, mas a uma extensão de tempo que inclui o momento de fala. Quando *now* ('agora') é usado, parece que essa extensão é muito curta e projeta mais para o futuro do que para o passado, mas ainda é uma extensão, não um ponto.

Na verdade, eu argumentaria que a noção de predicação estativa tem sido estendida a ponto de perder o significado, no interesse de encontrar apenas um único significado invariável para o tempo Presente do inglês. Compare, por exemplo, a definição mais específica de estatividade proposta por Comrie (1976):

> Com um estado, a menos que algo aconteça para mudar esse estado, então o estado continuará... Com uma situação dinâmica, por outro lado, a situação continuará somente se ela estiver continuamente sujeita a um novo *input* de energia. (1976, p. 49)

Michaelis aceita essa caracterização, dizendo:

Diferentemente de atividades, contudo, fases do estado não implicam *input* de energia. Por exemplo, pode-se tentar dormir ou deitar no chão, mas não se pode tentar ficar doente por três dias ou ser baixo como uma criança. (2004, p. 11)

Essa caracterização não se aplica a todos os predicados no tempo Presente, conforme Michaelis defenderia. Em particular, os predicados no Presente Progressivo descrevem situações que requerem *input* de energia continuado, como mostra o exemplo (45). De fato, a maioria das análises do Presente Progressivo do inglês foca a maior atividade e envolvimento do agente do Progressivo em comparação com o Presente simples (Hatcher, 1951; Goldsmith; Woisetschlaeger, 1982). Em um estudo detalhado e altamente matizado do Presente Progressivo do inglês, Hatcher (1951) indica que o Progressivo é usado para descrever atividades explícitas (como em (47)), bem como atividades não explícitas (como em (48)), mas nos últimos a interpretação é de desenvolvimento por graus:

(47) She is washing dishes, sweeping the floor, tending the furnace... I'm slipping. I'm losing hold. It's falling to pieces. It's boiling over. It's spilling. Your teeth are chattering. Your nose is running.
'Ela está lavando pratos, varrendo o chão, cuidando do forno... Eu estou escorregando. Eu estou perdendo o controle. Está caindo aos pedaços. Está transbordando. Está derramando. Seus dentes estão batendo. Seu nariz está escorrendo'.

(48) I'm getting hot. One of my headaches is coming on. He is learning his lesson. It is getting late. This is driving me nuts. This is getting us nowhere.
'Eu estou ficando quente. Uma das minhas dores de cabeça está chegando. Ele está aprendendo sua lição. Está ficando tarde. Isto está me deixando louco. Isto não está nos levando a lugar algum'.

Hatcher caracteriza esses exemplos como expressando ou implicando uma das três noções seguintes: (i) o sujeito é afetado por sua atividade; (ii) o sujeito está ocupado ou absorvido na atividade; ou (iii) o sujeito está realizando algo por meio de sua atividade. Assim, muito embora se possa usar *now* ('agora') com a maioria desses exemplos, eles não têm as propriedades semânticas comuns de predicações estativas.

Finalmente, se o Presente Progressivo é estativo, como podemos explicar o fato de que o Presente Progressivo "coage" um predicado estativo a uma interpretação dinâmica, como nestes exemplos?

(49) He's being very obstinate. I'm remembering it better now.
'Ele está sendo muito obstinado'. 'Eu estou me lembrando disso melhor agora'.

Logo, a tentativa de Michaelis de reduzir o significado do tempo Presente do inglês a um único invariável "seletor de estado" leva a uma distorção do significado de "estado" ou "estativo", ao ponto em que ele não é mais uma noção coerente. Embora eu tenha focado aqui a análise recente de Michaelis, ela deve ser considerada apenas uma de muitas na tradição jakobsoniana que tenta identificar um único significado abstrato para cada morfema gramatical (outros são Diver, 1964, Waugh, 1975, Reid, 1991, por exemplo). Além dos argumentos aqui expostos contra a análise do tempo Presente como um seletor de estado, a discussão nas primeiras sete seções deste capítulo, que esboçam o modo como o significado gramatical se desenvolve, provê muitos argumentos contra essa posição teórica. O fato de que o processo de gramaticalização leva a significados mais e mais abstratos fornece base para argumentar a favor de um único significado abstrato, mas a evidência mostra que significados mais antigos relacionados ao significado lexical mais anterior de uma forma podem ser retidos; esses significados mais ricos, menos abstratos, não podem ser negados na busca pelo significado invariável.

Conforme discutido nos capítulos 6 e 8, as mudanças que acontecem na gramaticalização demonstram a importância da inferência na mudança de significado. A teoria discutida por Michaelis usa uma noção similar, a de coerção, que descreve como novos significados podem emergir quando significados lexicais e gramaticais não são compatíveis. A teoria da coerção parece assumir que instâncias de uso que demandam coerção não têm efeito sobre o significado de uma categoria. Uma abordagem baseada no uso, contudo, proporia que instâncias de uso da língua têm um efeito na representação mais permanente do significado. Assim, para tomar o exemplo frequentemente citado, se alguém usa um artigo indefinido com um substantivo não contável, o significado resultante que é coagido é o de um nome contável: logo, *a beer* ('uma cerveja') indica uma unidade ('copo, garrafa ou lata') de cerveja. Essa coerção não tem de acontecer de novo com cada instância de uso; ao contrário, *a beer* ('uma cerveja') pode ficar registrado na memória com seu significado. Semelhantemente, o significado coagido de um verbo estativo usado com o Progressivo, como *being stubborn* ('sendo teimoso'), pode ser registrado na memória. Por tais ocorrências de uso, o próprio progressivo pode finalmente mudar seu significado. Se inferência e coerção não produzissem mudanças incrementais na representação do significado, o significado gramatical não mudaria e não haveria processo de gramaticalização. São, de fato, essas mudanças locais no significado que contribuem para a mudança de significado total na gramaticalização.[13]

10.10 A importância de oposições

Outro legado da abordagem de Roman Jakobson para o significado é o interesse em contrastes ou oposições feitas dentro do sistema da gramática. A noção de que morfemas gramaticais ganham seu significado por oposição a outros morfemas gramaticais é um exemplo clássico de uma noção estrutural. Já vimos que ela implica que morfemas gramaticais não têm, eles próprios, significado inerente, uma proposição que estudos sobre gramaticalização descartaram, ao mostrar como o significado gramatical é resultado direto de processos que atuam sobre o significado lexical e que muitos traços do significado lexical são retidos no processo de gramaticalização. Entretanto, também vimos casos em que outros membros de categorias no sistema

---

13. Para outro exemplo de uma tentativa de significado altamente abstrato que falha em fornecer uma descrição realista tanto interna à língua quanto translinguisticamente, ver Bybee (1998b), que discute a categoria putativa "irrealis".

têm, de fato, um impacto sobre o significado. Morfemas zero absorvem seu significado do contexto, mas eles também são limitados pelos significados dos outros marcadores obrigatórios no sistema. Desse modo, o tempo Presente do inglês contemporâneo não tem uma leitura progressiva (como versões mais antigas do inglês tinham) por causa do desenvolvimento da perífrase Progressiva.

Conforme já mencionado, há o interessante fenômeno de um membro de uma oposição ser definido pela ausência do outro. García e Van Putte (1989) descrevem esse desenvolvimento como o resultado de inferências frequentemente feitas, criando um "atalho" cognitivo da forma para a inferência. No caso de desenvolvimentos de zeros, a inferência é "o falante não disse X, logo ele/a deve querer dizer Y". No entanto, o grau de aplicação de tal processo é muito limitado. Na verdade, já que marcadores explícitos têm significado inerente, o processo só se aplicaria a casos em que zeros estão se desenvolvendo, casos em que o marcador é altamente desbotado de seu significado lexical ou outros casos especiais.

Certamente, distinções amplas como perfectivo/imperfectivo, passado/presente, singular/plural são translinguisticamente bem documentadas como importantes linhas divisórias em morfologia, mas meu ponto aqui é ter cautela contra a suposição de que cada distinção gramatical que uma língua faz tem alguma importância cognitiva mais ampla. Por exemplo, uma análise da distinção entre o Presente e o Progressivo do inglês, feita por Goldsmith e Woisetschlaeger (1982), defende que a distinção semântica é entre o Progressivo, que expressa "que coisas acontecem no mundo", *versus* o Presente, que expressa "como o mundo é, de tal modo que coisas acontecem nele" (1982, p. 80). Não questiono essa descrição: na verdade, considero que ela é bastante pertinente, já que ela se aplica ao presente habitual e a usos estativos do tempo Presente. Contudo, é interessante ler a proposta deles:[14]

De fato, é a natureza muito abstrata dessa distinção semântica particular que a torna interessante para nós, porque, se a análise proposta aqui está correta,

---

14. Também apresentei esse ponto em Bybee (1988b).

LÍNGUA, USO E COGNIÇÃO

então aprendemos algo diretamente sobre as distinções conceituais que um falante de inglês usa em cada sentença enunciada. (1982, p. 79)

A suposição parece ser que uma distinção conceitual expressa na gramática deve ser de importância considerável. De fato, eles prosseguem considerando as possíveis consequências translinguísticas dessa distinção, observando que o espanhol realiza uma distinção diferente. Eles dizem que essa distinção é tão básica e importante que ela deveria ser encaixada em uma teoria mais geral de contrastes semânticos, a qual prevê quais domínios semânticos uma língua pode escolher para incorporar sob um único guarda--chuva sintático (Goldsmith; Woisetschlaeger,1982, p. 89).

Eu especularia que muitos linguistas concordam com esta posição — que as distinções semânticas gramaticalmente expressas são de importância cognitiva básica. Entretanto, os fatos sobre a mudança linguística nos dão razão para questionar essa ideia como aplicável em geral. Considere o fato de que o Progressivo do inglês se desenvolveu muito recentemente, suprindo essa distinção apenas no último ou nos dois últimos séculos; considere, também, o fato de que a construção pode continuar a mudar seu significado, generalizando-se para expressar significado habitual e substituindo o presente simples, como aconteceu em várias línguas (Bybee et al., 1994). O que dizer, então, da distinção cognitiva básica? Embora a distinção entre o Presente simples e o Progressivo do inglês seja claramente uma distinção com que o aparato cognitivo humano pode lidar, sua presença em uma língua não é necessariamente evidência de sua importância universal.

Considere a questão sob outra perspectiva. À medida que as construções se gramaticalizam, elas passam por muitos estágios que criam distinções semânticas. Em cada estágio, seria possível considerar as distinções como sendo de grande importância cognitiva, e, contudo, essas distinções não são preservadas; a mudança continua e as elimina. Por exemplo, à medida que o *passé composé* do francês se gramaticalizou de um presente perfeito, ele passou por um estágio, no século XVII, em que expressava passado hodierno, "passado no mesmo dia", ao passo que o *passé simple* mais antigo expressava passado para situações em dias anteriores (Lancelot; Arnauld, 1660, p. 104). Tal distinção é feita em muitas línguas e poderia ser considerada muito importante para os seres humanos; contudo, em francês, essa distinção desapareceu à medida que o *passé composé* substituiu o *passé simple* na língua falada. Em certos dialetos do espanhol, o Presente Perfeito assumiu a função de um passado hodierno, mas se poderia certamente esperar que essa também fosse uma fase passageira (Schwenter, 1994).

Outro fenômeno identificado no contexto da gramaticalização é a estratificação (*layering*) (Hopper, 1991), a reunião de múltiplas construções no mesmo domínio semântico, por meio de sequências de gramaticalizações. Por exemplo, a expressão de obrigação em inglês pode usar os modais tradicionais *must, shall, should* e *ought to* (quatro, já!), mas, além desses, *be to* ('ser para'), *have to* ('ter de') e *have got to* (> *got to* ['ter de']). Em tal caso, todas as sete expressões estão nos fornecendo alguma distinção semântica importante e muito básica? Como é que algumas línguas se organizam com somente uma expressão lexical para obrigação? O processo cognitivo por trás de tais camadas excessivas obviamente tem pouco a ver com distinções semânticas importantes e globais, mas sim com o que Dan Slobin chama "*thinking for speaking*" ('pensar para falar') (Slobin, 1996). Uma vez que os falantes de inglês se acostumam a expressar obrigação (mesmo em casos em que outras línguas deixariam isso para inferência), então expressões múltiplas, quase sinônimas, podem surgir e encontrar ocasiões de uso. Assim, não é sempre o caso que distinções gramaticais são de grande e universal importância cognitiva.

Minha visão é que as línguas são altamente situadas culturalmente e podem permitir que muitas generalizações locais sejam convencionalizadas. Considere os pares *remember/can remember* ('lembrar/poder lembrar'), *imagine/can imagine* ('imaginar/poder imaginar'), *believe/can believe* ('acreditar/poder acreditar'), discutidos no capítulo 9. Eles expressam distinções semânticas menores, se é que expressam alguma, e, contudo, essas expressões convencionalizadas (com *can*) são perpetuadas na língua em seus contextos particulares de uso. A hipótese de que o uso repetido fixa certas expressões e que a armazenagem por exemplares possibilita que generalizações particulares e padrões de uso específicos sejam convencionalizados explica por que a língua não reside inteiramente em distinções conceituais maiores.

10.11 Significados evoluem para refletir experiência

Sob a hipótese do significado invariável, o espaço conceitual, por exemplo, tempo, que é gramaticalmente expresso por tempo e aspecto, é dividido em regiões supostamente uniformes. Os significados abstratos de tempo e aspecto interagem com significado lexical para produzir interpretações diversas. Entretanto, pesquisadores que trabalham com tempo e aspecto têm de reconhecer que os conceitos gramaticalizados de passado, presente e futuro não funcionam de modo paralelo na língua natural. Conforme vimos, é mais ou menos apropriado dizer que o tempo Passado em inglês designa situações que ocorreram antes do momento de fala, com a ressalva de que estados passados podem persistir no presente; conforme demonstrado antes, o tempo Presente não é tão facilmente definido devido ao fato de que a relação entre o ponto de referência do momento de fala e situações simultâneas pode ser muito complexa. Ainda, o tempo futuro, como expresso na maioria das línguas, varia entre intenção e previsão, bem como outros significados, e, portanto, não é um tempo simples como o passado. Então, está claro que, como seres humanos, não experienciamos o tempo de um modo diretamente linear, nem estamos inclinados a falar sobre ele dessa maneira. Ao contrário, a mistura de tempos e aspectos que evoluíram para expressão gramatical nas línguas do mundo veio a refletir a experiência humana de situações e seus aspectos temporais, e essa experiência não é uniforme nem simétrica através do domínio de tempo (Bybee et al., 1994).

Quando consideramos para que a língua é usada e que ela deve ter a capacidade de descrever situações como os humanos as veem, não parece tão estranho que os marcadores gramaticais e construções possam ter significados muito locais, ao invés de significados abstratos, globais. Isso significaria, por exemplo, que não temos de achar o traço que estados presentes e situações habituais presentes têm em comum, nem precisaríamos ficar surpresos com o fato de o habitual no passado ter propriedades diferentes do habitual no presente.

O exame do desenvolvimento diacrônico do tempo presente em inglês é, outra vez, instrutivo. No inglês antigo e médio, o tempo Presente podia expressar presente habitual, progressivo, estativo e até mesmo significados futuros. Seu significado poderia ser caracterizado, de um modo muito geral, como descrevendo uma situação que ocorre dentro do âmbito do momento de fala (embora, sem um estudo completo, não está claro como o uso futuro do presente deveria ser caracterizado). Não há afixo flexional especial, de modo que ele pode ser considerado como não marcado ou expresso por zero. Com o desenvolvimento do Progressivo nos últimos séculos — um desenvolvimento que levou à marcação obrigatória da distinção progressivo/habitual nos verbos dinâmicos —, o território mais antigo do presente foi fragmentado em estado presente para verbos estativos e presente habitual para verbos dinâmicos. Essa caracterização disjuntiva para o tempo presente parece deselegante para os defensores da teoria do significado invariável (ver Michaelis, 2006, p. 232). Porém, novamente, os fatos diacrônicos não podem ser ignorados. Se houvesse uma grande pressão para que o significado gramatical fosse abstrato e geral, mas não disjuntivo, então por que o progressivo mais específico se desenvolveu e dividiu o presente simples coerente?

O fato é que a gramaticalização não ocorre para tornar os significados mais gerais (embora o desbotamento seja frequentemente um subproduto); na verdade, ela ocorre porque significados mais específicos são muito úteis. É o uso excessivo desses significados específicos que contribui para o seu desbotamento, e não o propósito de ter mais significados gerais. O progressivo aparentemente se desenvolveu porque ele é muito útil para expressar a noção de que uma situação dinâmica está acontecendo, contrariando a suposição de que situações presentes dinâmicas são habituais.

Outro caso interessante diz respeito ao uso de *can* e *may* ('poder') para permissão. Na seção 10.3, seguimos a generalização semântica de *can* ('poder'), de capacidade mental para capacidade geral, daí para possibilidade de raiz. Esta última generalização assegura que condições habilitadoras gerais estão atuando; estas podem incluir capacidades internas do agente, condições habilitadoras físicas externas e condições habilitadoras sociais. As condições habilitadoras sociais, que estão incluídas na possibilidade de raiz, são equivalentes à permissão. O uso de permissão de *may* se desenvolve como segue.

Como é típico das trajetórias de gramaticalização, *may* ('poder') passou pelas mesmas sequências de desenvolvimentos que *can* ('poder'), mas um tanto mais cedo. Começou com um significado de capacidade física (cf. *might* ['poder']) e se generalizou para todos os tipos de capacidade. No inglês médio, podia ser usado tanto para capacidade quanto para possibilidade de raiz. Aqui está um exemplo de possibilidade de raiz de *Sir Gawain and the green knight*:

(50) Make me mery quyl we *may* and mynne vpon joye. (linha 1681)
'Vamos nos divertir enquanto nós *podemos* e pensar em coisas alegres'.

Esse uso pode ser classificado como possibilidade de raiz porque as condições que nos permitem "divertir-nos" são principalmente externas aos agentes.

Entre as condições externas incluídas na possibilidade de raiz, estão as condições sociais que indicam permissão. Bybee et al. (1994) argumentam que marcadores de capacidade que passam a sinalizar permissão assim o fazem através da possibilidade de raiz. Em nossa pesquisa translinguística, descobrimos que a maioria dos marcadores de permissão também eram usados no sentido mais geral de possibilidade de raiz (Bybee et al., 1994, p. 193). Assim, no ponto em que *may* e *can* ('poder") atingem a generalidade de possibilidade de raiz, seu uso para permissão também surge.

A concessão, o recebimento e o reconhecimento de permissão são um nicho interativo muito bem definido nas sociedades humanas. Um elemento gramatical usado nesse contexto social assumirá todo o significado fornecido por esse contexto, ao invés de manter o significado mais geral de possibilidade de raiz.

É por isso que, quando *may* ('poder') mudou para expressar possibilidade epistêmica, o uso de permissão permaneceu, embora outros usos de possibilidade de raiz tenham se tornado menos frequentes. Desse modo, o exame de Coates (1983) sobre o uso de *may* ('poder') no inglês britânico corrente revelou a seguinte distribuição de usos:[15]

---

15. Os dados relatados aqui são do *corpus* mais informal que Coates considera mais representativo do inglês falado.

(51) Usos de *may* ('poder') (N = 200) (Coates, 1983, p. 132)

    Possibilidade epistêmica   147

    Possibilidade de raiz   7

    Permissão   32

    Indeterminado   13

    Bênção   1

Observe que os usos de possibilidade de raiz de *may* ('poder') se tornaram raros, exceto o de permissão. Conforme argumentado em Bybee (1988b), os usos epistêmicos de *may* ('poder') evoluíram por inferência com base em usos de possibilidade de raiz. Agora, porém, os dados mostram um tipo de lacuna ou disjunção: possibilidade epistêmica e permissão não são uma categoria contínua. Sem possibilidade de raiz para uni-los, eles são apenas dois usos bem diferentes de *may* ('poder'). O fato de que o uso de permissão de *may* ('poder') continua enquanto outros usos de possibilidade de raiz se tornam mais raros indica que *may* ('poder') ocupa esse importante nicho social independentemente, agora, de seus outros usos.

Can ('poder') está seguindo uma trajetória de desenvolvimento similar. Tendo atingido o estágio de possibilidade de raiz no inglês moderno inicial, ele começou especificamente a ser usado para permissão no fim do século XIX, de acordo com sua entrada no *Oxford English Dictionary*. Como muitas crianças da metade do século XX descobriram na escola, o uso de *can* ('poder') para permissão foi considerado subpadrão por muitas décadas. Presumivelmente, ele agora está substituindo *may* ('poder') como o verbo auxiliar para permissão.

Permissão serve como um excelente exemplo de um nicho comunicativo especial para um marcador gramatical. Permissão é uma função social importante e convencionalizada que tem um conjunto de participantes e condições. Um modelo que assume exemplares registraria esses aspectos do contexto com a construção usada nesse contexto, fornecendo um significado específico para essa construção que pode crescer autônomo do significado de possibilidade de raiz.

Minha proposta é que o significado gramatical em outros domínios é estruturado do mesmo modo: ele é associado a contextos particulares de uso e gravita para certos nichos que são social e comunicativamente importantes (Dahl, 1985; Bybee; Dahl, 1989; Bybee et al., 1994). Alguns desses são muito gerais e todos eles têm de ser frequentemente usados, ou então a gramaticalização nunca ocorreria. Dentro do domínio de tempo e aspecto, podemos nomear a função narrativa, comumente executada por um passado ou um perfectivo, mas também, algumas vezes, por um presente. Também podemos nomear a função de fundo, que descreve como as coisas são, a qual invoca presente ou imperfectivo (usado frequentemente com predicados estativos), mas também produz uma leitura habitual com predicados dinâmicos.[16] Ao invés de oposições amplas, tais como [+ ou − estado] ou [+ ou − futuro], eu sugiro que o significado gramatical preenche certos nichos sociocognitivos que surgem à medida que a língua é usada em contexto.

A esse respeito, vale notar o sucesso de estudos translinguísticos no nível de nichos funcionais ou categorias focais. Fazendo uma analogia com o estudo de termos para cores feito por Berlin e Kay (1969), Dahl (1985) baseia seu estudo sobre tempo e aspecto em categorias específicas que são caracterizadas não por traços abstratos, mas sim por seus usos prototípicos. As línguas diferem quanto a que categorias elas utilizam do conjunto translinguístico e como essas categorias diferem em seus usos secundários ou não focais. Aplicando esse tipo de análise a uma ampla amostra de línguas, Dahl foi capaz de estabelecer categorias muito claras, frequentemente expressas translinguisticamente para tempo e aspecto, uma tarefa que não teria sido possível se cada língua tivesse sido analisada independentemente para significados invariáveis abstratos. Dado o âmbito de usos e significados secundários, cada língua teria parecido muito diferente da outra se analisada nesse nível mais abstrato.

A analogia com termos para cores é apropriada. Berlin e Kay descobriram que, muito embora o espectro de cores pareça objetivamente contínuo, do modo como os humanos o percebem, certas áreas sobressaem e são, portanto, nomeadas por termos de cores básicas. Experimentos demonstram concordância importante sobre o significado de tais termos, tanto dentro das culturas quanto entre elas. A experiência humana de contornos temporais,

---

16. Ver Bybee et al. (1994), capítulo 8, para mais aplicações dessas funções.

modalidade e outros domínios que têm expressão gramatical pode ser similarmente analisada como tendo uma tipologia variada, ao invés de ser uni ou bidimensional e uniforme em estrutura. Os humanos aparentemente percebem e se importam em falar sobre certas partes do domínio temporal mais do que de outras. Naturalmente, para que a gramaticalização ocorra, deve haver certa frequência com que esses aspectos temporais sejam aplicáveis e utilizáveis na comunicação. Assim, a explicação para as categorias particulares de tempo/aspecto/modalidade que têm expressão gramatical reside na interseção do que é importante comunicar com o que é geral o suficiente para se tornar gramaticalizado (Bybee, 1985; Talmy, 1985). Logo, concluímos que a linguagem humana evoluiu para se amoldar à experiência humana e à maneira como esta é comunicada; nossa experiência não é linear, binária ou abstrata. Isso não quer dizer que não há categorias abstratas — certamente há. Mas nem todo exemplar de uma categoria deve ter o mesmo significado subjacente.

10.12 Conclusões

Neste capítulo, vimos que os estudos sobre gramaticalização tentam identificar as propriedades do significado gramatical e sua origem na história e uso da língua. Olhamos mais de perto os mecanismos de mudança semântica que operam diariamente à medida que a língua é usada e as pistas que eles nos dão para a representação cognitiva do significado de formas gramaticais. Vimos que o contexto tem um impacto expressivo sobre o significado e que aspectos do contexto e inferências feitas no contexto podem tornar-se uma parte convencionalizada do significado gramatical. Embora algumas inferências, de fato, surjam no momento de decodificação de enunciados, precisamos distinguir aquelas inferências passageiras das que se tornam parte do significado pela repetição. Uma representação de memória enriquecida possibilita o aumento gradual da importância das inferências ao longo do tempo, o que leva à mudança no significado.

Fatores de uso revelam a língua como um instrumento natural, social e orgânico, não como um instrumento lógico, abstrato. As estruturas e significados expressos gramaticalmente na língua são altamente vinculados à nossa experiência e aos usos a que submetemos as formas linguísticas. Conforme comumente observado, a categorização natural não é realizada em termos de traços necessários e suficientes, mas procede com referência à similaridade e frequência de exemplares. Nossa compreensão das formas gramaticais da língua são baseadas muito concretamente no conjunto de contextos em que as formas ocorreram, não na preferência em reduzir o significado à pura abstração. Desse modo, polissemia deve ser esperada no significado lexical e gramatical, já que situações específicas são codificadas de maneiras específicas.

11

Língua como sistema adaptativo complexo: a interação entre cognição, cultura e uso

11.1 Tipologia e universais

Uma teoria linguística deve tentar ser aplicável a todas as línguas humanas e, desse modo, reconhecer, em algum nível, o que todas as línguas têm em comum. A teoria gerativa, por exemplo, tem procurado atributos comuns na forma de universais da gramática no nível das regras de estruturas sintagmáticas e condições e restrições sobre regras de movimento. Embora certamente haja muitas tendências e padrões repetidos translinguisticamente, estabelecer universais nesse nível não tem tido sucesso para explicar dados empíricos (ver Newmeyer, 2005). Neste capítulo, consideraremos associar tendências e padrões observáveis nas línguas à interação de processos cognitivos que foram discutidos nos capítulos anteriores deste livro. Essa abordagem permite-nos integrar padrões sincrônicos a padrões de mudança linguística e fornece-nos o arcabouço para formar uma teoria mais abrangente que explica a variedade de estruturas encontradas nas línguas do mundo. Além de explicar as semelhanças entre as línguas, também é importante explicar as principais diferenças tipológicas. Para cumprir esse objetivo, sugerimos aqui, seguindo outros pesquisadores (Perkins, 1992; Wray; Grace, 2007), que fatores culturais podem entrar em ação. De fato, fatores sociais e culturais permaneceram no fundo na discussão prévia, mas claramente tais fatores não podem ser ignorados em uma abordagem completa da emergência da língua.

A Gramática de Construções, conforme estudada por Fillmore e colaboradores, enfatiza a idiomaticidade da gramática. O estudo recente de *prefabs* e de língua formulaica mencionado anteriormente (Wray, 2002, dentre outros) também enfatiza o grau em que o conhecimento linguístico é específico a palavras e sintagmas particulares e, portanto, a línguas particulares. A Gramática Radical de Construções (Croft, 2001) tem orientação tipológica, mas enfatiza o que é específico a construções particulares inter e intralínguas, argumentando contra universais estáticos — por exemplo, no nível da "construção passiva". Seguindo a tradição de Greenberg, essa abordagem considera os universais como decorrentes do modo como as construções se desenvolvem no tempo. As novas abordagens à aquisição de linguagem infantil que foram mencionadas nos capítulos anteriores também enfatizam o uso que a criança faz de ocorrências específicas de construções em estágios iniciais, adquirindo gradualmente construções mais gerais (Lieven et al., 1997; Tomasello, 2003; Dąbrowska; Lieven, 2005). Apesar da ênfase nas generalizações locais e específicas à língua, nenhum desses pesquisadores negaria que todas as línguas humanas são bastante semelhantes; isso não é apenas uma intuição forte compartilhada por pesquisadores que trabalham com a língua, mas é respaldada por demonstração extensiva de similaridades em línguas não relacionadas.

A teoria baseada no uso se desenvolveu diretamente do funcionalismo norte-americano, praticado por muitas décadas (Noonan, 1998), e, em certo sentido, é apenas um novo nome para ele. Joseph Greenberg foi o primeiro linguista do século XX a basear-se no uso. Apesar de mais conhecido por seus estudos em tipologia e universais, ele também se interessava por efeitos da frequência na explicação de padrões interlinguísticos (Greenberg, 1996). Outros linguistas que se baseiam no uso e que também são tipologistas incluem T. Givón (1975, 1979), Sandra Thompson (1988, 1998), Paul Hopper (Hopper; Thompson, 1980, 1984), John Haiman (1985) e William Croft (2003). Esses pesquisadores associam seu duplo interesse em padrões de uso e tipologia à proposição teórica de que padrões de uso que ocorrem frequentemente vão refletir-se em padrões gramaticais comuns translinguisticamente. Note que essa abordagem, iniciada por Greenberg nos anos 1960, tem as propriedades centrais de uma abordagem de sistemas adaptativos complexos: ela postula um pequeno número de fatores interagindo localmente dos quais emerge a estrutura dinâmica, aparentemente global. Especificamente, alguns conceitos da teoria da complexidade se aplicam à abordagem baseada no uso para a língua no sentido mais amplo — isto é, para a língua como um fenômeno mundial que abarca todos os tipos conhecidos. Assim, as trajetórias repetidas de gramaticalização, apresentadas no capítulo 6, podem ser entendidas como "atratores estranhos", no sentido de que certos ciclos parecem repetir-se através de línguas e através do tempo sem, contudo, ser precisamente idênticos.

O objetivo deste capítulo, então, é apresentar essa visão com vários exemplos, mostrando que atributos comuns nas línguas podem ser explicados com referência ao uso da língua, filtrados pelos mecanismos de processamento discutidos nos capítulos precedentes. Entretanto, nosso primeiro tópico será mais geral: como as semelhanças interlinguísticas podem ser incorporadas em uma teoria da língua.

11.2 Semelhanças interlinguísticas em uma teoria da língua

Uma questão básica de que qualquer teoria linguística deve tratar é a natureza da dotação genética humana que torna a língua possível. Talvez a consideração mais fundamental seja a de que as semelhanças entre as línguas devem ser atribuídas a processos e capacidades de domínio geral ou de domínio específico. Conforme observamos em capítulos anteriores, capacidades de "domínio geral" são aquelas que também são usadas fora da linguagem — na cognição geral — e incluem *chunking*, categorização, uso de símbolos, capacidade de fazer inferências etc. Capacidades de "domínio específico" seriam aquelas que são específicas à língua, não evidenciadas em outras áreas. Aspectos da capacidade de processar o discurso auditivamente, por exemplo, podem revelar-se muito específicos à linguagem, e não um processo usado em outros domínios.

Entre as capacidades de domínio específico que foram propostas, deve-se distinguir conhecimento estrutural e tendências de processamento. Os parâmetros inatos da gramática gerativa seriam conhecimento estrutural — conhecimento específico sobre como as línguas são estruturadas. Um exemplo de uma restrição de processamento que poderia ser inata seria a restrição de análise gramatical discutida em Hawkins (2009). O conhecimento estrutural se manifestaria durante a aquisição da linguagem pelas crianças, e as restrições de processamento afetariam as escolhas de estruturas e, assim, afetariam a gramática por meio do uso.

Nos capítulos precedentes, argumentei contra o conhecimento estrutural como inato. No capítulo 6, também argumentei contra a visão de que as crianças desempenham um papel mais significativo do que os adultos na mudança linguística. A visão de que propriedades estruturais da língua são inatas requer que essas propriedades apareçam no processo de aquisição e que quaisquer mudanças linguísticas na estrutura ocorrem nesse processo. Se descobrirmos que as crianças, de fato, não são os maiores instigadores da mudança linguística, então o elo principal entre universais inatos e estrutura linguística não pode ser estabelecido. Além disso, demonstramos, em vários capítulos deste livro, que as categorias e os constituintes da gramática são gradientes em suas propriedades e mudam à medida que a língua é usada. A postura de que tais propriedades são inatas não é compatível com essa gradiência já demonstrada. Finalmente, o fato de que todas as categorias e as estruturas evoluem gradualmente de outras categorias e estruturas também é um argumento contra a existência de universais estáticos e inatos da língua (Bybee, 2009a e 2009b).

Na verdade, é mais econômico aceitar o desafio de derivar a linguagem da não linguagem — isto é, de princípios de domínio geral — e ver a língua como um sistema adaptativo complexo. Primeiro, se aderimos à crença de que os processos que subjazem à língua são específicos à língua, nunca descobriremos se algum deles se aplica fora da linguagem. Em contraste, se começamos examinando a possibilidade de processos de domínio geral em operação, então podemos, no fim das contas, distinguir domínio geral de domínio específico. Segundo, numa abordagem de sistemas complexos, os "universais" ou semelhanças entre as línguas são emergentes e dinâmicos, não estáticos e dados. Tal postura é mais coerente com os fatos: há muito poucos universais absolutos; ao contrário, há muitos padrões tipológicos possíveis em cada nível e poucos tipos puros. Esses fatos são consistentes com a hipótese de que há múltiplos fatores envolvidos na modelagem da língua.

11.3 Observações sincrônicas, trajetórias diacrônicas e processos de domínio geral

Os estruturalistas norte-americanos, com sua orientação altamente empírica, enfatizaram as diferenças entre as línguas e esforçaram-se para não reduzir todas as línguas ao molde que Benjamin Lee Worf chamou *Standard Average European* ('Padrão Médio Europeu') (Whorf, 1941; ver também Sapir, 1921). Em contraste, na metade do século XX, tanto Noam Chomsky quanto Greenberg começaram a enfatizar os atributos comuns compartilhados por línguas distintas. Suas abordagens eram, contudo, bem diferentes: Chomsky postulou uma "Gramática Universal" inata como ponto de partida, de modo que "universais" poderiam ser descobertos pelo estudo de somente uma língua (Chomsky, 1965). Em contraste, Joseph Greenberg estudou centenas de línguas para estabelecer suas semelhanças e diferenças (Greenberg, 1963, 1966, 1978a, 1978b). Baseada em uma compreensão da diversidade, assim como da similaridade entre as línguas, a teoria de Greenberg é muito mais sutil e matizada do que a de Chomsky, no sentido de que vê relações entre as propriedades das línguas que podem ser expressas em hierarquias e afirmações implicacionais, todas elas baseadas em mudanças diacrônicas. Ademais, Greenberg tenta se aproximar de explicações para as similaridades, ao passo que gerativistas parecem satisfeitos com uma postulação *a priori* de que há universais linguísticos inatos. Na teoria chomskiana, os universais são propriedades que não podem ser aprendidas da experiência; na teoria de Greenberg ou em outras teorias baseadas no uso, os padrões que se mostram semelhantes interlinguisticamente são, de fato, aprendidos da experiência.

A ideia gerativista de universais é levada à sua conclusão lógica na Teoria da Optimalidade, em que as formas linguísticas são derivadas pela aplicação de restrições universais. Uma vez que as restrições podem anular umas às outras, nenhum dos universais é absoluto em sua aplicação. Isso se encaixa com os fatos — há muito poucos universais absolutos —, mas também torna a teoria não verificável. Praticantes dessa teoria manuseiam dados empíricos, postulando "restrições universais" com base em muito poucos dados, frequentemente com base em padrões recorrentes em umas poucas línguas relacionadas (ver Bybee, 2005).

A outra propriedade comum da Gramática Universal encontrada em trabalhos na teoria gerativa e na Teoria da Optimalidade é a visão de que as propriedades estruturais da língua são universais e inatamente dadas. Isso significa que generalizações observacionais sobre a gramática — distribuições de consoantes e vogais ou ordenação de sujeito, verbo e objeto — são propostas como parte da competência linguística, sem qualquer pesquisa adicional de princípios que subjazem a essas generalizações observadas. Esta é outra razão por que a abordagem greenberguiana é mais sofisticada e satisfatória. Na abordagem de Greenberg, não se para no estágio da observação, mas se continua para explicitar uma sequência de desenvolvimentos diacrônicos que levam tanto a semelhanças quanto a diferenças entre as línguas (Greenberg, 1969, 1978a, 1978b; Croft, 2001; Bybee, 2006b). O objetivo final é identificar os mecanismos que levam às trajetórias de desenvolvimento que subjazem às regularidades observadas.

Por exemplo, Greenberg (1978b) discute um *continuum* diacrônico entre as línguas (mesmo entre algumas línguas não relacionadas) de demonstrativos para marcadores de classes de nomes. Esse *continuum* é uma trajetória de gramaticalização, já que demonstrativos, em algumas línguas, se desenvolvem em marcadores da classe de nomes (p. ex., nas línguas banto). Muitas dessas trajetórias têm sido descobertas na extensa literatura sobre gramaticalização. São trajetórias de desenvolvimento semântico (paralelas a trajetórias de desenvolvimento da forma) que podem ser próximas em línguas diferentes, relacionadas ou não, ao longo do tempo (Givón, 1979; Bybee; Dahl, 1989; Bybee et al., 1994; Heine et al., 1991; Heine; Kuteva, 2002). Apenas para tomar um exemplo para o qual os dados empíricos são muito claros, há muitas línguas com uma forma de futuro que é derivada de um verbo ou construção que significa "movimento em direção a uma meta". A amostra de 76 línguas de Bybee et al. (1994), em que as línguas estudadas eram maximamente não relacionadas geneticamente, as seguintes línguas tinham um marcador de futuro derivado de um verbo de movimento: margi (chádica; Nigéria), tucano (tucano; Andes Equatorial), guaymí (chibcha; Panamá), dinamarquês (indo-europeia; Dinamarca), krongo (nilo-saariana, Sudão), mwera (benue-congolesa; Tanzânia), tem (nigero-congolesa; Togo), mano (mande; Libéria), tojolabal (maia; México), cantonês (sino-tibetana; China), cocamo (tupi; Peru), maung (australiana; Austrália), achém (oceânica; Vanuatu), abiponês (ge-pano-caribe; Argentina), bari (nilo-saariana; Sudão do Sul), zuni (língua nativa isolada da América; Estados Unidos) e nung (tibeto-birmanesa; Vietnã).[1]

A próxima seção contém uma abordagem mais detalhada de como a diacronia, em geral, e a gramaticalização, em particular, proveem um arcabouço para rastrear as similaridades e diferenças entre línguas.

11.4 Trajetórias de gramaticalização como "atratores estranhos"

Na literatura sobre sistemas adaptativos complexos, "atrator" é o nome dado à trajetória que um sistema dinâmico toma. Em um sistema fechado, em que não há novo *input* de energia, um ponto fixo pode ser o atrator, como no caso de um pêndulo balançando em uma corrente, que parará em um ponto fixo ou atrator. Em um sistema complexo não linear, como a linguagem, em que há novo *input* de energia pelo uso da língua, pode-se observar que nenhum ciclo segue exatamente a mesma trajetória. Assim, embora os ciclos possam parecer muito semelhantes, produzindo um padrão global, os detalhes são sempre um tanto diferentes (Larsen-Freeman, 1997). Tal situação pode ser observada na mudança linguística, especialmente na gramaticalização, em que se podem identificar trajetórias de mudança interlinguísticas muito semelhantes, produzindo um padrão global, embora os detalhes mostrem diferenças. Nesta seção, examinaremos as trajetórias de mudança

---

1. Uma ilustração adicional da similaridade translinguística nas trajetórias de gramaticalização é o trabalho de referência de Heine e Kuteva (2002), que lista mudanças bem documentadas do léxico para a gramática que ocorreram em duas ou mais línguas não relacionadas. Para saber mais sobre localização e classificação das línguas referidas neste parágrafo, consulte em: <https://www.ethnologue.com>. [N. T.]

dos marcadores de futuro nas línguas, demonstrando semelhanças e diferenças. Conforme mencionado antes, entender padrões interlinguísticos como padrões de mudança, e não padrões de estados fixos, proporciona-nos uma base mais compreensiva de comparação.

No capítulo 10, foi discutida a polissemia no marcador de futuro *will* do inglês e foi mostrado que *will* pode indicar intenção, previsão e disponibilidade. Essa discussão deixou claro que alguns desses significados eram expressos por *will* e não por outros marcadores de futuro do inglês. Ainda, a ocorrência desses significados em construções específicas sugere que eles são particulares ao inglês. Esses fatos pareceriam dificultar a comparação de uma categoria gramatical como "futuro" em diferentes línguas. No entanto, se consideramos o modo como morfemas gramaticais se desenvolvem diacronicamente, descobrimos que as trajetórias de desenvolvimento, assim como os mecanismos por trás delas, são muito similares, proporcionando-nos um meio para comparação translinguística. A similaridade entre futuros nas línguas pode ser sumarizada no seguinte conjunto de trajetórias de gramaticalização propostas com base em mudanças documentadas, bem como em padrões sincrônicos translinguísticos de polissemia (Bybee; Pagliuca; Perkins, 1991; Bybee et al., 1994):

(1) Trajetórias comuns de mudança resultando em marcadores de futuro
"movimento rumo a um alvo"
"desejo, volição"   > intenção   > previsão   > modalidade
"obrigação"   epistêmica ou
                                                          subordinante

Os marcadores de futuro são definidos como qualquer marcador gramatical que indica uma previsão feita pelo falante (Bybee; Pagliuca, 1987; Bybee; Pagliuca; Perkins, 1991). Na pesquisa translinguística citada aqui, foram levados em conta todos os outros usos de marcadores para assinalar previsão.

Os significados à esquerda são de origem lexical e aparecem em construções que vêm a expressar o futuro. Pesquisas sobre muitas línguas revelam que é comum encontrar um estágio em que intenção é expressa. O uso de intenção surge através de uma implicação dos significados de origem lexical usados em contextos de primeira pessoa, em que expressões como *I want to* ('eu quero'), *I have to* ('eu tenho de') e *I'm going to* ('eu vou') podem razoavelmente levar à inferência de que o falante pretende fazer algo. Ele prepara o cenário da mudança para o futuro (previsão).

Uma vez que os novos significados surgem em contextos específicos, eles não substituem os antigos imediatamente; ao contrário, pode haver longos períodos de sobreposição ou polissemia, em que coexistem velhos e novos significados. Esse fato é importante na explicação do significado modal de marcadores de futuro, frequentemente citado. Isto é, significados de futuros que indicam volição ou disponibilidade (conforme encontrado em dinamarquês, nimborano, bongu, dakota e tok pisin (Bybee et al., 1994, p. 254) provavelmente são retenções do significado original de itens lexicais e construções que se gramaticalizaram para formar o futuro. O mesmo pode ser dito de futuros que também têm usos indicando obrigação (como os encontrados em inuite, basco, dinamarquês e eslavo (Bybee et al., 1994, p. 258). Futuros derivados de construções que indicam movimento em direção a um alvo geralmente têm usos modais, exceto para expressar intenção. Desse modo, uma comparação baseada em trajetórias de gramaticalização propicia um meio de explicar similaridades e diferenças entre marcadores de futuro.

Visto que o uso de intenção é comum em uma língua, o cenário está pronto para a inferência posterior de previsão, que pode ser considerada como o principal diagnóstico para um marcador de futuro. Nos exemplos seguintes, do capítulo 10, *will* e *be going to* ('ir'; 'estar indo') podem ser interpretados como expressão da intenção do sujeito da sentença, de uma previsão do falante ou ambas as coisas.

(2) Madam, my lord *will* go away to-night; A very serious business calls on him. (*All's well that ends well*, II, 4)
'Madame, meu senhor part*irá* esta noite; um negócio muito sério o chama'.

(3) She's *going to* take a poll in 1991 to find out what her chances are. (COCA, 1990)
'Ela *vai* fazer uma pesquisa de opinião pública em 1991 para descobrir quais são suas chances'.

Em cada um dos três estágios mencionados até agora — construção de origem lexical, intenção e previsão — o novo significado é aplicável em um amplo leque de contextos e, assim, a frequência de uso aumenta em cada estágio. A generalidade do significado também aumenta e continua a crescer. Desenvolvimentos posteriores sugerem que o significado se torna aplicável em uma variedade de contextos. De fato, a previsibilidade da trajetória se desfaz nos últimos estágios, e maior diversidade interlinguística pode ser observada, já que futuros que percorreram toda essa distância da trajetória podem expressar imperativo, modalidades epistêmicas de probabilidade ou possibilidade e ocorrer em algumas orações subordinadas (sem seu significado lexical), tais como prótase de sentenças condicionais, orações temporais e complementos de certos tipos de verbo (Bybee et al., 1994).

Desse modo, as trajetórias de gramaticalização em (1) agem como "atratores estranhos" em um sistema adaptativo complexo. Podemos observar a manifestação dessa trajetória em muitas línguas e em diferentes períodos de tempo, entretanto há diferenças de detalhes de uma manifestação de trajetória para outra. Uma fonte de diferenças interlinguísticas são possibilidades de diferenças na origem lexical. Aqui deveria também ser mencionado que há algumas poucas fontes lexicais atestadas para futuros que são menos comuns, isto é, advérbios temporais com significados como "então", "depois" e "logo", e modais indicando capacidade e tentativa. De modo interessante, estes muito provavelmente passaram por estágios semelhantes às linhas mais comuns de desenvolvimento mostradas em (1), começando por "intenção".

Outra fonte de diferenças translinguísticas na manifestação de trajetória de futuro é a existência de outras construções no mesmo domínio funcional na mesma língua. Por exemplo, a existência anterior de *shall* como marcador de futuro limitou o espraiamento de *will*, que não era usado com primeira pessoa até recentemente (Coates, 1983). Ademais, conforme vimos no capítulo 8, ocorrências particulares de construções podem ser convencionalizadas, encorajando ou inibindo a expansão de uma construção e, assim, criando características específicas à língua (Poplack, 2011).

Os mecanismos subjacentes de mudança que ocorrem na gramaticalização são os mesmos em todas as línguas, o que leva à semelhança das trajetórias ou dos atratores, especialmente porque esses mecanismos estão agrupados em necessidades discursivas e em contextos comunicativos comuns interlinguisticamente. Esses mecanismos, discutidos no capítulo 6, incluem generalização de significado, habituação e inferenciação pragmática. De modo interessante, mesmo as inferências que impulsionam as mudanças para adiante parecem ser muito similares nas línguas e nas culturas (ver seção 11.6). Contudo, o contexto para gramaticalização em cada língua pode ser ligeiramente diferente; o contexto cultural pode diferir também (ver seção 11.7). Logo, duas trajetórias de desenvolvimento não serão exatamente as mesmas, conquanto trajetórias muito semelhantes ocorram repetidamente nas línguas do mundo.

O conhecimento sobre diacronia, então, fornece-nos um modo de comparar os usos de futuros nas línguas e de fazer previsões sobre que tipo de desenvolvimento virá a seguir. Dispor esses desenvolvimentos em um arcabouço de sistemas adaptativos complexos nos ajuda a avaliar as semelhanças e as diferenças nas trajetórias de desenvolvimento.

Note que esses fatos sobre semelhanças entre as línguas não podem ser listados em uma Gramática Universal inata. São fatos que mostram que as trajetórias de desenvolvimento da gramática são semelhantes do mesmo modo que dunas de areia ou ondas no oceano se assemelham: porque as forças que as criam são as mesmas e essas forças interagem dinamicamente no tempo para produzir estruturas emergentes que são semelhantes, mas nunca idênticas.

Na linguística cognitiva e funcional, há concordância crescente de que, quando buscamos "universais da linguagem", precisamos focalizar nossa busca nos processos que criam e mantêm as estruturas linguísticas, e não nas próprias estruturas (ver Givón, 2002; Verhagen, 2002). Por essa razão, este livro tem focalizado os processos que criam a estrutura linguística. Recapitulando, estamos interessados nos efeitos de *chunking*, que ocorre no processamento sequencial, já que isso produz agrupamentos de morfemas e palavras que subjazem às construções e aos constituintes. Categorização, o mais básico dos processos cognitivos, estabelece as unidades da língua, seu significado e sua forma. A Lei da Contiguidade ou associação intermodal (James, 1950; Ellis, 1996) propicia simbolização ou

LÍNGUA, USO E COGNIÇÃO 313

associações significado-forma. Esses processos, em combinação com os efeitos da repetição sobre a memória e o acesso a ela, fornecem-nos uma explicação para muitas das propriedades da forma linguística. Quando consideramos que o conteúdo do qual a língua trata — sobre o que as pessoas escolhem falar e como elas escolhem falar sobre isso — e que as situações interativa e social são geralmente semelhantes, temos uma base concreta para compreender como e por que todas as línguas são semelhantes. Além disso, conforme veremos na próxima seção, essa visão da gramática nos provê um arcabouço para elaborar uma compreensão muito plausível das origens da língua.

11.5 Origens da língua a partir de capacidades de domínio geral

Depois de um longo hiato, tornou-se novamente aceitável, e até mesmo popular, especular sobre as origens da língua. Dado o que sabemos sobre a mudança linguística, em particular sobre a gramaticalização, que nos fornece uma abordagem bem documentada de como a gramática emerge de sequências de palavras repetidas, há razão para supor que as primeiras construções gramaticais emergiram do mesmo modo que aquelas observadas na história mais recente (Bybee, 1998a; Li, 2002; Heine; Kuteva, 2007). Além disso, o fato de que podemos relacionar a emergência de construções gramaticais a capacidades de domínio geral que estão presentes não somente nos humanos, mas também, em variados graus, em outros primatas, significa que uma teoria baseada no uso não precisa postular um evento evolutivo (quer de adaptação, quer de mutação) pelo qual o cérebro humano foi redesenhado dramaticamente para conter a essência da Gramática Universal, como é necessário nas teorias de Pinker e Blomm (1990), Jackendoff (2002), Pinker (2003) e Chomsky (2006). Ao contrário, uma teoria baseada nas capacidades cognitivas de domínio geral postula a capacidade crescente de tais processos — aumento da memória e acesso à memória, desenvolvimento de habilidades motoras e perceptuais cada vez mais finas, capacidade maior de imitação e de processamento sequencial e maior abstração na categorização, os quais poderiam, todos eles, desenvolver-se gradualmente enquanto alguma forma de linguagem estivesse sendo usada (Bybee, 1998a; Li, 2002).

Não é meu objetivo discutir os fundamentos biológicos para a linguagem nesta seção. Ao invés disso, focarei as teorias da evolução da própria gramática. O principal propósito desta seção será demonstrar que teorias da evolução da gramática devem basear-se firmemente em uma compreensão da mudança linguística e de como ela se dá.

No capítulo 6, discuti detalhadamente que o lócus primário da mudança linguística não é o processo de aquisição da primeira língua, mas sim o processo do uso da língua. Infelizmente, muitos pesquisadores embarcaram em um estudo da evolução linguística, aceitando a suposição errônea de que a mudança linguística ocorre principalmente à medida que a língua é transmitida através das gerações (para alguns exemplos, ver Briscoe, 2003; Kirby; Christiansen, 2003). Aplicando um modelo darwiniano a essa visão, poderia ocorrer reprodução em cada aquisição individual de uma gramática. Reprodução imperfeita criaria uma gramática não idêntica ao modelo adulto e, portanto, introduziria mudança. Em contraste, a visão baseada no uso, conforme apresentada em Croft (2000), toma o replicador como o elemento linguístico, e a replicação ocorre em cada enunciado produzido por falantes em uma comunidade. Como apontado nos capítulos precedentes, inovações nos enunciados frequentemente envolvem pequenos ajustes articulatórios devido a acomodações neuromotoras ou a extensões de construções para contextos novos, mas relacionados. Tais mudanças, se repetidas em múltiplos eventos de fala, contribuem para mudanças reconhecíveis na estrutura fonológica e gramatical.

Desse modo, a evolução da gramática na perspectiva baseada no uso requer que a associação transmodal seja possível de antemão; isto é, os usuários da língua começaram a associar som com significado. Então, se dois símbolos de som-significado (ou palavras) são produzidos em sequência, o cenário está pronto para a elaboração da gramática, primeiro através de *chunking*, depois por meio de gramaticalização. A repetição de uma sequência de duas palavras pode levar à expansão do léxico por meio de composição, e compostos com elementos repetidos (*man-like* ['másculo'], *god-like* ['divino'], *friend-like* ['amigável]) podem levar ao desenvolvimento de afixos derivacionais (*manly* ['viril'], *godly* ['divino'], friendly ['amigável']). Além disso, combinações de palavras frequentes podem levar ao desenvolvimento de construções multivocabulares e ocorrências de tais construções podem gramaticalizar-se com a repetição. É importante notar que inovações no léxico e o desenvolvimento de novos elementos gramaticais e construções por meio de gramaticalização não podem ocorrer no processo de aquisição de primeira língua, mas podem ocorrer mais gradualmente no uso da língua.

Note que, nessa teoria, a primeira língua ou línguas não são pensadas como as línguas do presente. Elas teriam itens lexicais, mas não itens gramaticais ou construções. A gramática se desenvolveu gradualmente à medida que a língua era usada, e as capacidades dos humanos ou de nossos ancestrais cresceram para acomodar um grande vocabulário, categorias mais abstratas e muitas sequências automatizadas. Heine e Kuteva (2007) fornecem um conjunto de hipóteses explícitas, baseadas na agora extensa literatura sobre gramaticalização, que mostram como as modernas categorias da gramática podem ter sido construídas gradualmente em camadas sucessivas, enquanto nomes e verbos seguiam suas trajetórias bem conhecidas de gramaticalização. Então, ao invés de adotar uma versão da hipótese do uniformitarismo, que diz que as primeiras línguas tinham basicamente as mesmas propriedades de línguas documentadas, adotamos a versão que diz que os processos de mudança no passado eram os mesmos de agora (Heine; Kuteva, 2007).

Uma visão alternativa, mas não mutuamente exclusiva, é a de Wray e Kirby (Wray, 2000; Kirby, 2000; Wray; Grace, 2007). Esses pesquisadores não consideram a composicionalidade como básica. Wray argumenta que estruturas complexas poderiam surgir pela análise de estruturas holísticas, ao invés de pela composição de estruturas simples. Wray (2002) chama a atenção para o forte uso de expressões formulaicas holísticas nas línguas modernas, e Wray e Grace (2007) especulam que expressões não analisadas podem ser até mesmo mais comuns em situações sociais em que se interage principalmente com pessoas que compartilham um conhecimento similar (ver a próxima seção para mais discussão). Kirby (2002) demonstra, através de uma série de experimentos, que, à medida que as palavras de uma língua artificial são transmitidas a novos aprendizes, estes impõem uma ordem às palavras, mudando-as para criar partes recorrentes que correspondem a morfemas. Assim, esses pesquisadores questionam a hipótese, levantada por muitos linguistas, de que composicionalidade — a combinação regular e transparente de morfemas e palavras — é básica à gramática.

Há muito em favor da ideia de que expressões holísticas também são naturais. Em Bybee (1985), argumentei contra a suposição de que a morfologia é mais natural quando é regular e composicional. Apontando o fato de que a irregularidade de forma era mais comum em itens de alta frequência, sugeri que há um lugar natural na gramática para formas menos analisáveis e mais fundidas. O mesmo tema aparece neste livro. Os capítulos anteriores demonstraram que a perda de analisabilidade e composicionalidade e o aumento na autonomia são consequências naturais do modo como a língua é processada e, de fato, nos fornece uma origem para a gramática. Porém, aqueles que propõem um papel para a análise de expressões holísticas não deveriam perder de vista a natureza da mudança linguística tal como documentada em muitas línguas e em muitos séculos. Embora esse registro não mostre alguns casos de etimologias populares e informações de fundo que indiquem que as unidades holísticas foram analisadas, a grande maioria das mudanças que modelam a gramática começa com dois ou mais elementos e os funde em um. Desse modo, para cada caso de etimologia popular, como quando *hamburger* é analisado como consistindo do nome para um tipo de carne ou outro ingrediente mais um elemento que deve significar "sanduíche em um pão redondo", dando-nos, por analogia, novas palavras como *fishburger* ('sanduíche de peixe') e *veggie-burger* ('sanduíche vegetariano'), há centenas, se não milhares, de casos documentados de mudanças indo na outra direção — de formações complexas, analisáveis para formações não analisáveis. Logo, eu atribuiria um papel menor à análise de expressões holísticas na evolução da gramática e um papel maior à gramaticalização. Note, também, que dar à análise de expressões holísticas um papel maior na evolução linguística se baseia na suposição, não aceita aqui, de que a mudança linguística ocorre principalmente na transmissão da língua.

11.6 Fatores sociais que modelam a gramática

Segue, da premissa deste livro — que a estrutura linguística emerge através do uso da língua —, que o contexto social e cultural em que a língua é usada teria um impacto sobre as estruturas que são criadas. Já vimos que frequência ou repetição leva à perda de analisabilidade e composicionalidade, à redução de formas, à generalização de significado e à convencionalização de inferências. Na medida em que as condições sob as quais a língua é usada são semelhantes entre as culturas, a substância e a forma da gramática também serão semelhantes; na medida em que essas condições diferem, as línguas podem ter gramáticas de diferentes tipos. Assim, podemos esperar encontrar diferenças na tipologia relacionadas, de alguma maneira, a diferenças no contexto cultural. Em contraste, uma teoria que se pauta em um conjunto de dados inatos, como a Gramática Universal, tem meios muito restritos para explicar diferenças tipológicas entre as línguas. Nesta seção, são discutidos alguns fatores que dizem respeito a contextos de interação sociais em que a língua é usada para mostrar como esses contextos podem impactar a gramática, produzindo, em alguns casos, semelhanças entre as línguas e, em outros, diferenças.

11.6.1 Semelhanças na inferenciação pragmática

Na discussão dos capítulos anteriores, vimos o importante papel que a inferência pragmática desempenha na mudança semântica, particularmente na gramaticalização e na criação de novas construções. Claramente, a inferenciação pragmática é um mecanismo universal que contribui para a criação da gramática. Na seção 11.4, também observamos que a similaridade entre trajetórias semânticas de gramaticalização nas línguas aponta para o fato de que, mesmo em culturas que podem ser bem diferentes, inferências muito semelhantes são feitas em situações similares. Na discussão sobre futuros, vimos que a inferência da intenção do falante é importante para desencadear a gramaticalização de expressões de movimento em direção a um alvo, volição e obrigação. Uma segunda inferência de previsão também ocorre para gerar significado futuro. Já que as mesmas fontes semânticas e trajetórias de mudança são documentadas nas línguas, parace bastante provável que as mesmas inferências são feitas em culturas distintas.

Outro conjunto de desenvolvimentos que aponta para inferências que são translinguisticamente semelhantes são perfeitos e perfectivos, que também podem ser usados para indicar estado presente. Isso ocorre em sango, palaung, tok pisin, egene, chuquês, ilha do Caribe, kanuri, mwera e nos verbos Pretérito-Presente do inglês (Bybee et al., 1994, p. 70-8). Nesses casos, quando alguém expressa o conceito de ter entrado em um estado, como em "eu aprendi" ou "ficou escuro", a inferência é que o estado resultante ainda se mantém: "eu aprendi", logo "eu sei"; "ficou escuro", logo "está escuro". Assim, por convencionalização dessa implicatura resulta polissemia, de modo que o marcador de perfeito ou de perfectivo assinala presente com predicados estativos. A impressiva similaridade translinguística é uma forte indicação de que as pessoas em culturas diferentes podem fazer inferências muito semelhantes.

Um terceiro exemplo diz respeito à inferência de causação a partir da expressão da relação temporal "depois". Assim como *since* ('desde'), em inglês, mudou de um significado temporal para expressar também causa, esse desenvolvimento ocorreu em outras línguas. O caso do inglês, conforme discutido em Traugott e König (1991), mostra um desenvolvimento diacrônico do significado temporal em (4) para o significado de causa em (6), via exemplos como (5), em que o contexto nos leva a fazer uma inferência causal com base no significado temporal.

(4) I think you'll all be surprised to know that *since* we saw Barbara last, she made an amazing trip to China. (COCA, 1990)

'Eu acho que todos vocês vão ficar surpresos em saber que, *desde* que vimos Bárbara da última vez, ela fez uma maravilhosa viagem à China'.

(5) After 50 years of sleepwalking, he hasn't walked once *since* he started taking the drug. (COCA, 1990)

'Depois de 50 anos de sonambulismo, ele não andou nem mais uma vez *desde* que começou a tomar o medicamento'.

(6) *Since* the hunters all have CB radios, they can warn each other before he even gets close. (COCA, 1990)

'*Como* os caçadores todos têm rádios CB, eles podem avisar uns aos outros antes mesmo que ele chegue perto'.

Heine e Kuteva (2002) citam tal polissemia em inglês, francês, basco e aranda. O padrão translinguístico sugere que os usuários da língua estão particularmente interessados em encontrar relações causais mesmo onde elas não são explicitamente expressas. Assim, encontramos semelhança interlinguística nas inferências reais que são feitas: intenção, previsão, estado resultante e causa, e talvez muitas outras.

Naturalmente, dadas condições físicas e sociais diferentes, algumas inferências, sem dúvida, vão variar nas culturas.

11.6.2 Inferenciação e tipologia morfológica

Apesar dessas semelhanças no conteúdo real de inferências, diferenças entre línguas também ocorrem por causa de diferenças na natureza e na extensão da inferenciação no discurso. Em Bybee (1997), examinei o papel da inferenciação discursiva em determinar quão longe uma língua pode levar o processo de gramaticalização. Os resultados de extensa comparação translinguística de gramaticalização em Bybee et al. (1994) mostram que há diferenças na extensão em que a gramaticalização é realizada. Em línguas do tipo isolante ou analítico, descobrimos que não só as formas gramaticalizadas eram mais longas e menos fundidas com o verbo (sendo menos reduzidas fonologicamente, em geral), mas também os significados de categorias gramaticais eram mais específicos e representados em estágios mais iniciais de trajetórias de gramaticalização. Por exemplo, um achado robusto de Dahl (1985), Bybee e Dahl (1989) e Bybee et al. (1994) é que as línguas que não têm flexões — isto é, categorias que são afixadas e obrigatórias — também não têm distinções perfectivo/imperfectivo e presente/passado. Tais línguas — dos tipos analíticos — tendem a ter perfeitos (ou anteriores), que representam os estágios mais iniciais na trajetória de passado, e perfectivo, ou progressivos, que representam o estágio mais inicial da trajetória de presente ou imperfectivo.

Esse achado ecoa a classificação dos tipos morfológicos proposta por Sapir (1921). Embora pesquisadores subsequentes tendam a achar que os tipos propostos por Sapir são puramente uma questão de forma, sua real discussão relaciona forma a significado e propõe que línguas de tipos morfológicos diferentes expressam diferentes tipos de significado. Nesse sentido, Sapir distingue Conceitos Relacionais Concretos de Conceitos Relacionais Puros, seus nomes para tipos de significado gramatical. Ele diferencia esses dois tipos em termos do grau de abstração de seus significados. Ele não coloca qualquer categoria gramatical permanentemente em uma ou outra categoria, mas argumenta que uma categoria, como número, gênero ou aspecto, pode ser mais concreta em uma língua, porém mais relacional em outra. Por exemplo, nas línguas em que número é marcado somente em nomes, ele é mais concreto, mas quando ele também marca concordância em demonstrativos, adjetivos ou verbos, ele é mais relacional. Em Bybee et al. (1994) e Bybee (1997), propusemos uma equivalência aproximada dos conceitos mais concretos relacionais a significados que ocorrem mais cedo nas trajetórias de gramaticalização, e aqueles que são mais puramente relacionais a significados mais gramaticalizados. Dado o paralelismo do desenvolvimento de forma e significado, então, línguas que não conduzem a gramaticalização via afixação também não conduziriam a gramaticalização semântica da maneira como línguas flexionais o fazem.

Desse modo, a tipologia morfológica tradicional está subjacente a uma tipologia de quão longe a gramaticalização é conduzida em uma língua. O teste quantitativo dessa hipótese em Bybee et al. (1994) foi baseado nas propriedades formais de morfemas associados a verbos em uma amostra de 76 línguas, sob o princípio de que cada língua poderia ser classificada pelo comprimento fonológico de seus morfemas gramaticais, sua dependência em material adjacente e sua fusão com o verbo. Usando essas medidas formais, testamos a correspondência do tipo morfológico total de uma língua com o grau de gramaticalização semântica de seus marcadores de completivo, resultativo, perfectivo anterior (perfeito) e passado, listados aqui em ordem do menos para o mais gramaticalizado. A correspondência com dependência de material adjacente e fusão com o verbo foram bastante significativas — quanto mais fusão e dependência na língua em geral, tanto mais provável que a língua tivesse um morfema altamente gramaticalizado para perfectivo e passado. Não foi encontrada correspondência entre o comprimento dos morfemas na língua. Naturalmente, isso era esperado, já que ninguém jamais propôs uma tipologia morfológica baseada unicamente no comprimento de morfemas gramaticais.

Assim, é corroborada a hipótese de que a tipologia morfológica depende da maneira como uma língua conduz o processo de gramaticalização. No extremo flexional da escala, a gramaticalização procede para o desenvolvimento de significados mais abstratos e gerais. Estes são expressos por afixação e, em alguns casos, devido a mudanças fonológicas posteriores, por mudanças na raiz. No extremo analítico da escala, a gramaticalização chega menos longe — morfemas gramaticais não se tornam afixos, nem suas mudanças de significado chegam tão longe a ponto de estabelecer as categorias de significado mais abstratas e obrigatórias. Ao contrário, parece que morfemas gramaticais são substituídos por outros morfemas que sofreram gramaticalização antes dos mais antigos terem tido uma chance de alcançar o final de uma trajetória de desenvolvimento (Lin, 1991).

O que impede a gramaticalização de chegar tão longe em algumas línguas como ela o faz em outras? Em Bybee (1997), sugeri que um processo essencial nos estágios mais posteriores de gramaticalização não está disponível em línguas do tipo analítico. Esse processo envolve um tipo particular de inferenciação que faz uma categoria se tornar obrigatória, já que obrigatoriedade de categorias é a propriedade definidora de flexão.

Uma característica de línguas analíticas ou isolantes é a ausência de expressão obrigatória de itens como pronomes e a ausência de categorias obrigatórias, definidas como categorias para as quais algum expoente deve aparecer no sintagma ou oração. Considere a sentença chinesa utilizada por Bisang (2004) para ilustrar essa propriedade das línguas analíticas:

(7) wǒ bú   jiàn tā, yǐ shǐ sān shǐ duō nián; jintiān ø jiàn ø le.
     eu NEG ver ele já ser 30   mais ano; hoje   ver   PF
     'Eu não o tenho visto por mais de 30 anos. Hoje [eu] [o] vi'.

Observe que, na segunda oração, não há necessidade da expressão das formas pronominais porque elas podem ser inferidas do contexto. Note, também, que não há expressão de tempo na primeira oração, mas a expressão lexical "30 anos" torna clara a referência temporal. Tipicamente, a forma de expressão nas línguas analíticas contém muito pouco de redundância ou repetição. Por exemplo, não há marcadores gramaticais explícitos do papel dos argumentos na oração. Dada certa flexibilidade na ordem das palavras, cabe ao ouvinte inferir as relações entre os SNs em uma oração. Em tais casos, a semântica dos SNs, juntamente com o conhecimento do mundo real sobre agentividade, é o guia mais importante para os papéis semânticos (Li; Bates; Mac Whinney, 1993). Ao invés de confiar em marcadores gramaticais explícitos ou ordenação de palavras, o ouvinte deve trabalhar ativamente para inferir as relações entre os SNs pretendidas pelo falante. Semelhantemente, no domínio de tempo e aspecto, muito pode ser deixado sem expressão; o ouvinte, outra vez, deve aplicar as inferências mais razoáveis.

Bisang (2004) aponta que há um alto grau de indeterminação tanto na morfossintaxe quanto no léxico das línguas analíticas da Ásia Oriental e Sudeste Asiático. Marcadores gramaticais, nessas línguas, são polissêmicos e podem expressar significados de vários domínios funcionais, dependendo do contexto. Itens lexicais devem ser interpretados como nomes ou verbos, de novo, dependendo do contexto. Como resultado, marcadores gramaticais não têm duas propriedades que Bisang considera que, de outro modo, poderiam levar ao desenvolvimento de categorias obrigatórias: frequência de uso e domínio semântico claramente delineado. Dado que marcadores não são usados redundantemente, eles não sofrem o tipo de aumento de frequência que geralmente caracteriza a gramaticalização. Como eles operam em vários domínios semânticos, nenhum paradigma emerge. Essas duas propriedades, que referenciam o uso de marcadores no contexto discursivo, são traços dessas línguas que inibem a gramaticalização.

Vamos agora considerar o papel da redundância em promover a gramaticalização. A expressão redundante pode ser, no mínimo, de dois tipos. Um tipo de redundância surge quando um falante expressa uma ideia como parte de um enunciado em que a ideia particular seria assumida mesmo sem expressão. Por exemplo, o inglês usa elementos modais para expressar obrigação muito mais frequentemente do que seriam usados itens cognatos ou similares em outras línguas europeias. Por exemplo, um falante de inglês norte-americano diria *I have to go now* ('eu tenho de ir agora') no mesmo contexto em que um falante de holandês diria simplesmente *Ik ga nu* ou um falante de espanhol diria *me voy ahora*. Se o contexto é de, digamos, ir a uma consulta médica, a noção de obrigação está implícita; contudo, o inglês a expressa e as outras línguas, não. O aumento de frequência nos estágios iniciais de gramaticalização se deve, provavelmente, a esse tipo de redundância — em que uma noção poderia ter ficado sem expressão no passado (porque era facilmente inferível), agora é expressa sempre que pretendida.

Um segundo tipo de redundância é fornecido pelos elementos linguísticos reais: em um discurso, em muitos casos, uma expressão de tempo pode ser suficiente se várias orações têm a mesma referência temporal. Entretanto, em línguas com concordância sujeito-verbo, ela aparece, seja ou não necessária para a compreensão. O mesmo tipo de redundância ocorre quando determinantes e adjetivos concordam com o nome em gênero e número. Esse segundo tipo de redundância indica um estágio ainda mais avançado de gramaticalização, aquele em que categorias se tornaram obrigatórias. Ambos os tipos de redundância são características de línguas sintéticas, mas não de analíticas.

O que leva ao desenvolvimento de redundância e obrigatoriedade? Essa é uma pergunta muito difícil. No aumento de frequência extremo durante a gramaticalização, há um movimento inexorável pelo qual cada aumento de frequência leva a outro. Um fator possível é que as construções que estão gramaticalizando-se tornam-se mais acessíveis por causa de sua frequência; não apenas sua articulação é automatizada, mas também seu acesso cognitivo. Pode-se dizer que elas atingem um alto nível de ativação latente e, como resultado, são mais provavelmente selecionadas para produção.

Ativação redundante pode ser inibida, porém, pelas convenções do discurso que favorecem enunciados não redundantes. Em tais casos, construções repetidas devem ser interpretadas como novas contribuições à informação. Dadas tais convenções interpretativas, os falantes provavelmente não usam construções redundantemente. Uma fonte de aumento de frequência é, assim, restringida.

Conforme mencionado no capítulo 10, alta frequência de uso, incluindo uso redundante, é um pré-requisito para obrigatoriedade. Como sugerido por García e Van Putte (1989), a obrigatoriedade surge por inferência pragmática. Se a expressão de uma categoria se torna suficientemente comum, o ouvinte está autorizado a inferir que, se a categoria NÃO for expressa, então o oposto é pretendido. Desse modo, a ausência de expressão vem a ser considerada a expressão zero da categoria complementar. Na seção 10.7, esse desenvolvimento foi ilustrado com o Presente Simples do inglês, que desenvolveu uma interpretação habitual quando o Progressivo se gramaticalizou.

Considere, agora, as convenções para fazer inferências. Em uma cultura em que os enunciados contêm poucas redundâncias, cada elemento é tomado como significativo, de modo que a ausência de elementos pode indicar que os significados ausentes devem ser inferidos ou que eles não são pretendidos. Assim, o ouvinte deve preencher a informação que não foi expressa. O ouvinte não está acostumado a fazer o tipo de inferência que atribui significado à ausência de menção. Comparado a ouvintes em línguas sintéticas com muitas categorias obrigatórias, o ouvinte em uma língua analítica não tem pistas linguísticas que eliminam certos significados possíveis, como quando um marcador de caso ou concordância verbal confirma qual SN é o sujeito. Ao contrário, o ouvinte está fazendo julgamentos probabilísticos com base na semântica e no contexto prévio para determinar o papel dos SNs, assim como outros fatores, como referência temporal. Com esse tipo de inferência, categorias obrigatórias não se tornarão estabelecidas; logo, uma língua analítica permanecerá analítica, contanto que a estratégia de inferenciação permaneça a mesma.

É importante notar que as estratégias de inferenciação são convencionais e devem ser aprendidas. As crianças aprendem, através da experiência com enunciados em contexto, o que deve ser explicitamente expresso, e, conforme vimos, isso difere de língua para língua. Uma vez que tais convenções estão estabelecidas, elas têm um efeito sobre como a gramaticalização pode proceder em uma língua. Tais convenções culturais estão relacionadas a outras propriedades da cultura? Eu não vejo razão para assumir tais relações no que se refere a estratégias de inferenciação. No entanto, como veremos na próxima seção, certos tipos de categorias morfológicas podem ser fortemente relacionados à natureza da cultura na qual a língua é falada.

11.7 Morfologia dêitica e tipo cultural

Tem sido observado que o discurso usado em um ambiente de familiaridade — em que os participantes se conhecem bem e compartilham muitas experiências — é diferente daquele falado em contextos mais públicos, entre participantes que não são íntimos e que não devem compartilhar muitas experiências passadas ou condições atuais (Bernstein, 1972; Kay, 1977; Givón, 1979; Perkins, 1992). Em situações em que os falantes compartilham conhecimento, os enunciados podem, por exemplo, ter mais uso de pronomes ou omissão de SNs, poucas orações subordinadas e seus marcadores. Vários pesquisadores chamaram a atenção para diferenças semelhantes entre a língua falada e a língua escrita (Chafe, 1982; Biber, 1986). Givón (1979, p. 207-33) descreve um modo "pragmático" característico de discurso não planejado e informal, comparado a um modo "sintático", usado em discurso mais planejado e formal. Ele argumenta que, do ponto de vista evolutivo, o modo pragmático precede o modo sintático, que se desenvolve como uma resposta à situação de fala em uma cultura mais complexa em que frequentemente falamos com estranhos.

Perkins (1992) elaborou um rigoroso meio de testar a hipótese de que o contexto social e cultural em que a língua é usada afeta a estrutura gramatical. Em particular, trabalhando com base nas observações citadas anteriormente de Bernstein, Givón e outros, Perkins hipotetiza que línguas faladas em culturas em que pequenos grupos compartilham conhecimento físico e social limitado terão mais marcadores flexionais ou afixais de dêixis do que línguas faladas em culturas em que grande número de pessoas com experiências diversas se comunicam. A hipótese se apoia no fato de que afixos flexionais surgem via gramaticalização e de que, para que as formas se gramaticalizem, elas devem ser usadas com alta frequência. Assim, Perkins propõe que em culturas em que a comunicação ocorre comumente entre familiares, expressões dêiticas, como *aqui, lá, agora, então, ela, ele* ocorrerão com frequência suficiente para se gramaticalizarem. Em contraste, em culturas em que a comunicação tem de ser mais explícita, tais marcadores não se gramaticalizarão tão facilmente. Uma vez que sempre há perda cíclica e substituição de formas gramaticais, à medida que as culturas ficam mais complexas e a situação de fala muda, flexões dêiticas se perderão e não serão substituídas.

A testagem dessa hipótese se apoia na resolução de três pontos importantes. Primeiro e principal, a hipótese deve ser testada em uma ampla amostra de culturas e línguas, mas é muito importante que sejam controlados os vieses genético e geográfico em tal amostra. Perkins resolveu esse problema usando uma amostra técnica, por meio da qual ele escolheu línguas aleatoriamente de uma matriz que separava as línguas por afiliações genéticas e potencial para contato geográfico. A escolha randômica das línguas, e não "por conveniência", foi importante para que viés adicional não entrasse na amostra, já que somente línguas bem estudadas ficaram conhecidas. A seleção de Perkins por esse método produziu uma amostra de 49 línguas para basear seu estudo.

Segundo, um método para medir a complexidade cultural deve ser selecionado. Perkins usou uma escala derivada do relatório em *Ethnographic Atlas*, de Murdock (1967; 1967-1971), com base em nove traços culturais que referenciavam o tipo e a intensidade de atividade agrícola em uma cultura, regras para herança, organização regional, especialização de ofício, estratificação de classe e tamanho de assentamentos. Tais medidas são apropriadas para a hipótese porque indicam a extensão em que membros da sociedade compartilham crenças passadas e pressuposições correntes.

Terceiro, para a testagem linguística da hipótese, Perkins selecionou marcadores flexionais de dêixis, que incluem marcadores de pessoa presos a nomes ou verbos, marcação dual (usualmente na segunda pessoa), distinção inclusivo/exclusivo na primeira pessoa, demonstrativos presos e tempo flexional. Além disso, Perkins codificou distinções de gênero em marcadores de pessoa como uma categoria não dêitica que ocorre frequentemente, a fim de testar se a ausência de dêixis era meramente devida a uma ausência de flexão.

Os resultados da pesquisa das 49 línguas/culturas sustentaram a hipótese. Foi encontrada uma correspondência significativa entre afixos de pessoa em nomes e verbos e complexidade cultural, de modo que as línguas faladas nas culturas menos complexas tinham mais afixos de pessoa. Foi encontrada uma correspondência significativa na mesma direção para a distinção dual e a distinção inclusivo/exclusivo. A presença de afixos temporais em verbos mostrou uma tendência na direção prevista e chegou perto, mas não atingiu, significância. Os poucos casos de elementos demonstrativos em nomes e verbos também mostraram uma tendência não significativa na direção prevista. Logo, a maioria das categorias testadas se alinhou à complexidade cultural da maneira prevista. Em contraste, a categoria não dêitica testada, concordância de gênero em verbos, mostrou uma associação não significativa com complexidade cultural (na mesma direção que os afixos dêiticos), indicando que não é apenas a presença de flexão que é prevista por medidas culturais, mas a flexão dêitica em particular, como prognosticado pela hipótese.

Outras tentativas de hipóteses similares foram menos bem-sucedidas. Não se sabe como elas iriam comportar-se caso fossem testadas empiricamente, porque os proponentes dessas teorias não as submeteram à testagem empírica. A expectativa para sucesso empírico, contudo, é diminuída por certas falhas no raciocínio por trás delas. Essas hipóteses são baseadas na observação de que aprendizes de uma segunda língua simplificam aspectos da gramática, especialmente a flexão (Trudgill, 2001, Wray; Grace, 2007). Exemplos extremos de simplificação ocorrem em línguas pidgin e crioulas. Tais línguas têm menos categorias flexionais do que línguas com desenvolvimento normal e elas têm menos categorias flexionais do que suas línguas lexificadoras (as línguas das quais se deriva a maior parte do vocabulário) (como observado por muitos pesquisadores, p. ex., Bickerton (1981), McWhorter (2001)). Também se sabe que aprendizes adultos de uma segunda língua frequentemente não dominam completamente o sistema flexional da língua-alvo e, com base nisso, Wray e Grace (2007) aventam a opinião de que línguas usadas "exotericamente" — isto é, quando se fala com estranhos — tenderiam a perder distinções morfológicas. Wray e Grace (2007, p. 551) estabelecem a hipótese como segue:

> Assim, línguas que são costumeiramente usadas exotericamente tenderão a desenvolver e manter propriedades que são lógica, transparente e fonologicamente simples, e significativamente, que podem ser aprendidas por adultos. (Thurston, 1989; Trudgill, 1989, 2002)

Esses pesquisadores assumem que o mecanismo para perda de flexão é o processo de aprendizagem de segunda língua. Nesse sentido, eles argumentam que línguas que são frequentemente alvo da aprendizagem de uma segunda língua desenvolverão propriedades que as simplificam e as tornam mais fáceis de ser aprendidas por adultos.

Vários problemas vêm à luz quando essa hipótese e seus mecanismos associados são cuidadosamente investigados. Examinaremos alguns desses problemas aqui.

Primeiro, não é necessariamente válido assumir um contínuo daquilo que acontece no processo de "pidginização" ao que acontece nas situações de contato linguístico em línguas com desenvolvimento normal (McWhorter, 2001, e Dahl, 2001, contra Trudgill, 2001). Como bem se sabe, línguas pidgin surgem em situações sociais restritas (colonizações, situações de comércio), em que múltiplas línguas nativas são faladas. Uma língua particular é escolhida para comunicação nesse ambiente, mas o acesso a falantes nativos da língua e, assim, à própria língua, é muito limitado. O fracasso de aprendizes adultos em dominar a língua se deve, no mínimo, a esse acesso limitado. Em contraste, em casos mais comuns de contato linguístico ou bilinguismo (como no caso de populações de imigrantes, tais como os trabalhadores temporários na Europa), os aprendizes de segunda língua estão inseridos na língua-alvo e em sua cultura. Embora, em tais casos, adultos ainda mostrem uma habilidade menor do que crianças para adquirir a língua, seu fracasso não afeta a língua como um todo. Ao contrário, o efeito dos aprendizes de segunda língua é passageiro no sentido de que suas crianças têm total acesso à língua e a adquirem, tornando-se falantes nativos. A presença de aprendizes de segunda língua não muda a língua; ao contrário, a população imigrante gradualmente muda para a língua da maioria.

Segundo, é importante notar que nem toda flexão se perde nas línguas pidgin e crioula. Roberts e Bresnan (2008) pesquisam as categorias perdidas e retidas em 27 línguas pidgin do mundo todo e relatam que 15 dessas línguas retêm alguma flexão. Certas tendências para o tipo de flexão que é retida também foram encontradas:

> Encontramos evidência de que a redução de flexão é assimétrica e nem sempre total. Flexões que contribuem com informação semântica e gramatical perten-

centes ao radical são retidas leve, mas significativamente com mais frequência do que flexões que pertencem mais à construção da sintaxe da sentença fora da palavra. (Roberts; Bresnan, 2008, p. 293)

Os aprendizes de segunda língua também não eliminam toda a morfologia de sua versão da língua-alvo (Dietrich; Klein; Noyau, 1995; Prévost; White, 2000). Estudos sobre aprendizes adultos de segunda língua em ambientes naturais (fora da sala de aula) são inconclusivos sobre a questão do uso de flexões. Dietrich, Klein e Noyau (1995) e Klein e Perdue (1997) argumentam que a Variedade Básica dos primeiros 30 meses mostra muito pouca marcação de tempo ou aspecto; contudo, depois desse período, alguns aprendizes continuam a usar algumas flexões para tempo (especialmente se a língua-alvo é francês ou inglês). Quanto à concordância, Prévost e White (2000) notam muitos usos corretos de concordância nos primeiros três anos para aprendizes de francês e alemão. Desse modo, é certamente incorreto concluir que aprendizes adultos eliminam todas as flexões. Também é incorreto asseverar, como o fazem Wray e Grace (2007), que adultos aprendem regras, ao passo que crianças aprendem as especificidades e generalizam menos. Dietrich, Klein e Noyau (1995) observam que, para todas as línguas-alvo representadas em seu estudo (inglês, alemão, holandês, sueco e francês), os aprendizes adultos começaram com as formações irregulares do tempo passado, aparentemente negligenciando as regras mais simples das formações regulares.

Finalmente, teorias baseadas na noção de que a mudança linguística ocorre na transmissão a novos falantes e, em particular, de que aprendizes adultos de segunda língua simplificam a flexão, não fornecem meios para explicar a razão de as línguas terem flexão. Em contraste, a teoria de Perkins (1992), que se baseia na premissa bem sustentada de que a mudança linguística ocorre no uso da língua, explica, via gramaticalização, por que as línguas têm flexões, primeiramente, assim como por que categorias dêiticas não são substituídas em certos contextos culturais. Com respeito à gramaticalização, é importante notar que, quando categorias flexionais são recriadas em línguas pidgin e crioulas, o processo pelo qual isso acontece é o mesmo que nas línguas com desenvolvimento normal — isto é, novas categorias são criadas por gramaticalização. Esse fato acrescenta evidência adicional de que o processo de gramaticalização baseado no uso é responsável pelas origens da gramática sempre que a gramática é criada — nas origens da língua, em línguas pidgin e crioulas, bem como em línguas maduras.

11.8 Gramaticalidade, frequência e universais

Nesta seção final, tratamos de um outro modo pelo qual padrões de uso determinam padrões interlinguísticos, considerando os fatores que fazem construções particulares frequentes ou infrequentes em uma cultura. Um componente importante dessa discussão diz respeito à noção baseada no uso de que a alta frequência de uso leva à convencionalização e à posterior elaboração, enquanto a frequência de uso muito baixa leva à inaceitabilidade e à perda eventual. Assim, vemos que alguns tipos de construção são robustamente representados em línguas diferentes e dentro de uma mesma língua (orações transitivas, construções possessivas), ao passo que outras variam consideravelmente entre línguas em sua frequência de uso (verbos seriais (Hopper, 2008)), e algumas que são raras nas línguas em que ocorrem são agramaticais em outras (orações relativas oblíquas (Keenan, 1975); ver discussão abaixo).

Na teoria baseada no uso, julgamentos de gramaticalidade e aceitabilidade são considerados gradientes; combinações gramaticais e agramaticais de palavras, morfemas ou sons podem ser avaliadas por graus de aceitabilidade. Conforme mencionado no capítulo 5, postula-se que julgamentos de aceitabilidade em uma língua são baseados na familiaridade, a qual se apoia em dois fatores: a frequência de uma palavra, construção ou sintagma específico, e semelhança com palavras, construções ou sintagmas existentes. Itens serão julgados como aceitáveis na medida em que são frequentes na experiência do sujeito ou semelhantes a itens frequentes. No experimento relatado em Bybee e Eddington (2006), os estímulos eram coletados de *corpora* e, assim, eram presumivelmente gramaticais, mas os sujeitos ainda eram capazes de avaliá-los por graus de aceitabilidade. Os resultados muito significativos mostraram que combinações de alta frequência de verbo + adjetivo foram julgadas as mais aceitáveis, seguidas de perto por combinações de

LÍNGUA, USO E COGNIÇÃO

frequência mais baixa, que eram semanticamente semelhantes a combinações de alta frequência. Combinações de baixa frequência sem semelhança com as de alta frequência foram avaliadas como as menos aceitáveis.[2] Logo, a linha entre frequência extremamente baixa e agramaticalidade é gradiente.

Os mesmos fatores que tornam uma construção frequente ou infrequente em uma língua podem torná-la completamente aceitável ou inaceitável em outra. Padrões de alta frequência são fortemente convencionalizados e podem ser altamente produtivos, enquanto padrões raros podem ser retidos somente em sintagmas fixos ou ser inaceitáveis. Hawkins (1994, 2004, 2009) propõe a Hipótese de Correspondência Desempenho-Gramática, que ele expõe como segue:

> As gramáticas convencionalizaram estruturas sintáticas na proporção de seu grau de preferência na *performance*, conforme evidenciado por padrões de seleção em *corpora* e por facilidade de processamento em experimentos psicolinguísticos. (Hawkins, 2004, p. 3)

Hawkins prevê que o fator primário que determina a frequência em *corpora* é a facilidade de processamento, mas deve-se observar que uma ampla variedade de fatores influencia a frequência em *corpora*. No que segue, gostaria de mencionar alguns desses fatores e demonstrar como eles influenciam tanto frequência quanto infrequência no uso da língua e nos padrões de ocorrência nas línguas do mundo.

11.8.1 Sobre o que as pessoas querem falar

Já vimos que as inferências ou suposições mais comuns podem determinar fatores, como a distribuição de expressão zero, já que zeros assumem o significado que é mais usual no contexto. Categorias gramaticais altamente generalizadas também gravitam em direção àquilo sobre o que as pessoas

---

2. Resultados similares foram encontrados em estudos de aceitabilidade de fonotática (Vitevitch et al., 1997; Bailey; Hahn, 2001).

falam mais — perfectivos para narração, presente para estados e situações habituais. Além disso, pode-se mencionar a alta frequência de pronomes e formas verbais de primeira pessoa do singular, pois a conversação é fortemente subjetiva. Formas verbais de primeira pessoa do singular são frequentemente autônomas, resistindo à mudança. Assim, muitas generalizações interlinguísticas sobre a forma e o significado são parcialmente determinadas por aquilo sobre o que as pessoas tendem a falar.

11.8.2 Que construções os falantes escolhem usar

Também há fortes tendências nos modos particulares em que a informação é apresentada e a interação é gerenciada, e elas determinam algumas propriedades da gramática translinguisticamente. A tendência em pôr tópicos primeiro e em escolher agentes (humanos) como tópicos leva ao desenvolvimento da categoria "sujeito" e sua tendência em ocorrer antes do objeto (Tomlin, 1986; Siewierska, 2002). Hawkins (1994, 2009) relata que, em línguas que permitem tanto a ordem sujeito-objeto quanto objeto-sujeito, a primeira é muito mais frequente no discurso; isso é paralelo, é claro, à descoberta interlinguística de que a ordem sujeito-objeto é muito mais comum do que a ordem inversa.

Estratégias para organizar o discurso também podem levar ao estabelecimento de propriedades gramaticais como marcação flexional de papéis argumentais nos verbos. Du Bois (1985, 1987) mostra que uma estratégia discursiva persistente no sacapulteco maia introduz SNs plenos em uma narrativa no caso absolutivo, geralmente como o sujeito de um verbo intransitivo. Menção posterior do referente na narrativa ocorre, então, no ergativo, mas essa referência é assinalada apenas pela marcação de concordância no verbo. Du Bois toma esse padrão como a origem da expressão zero da terceira pessoa do singular do absolutivo — ele coocorre mais frequentemente com um SN lexical, ao passo que a flexão de ergativo se derivou, presumivelmente, de um pronome e, assim, tem marcação explícita.

A Hierarquia de Acessibilidade do SN foi um dos primeiros casos amplamente discutidos em que poderia ser demonstrado que aquilo que era

LÍNGUA, USO E COGNIÇÃO

raro em uma língua não ocorria (ou era inaceitável) em outra (Keenan, 1975). Essa hierarquia se baseia no papel do SN dentro da oração relativa que é correferencial ao nome antecedente. Keenan e Comrie (1977) demonstraram, numa amostra bastante grande de línguas, que se uma língua pode formar uma oração relativa sobre um papel na lista a seguir, ela também pode formar uma oração relativa usando todos os papéis à esquerda daquele.

Hierarquia de Acessibilidade:
Sujeito > Objeto direto > Objeto indireto > Oblíquo > Genitivo > Objeto de
complemento

Isto é, algumas línguas permitem que orações relativas sejam formadas apenas com sujeitos (malgaxe), outras apenas com sujeitos e objetos diretos (galês), e assim por diante.[3] Keenan (1975) também demonstra que, na prosa escrita em inglês, a frequência de ocorrência de cada tipo de relativo também segue essa escala: relativas de sujeito são as mais comuns (constituindo 46% do conjunto de 2.200 orações relativas examinadas); relativas de objeto direto, as próximas mais comuns (24%); relativas de oblíquo e de objeto indireto, a seguir (15%); e relativas de genitivo, por último (5%). Essa correlação entre aceitabilidade nas línguas do mundo e frequência em uma língua está aberta a várias interpretações. Keenan (1975, p. 138) sugere que "deve haver algum sentido em que é mais 'fácil' ou mais 'natural' formar relativas de sujeito, o ponto mais alto da hierarquia, do que no ponto mais baixo". Keenan e Comrie (1977) argumentam que a formação de oração relativa com SNs em certos papéis gramaticais é psicologicamente mais fácil porque os significados são mais fáceis de decodificar. Eles também citam estudos em que é mostrado que as crianças compreendem orações relativas formadas no extremo esquerdo da escala mais facilmente do que no direito. Diessel e Tomasello (2005) oferecem uma explicação competidora para a facilidade com que crianças falantes de inglês usam as relativas de sujeito: uma relativa de sujeito retém a mesma estrutura de ordem de palavras que as orações principais.

---

3. Como não é relevante para a discussão corrente, eu omito a questão da diferença entre estratégias primárias e outras estratégias.

Hawkins (1994) refere-se à "complexidade" em sua explicação. Ele propõe uma explicação formal em que compara a descrição estrutural de cada papel gramatical e conclui que não se pode fornecer uma descrição estrutural para um objeto direto sem fazer referência ao sujeito; objetos indiretos exigem referência ao sujeito e ao objeto direto etc. A partir dessas caracterizações, pode-se dizer que as estruturas "mais fáceis", "mais naturais" ou menos complexas ocorrem mais frequentemente no discurso de uma única língua e são provavelmente mais aceitáveis translinguisticamente; ver a Hipótese de Correspondência Desempenho-Gramática, de Hawkins, dada na seção anterior. O vínculo causal entre as hierarquias intra e interlínguas deve ser que o que é raramente usado pode vir a ser considerado inaceitável.

As explicações de Keenan e Comrie e de Hawkins deixam muito a desejar. Keenan não especifica o que ele quer dizer com mais "fácil" ou mais "natural", nem diz por que certos significados são mais "fáceis" do que outros. A proposta formal de Hawkins é estritamente interna à gramática, pois toma como dado as noções de sujeito, objeto direto etc., noções que, elas próprias, precisam de explicação.

Outra explicação possível vem do que é conhecido sobre como os falantes tendem a organizar seu discurso. Fox (1987) e Thompson e Fox (1990) utilizam essa abordagem para examinar as orações relativas na conversação em inglês. Naturalmente, as orações relativas podem não ser usadas exatamente do mesmo modo nas línguas, mas seu estudo do uso das orações relativas na conversação em inglês sugere uma explicação baseada no discurso para a Hierarquia de Acessibilidade. Fox (1987) nota, nos dados que examinou, que sujeito e objeto são igualmente frequentes, mas que a maioria das relativas de sujeito não eram realmente agentes, mas sim o sujeito de um verbo intransitivo. Desse modo, a preponderância de exemplos mostra o sintagma nominal desempenhando o papel de absolutivo — sujeito da intransitiva ou objeto da transitiva na oração relativa. No estudo de Fox, e no trabalho mais detalhado de Thompson e Fox (1990), o papel discursivo ou conversacional das orações relativas é estabelecer o referente como relevante ou relacionado a referentes que já foram dados no discurso. Isso é feito pela apresentação de características relevantes do referente (função de sujeito, em (10)), ou pela apresentação do referente como o objeto de uma predicação transitiva, em que o agente é um pronome (um dos participantes do discurso ou referentes já introduzidos no discurso, como em (11)). Isso não significa que outras funções não sejam possíveis; de fato, elas são, mas essas funções desempenhadas por orações relativas são as mais comuns, fazendo com que a gramática de relativas de sujeito e objeto (ou absolutivo) sejam as mais aceitáveis e convencionalizadas.

(10) She'married to this guy who's really very quiet.
'Ela é casada com esse rapaz que é realmente muito calado'.

(11) This man who I have for linguistics is really too much.
'Esse homem que eu tenho para linguística é realmente demais'.

Se outras línguas também usam relativas de absolutivo para essas funções, elas serão frequentes no discurso, e outros tipos serão infrequentes e podem até mesmo ser agramaticais. Assim, há línguas como dyirbal (Dixon, 1972) em que absolutivos podem ser relativizados e agentes (ergativos), não.

Para a Hierarquia de Acessibilidade temos, então, várias explicações: preferências de processamento, facilidade/dificuldade semântica, complexidade gramatical e funções discursivas. Em cada caso, o elo entre esses fatores e gramaticalidade ou aceitabilidade relativa da estrutura é frequência de uso. Alguém poderia argumentar que nenhuma dessas explicações propostas é necessária, já que a frequência mais alta de absolutivos (sujeitos e objetos) sobre outros tipos de argumentos faria com que eles fossem mais provavelmente relativizados e, assim, mais aceitáveis.

A questão relativa ao porquê de mais posições de relativização serem aceitáveis em algumas línguas do que em outras pode ser tratada no contexto da teoria da comunicação de Perkins em comunidades mais ou menos íntimas. Conforme esboçado antes, a referência pode ser estabelecida pelo uso de marcadores dêiticos em culturas menores, mais íntimas, por causa de conhecimento compartilhado. Em culturas maiores, mais complexas, porém, meios mais explícitos para estabelecer referência, como orações relativas, fornecem uma estratégia necessária para tornar a referência explícita. Nesse sentido, Perkins hipotetiza uma relação entre uma escala de complexidade cultural e a extensão em que uma língua permite orações relativas no extremo direito da Hierarquia de Acessibilidade. Utilizando as línguas cujas possibilidades de relativização foram discutidas em Keenan e Comrie (1977), Perkins estabeleceu que essa associação do cultural para o gramatical foi significativa, sustentando a hipótese de que contextos de uso da língua determinam quais estruturas são gramaticais.

11.8.3 Especificidade ou generalidade de significado

Tanto a especificidade quanto a generalidade de significado têm um efeito sobre o que é frequente em uma língua. Membros específicos de categorias gramaticais, como número dual, ocorrem com menos frequência em uma língua (Greenberg, 1966) e também estão mais inclinados à perda do que singular e plural. Em contraste, à medida que elementos gramaticalizantes, como verbos, tornam-se mais frequentes e mais gerais em significado na construção em processo de gramaticalização, eles podem perder a habilidade de ocorrer como verbos principais. Desse modo, os verbos modais do inglês, tal como os predecessores de *can*, *may*, *shall*, *will* e *must*, ocorriam, no inglês antigo, primeiramente em sua forma finita; com formas de infinitivo e gerúndio, muito raras ou não existentes. Muitos dialetos do inglês agora acham inaceitável o uso desses verbos auxiliares como verbos principais, conforme visto nos exemplos de modais duplos, como *shall can*, que antigamente ocorriam, mas que hoje não são mais aceitáveis. Logo, o fato de que muitos verbos auxiliares nas línguas do mundo não têm formas não finitas deve-se ao extremo desbotamento de seu significado.

11.8.4 Facilidade/dificuldade de processamento

Conforme mencionado, Hawkins (2004) atribui alta ou baixa frequência no discurso à facilidade ou dificuldade de processamento. Um exemplo que ilustra esse ponto se refere à tendência de membros do mesmo constituinte serem sintaticamente adjacentes. O exemplo (12) mostra o

LÍNGUA, USO E COGNIÇÃO

complemento de *waited* ('esperou') adjacente ao verbo, enquanto no exemplo (13), não.

(12) The man waited for his son in the cold but not unpleasant wind.
'O homem esperou por seu filho no vento frio, mas não desagradável'.
(13) The man waited in the cold but not unpleasant wind for his son.
'O homem esperou no vento frio, mas não desagradável, por seu filho'.

Hawkins mostra que ocorrências como (12), que são muito mais fáceis de processar, são também mais comuns em *corpora* do inglês, e que exemplos como (13) seriam inaceitáveis em algumas línguas (Tomlin, 1986).

11.8.5 *Convencionalização do pensar para falar*

Outro determinante do que é frequente nas línguas são os modos de embalar conceitos para falar deles, ou "pensar para falar", como propõe Slobin (1996). Slobin (1997a, 2003) trata, primeiramente, das propriedades lexicais de verbos e dos traços que eles incorporam. Ele descobre que as línguas se agrupam em diferentes tipos, dependendo de se elas tendem a incorporar informação direcional nos verbos de movimento, como em espanhol, em que verbos como *entrar* ('entrar'), *salir* ('sair'), *bajar* ('descer') e *subir* ('subir') são bons exemplos, ou se elas tendem a incluir a informação sobre o modo de movimento, como em inglês, a exemplo de *amble* ('andar a passo lento'), *saunter* ('passear'), *run* ('correr') ou *swim* ('nadar').

Outro exemplo mais gramatical de "pensar para falar" poderia ser a extensão em que uma língua usa construções de verbo serial, isto é, construções em que dois ou mais verbos finitos são usados dentro da mesma oração para formar parte da mesma predicação (Hopper, 2008, p. 254). Línguas em que tais construções são muito comuns estão localizadas na África Ocidental, Papua-Nova Guiné e em outros lugares na África e na Ásia. Construções de verbo serial não são comuns nas línguas europeias, mas elas não são desconhecidas. Por exemplo, Hopper (2008) apresenta uma profunda análise da construção *take + SN and* ('pegar + SN e') do inglês, como na sentença seguinte:

(14) And unfortunately we are going to have to *take all these people and* squish them into a church that seats four hundred...
'E infelizmente teremos que *pegar todas essas pessoas e* espremê-las em uma igreja que comporta quatrocentas...'.

Esse exemplo representa o uso de um verbo serial no sentido de que *take* ('pegar') *and squish* ('e espremer') não representam eventos distintos, mas juntos produzem a predicação. Outros exemplos em inglês são *go get*, como em *Let's go get some coffee* ('Vamos pegar um café'), e a construção *try and* ('tentar e').

O ponto de Hopper (2008) é que o que pode ser um tipo de construção menor em uma língua pode ser uma construção dominante em outra. Isto é, parece que todas as línguas são capazes de chegar a construções de verbo serial via gramaticalização, mas somente algumas línguas levam a tendência ao extremo. Certamente isso não se dá porque um grupo de falantes precisa de verbos seriais mais do que outro. Ao contrário, parece que uma convenção de pensar para falar — a embalagem da informação de certa maneira — pode tornar-se estabelecida e, então, estender-se para outras sequências verbais em uma língua.

11.9 Conclusão: explicação para as estruturas linguísticas

Seguindo a abordagem greenberguiana, que, como vimos, prevê a abordagem de sistemas adaptativos complexos, podemos considerar semelhanças e diferenças entre as línguas em vários níveis. No nível de construções específicas, inventários ou itens lexicais, tende-se a descobrir algumas semelhanças centrais tanto de forma quanto de função, mas com muitas diferenças. Croft (2001) argumenta que as construções são necessariamente específicas à língua; contudo, em domínios particulares, como o

LÍNGUA, USO E COGNIÇÃO

de voz, podem-se categorizar as construções e descobrir semelhanças entre elas em várias dimensões, incluindo propriedades gramaticais e distribucionais. Essas semelhanças estão relacionadas às origens diacrônicas de onde as construções surgiram e a quão avançadas elas estão nas suas trajetórias particulares de gramaticalização.

Para tomar um exemplo que discutimos antes, pode-se dar uma definição semântica a uma construção que expressa tempo futuro dizendo que um de seus usos deve ser uma previsão por parte do falante. Essa definição especificaria um conjunto central de construções translinguísticas, mas elas diferiam de muitos modos: algumas poderiam expressar também outros significados, como intenção, obrigação, disponibilidade ou probabilidade. Algumas poderiam ser mais frequentes no discurso do que outras; algumas poderiam ser flexionais e outras, perifrásticas. Algumas poderiam ser excluídas de orações com "se", enquanto outras seriam incluídas. Como dissemos antes, para entender as diferenças, podemos traçar seu desenvolvimento diacrônico: a origem lexical particular para a construção determinará que significados de modalidade — obrigação, volição ou disponibilidade — ocorrem; a extensão do desenvolvimento ao longo da trajetória determinará a frequência relativa de modalidade, as leituras de intenção e previsão, assim como as propriedades formais do marcador.

Desse modo, as trajetórias de mudança para construções — como construções de voz, de tempo e aspecto — projetam universais mais fortes do que simples comparações translinguísticas de estados sincrônicos. Contudo, essas trajetórias translinguísticas ainda podem ser decompostas em mecanismos e fatores que as criam à medida que a língua é usada. Conforme mencionado nos capítulos 6 e 10, *chunking* e redução fonológica, juntamente com mudanças de significado relacionadas a habituação, generalização e inferência, dão surgimento a essas mudanças. Logo, um nível até mais forte para o estabelecimento de universais reside nos mecanismos de mudança que produzem as trajetórias, uma vez que estas não variam entre línguas ou no tempo (Bybee et al., 1994; Bybee, 2001a, 2006b).

Outra dimensão em que os universais linguísticos podem ser identificados é constituída pelos contínuos que identificamos nas propriedades de construções: analisabilidade, composicionalidade, autonomia, esquematicidade, produtividade e efeitos prototípicos em categorias. Todas as construções em todas as línguas têm essas propriedades em algum grau. Assim, embora a própria gramática seja emergente e específica à língua, as propriedades das unidades da gramática nessas dimensões são bastante comparáveis nas línguas.

Conforme vimos, entretanto, mesmo essas propriedades derivam de processos cognitivos mais básicos de categorização por semelhança, *chunking* de sequências repetidas e associação por contiguidade. Categorização por semelhança produz as categorias de significado de palavras e construções, o agrupamento de porções de experiência em unidades formais da língua, as categorias para posições em construções e graus de analisabilidade. *Chunking* de sequências repetidas de unidades une as partes de construções e nos dá graus de constituência ou coerência entre morfemas e palavras. Associação por contiguidade possibilita que as formas assumam um significado e que o significado mude pela associação com o contexto e com inferências frequentemente feitas.

Esses processos de domínio geral operam através de repetição em uma escala maciça, em indivíduos e certamente em comunidades; essa repetição dentro do contexto daquilo sobre o que os humanos gostam de falar e como eles estruturam seu discurso dá forma à gramática e ao léxico de línguas particulares. Na medida em que contexto, significado e padrões discursivos são compartilhados translinguisticamente, surgem semelhanças nas estruturas. Logo, considerar a língua como uma atividade encorpada que ocorre em tempo real, em situações reais e passa através de sistemas cognitivos reais tem grande potencial para nos levar à explicação daquilo que percebemos como estrutura linguística.

Referências

ANDERSEN, Henning. Abductive and deductive change. *Language*, n. 49, p. 765-93, 1973.

ANDERSON, John R. Acquisition of cognitive skill. *Psychological Review*, n. 89, p. 369-406, 1982.

_____. *Rules of the mind*. Hillsdale, NJ: Lawrence Erlbaum, 1993.

_____; BOWER, Gordon H. A propositional theory of recognition memory. *Memory and Cognition*, v. 2, n. 3, p. 406-12, 1973.

ARBIB, Michael A. The evolving mirror system: a neural basis for language readiness. In: CHRISTIANSEN, Morten H.; KIRBY, S. (Eds.). *Language evolution*. Oxford: Oxford University Press, 2003. p. 182-200.

ASKE, Jon. Disembodied rules vs. patterns in the lexicon: testing the psychological reality of Spanish stress rules. *Berkeley Linguistics Society*, n. 16, p. 30-45, 1990.

BAAYEN, Harald. On frequency, transparency, and productivity. In: Booij, G. E.; VAN MARLE, J. (Eds.). *Yearbook of morphology*. Dordrecht: Kluwer Academic, 1993. p. 181-208.

_____. Probabilistic approaches to morphology. In: BOD, R.; HAY; J.; JANNEDY, S. (Eds.). *Probability theory in linguistics*. Cambridge, MA: MIT Press, 2003. p. 229-87.

BAILEY, Todd M.; HAHN, Ulrike. Determinants of wordlikeness: phonotactics or lexical neighborhoods? *Journal of Memory and Language*, n. 44, p. 568-91, 2001.

BARON, Naomi. *Language acquisition and historical change*. Amsterdam: North Holland, 1977.

BATES, Elizabeth. Modularity, domain specificity and the development of language. In: GAJDUSEK, D. C.; McKHANN, G. M.; BOLIS, C. L. (Eds.). *Evolution and the neurology of language. Discussions in neuroscience*, v. 10, n. 1-2, p. 136-49, 1994.

_____; BERTHERTON, I.; SNYDER, L. *From first words to grammar*: individual differences and dissociable mechanisms. New York: Cambridge University Press, 1988.

_____; THAL, Donna; MARCHMAN, Virginia. Symbols and syntax: a Darwinian approach to language development. In: KRASNEGOR, N.; RUMBAUGH, D. M.; SCHIEFELBUSCH, R. L.; STUDDERT-KENNEDY, M. (Eds.). *Biological and behavioral determinants of language development*. Hillsdale, NJ: Lawrence Erlbaum, 1991. p. 29-65

BECKNER, Clay; BYBEE, Joan. A usage-based account of constituency and reanalysis. *Language Learning*, Suppl. 1, n. 59, p. 27-46, December 2009.

BELL, Alan; JURAFSKY, Daniel; FOSLER-LUSSIER, Eric; GREGORY, Michelle; GIRAND, Cynthia; GILDEA, Daniel. Effects of disfluencies, predictability, and utterance position on word form variation in English conversation. *Journal of the Acoustical Society of America*, v. 113, n. 2, p. 1001-24, 2003.

BERLIN, Brent; KAY, Paul. *Basic color terms*: their universality and evolution. Berkeley, CA: University of California Press, 1969.

BERNSTEIN, Basel. Social class, language and socialization. In: GIGLIOLI, P. (Ed.). *Language and social context*. Baltimore, MD: Penguin, 1972.

BETHS, Frank. The history of DARE and the status of unidirectionality. *Linguistics*, n. 37, p. 1069-10, 1999.

BIBER, Douglas. Spoken and written textual dimensions in English. *Language*, n. 62, p. 384-414, 1986.

BICKERTON, Derek. *Roots of language*. Ann Arbor, MI: Karoma, 1981.

BINNICK, Robert I. *Time and the verb*. Oxford: Oxford University Press, 1991.

BISANG, Walter. Grammaticalization without coevolution of form and meaning: the case of tense-aspect-modality in East and mainland Southeast Asia. In: _____; HIMMELMANN, N.; WIEMER, B. (Eds.). *What makes grammaticalization? A look from its fringes and its components*. Berlin: Mouton de Gruyter, 2004. p. 109-38.

BOAS, Hans. *A constructional approach to resultatives*. Stanford, CA: CSLI Publications, 2003.

BOWDLE, Brian F.; GENTNER, Dedre. The career of metaphor. *Psychological Review*, n. 112, p. 193-216, 2005.

BOYLAND, Joyce T. *Morphosyntactic change in progress*: a psycholinguistic approach. Dissertação, University of California, Berkeley, CA, 1996.

BRADLEY, H. *The making of English*. New York: Macmillan, 1904.

BRANSFORD, J. D.; Franks, J. J. The abstraction of linguistic ideas. *Cognitive Psychology*, n. 2, p. 331-50, 1971.

BRINTON, Laurel; TRAUGOTT, Elizabeth C. *Lexicalization and language change*. Cambridge: Cambridge University Press, 2005.

BRISCOE, Ted. Grammatical assimilation. In CHRISTIANSEN, M.; KIRBY, S. (Eds.). *Language evolution*. Oxford: Oxford University Press, 2003. p. 295-316.

BROWMAN, Catherine P.; GOLDSTEIN, Louis M. Articulatory phonology: an overview. *Phonetica*, n. 49, p. 155-80, 1992.

BROWN, Esther. *Reduction of syllable initial /s/ in the Spanish of New Mexico and southern Colorado*: a usage based approach. Dissertação, University of New Mexico, Albuquerque, NM, 2004.

BYBEE, Joan L. *Morphology*: a study of the relation between meaning and form. Amsterdam/Philadelphia: John Benjamins, 1985.

_____. On the nature of grammatical categories: a diachronic perspective. In: CHOI, S. (Ed.). *Proceedings of the Second Eastern States Conference on Linguistics*, p. 17-34, 1986.

_____. Morphology as lexical organization. In: HAMMOND, M.; NOONAN, M. (Eds.). *Theoretical morphology*. San Diego, CA: Academic Press, 1988a. p. 119-41.

_____. Semantic substance vs. contrast in the development of grammatical meaning. *Berkeley Linguistics Society*, n. 14, p. 247-64, 1988b.

_____. The diachronic dimension in explanation. In: HAWKINS, J. (Ed.). *Explaining language universals*. Oxford: Basil Blackwell, 1988c. p. 350-79.

BYBEE, J. The grammaticization of zero: asymmetries in tense and aspect systems. In: PAGLIUCA, W. (Ed.). *Perspectives on grammaticalization*. Amsterdam/Philadelphia: John Benjamins, 1994. p. 235-54.

_____. The semantic development of past tense modals in English. In: _____; FLEISCHMAN, S. (Eds.). *Modality in grammar and discourse*. Amsterdam: John Benjamins, 1995. p. 503-7.

_____. Semantic aspects of morphological typology. In: _____; HAIMAN, J.; THOMPSON, S. (Eds.). *Essays on language function and language type*. Amsterdam/Philadelphia: John Benjamins, 1997. p. 25-37.

_____. A functionalist approach to grammar and its evolution. *Evolution of Communication*, n. 2, p. 249-78, 1998a.

_____. "Irrealis" as a grammatical category. *Anthropological Linguistics*, n. 40, p. 257-71, 1998b.

_____. The emergent lexicon. *CLS 34*: the panels. Chicago: Chicago Linguistic Society, 1998c. p. 421-35. (Reimpresso em Bybee 2007, p. 279-93.)

_____. Lexicalization of sound change and alternating environments. In: BROE, M.; PIERREHUMBERT, J. (Eds.). *Laboratory phonology 5*: language acquisition and the lexicon. Cambridge: Cambridge University Press, 2000a. p. 250-68. (Reimpresso em Bybee 2007, p. 216-34.)

_____. The phonology of the lexicon: evidence from lexical diffusion. In: BARLOW; M.; KEMMER, S. (Eds.). *Usage-based models of language*. Stanford, CA: CSLI Publications, 2000b. p. 65-85. (Reimpresso em Bybee 2007, p. 199-215.)

_____. *Phonology and language use*. Cambridge: Cambridge University Press, 2001a.

_____. Main clauses are innovative, subordinate clauses are conservative: consequences for the nature of constructions. In: _____; NOONAN, M. (Eds.). *Complex sentences in grammar and discourse*: essays in honor of Sandra A. Thompson. Amsterdam/Philadelphia: John Benjamins, 2001b. p. 1-17.

_____. Sequentiality as the basis of constituent structure. In: GIVÓN, T; MALLE, B. (Eds.). *The evolution of language from pre-language*. Amsterdam/Philadelphia: John Benjamins, 2002a. p. 109-32. (Reimpresso em Bybee 2007, p. 313-35.)

BYBEE, J. Word frequency and context use in the lexical diffusion of phonetically conditioned sound change. *Language Variation and Change*, n. 14, p. 261-90, 2002b. (Reimpresso em Bybee 2007, p. 235-64.)

_____. Cognitive processes in grammaticalization. In: TOMASELLO, M. (Ed.). *The new psychology of language*. Mahwah, NJ: Lawrence Erlbaum, 2003a. v. II, p. 145-67.

_____. Mechanisms of change in grammaticization: the role of frequency. In: JOSEPH, B. D.; JANDA, R. D. (Eds.). *The handbook of historical linguistics*. Oxford: Blackwell, 2003b. p. 602-23. (Reimpresso em Bybee 2007, p. 336-57.)

_____. Restrictions on phonemes in affixes: a crosslinguistic test of a popular hypothesis. *Linguistic Typology*, n. 9, p. 165-222, 2005.

_____. From usage to grammar: the mind's response to repetition. *Language*, n. 82, p. 711-733, 2006a.

_____. Language change and universals. In: MAIRAL, R.; GIL, J. (Eds.). *Linguistic universals*. Cambridge: Cambridge University Press, 2006b. p. 179-94.

_____. *Frequency of use and the organization of language*. Oxford: Oxford University Press, 2007.

_____. Formal universals as emergent phenomena: the origins of Structure Preservation. In: GOOD, J. (Ed.). *Language universals and language change*. Oxford: Oxford University Press, 2008. p. 108-21.

_____. Grammaticization: implications for a theory of language. In: GUO, J.; LIEVEN, E.; ERVIN-TRIPP, S.; BUDWIG, N.; ÖZÇALIŞKAN, S.; NAKAMURA, K. (Eds.). *Crosslinguistic approaches to the psychology of language*: research in the tradition of Dan Isaac Slobin. New York: Psychology Press, 2009a. p. 345-56.

_____. Language universals and usage-based theory. In: CHRISTIANSEN, M. H.; COLLINS, C.; EDELMAN, S. (Eds.). *Language universals*. Oxford: Oxford University Press, 2009b. p. 17-39.

_____; BREWER, Mary A. Explanation in morphophonemics: changes in Provençal and Spanish preterite forms. *Lingua*, n. 52, p. 201-42, 1980. (Reimpresso em Bybee 2007, p. 41-73.)

BYBEE, Joan L.; PARDO, Elly. On lexical and morphological conditioning of alternations: a nonce-probe experiment with Spanish verbs. *Linguistics*, n. 19, p. 937-68, 1981. (Reimpresso em Bybee 2007, p. 74-100.)

_____; SLOBIN, Dan I. Why small children cannot change language on their own: evidence from the English past tense. In: ALQVIST, A. (Ed.). *Papers from the 5th International Conference on Historical Linguistics*. Amsterdam/Philadelphia: John Benjamins, 1982. p. 29-37.

_____; MODER, Carol L. Morphological classes as natural categories. *Language*, n. 59, p. 251-70, 1983. (Reimpresso em Bybee 2007, p. 127-47.)

_____; PAGLIUCA, William. The evolution of future meaning. In: RAMAT, Giacalone A.; CARRUBA, O.; BERNINI, G. (Eds.). *Papers from the 7th International Conference on Historical Linguistics*. Amsterdam/Philadelphia: John Benjamins, 1987. p. 109-22.

_____; DAHL, Östen. The creation of tense and aspect systems in the languages of the world. *Studies in Language*, v. 13, n. 1, p. 51-103, 1989.

_____; PAGLIUCA, William; PERKINS, Revere. Back to the future. In: TRAUGOTT, E.; HEINE, B. (Eds.). *Approaches to grammaticalization*. Amsterdam/Philadelphia: John Benjamins, 1991. v. II, p. 17-58.

_____; PERKINS, Revere; PAGLIUCA, William. *The evolution of grammar*: tense, aspect and modality in the languages of the world. Chicago: University of Chicago Press, 1994.

_____; SCHEIBMAN, Joanne. The effect of usage on degrees of constituency: the reduction of *don't* in English. *Linguistics*, v. 37, n. 4, p. 575-96, 1999. (Reimpresso em Bybee 2007, p. 294-312.)

_____; THOMPSON, Sandra A. Three frequency effects in syntax. *Berkeley Linguistics Society*, n. 23, p. 65-85, 2000. (Reimpresso em Bybee 2007, p. 269-78.)

_____; McCLELLAND, James L. Alternatives to the combinatorial paradigm of linguistic theory based on domain general principles of human cognition. In: RITTER, N. A. (Ed.). The role of linguistics in cognitive science. *The Linguistic Review*, v. 22, n. 2-4, p. 381-410, 2005.

_____; EDDINGTON, David. A usage-based approach to Spanish verbs of 'becoming'. *Language*, n. 82, p. 323-55, 2006.

BYBEE, Joan L.; CACOULLOS, Rena Torres. The role of prefabs in grammaticization: How the particular and the general interact in language change. In: CORRIGAN R.; MORAVCSIK; E.; OUALI, H.; WHEATLEY, K. (Eds.). *Formulaic language*. Amsterdam: John Benjamins, 2009. p. 187-217. (Typological Studies in Language; v. I.)

CAMPBELL, Alistair. *Old English grammar*. Oxford: Oxford University Press, 1959.

CAMPBELL, Lyle. What's wrong with grammaticalization? In: _____ (Ed.). Grammaticalization: a critical assessment. *Language Sciences*, v. 23, n. 2-3, p. 113-61, 2001.

CAREY, Kathleen. The grammaticalization of the Perfect in Old English: an account based on pragmatics and metaphor. In: PAGLIUCA, W. (Ed.). *Perspectives on grammaticalization*. Amsterdam/Philadelphia: John Benjamins, 1994. p. 103-17.

CASENHEISER, Devin; GOLDBERG, Adele E. Fast mapping of a phrasal form and meaning. *Developmental Science*, n. 8, p. 500-08, 2005.

CHAFE, Wallace. Integration and involvement in speaking, writing and oral literature. In: TANNER, D. (Ed.). *Spoken and written language*: exploring orality and literacy. Norwood, NJ: Ablex, 1982. p. 35-53.

CHEVROT, Jean-Pierre; BEAUD, Laurence; VARGA, Renata. Developmental data on a French sociolinguistic variable: post-consonantal word-final /R/. *Language Variation and Change*, n. 12, p. 295-319, 2000.

CHOMSKY, Noam. *Syntactic structures*. The Hague: Mouton, 1957.

_____. *Aspects of the theory of syntax*. Cambridge, MA: MIT Press, 1965.

_____. On phases. In: FREIDIN, R.; OTERO, C.; ZUBIZARETTA, M. (Eds.). *Foundational issues in linguistic theory*. Cambridge, MA: MIT Press, 2006. p. 133-66.

CLAUSNER, Tim; CROFT, William. The productivity and schematicity of metaphor. *Cognitive Science*, n. 21, p. 247-82, 1997.

COATES, Jennifer. *The semantics of the modal auxiliary*. London: Croom Helm, 1983.

COLEMAN, John; PIERREHUMBERT, Janet. Stochastic phonological grammars and acceptability. *Computational phonology*: proceedings of the 3rd Meeting of the

ACL Special Interest Group in Computational Phonology. Somerset: Association for Computational Linguistics, 1997. p. 49-56.

COMPANY COMPANY, Concepción. Subjectification of verbs into discourse markers: semantic-pragmatic change only? In: CORNILLIE, B.; DELBECQUE, N. (Eds.). *Topics in subjectification and modalization*. Amsterdam/Philadelphia: John Benjamins, 2006. p. 97-121.

COMRIE, Bernard. *Aspect*. Cambridge: Cambridge University Press, 1976.

_____. *Tense*. Cambridge: Cambridge University Press, 1985.

CONTINI-MORAVA, Ellen. *Discourse pragmatics and semantic categorization*: the case of negation and tense-aspect with special reference to Swahili. Berlin: Mouton de Gruyter, 1989.

COSTE, Jean; REDONDO, Augustin. *Syntaxe de l'espagnol moderne*. Paris: Société d'Edition d'Enseignement Superieur, 1965.

CROFT, William. *Explaining language change*. Harlow: Longman Linguistic Library, 2000.

_____. *Radical construction grammar*: syntactic theory in typological perspective. Oxford: Oxford University Press, 2001.

_____. *Typology and universals*. 2. ed. Cambridge: Cambridge University Press, 2003.

_____; CRUSE, Alan. *Cognitive linguistics*. Cambridge: Cambridge University Press, 2004.

CULICOVER, Peter W. *Syntactic nuts*: hard cases, syntactic theory, and language acquisition. Oxford: Oxford University Press, 1999.

CULICOVER, Peter W.; JACKENDOFF, Ray. *Simpler syntax*. Oxford: Oxford University Press, 2005.

CURME, George O. *A grammar of the English language*. Essex: Verbatim, 1931.

DĄBROWSKA, Eva; LIEVEN, Elena. Towards a lexically specific grammar of children's question constructions. *Cognitive Linguistics*, n. 16, p. 437-74, 2005.

DAHL, Östen. *Tense and aspect systems*. Oxford: Basil Blackwell, 1985.

DAHL, Östen. The marking of the episodic/generic distinction in tense-aspect systems. In: CARLSON, G.; PELLETIER, F. (Eds.). *The generic book*. Chicago: University of Chicago Press, 1995. p. 412-25.

_____. Inflationary effects in language and elsewhere. In: BYBEE; J.; HOPPER, P. (Eds.). *Frequency and the emergence of linguistic structure*. Amsterdam/Philadelphia: John Benjamins, 2001. p. 471-80.

DAVIES, Mark. BYU-BNC: The British National Corpus (100 milhões de palavras, 1980-1993), 2004. Disponível em: <http://www.corpus.byu.edu/bnc>.

_____. *Corpus del Español* (100 milhões de palavras, 1200-1900), 2006. Disponível em: <http://www.corpusdelespanol.org>. Acesso: outono de 2006.

_____. *Time Magazine Corpus* (100 milhões de palavras, 1920-2000), 2007. Disponível em: <http://www.corpus.byu.edu.time>.

_____. *The Corpus of Contemporary American English* (COCA): 400+ milhões de palavras, 1900-presente, 2008. Disponível em: <http://www.americancorpus.org>.

DENISON, David. The origins of periphrastic 'do': Ellegård and Visser reconsidered. In: EATON, R.; FISCHER, O.; VAN DER LEEK, F.; KOOPMAN, W. F. (Eds.). *Papers from the 4th International Conference on English Historical Linguistics*. Amsterdam/Philadelphia: John Benjamins, 1985. p. 45-60.

_____. *English historical syntax*: verbal constructions. London: Longman, 1993.

DÍAZ-CAMPOS, Manuel. Acquisition of sociolinguistic variables in Spanish: do children acquire individual lexical forms or variable rules? In: FACE, T. (Ed.). *Laboratory approaches to Spanish phonology*. Berlin: De Gruyter, 2004. p. 221-36.

D' INTRONO, Franco; SOSA, Juan Manuel. Elisión de la /d/ en el español de Caracas: aspectos sociolingüísticos e implicaciones teóricas. In: NÚÑEZ CEDEÑO, R. A.; PÁEZ URDANETA, I.; GUITART, J. (Eds.). *Estudios sobre la fonología del español del Caribe*. Caracas: Ediciones La Casa de Bello, 1986. p. 135-63.

DIESSEL, Holger; TOMASELLO, Michael. A new look at the acquisition of relative clauses. *Language*, n. 81, p. 1-25, 2005.

DIETRICH, R.; KLEIN, Wolfgang; NOYAU, C. *The acquisition of temporality in a second language*. Amsterdam/Philadelphia: John Benjamins, 1995.

DIVER, William. The system of agency in the Latin noun. *Word*, n. 20, p. 178-96, 1964.

DIXON, R. M. W. *The Dyirbal language of North Queensland*. Cambridge: Cambridge University Press, 1972.

DOBZHANSKY, Theodosius. Biology, molecular and organismic. *American Zoologist*, n. 4, p. 443-52, 1964.

DONALD, Merlin. *Origins of the modern mind*: three stages in the evolution of culture and cognition. Cambridge, MA: Harvard University Press, 1991.

_____. Mimesis and the executive suite: missing links in language evolution. In: HURFORD, J. R.; STUDDERT-KENNEDY, M.; KNIGHT, Chris (Eds.). *Approaches to the evolution of language*. Cambridge: Cambridge University Press, 1998. p. 44-67.

DOWNING, Pamela. On the creation and use of English compound nouns. *Language*, n. 53, p. 810-42, 1977.

DRACHMAN, Gaberell. Child language and language change: a conjecture and some refutations. In: FISIAK, J. (Ed.). *Recent developments in historical phonology*. Berlin: Walter De Gruyter, 1978. p. 123-44.

DRYER, Matthew S. Object-verb order and adjective-noun order: dispelling a myth. *Lingua*, n. 74, p. 185-217, 1988.

DU BOIS, John W. Competing motivations. In: HAIMAN, J. (Ed.). *Iconicity in syntax*. Amsterdam/Philadelphia: John Benjamins, 1985. p. 343-65.

_____. The discourse basis of ergativity. *Language*, n. 63, p. 805-55, 1987.

EDDINGTON, David. On 'becoming' in Spanish: a corpus analysis of verbs of expressing change of state. *Southwest Journal of Linguistics*, n. 18, p. 23-46, 1999.

_____. Stress assignment in Spanish within the analogical modeling of language. *Language*, n. 76, p. 92-109, 2000.

ELLEGÅRD, Alvar. *The auxiliary DO*: the establishment and regulation of its use in English. Stockholm: Almqvist and Wiksell, 1953.

ELLIS, Nick C. Sequencing in SLA: phonological memory, chunking and points of order. *Studies in Second Language Acquisition*, n. 18, p. 91-126, 1996.

ELLIS, Nick C.; LARSEN-FREEMAN, Diane. Language emergence: implications for applied linguistics — introduction to the special issue. *Applied Linguistics*, v. 27, n. 4, p. 558-89, 2006.

ERMAN, Britt; WARREN, Beatrice. The idiom principle and the open choice principle. *Text*, n. 20, p. 29-62, 2000.

FENTE, R. Sobre los verbos de cambio o devenir. *Filología Moderna*, n. 38, p. 157-72, 1970.

FIDELHOLTZ, James. Word frequency and vowel reduction in English. *Chicago Linguistic Society*, n. 11, p. 200-13, 1975.

FILLMORE, Charles J.; KAY, Paul; O'CONNOR, Mary C. Regularity and idiomaticity in grammatical constructions. *Language*, n. 64, p. 501-38, 1988.

_____; KAY, Paul. Grammatical constructions and linguistic generalizations: the What's X doing Y? construction. *Language*, v. 75, n. 1, p. 1-33, 1999.

FISCHER, Olga. *Morphosyntactic change*. Oxford: Oxford University Press, 2007.

FOULKES, Gerald; DOCHERTY, Paul. The social life of phonetics and phonology. *Journal of Phonetics*, n. 34, p. 409-38, 2006.

FOWLER, Carol A.; HOUSUM, Jonathan. Talkers' signaling of "new" and "old" words in speech and listeners' perception and use of the distinction. *Journal of Memory and Language*, n. 26, p. 489-504, 1987.

FOX, Barbara A. The noun phrase accessibility hierarchy reinterpreted: subject primacy or the absolutive hypothesis. *Language*, n. 63, p. 856-70, 1987.

FRISCH, Stefan A.; LARGE, Nathan R.; ZAWAYDEH, Bushra; PISON, David B. I. Emergent phonotactic generalizations in English and Arabic. In: BYBEE, J.; HOPPER, P. (Eds.). *Frequency and the emergence of linguistic structure*. Amsterdam/ Philadelphia: John Benjamins, 2001. p. 159-80.

GARCÍA, Erica; VAN PUTTE, Florimon. Forms are silver, nothing is gold. *Folia Linguistica Historica*, v. 8, n. 1-2, p. 365-84, 1989.

GENTNER, Dedre. Structure-mapping: a theoretical framework for analogy. *Cognitive science*, n. 7, p. 155-70, 1983.

_____; MARKMAN, Arthur B. Structure mapping in analogy and similarity. *American Psychologist*, n. 52, p. 45-56, 1997.

GIBBS, Raymond W.; O'BRIEN, Jennifer E. Idioms and mental imagery: the metaphorical motivation for idiomatic meaning. *Cognition*, v. 36, n. 11, p. 35-68, 1990.

GIVÓN, Talmy. Historical syntax and synchronic morphology: an archeologist's field trip. *CLS*, Chicago, Chicago Linguistic Society, n. 7, p. 384-415, 1971.

_____. The time-axis phenomenon. *Language*, n. 49, p. 890-925, 1973.

_____. Serial verbs and syntactic change: Niger-Congo. In: LI, Charles N. (Ed.). *Word order and word order change*. Austin, TX: University of Texas Press, 1975. p. 47-112.

_____. *On understanding grammar*. New York/San Francisco: Academic Press,1979.

_____. *Syntax*: a functional-typological introduction. Amsterdam/Philadelphia: John Benjamins, 1984. v. I.

_____. *Biolinguistics*: the Santa Barbara lectures. Amsterdam/Philadelphia: John Benjamins, 2002.

GODFREY, John; HOLLIMAN, Edward; McDANIEL, Jane. Switchboard: telephone speech corpus for research and development. *Proceedings of the IEEE ICASSP-92*. San Francisco: IEEE, 1992. p. 517-20.

GOLDBERG, Adele E. *Constructions*: a construction grammar approach to argument structure. Chicago: University of Chicago Press, 1995.

_____. Constructions: a new theoretical approach to language. *Trends in Cognitive Science*, n. 7, p. 219-24, 2003.

_____. *Constructions at work*: the nature of generalization in language. Oxford: Oxford University Press, 2006.

_____; CASENHEISER, Devin; SETHURAMAN, N. Learning argument structure generalizations. *Cognitive Linguistics*, n. 14, p. 289-316, 2004.

GOLDINGER, Stephen. Word and voices: episodic traces in spoken word identification and recognition memory. *Journal of Experimental Psychology*, n. 22, p. 1166-83, 1996.

_____; LUCE, Paul; PISONI, David. Priming lexical neighbors of spoken words: effects of competition and inhibition. *Journal of Memory and Language*, n. 28, p. 501-18, 1989.

LÍNGUA, USO E COGNIÇÃO

GOLDSMITH, John; WOISETSCHLAEGER, E. The logic of the English progressive. *Linguistic Inquiry*, n. 13, p. 79-89, 1982.

GOOSSENS, Louis. The auxiliarization of the English modals: a functional grammar view. In: HARRIS, M.; RAMAT, P. (Eds.). *Historical development of auxiliaries*. Berlin: Mouton de Gruyter, 1987. p. 111-43. (Trends in linguistics; v. 35.)

_____. *Cunnan, conne(n), can*: the development of a radial category. In: KELLERMANN, G.; MORRISSEY, M. D. (Eds.). *Diachrony within synchrony*: language history and cognition. Frankfurt am Main: Peter Lang, 1990. p. 377-94.

GREENBERG, Joseph H. Some universals of grammar with particular reference to the order of meaningful elements. In: GREENBERG, J. (Ed.). *Universals of language*. Cambridge, MA: MIT Press, 1963. p. 73-113.

_____. *Language universals*: with special reference to feature hierarchies. The Hague: Mouton, 1966.

_____. Some methods of dynamic comparison in linguistics. In: PUHVEL, J. (Ed.). *Substance and structure of language*. Berkeley/Los Angeles: University of California Press, 1969. p. 147-203.

_____. Diachrony, synchrony and language universals. In: _____; FERGUSON, C.; MORAVCSIK, E. (Eds.). *Universals of human language*: method and theory. Stanford, CA: Stanford University Press, 1978a. v. I, p. 61-92.

_____. How do languages acquire gender markers? In: _____; MORAVCSIK, E. (Eds.). *Universals of human language*. Stanford, CA: Stanford University Press, 1978b. v. III, p. 47-82.

_____; FERGUSON, Charles; MORAVCSIK, Edith (Eds.). *Universals of human language*: method and theory. Stanford, CA: Stanford University Press, 1978.

GREGORY, Michelle; RAYMOND, William; BELL, Alan; FOSLER-LUSSIER, Eric; JURAFSKY, Daniel. The effects of collocational strength and contextual predictability in lexical production. *CLS*. Chicago, Chicago Linguistic Society, n. 35, p. 151-66, 1999.

GRIES, Stefan Th. *A program for R for Windows*, 2004. (Col. Analysis; v. 3.)

_____; HAMPE, Beate; SCHÖNEFELD, Doris. Converging evidence: bringing together experimental and corpus data on the association of verbs and constructions. *Cognitive Linguistics*, v. 16, n. 4, p. 635-76, 2005.

GUREVICH, Olga; JOHNSON, Matt; GOLDBERG, Adele E. Incidental verbatim memory for language. *Language and Cognition*, v. 2, n. 1, p. 45-78, 2010.

HAIMAN, John. *Natural syntax*. Cambridge: Cambridge University Press, 1985.

_____. Ritualization and the development of language. In: PAGLIUCA, W. (Ed.). *Perspectives on grammaticalization*. Amsterdam/Philadelphia: John Benjamins, 1994. p. 3-28.

_____. Systematization and the origin of rules: the case of subject-verb inversion in questions. *Studies in Language*, v. 26, n. 3, p. 573-93, 2002.

HALLE, Morris. Phonology in generative grammar. *Word*, n. 18, p. 54-72, 1962.

HARRINGTON, Jonathan. An acoustic analysis of "happy-tensing" in the Queen's Christmas broadcasts. *Journal of Phonetics*, n. 34, p. 439-457, 2006.

HARRIS, Alice C.; CAMPBELL, Lyle. *Historical syntax in cross-linguistic perspective*. Cambridge: Cambridge University Press, 1995.

HASPELMATH, Martin. From purposive to infinitive: a universal path of grammaticization. *Folia Linguistica Historica*, n. 10, p. 287-310, 1989.

_____. Does grammaticalization need reanalysis? *Studies in Language*, v. 22, n. 2, p. 315-51, 1998.

HATCHER, Anna G. The use of the Progressive form in English. *Language*, n. 27, p. 254-80, 1951.

HAWKINS, John A. *Word order universals*. New York: Academic Press, 1983.

_____. *A performance theory of order and constituency*. Cambridge: Cambridge University Press, 1994.

_____. *Efficiency and complexity in grammars*. Oxford: Oxford University Press, 2004.

_____. Language universals and the Performance-Grammar Correspondence Hypothesis. In: CHRISTIANSEN, M.; COLLINS, C.; EDELMAN, S. (Eds.). *Language universals*. Oxford: Oxford University Press, 2009. p. 54-78.

HAY, Jennifer. Lexical frequency in morphology: is everything relative? *Linguistics*, n. 39, p. 1041-70, 2001.

HAY, Jennifer. From speech perception to morphology: affix-ordering revisited. *Language*, n. 78, p. 527-55, 2002.

_____; BAAYEN, Harald. Parsing and productivity. *Yearbook of Morphology 2001*, p. 203-35, 2002.

_____; BRESNAN, Joan. Spoken syntax: the phonetics of giving a hand in New Zealand English. *The Linguistic Review*, v. 23, n. 3, p. 321-49, 2006.

HEINE, Bernd. *Auxiliaries*: cognitive forces and grammaticalization. Oxford: Oxford University Press, 1993.

_____; KUTEVA, Tania. *World lexicon of grammaticalization*. Cambridge: Cambridge University Press, 2002.

_____. *The genesis of grammar*: a reconstruction. Oxford: Oxford University Press, 2007.

HEINE, Bernd; REH, Mechthild. *Grammaticalization and reanalysis in African languages*. Hamburg: H. Buske, 1984.

_____; CLAUDI, Ulrike; HÜNNEMEYER, Friederike. *Grammaticalization*: a conceptual framework. Chicago: University of Chicago Press, 1991.

HOFFMAN, Sebastian. *Grammaticalization and English complex prepositions*: a corpus-based study. London/New York: Routledge, 2005.

HOOK, Peter Edwin. The emergence of perfective aspect in Indo-Aryan languages. In: TRAUGOTT, E. C.; HEINE, B. (Eds.). *Approaches to grammaticalization*. Amsterdam: John Benjamins, 1991. v. II, p. 59-89.

HOOPER, Joan B. Word frequency in lexical diffusion and the source of morpho-phonological change. In: CHRISTIE, W. (Ed.). *Current progress in historical linguistics*. Amsterdam: North Holland, 1976. p. 96-105. (Reimpresso em Bybee 2007, p. 23-34.)

_____. Child morphology and morphophonemic change. *Linguistics*, n. 17, p. 21-50, 1979. [Reimpresso em J. Fisiak (Ed.). *Historical morphology*. The Hague: Mouton, 1980. p. 157-87.]

_____; THOMPSON, Sandra A. On the applicability of root transformations. *Linguistic Inquiry*, n. 4, p. 465-97, 1973.

HOPPER, Paul J. Emergent grammar. *Berkeley Linguistic Society*, n. 13, p. 139-57, 1987.

_____. On some principles of grammaticization. In: TRAUGOTT, E. C.; HEINE, B. (Eds.). *Approaches to grammaticalization*. Amsterdam/Philadelphia: John Benjamins, 1991. v. I, p. 17-35.

_____. Phonogenesis. In: PAGLIUCA, P. (Ed.). *Perspectives on grammaticalization*. Amsterdam/Philadelphia: John Benjamins, 1994. p. 29-45.

_____. Emergent serialization in English: pragmatics and typology. In: GOOD, J. (Ed.). *Language universals and language change*. Oxford: Oxford University Press, 2008. p. 253-84.

_____; THOMPSON, Sandra A. Transitivity in grammar and discourse. *Language*, n. 56, p. 251-99, 1980.

_____. The discourse basis for lexical categories in universal grammar. *Language*, v. 60, n. 4, p. 703-52, 1984.

_____; TRAUGOTT, Elizabeth C. *Grammaticalization*. 2. ed. Cambridge: Cambridge University Press, 2003.

HUDDLESTON, Rodney D.; PULLUM, Geoffrey K. *The Cambridge grammar of the English language*. Cambridge: Cambridge University Press, 2002.

ISRAEL, Michael. The way constructions grow. In: GOLDBERG, A. E. (Ed.). *Conceptual structure, discourse, and language*. Stanford, CA: CSLI, 1996. p. 217-30.

JACKENDOFF, Ray. Morphological and semantic regularities in the lexicon. *Language*, n. 51, p. 639-71, 1975.

_____. *Foundations of language*. Oxford: Oxford University Press, 2002.

JAKOBSON, Roman. Shifters, verbal categories and the Russian verb. (Reimpresso em *Roman Jakobson, Selected Writings*. The Hague: Mouton, 1971 [1957a]. v. II, p. 130-47.)

_____. Quest for the essence of language. *Diogenes*, (Reimpresso em *Roman Jakobson, Selected Writings*. The Hague: Mouton, 1971 [1957b]. v. II, p. 345-59.)

_____. Some questions of meaning. In: WAUGH, L. R. (Ed.). *On language*: Roman Jakobson. Cambridge, MA: Harvard University Press, 1990. p. 315-23.

JAMES, William [1890]. *Principles of psychology*. New York: Dover, 1950.

JANDA, Richard D. Beyond "pathways" and "unidirectionality": on the discontinuity of language transmission and the counterability of grammaticalization. In: CAMPBELL, L. (Ed.). Grammaticalization: a critical assessment. *Language Sciences*, v. 23, n. 2-3, p. 265-340, 2001.

JESPERSEN, Otto. *A modern English grammar on historical principles*. Part VI: Morphology. London/Copenhagen: George Allen & Unwin/Ejnar Munksgaard, 1942.

JOHNSON, Keith. Speech perception without speaker normalization. In: _____; MULLENNIX, J. W. (Eds.). *Talker variability in speech processing*. San Diego, CA: Academic Press, 1997. p. 145-65.

JOHNSON-LAIRD, P.; STEVENSON, R. Memory for syntax. *Nature*, n. 227, p. 412, 1970.

_____; ROBINS, C.; VELICOGNA, L. Memory for words. *Nature*, n. 251, p. 704-705, 1974.

JURAFSKY, Daniel. A probabilistic model of lexical and syntactic access and disambiguation. *Cognitive Science*, n. 20, p. 137-94, 1996.

_____; BELL, Alan; GIRAND, Cynthia. The role of the lemma in form variation. In: GUSSENHOVEN, C.; WARNER, N. (Eds.). *Papers in laboratory phonology VII*. Berlin/New York: Mouton de Gruyter, 2002. p. 1-34.

_____; BELL, Alan; GREGORY, Michelle; RAYMOND, William. Probabilistic relations between words: evidence from reduction in lexical production. In: BYBEE, J.; HOPPER, P. (Eds.). *Frequency and the emergence of linguistic structure*. Amsterdam/Philadelphia: John Benjamins, 2001. p. 229-54.

KAY, Paul. Language evolution and speech style. In: BLOUNT, B.; SANCHEZ, M. (Eds.). *Sociocultural dimensions of language change*. New York: Academic Press, 1977. p. 21-33.

KEENAN, Edward L. Variation in universal grammar. In: _____; FASOLD, R.; SHUY, R. (Eds.). *Analyzing variation in language*. Washington DC: Georgetown University Press, 1975. p. 136-48.

_____; COMRIE, Bernard. Noun phrase accessibility and Universal Grammar. *Linguistic Inquiry*, v. 8, n. 1, p. 63-99, 1977.

KIPARSKY, Paul. Linguistic universals and linguistic change. In: BACH, E.; HARMS, R.T. (Eds.). *Universals in linguistic theory*. New York: Holt Rinehart and Winston, 1968. p. 171-204.

_____. Some consequences of lexical phonology. *Phonology yearbook*, n. 2, p. 85-138, 1985.

_____. The phonological basis of sound change. In: GOLDSMITH, J. (Ed.). *The handbook of phonological theory*. Oxford: Blackwell, 1995. p. 640-70.

KIRBY, Simon. Syntax without natural selection: how compositionality emerges from vocabulary in a population of learners. In: KNIGHT, C.; HURFORD, J. R.; STUDDERT-KENNEDY, M. (Eds.). *The evolutionary emergence of language*: social function and the origins of linguistic form. Cambridge: Cambridge University Press, 2000. p. 303-23.

_____. Spontaneous evolution of linguistic structure: an iterated learning model of the emergence of regularity and irregularity. *IEEE Journal of Evolutionary Computation*, v. 5, n. 2, p.102-10, 2001.

_____; CHRISTIANSEN, Morten. From language learning to language evolution. In: CHRISTIANSEN, M.; KIRBY, S. (Eds.). *Language evolution*. Oxford: Oxford University Press, 2003. p. 279-94.

KLEIN, Wolfgang; PERDUE, Clive. The basic variety (or: couldn't natural languages be much simpler?). *Second Language Research*, v. 13, n. 4, p. 301-47, 1997.

KÖPCKE, KlausMichael. Schemas in German plural formation. *Lingua*, n. 74, p. 303-35, 1988.

KOTOVSKY, Laura; GENTNER, Dedre. Comparison and categorization in the development of relational similarity. *Child Development*, n. 67, p. 2797-822, 1996.

KROCH, Anthony. Function and grammar in the history of English: periphrastic *do*. In: FASOLD, R. W.; SCHIFFREN, D. (Eds.). *Language change and variation*. Amsterdam/Philadelphia: John Benjamins, 1989a. p. 134-69.

_____. Reflexes of grammar in patterns of language change. *Language Variation and Change*, n. 1, p. 199-244, 1989b.

_____; MYHILL, John; PINTZUK, Susan. Understanding *do*. *CLS*, Chicago, Chicago Linguistics Society, n. 18, p. 282-94. 1982.

KROTT, Andrea; BAAYEN, Harald; SCHREUDER, R. Analogy in morphology: modeling the choice of linking morphemes in Dutch. *Linguistics*, v. 39, n. 1, p. 51-93, 2001.

KRUG, Manfred. String frequency: a cognitive motivating factor in coalescence, language processing and linguistic change. *Journal of English Linguistics*, n. 26, p. 286-320, 1998.

LABOV, William. *The social stratification of English in New York City*. Arlington, VA: Center for Applied Linguistics, 1966.

_____. *Sociolinguistic patterns*. Philadelphia, PA: University of Pennsylvania Press, 1972.

_____. Building on empirical foundations. In: LEHMANN, Winfred P.; MALKIEL, Yakov (Eds.). *Perspectives on historical linguistics*. Amsterdam: John Benjamins, 1982. p. 17-92.

_____. *Principles of linguistic change*: internal factors. Oxford: Blackwell, 1994.

LAKOFF, George. *Women, fire, and dangerous things*: what categories reveal about the mind. Chicago: University of Chicago Press, 1987.

LANCELOT, C.; ARNAULD, A. *Grammaire générale et raisonnée*. Paris: Pierre le Petit, 1660.

LANGACKER, Ronald. The form and meaning of the English auxiliary. *Language*, n. 54, p. 853-82, 1978.

_____. *Foundations of cognitive grammar*: theoretical prerequisites. Stanford, CA: Stanford University Press, 1987. v. I.

_____. A dynamic usage-based model. In: BARLOW, M.; KEMMER, S. (Eds.). *Usage-based models of language*. Stanford, CA: CSLI, 2000. p. 1-63.

LARSEN-FREEMAN, Diane. Chaos/complexity science and second language acquisition. *Applied Linguistics*, n. 18, p. 141-65, 1997.

LEHMANN, Christian. *Thoughts on grammaticalization*: a programmatic sketch. (Arbeiten des Kölner Universalien-Projekts 48). Köln: Universität zu Köln. Institut für Sprachwissenschaft, 1982. v. I.

LI, Charles N. *Word order and word order change*. Austin, TX: University of Texas Press, 1975.

LI, Charles N. *Subject and topic*. New York: Academic Press, 1976.

_____ (Ed.). *Mechanisms of syntactic change*. Austin, TX: University of Texas Press, 1977.

_____. Some issues concerning the origin of language. In: BYBEE, J.; NOONAN, M. (Eds.). *Complex sentences in grammar and discourse*: essays in honor of Sandra A. Thompson. Amsterdam/Philadelphia: John Benjamins, 2002. p. 203-21.

LI, P.; BATES, Elizabeth; MacWHINNEY, Brian. Processing a language without inflections: a reaction time study of sentence interpretation in Chinese. *Journal of Memory and Language*, n. 32, p. 169-92, 1993.

LIBERMAN, A. M.; SAFFORD HARRIS, K.; HOFFMAN, H.; GRIFFITH, B. C. The discrimination of speech sounds within and across phoneme boundaries. *Journal of Experimental Psychology*, n. 54, p. 358-68, 1957.

LICHTENBERK, Frantiek. On the gradualness of grammaticalization. In: TRAUGOTT, E. C.; HEINE, B. (Eds.). *Approaches to grammaticalization*. Amsterdam/ Philadelphia: John Benjamins , 1991. p. 37-80

LIEVEN, Elena; PINE, Julian M.; BALDWIN, Gillian. Lexically-based learning and early grammatical development. *Journal of Child Language*, n. 24, p. 187-219, 1997.

LIGHTFOOT, David. *Principles of diachronic syntax*. Cambridge: Cambridge University Press, 1979.

_____. *How to set parameters*: arguments from language change. Cambridge, MA: MIT Press, 1991.

LIN, Zi-Yu. *The development of grammatical markers in Archaic Chinese and Han Chinese*. Dissertação. SUNY, Buffalo, NY, 1991.

LINDBLOM, Björn. Explaining phonetic variation: a sketch of the H&H theory. In: HARDCASTLE, W. J.; MARCHAL, A. (Eds.). *Speech production and speech modelling*. Dordrecht: Kluwer, 1990. p. 403-39.

_____; MacNEILAGE, Peter; STUDDERT-KENNEDY, Michael. Self-organizing processes and the explanation of language universals. In: BUTTERWORTH, B.; COMRIE, B.; DAHL, Ö. (Eds.). *Explanations for language universals*. Berlin/New York: Walter De Gruyter, 1984. p. 181-203.

LORD, Carol. Evidence for syntactic reanalysis: from verb to complementizer in Kwa. In: STEEVER, S. B.; WALKER, C. A.; MUFWENE, S. (Eds.). *Papers from the parasession on diachronic syntax*. Chicago: Chicago Linguistic Society, 1976. p. 179-91.

LOS, Bettelou. *The rise of the to-infinitive*. Oxford: Oxford University Press, 2005.

LOSIEWICZ, Beth L. *The effect of frequency on linguistic morphology*. Dissertation. University of Texas, Austin, TX, 1992.

LUCE, Paul; PISONI, David; GOLDINGER, Stephen. Similarity neighborhoods of spoken words. In: ALTMANN, G. (Ed.). *Cognitive models of speech processing*: psycholinguistic and computational perspectives. Cambridge, MA: MIT Press, 1990. p. 122-47.

MacFARLAND, T.; PIERREHUMBERT, Janet. On ich-Laut, ach-Laut and structure preservation. *Phonology*, n. 8, p. 171-80, 1991.

MacWHINNEY, Brian. The acquisition of morphophonology. *Monographs of the Society for Research in Child Development*, v. 174, n. 43 , 1978.

MALT, B. C.; SMITH, E. E. Correlated properties in natural categories. *Journal of Verbal Learning and Verbal Behavior*, n. 23, p. 250-69, 1984.

MAŃCZAK, Witold. Laws of analogy. In: FISIAK, J. (Ed.). *Historical morphology*. The Hague: Mouton, 1980. p. 283-88.

MARCHESE, Lynell. *Tense/aspect and the development of auxiliaries in Kru languages*. Arlington, VA: Summer Institute of Linguistics, 1986.

MARCOS MARÍN, Francisco. *Corpus oral de referencia del español contemporáneo*: textual corpus. Madrid: Universidad Autónoma de Madrid, 1992.

MARCUS, Gary F.; PINKER, Steven; ULLMAN, M.; HOLLANDER, M.; ROSEN, T. J.; XU, F. Overregularization in language acquisition. *Monographs of the society for research in child development*, v. 57, n. 4, p. 1-182, 1992.

McCLELLAND, James L.; BYBEE, Joan. Gradience of gradience: a reply to Jackendoff. *The Linguistic Review*, n. 24, p. 437-55, 2007.

McWHORTER, John. Defining 'creole' as a synchronic term. In: NEUMANN-HOLZSCHUH, I.; SCHNEIDER, E. (Eds.). *Degrees of restructuring in creole languages*. Amsterdam/Philadelphia: John Benjamins, 2001. p. 85-124.

MEDIN, Douglas L.; SCHAFFER, Marguerite M. Context theory of classification learning. *Psychological Review*, n. 85, p. 207-38, 1978.

MEILLET, Antoine. L'évolution des formes grammaticales. *Scientia (Rivista di Scienza)*, v. 6, n. 12, p. 384-400, 1912.

MICHAELIS, Laura A. Type shifting in Construction Grammar: an integrated approach to aspectual coercion. *Cognitive Linguistics*, v. 15, n. 1, p. 1-67, 2004.

_____. Tense in English. In: AARTS, B.; MACMAHON, A. (Eds.). *The handbook of English linguistics*. Oxford: Blackwell, 2006. p. 220-34.

MILLER, George A. The magical number seven, plus or minus two: some limits on our capacity for processing information. *Psychological Review*, n. 63, p. 81-97, 1956.

MILLER, Joanne. On the internal structure of phonetic categories: a progress report. *Cognition*, n. 50, p. 271-85, 1994.

MOONWOMON, Birch. The mechanism of lexical diffusion. Trabalho apresentado no Annual Meeting of the Linguistic Society of America. Philadelphia, janeiro 1992.

MORTON, J. A singular lack of incidental learning. *Nature*, n. 215, p. 203-04, 1967.

MOSSÉ, Fernand. *A handbook of Middle English*. Translated by James A. Walker. Baltimore, MD: Johns Hopkins University Press, 1952.

_____. *Manual of Middle English*. Baltimore, MD: Johns Hopkins University Press, 1968.

MOWREY, Richard; PAGLIUCA, William. The reductive character of articulatory evolution. *Rivista di Linguistica*, v. 7, n. 1, p. 37-124, 1995.

MUNSON, Benjamin; SOLOMON, Nancy P. The effect of phonological neighborhood density on vowel articulation. *Journal of Speech, Language, and Hearing Research*, n. 47, p. 1048-58, 2004.

MURPHY, G. L.; SHAPIRO, A. M. Forgetting of verbatim information in discourse. *Memory and Cognition*, n. 22, p. 85-94, 1994.

NADER, K.; SCHAFE, G. E.; LE DOUX, J. E. Fear memories require protein synthesis in the amygdale for reconsolidation after retrieval. *Nature*, n. 406, p. 722-6, 2000.

LÍNGUA, USO E COGNIÇÃO

NAGLE, Stephen J. *Inferential change and syntactic modality in English*. Frankfurt am Main: Lang, 1989.

NEWELL, Allen. *Unified theories of cognition*. Cambridge, MA: MIT Press, 1990.

NEWMEYER, Frederick J. *Language form and language function*. Cambridge, MA: MIT Press, 1998.

_____. *Possible and probable languages*: a generative perspective on linguistic typology. Oxford: Oxford University Press, 2005.

NOONAN, Michael. Nonstructuralist syntax. In: DARNELL, M.; MORAVCSIK, E.; NEWMEYER, F.; NOONAN, M.; WHEATLEY, K. (Eds.). *Functionalism and formalism in linguistics*. Amsterdam/Philadelphia: John Benjamins, 1998. v. I, p. 11-31.

NORDE, Muriel. Deflexion as a counterdirectional factor in grammatical change. In: CAMPBELL, L. (Ed.). Grammaticalization: a critical assessment. *Language Sciences*, v. 23, n. 2-3, p. 231-64, 2001.

NOSOFSKY, Robert M. Similarity, frequency, and category representations. *Journal of Experimental Psychology*: learning, memory, and cognition, n. 14, p. 54-65, 1988.

NUNBERG, Geoffrey; SAG, Ivan A.; WASOW, Thomas. Idioms. *Language*, n. 70, p. 491-538, 1994.

OGURA, M. The development of periphrastic *do* in English: a case of lexical diffusion in syntax. *Diachronica*, v. 10, n. 1, p. 51-85, 1993.

O'NEILL, John. *Electronic texts and concordances of the Madison Corpus of Early Spanish manuscripts and printings*. Madison/New York: Hispanic Seminary of Medieval Studies, 1999. CD-ROM.

PATTERSON, Janet L. *The development of sociolinguistic phonological variation patterns for (ing) in young children*. Dissertação. University of New Mexico, Albuquerque, NM, 1992.

PAWLEY, Andrew; SYDER, Frances Hodgetts. Two puzzles for linguistic theory: nativelike selection and nativelike fluency. In: RICHARDS, J. C.; SCHMIDT, R. W. (Eds.). *Language and communication*. London: Longman, 1983. p. 191-226.

PERKINS, Revere. *Deixis, grammar, and culture*. Amsterdam/Philadelphia: John Benjamins, 1992.

PETERS, Ann M. *The units of language acquisition*. Cambridge: Cambridge University Press, 1983.

PIERREHUMBERT, Janet. Syllable structure and word structure: a study of triconsonantal clusters in English. In: KEATING, Patricia (Ed.). *Phonological structure and phonetic form*: papers in laboratory phonology. Cambridge: Cambridge University Press, 1994. v. III, p. 168-90.

_____. Exemplar dynamics: word frequency, lenition and contrast. In: BYBEE, J.; HOPPER, P. (Eds.). *Frequency and the emergence of linguistic structure*. Amsterdam/ Philadelphia: John Benjamins, 2001. p. 137-57.

_____. Word-specific phonetics. In: GUSSENHOVEN, C.; WARNER, N. (Eds.). *Laboratory Phonology*. Berlin, Mouton de Gruyter, n. 7, p. 101-39, 2002.

_____. Phonetic diversity, statistical learning, and acquisition of phonology. *Language and Speech*, v. 46, n. 2-3, p. 115-54, 2003.

PINE, Julian M.; LIEVEN, Elena. Reanalysing rote-learned phrases: individual differences in the transition to multiword speech. *Journal of Child Language*, n. 20, p. 551-71, 1993.

PINKER, Steven. Rules of language. *Science*, n. 253, p. 530-35, 1991.

_____. *Words and rules*. New York: Basic Books, 1999.

_____. *The blank slate*: the modern denial of human nature. New York: Viking, 2003.

_____; BLOOM, Paul. Natural language and natural selection. *Behavioral and Brain Sciences*, n. 13, p. 707-26, 1990.

PHILLIPS, Betty S. Word frequency and the actuation of sound change. *Language*, n. 60, p. 320-42, 1984.

_____. Lexical diffusion, lexical frequency, and lexical analysis. In: BYBEE, J.; HOPPER, P. (Eds.). *Frequency and the emergence of linguistic structure*. Amsterdam/ Philadelphia: John Benjamins, 2001. p. 123-36.

PLANK, Frans. The modals story retold. *Studies in Language*, v. 8, n. 3, p. 305-64, 1984.

POPLACK, Shana. A variationist perspective on grammaticalization. In: HEINE, B.; NARROG, H. (Eds.). *Handbook of grammaticalization*. Oxford: Oxford University Press, 2011. p. 209-224.

POPLACK, Shana; TAGLIAMONTE, Sali. Nothing in context: variation, grammaticization and past time marking in Nigerian Pidgin English. In: BAKER, P.; SYEA, A. (Eds.). *Changing meanings, changing functions*: papers relating to grammaticalization in contact languages. London: University of Westminster, 1996. p. 71-94.

POUNTAIN, Christopher J. How "become" became in Castilian. In: _____. *Essays in honour of Robert Brian Tate from his colleagues and pupils*. Nottingham: University of Nottingham Monographs in the Humanities, 1984. p. 101-11.

PRÉVOST, P.; WHITE, L. Missing surface inflection or impairment in second language acquisition? Evidence from tense and agreement. *Second Language Research*, v. 16, n. 2, p. 103-33, 2000.

QUIRK, Randolf; GREENBAUM, Sydney; LEECH, Geoffrey, SVARTVIK, Jan. *A comprehensive grammar of the English language*. New York: Harcourt Brace Jovanovich, 1985.

REID, Wallis. *Verb and noun number in English*: a functional explanation. New York: Longman, 1991.

REYNA, V. F.; KIERNAN, B. The development of gist versus verbatim memory in sentence recognition: effects of lexical familiarity, semantic content, encoding instruction, and retention interval. *Developmental Psychology*, n. 30, p. 178-91, 1994.

ROBERTS, Ian. Agreement parameters and the development of the English modal auxiliaries. *Natural Language and Linguistic Theory*, n. 3, p. 21-58, 1985.

ROBERTS, Ian; ROUSSOU, Anna. *Syntactic change*: a minimalist approach to grammaticalization. Cambridge: Cambridge University Press, 2003.

ROBERTS, Julie. *Acquisition of variable rules*: (-t, d) deletion and (ing) production in preschool children. Dissertação. University of Pennsylvania, Philadelphia, 1994.

_____. Acquisition of variable rules: a study of (-t, d) deletion in preschool children. *Journal of Child Language*, n. 24, p. 351-72, 1997.

ROBERTS, Sarah J.; BRESNAN, Joan. Retained inflectional morphology in pidgins: a typological study. *Linguistic Typology*, n. 12, p. 269-302, 2008.

ROMAINE, Suzanne. The grammaticalization of irrealis in Tok Pisin. In: BYBEE, J.; FLEISCHMANN, S. (Eds.). *Modality in grammar and discourse*. Amsterdam/ Philadelphia: John Benjamins, 1995. p. 389-427.

ROSCH, Eleanor H. Natural categories. *Cognitive Psychology*, n. 4, p. 328-50, 1973.

_____. Cognitive representation of semantic categories. *Journal of Experimental Psychology*, n. 104, p. 573-605, 1975.

_____. Principles of categorization. In: ROSCH, E. H.; LLOYD, B. B. (Eds.). *Cognition and categorization*. Hillsdale, NJ: Lawrence Erlbaum, 1978. p. 27-48.

RUMELHART, David E.; McCLELLAND, James L. *Parallel distributed processing*: explorations in the microstructure of cognition. Cambridge, MA: MIT Press, 1986. v. 1-2.

SACHS, Jacqueline S. Recognition memory for syntactic and semantic aspects of connected discourse. *Perception and Psychophysics*, v. 2, n. 9, p. 437-43, 1967.

SANKOFF, Gillian; BLONDEAU, Hélène. Language change across the lifespan: /r/ in Montreal French. *Language*, n. 83, p. 560-614, 2007.

SAPIR, Edward. *Language*: an introduction to the study of speech. New York: Harcourt Brace, 1921.

SAVAGE, Ceri; LIEVEN, Elena; THEAKSTON, Anna; TOMASELLO, Michael. Testing the abstractness of children's linguistic representations: lexical and structural priming of syntactic constructions in young children. *Developmental Science*, v. 6, n. 5, p. 557-567, 2003.

SCHEIBMAN, Joanne. *I dunno but...* a usage-based account of the phonological reduction of *don't*. *Journal of Pragmatics*, n. 32, p. 105-24, 2000.

_____. *Point of view and grammar*: structural patterns of subjectivity in American English conversation. Amsterdam: John Benjamins, 2002.

SCHWENTER, Scott A. The grammaticalization of an anterior in progress: evidence from a Peninsular Spanish dialect. *Studies in Language*, n. 18, p. 71-111, 1994.

SEPPÄNEN, Aimo; BOWEN, Rhonwen; TROTTA, Joe. On the so-called complex prepositions. *Studia Anglia Posnaniensia*, n. 29, p. 3-29, 1994.

SIENICKI, Ben. The *dare* and *need* constructions in English: a case of degrammaticization? Albuquerque, NM: University of New Mexico, 2008. [Original não publicado.]

SIEWIERSKA, Anna. Word order. In: SMELSER, N.; BALTES, P. (Eds.). *International encyclopedia of the social and behavioral sciences*. Amsterdam: Elsevier, 2002.

SINCLAIR, John. *Corpus, concordance, collocation*. Oxford: Oxford University Press, 1991.

SKOUSEN, Royal. *Analogical modeling of language*. Dordrecht: Kluwer, 1989.

SLOBIN, Dan I. Language change in childhood and in history. In: MACNAMARA, J. (Ed.). *Language learning and thought*. New York: Academic Press, 1977. p. 185-214.

_____. Cross-linguistic evidence for the language-making capacity. In: _____ (Ed.). *The cross-linguistic study of language acquisition*: theoretical perspectives. Hillsdale, NJ: Lawrence Erlbaum, 1985. v. II, p. 1157-256.

_____. Talking perfectly: discourse origins of the Present Perfect. In: PAGLIUCA, W. (Ed.). *Perspectives on grammaticalization*. Amsterdam/Philadelphia: John Benjamins, 1994. p. 119-33.

_____. From "thought" and "language" to "thinking for speaking." In: GUMPERZ, J. J.; LEVINSON, S. C. (Eds.). *Rethinking linguistic relativity*. Cambridge: Cambridge University Press, 1996. p. 70-96.

_____. Mind, code, and text. In: BYBEE, J.; HAIMAN, J.; THOMPSON, S. (Eds.). *Essays on language function and language type*. Amsterdam/Philadelphia: John Benjamins, 1997a. p. 437-67.

_____. The origins of grammaticizable notions: beyond the individual mind. In: _____ (Ed.), *The cross-linguistic study of language acquisition*: expanding the contexts. Mahwah, NJ: Lawrence Erlbaum, 1997b. v. V, p. 1-39.

_____. Language and thought online: cognitive consequences of linguistic relativity. In: GENTNER, D.; GOLDIN-MEADOW, S. (Eds.). *Language in mind*: advances in the investigation of language and thought. Cambridge, MA: MIT Press, 2003. p. 157-91.

SMITH, Geoff P. *Growing up with Tok Pisin*: contact, creolization, and change in Papua New Guinea's national language. London: Battlebridge, 2002.

SMITH, K. Aaron. The role of frequency in the specialization of the English anterior. In: BYBEE, J.; HOPPER, P. (Eds.). *Frequency and the emergence of linguistic structure*. Amsterdam/Philadelphia: John Benjamins, 2001. p. 361-82.

SMITH, Carlota S. *The parameter of aspect*. Dordrecht: Kluwer, 1997.

STEELE, Susan. Past and irrealis: just what does it all mean? *International Journal of American Linguistics*, n. 41, p. 200-17, 1975.

STEFANOWITSCH, Anatol; GRIES, Stefan. Collostructions: investigating the interaction of words and constructions. *International Journal of Corpus Linguistics*, v. 8, n. 2, p. 209-43, 2003.

STUDDERT-KENNEDY, Michael; LIBERMAN, Alvin; HARRIS, Katherine; COOPER, Franklin. Motor theory of speech perception: a reply to Lane's critical review. *Psychological Review*, n. 77, p. 234-49, 1970.

TAEYMANS, Martine. *What the Helsinki Corpus tells us about DARE in late Middle English to Early Modern English*. Trabalho apresentado no 13 ICEHL, University of Vienna, agosto 2004.

_____. *An investigation into the emergence and development of the verb* need *from Old to Present-Day English*: a corpus-based approach. Dissertação. University of Antwerp, Belgium, 2006.

TALMY, Leonard. Lexicalization patterns: semantic structure in lexical forms. In: SHOPEN, Timothy (Ed.). *Language typology and syntactic description*. Cambridge: Cambridge University Press, 1985. p. 57-149.

TAO, Hongyin. A usage-based approach to argument structure: 'remember' and 'forget' in spoken English. *International Journal of Corpus Linguistics*, v. 8 n. 1, p. 75-95, 2003.

TAYLOR, John. *Linguistic categorization*. 2. ed. Oxford: Oxford University Press, 1995.

THOMPSON, Sandra A. A discourse approach to the cross-linguistic category "adjective". In: HAWKINS, J. A. (Ed.). *Explaining language universals*. Oxford: Basil Blackwell, 1988. p. 167-85.

_____. A discourse explanation for the cross-linguistic differences in the grammar of interrogation and negation. In: SIEWIERSKA, A.; SONG, J. J. (Eds.). *Case, typology and grammar*. Amsterdam/Philadelphia: John Benjamins, 1998. p. 309-41.

THOMPSON, Sandra A.; FOX, Barbara. A discourse explanation of the grammar of relative clauses in English conversation. *Language*, v. 66, n. 2, p. 297-316, 1990.

_____; HOPPER, Paul J. Transitivity, clause structure, and argument structure: evidence from conversation. In: BYBEE, J.; HOPPER, Paul J. (Eds.). *Frequency and the emergence of linguistic structure.* Amsterdam/Philadelphia: John Benjamins, 2001. p. 27-60.

THURSTON, William R. How exoteric languages build a lexicon: esoterogeny in West New Britain. In: HARLOW, R.; HOOPER, R. (Eds.). *VICAL 1*: Oceanic languages, papers from the Fifth International Conference on Austronesian Linguistics. Auckland: Linguistic Society of New Zealand, 1989. p. 555-79.

TIERSMA, Peter. Local and general markedness. *Language*, n. 58, p. 832-49, 1982.

TOMASELLO, Michael. *First verbs*: a case study of early grammatical development. Cambridge: Cambridge University Press, 1992.

_____. *Constructing a language*: a usage-based theory of language acquisition. Cambridge, MA: Harvard University Press, 2003.

_____; KRUGER, A.; RATNER, H. Cultural learning. *Behavioral and Brain Sciences*, n. 16, p. 495-552, 1993.

TOMLIN, Russell S. *Basic word order*: functional principles. London: Croom Helm, 1986.

TORRES CACOULLOS, Rena. Variation and grammaticization in progressives: Spanish *-ndo* constructions. *Studies in Language*, v. 23, n. 1, p. 25-59, 1999.

_____. *Grammaticization, synchronic variation, and language contact*: a study of Spanish progressive *-ndo* constructions. Amsterdam/Philadelphia: John Benjamins, 2000.

_____. From lexical to grammatical to social meaning. *Language in Society*, n. 30, p. 443-78, 2001.

_____. Relative frequency in the grammaticization of collocations: nominal to concessive *a pesar de*. In: FACE, T.; KLEE, C. (Eds.). *Selected proceedings of the 8th Hispanic Linguistics Symposium*. Somerville: Cascadilla Proceedings Project, 2006. p. 37-49.

TORRES CACOULLOS, Rena; SCHWENTER, Scott. Towards an operational notion of subjectification. *Berkeley Linguistics Society*, n. 31, p. 347-58, 2005.

_____; WALKER, James A. The present of the English future: grammatical variation and collocations in discourse. *Language*, v. 85, n. 2, p. 321-54, 2009.

TOTTIE, Gunnel. Lexical diffusion in syntactic change: frequency as a determinant of linguistic conservatism in the development of negation in English. In: KASTOVSKY, D. (Ed.). *Historical English syntax*. Berlin: Mouton de Gruyter, 1991. p. 439-67.

TRASK, Robert. L. *Historical linguistics*. 2. ed. revista por Robert McColl Millar. London: Arnold, 2007.

TRAUGOTT, Elizabeth C. *A history of English syntax*. New York: Holt, Rinehart, & Winston, 1972.

_____. On the rise of epistemic meanings in English: an example of subjectification in semantic change. *Language*, n. 65, p. 31-55, 1989.

_____. Legitimate counterexamples to unidirectionality. Trabalho apresentado na Freiberg University, outubro 2001.

_____. Constructions in grammaticalization. In: JOSEPH, B.; JANDA, R. (Eds.). *A handbook of historical linguistics*. Oxford: Blackwell, 2003. p. 624-47.

_____; DASHER, Richard B. *Regularity in semantic change*. Cambridge: Cambridge University Press, 2002.

_____; KÖNIG, Ekkehard. The semantics-pragmatics of grammaticalization revisited. In: _____; HEINE, B. (Eds.). *Approaches to grammaticalization*. Amsterdam/Philadelphia: John Benjamins, 1991. v. I, p. 189-218.

TRUDGILL, Peter. Contact and simplification. *Linguistic Typology*, n. 5, p. 371-74, 2001.

_____. Contact and isolation in linguistic change. In: BREIVIK, L.; JAHR, E. (Eds.). *Language change*: contributions to the study of its causes. Berlin: Mouton de Gruyter, 1989. p. 227-37.

_____. Linguistic and social typology. In: CHAMBERS, J.; TRUDGILL, P.; SCHILLING-ESTES, N. (Eds.). *Handbook of language variation and change*. Oxford: Blackwell, 2002. p. 707-28.

VAN BERGEM, Dick. *Acoustic and lexical vowel reduction, studies in language and language use*. Amsterdam, IFOTT, n. 16, 1995.

VAN GELDEREN, Ell. *Grammaticalization as economy*. Amsterdam/Philadelphia: John Benjamins, 2004.

VENDLER, Zeno. Verbs and times. In: _____ (Ed.). *Linguistics in philosophy*. Ithaca, NY: Cornell University Press, 1967. p. 97-121.

VERHAGEN, Arie. From parts to wholes and back again. *Cognitive Linguistics*, n. 13, p. 403-39, 2002.

_____. English constructions from a Dutch perspective: where are the differences? In: HANNAY, M.; STEEN, G. J. (Eds.). *Structural-functional studies in English grammar*. Amsterdam/Philadelphia: John Benjamins, 2006. p. 257-74.

VIHMAN, Marilyn. 1980. Sound change and child language. In: INTERNATIONAL CONFERENCE ON HISTORICAL LINGUISTICS, 4., Amsterdam/Philadelphia, John Benjamins.

VITEVITCH, Michael S.; LUCE, Paul A.; CHARLES-LUCE, Jan; KEMMERER, David. Phonotactics and syllable stress: implications for the processing of spoken nonsense words. *Language and Speech*, n. 40, p. 47-62, 1997.

WARNER, Anthony. Review article of Lightfoot 1979 (*Principles of diachronic syntax*). *Journal of Linguistics*, n. 19, p. 187-209, 1983.

_____. What drove "do"? In: KAY, C.; HOROBIN, S.; SMITH, J. J. (Eds.). *New perspectives on English historical linguistics*: syntax and morphology. Amsterdam/Philadelphia: John Benjamins, 2004. v. I, p. 229-42.

WATKINS, Calvin. *Indo-European origins of the Celtic verb I*: the sigmatic aorist. Dublin: Dublin Institute for Advanced Studies, 1962.

WAUGH, Linda. A semantic analysis of the French tense system. *Orbis*, n. 24, p. 436-85, 1975.

WEDEL, Andrew B. Exemplar models, evolution and language change. *The Linguistic Review*, v. 23, n. 3, p. 247-74, 2006.

_____. Feedback and regularity in the lexicon. *Phonology*, n. 24, p. 47-85, 2007.

WHORF, Benjamin Lee. Language, mind, and reality. In: CARROLL, J. B. (Ed.). *Language, thought, and reality*: selected writings of Benjamin Lee Whorf. Cambridge, MA: MIT Press, 1956. p. 134-59.

WILSON, Damián Vergara. From 'remaining' to 'becoming' in Spanish: the role of prefabs in the development of the construction *quedar(se)* + ADJECTIVE. In: CORRIGAN, R.; MORAVCSIK, E.; OUALI, H.; WHEATLEY, K. (Eds.). *Formulaic language. Typological studies in language.* Amsterdam/Philadelphia: John Benjamins, 2009. v. I, p. 273-96.

WITTGENSTEIN, Ludwig. *Philosophical investigations.* New York: Macmillan, 1953.

WRAY, Alison. Holistic utterances in protolanguage: the link from primates to humans. In: KNIGHT, Chris; STUDDERT-KENNEDY, M.; HURFORD, J. (Eds.). *The Evolutionary Emergence of Language*: social function and the origins of linguistic form. New York: Cambridge University Press, 2000. p. 285-302.

_____. *Formulaic language and the lexicon.* Cambridge: Cambridge University Press, 2002.

_____; GRACE, George W. The consequences of talking to strangers: evolutionary corollaries of socio-cultural influences on linguistic form. *Lingua*, n. 117, p. 543-78, 2007.

ZIEGELER, Debra. Grammaticalization through constructions: the story of causative *have* in English. *Annual Review of Cognitive Linguistics*, n. 2, p. 159-95, 2004.

ZWICKY, Arnold; PULLUM, Geoffrey. Cliticization vs. inflection: English *n't.* *Language*, n. 59, p. 502-13, 1983.

Índice Remissivo

A

abordagem estrutural 258
abordagem funcional 31, 190, 322
abordagem gerativista 36, 302, 307
acesso 31, 53, 71, 73, 76, 79, 83-88, 91-92, 157, 188, 226, 313, 323, 328
afirmativas 198, 200, 240-241, 243-244, 246-248, 251, 256
– e negativas 237, 240, 242, 244
alinhamento estrutural 101
amostragem 326
analisabilidade 21, 26, 28, 32, 34, 62, 67-68, 79-91, 97, 127, 155-156, 166, 215, 217, 228-229, 339-340
– perda de 62, 64, 81-83, 89, 97, 154, 171, 219, 225-228, 233, 316-317
Análise Colostrucional 157-163
analogia 26-27, 64, 98-100, 110, 117, 121, 123, 126, 157-163, 158-160, 163, 205, 210
– analogia específica do item 131, 155, 260
– analogia proporcional 100-101
– em comparação com regras 123-125
– e similaridade 98, 101
– extensão analógica 112-114
– modelos analógicos 123
– nivelamento analógico 112, 121
– processamento analógico 99, 123, 126
analogia morfológica 101
aquisição 30, 111, 123, 130, 145, 179, 181-184, 187, 305, 314. *Ver também* linguagem infantil
– de variação fonológica 184
aquisição da linguagem. *Ver* Aquisição; Linguagem infantil
Arbib, Michael 38
Aske, Jon 104-105
aspecto 20, 23, 35, 108, 170, 179, 191, 210, 213, 277, 282-283, 295, 299-300, 320, 322, 329, 339
associação intermodal 312
ativação 72, 83, 125, 155, 217, 226, 323
"atratores estranhos" 304, 308, 311
automatização 171, 187
autonomia 5, 31, 63-64, 83-88, 92, 97, 127, 154-157, 173, 217, 316, 339

B

Baayen, Harald 99, 102, 104-105, 146, 155, 163
Baldwin, Gillian 66

Baron, Naomi 182
Bates, Elizabeth 39, 145, 322
Beaud, Laurence 184
Beckner, Clay 215, 221, 223
be going to. Ver futuro no inglês
Bell, Alan 73
Berlim, Brent 299
Bernstein, Basel 325
be ('ser')
– *be* copular 119-120, 183, 209-210
bilinguismo 328
Bisang, Walter 86, 321-322

C

can ('poder') 94, 112, 235-236, 238, 240-241, 243-245, 247-248, 251, 255, 262, 264-265, 296-298
– *can remember* ('poder lembrar') 248-254
– *can't remember* ('não poder lembrar') 248-254
– capacidade física 261, 297
– capacidade geral 296
– capacidade mental 260-261, 296
– com verbos cognitivos 238-239, 248, 254-255, 261
– com verbos de comunicação 255, 262
– habilidades 262
– permissão 296-297
capacidades de domínio geral 304
capacidades de domínnio específico 305, 313
Casenheiser, Devin 145-147
categorias 122
– categorias altamente esquemáticas 134, 149

– categorias de exemplares 131-133, 137
– categorias fonéticas 39, 42
– categorias marcadas 255
– categorias obrigatórias 20, 321-322, 324
– categorias radiais 283
– membro frequente 148
– membros de 138
– pertencimento gradual a uma categoria 40, 42, 131, 148
categorização 22-23, 26-27, 36, 40-42, 108, 127-166, 187, 215-217, 258, 312, 314
– categorização de item específico 128-129
– categorização local 140-143
– categorização natural 41, 301
– semelhança na categorização 143
causação 267, 318
causativos perifrásticos 182
centralidade 132, 136, 138, 156-157
Chevrot, Jean-Pierre 184
Chomsky, Noam 31, 38, 306, 313
chunking 26, 97, 127, 233, 304, 340
Claudi, Ulrike 169
Clausner, Tim 32, 114
coarticulação 71-72
coerção 290-291
coesão 66, 73, 77-78, 212-213
Company Company, Concepción 246
competência 30, 307
competição 73, 117, 119, 123, 175, 199, 201
complementizador 243
complexidade cultural 326-327, 335
composicionalidade 26, 28, 32, 34, 50, 62, 64, 68, 79-85, 88-91, 97, 127, 155, 157, 171, 226, 228-229, 315-317, 339

- perda de 62, 81, 85, 89-91, 171, 228, 316

compostos 80, 105-106, 314
- novos compostos 105
- representações por um feixe de exemplares de 56-61

Comrie, Bernard 287, 288, 333-334, 336

condições necessárias e suficientes 93, 138, 258, 282

conexões lexicais 45, 52
- força 52

construção resultativa 29, 53, 88, 193

construções 17-20, 22, 24, 26, 28-29, 32-35, 38, 50-51, 53-56, 58-61, 71-72, 92, 97, 109, 112, 117-121, 124-125, 167-188, 190, 192, 194, 196, 198, 217, 230, 236, 244, 249, 251, 256-257, 259-260, 265-266, 275, 295, 309, 311, 315, 323, 332-336, 339-340
- exemplos de 56-61, 90, 111, 113, 117, 120, 134, 143-145, 157, 190, 210, 229, 273
- novas construções 28, 56, 59, 62, 86, 121-122, 164, 169, 174, 189, 191, 199, 202-204, 232, 317
- representações por um feixe de exemplares de 56-61

Construções com *tornar-se* no espanhol 121-122, 139-140, 148, 150, 151, 152, 153, 161, 162

construções com verbo serial 337-338

construções semanticamente gerais 146

constructicon 124

contexto 40, 43, 53, 84, 91-93, 95-96, 172, 257, 265, 269, 274, 297
- absorção de significado do 258, 260, 274-275

contexto discursivo 183, 322

contexto social 36, 96, 297, 317, 325

contração sujeito-auxiliar 214

convencionalização 59, 68, 127-166, 187, 211-212, 235-256, 330, 337-338
- de implicatura 318
- de inferência 95-96, 248, 258
- de significado 56, 67-68

coordenação 38, 220, 221

criatividade 98, 100, 104, 109, 134, 148

Croft, William 28, 32, 55, 79, 114, 129, 132, 181, 191, 198, 303, 307, 314, 338

Curme, George O. 203

D

Dąbrowska, Eva 66, 104, 110-112, 130, 303

Dahl, Östen 174, 266, 277, 284, 299, 307, 319, 328

dêixis 325-326

desbotamento 32, 172, 178, 233, 255, 260, 262, 296, 336

descategorização 225-228

desempenho 30, 65, 180

desenvolvimento diacrônico 95, 147, 182-183, 270, 295, 318, 339

detalhe fonético 35, 40

diacronia 259, 308, 312
- e sincronia 167-187

Díaz-Campos, Manuel 184

Diessel, Holger 199, 333

Dietrich, R. 329

difusão lexical 36, 125, 207-208

do 203
- com perguntas e negativas 186, 190-191, 203
- *do* perifrástico 186, 191, 201-203, 207

Docherty, Paul 46, 184

Donald, Merlin 38-39

Drachman, Gaberell 181
Du Bois, John W. 32, 332
duração da palavra 73

E

Eddington, David 53, 99, 102, 104-106, 108, 123, 139-140, 153, 159-163, 330
efeito de gangue 116
efeitos de protótipo 132
Ellegård, Alvar 202-203, 207
Ellis, Nick C. 18, 27, 33, 64, 95, 312
emergência 135, 198, 235-236, 303, 313
Erman, Britt 33, 66-67, 102-103
esquemas 123-124
esquematicidade 109, 114, 116, 133-134, 137, 149, 153-154, 166
– e produtividade 114, 126-127, 130, 154, 339-340
– posições esquemáticas 29, 98-99, 109, 112, 128, 134-135, 137, 166
estado presente 296
estados 285, 288, 295, 332
– corporais 150
– emocionais 139
– físicos 140
– sincrônicos 31, 339
estativos 236, 277, 280-281, 292, 296, 299, 318
estratégia discursiva 332
– organização do discurso 332, 334
estratégias de inferência 324
estratificação 236, 294, 326
estrutura de constituinte 61, 65, 168
– mudança na 32, 62, 231
estrutura hierárquica
– da língua 66
– da memória 65

explicação diacrônica 164, 167-169
expressões aprendidas por repetição 110
expressões formulaicas 26, 65, 155-156, 237, 247, 248, 315
expressões holísticas 316
expressões idiomáticas 56, 67-68, 84, 97, 128
expressões pré-fabricadas 37, 56, 65-66

F

familiaridade 147, 325, 330
feixes de exemplares 30, 44, 53, 67, 70-71, 88, 109, 113, 262
– feixes de exemplares fonéticos 69
Ferguson, Charles 32
Fillmore, Charles J. 28, 32, 57-58, 80, 108, 128, 303
Fischer, Olga 190-192
flexão ergativa 332
fonologia 11, 21, 29, 33, 42-43, 45-46, 168, 181, 185, 283
– modelos exemplares em 43
fonte lexical 272, 276, 282
Força Colostrucional 158-162
força de representação 62
força lexical 51, 87, 125
Fosler-Lussier, Eric 33
Foulkes, Gerald 46, 184
Fox, Barbara A. 334
frequência 32, 34, 69-71, 81, 87, 149-156, 161-162, 188-190, 235-236
– alta frequência 24, 29, 43-44, 50-51, 55, 68-70, 72, 77, 85, 92, 103, 108, 112-114, 119, 121, 123, 125, 132, 138, 147, 149-150, 155-156, 158, 160-163, 166, 184, 189, 191, 199, 202, 203-204, 207, 209, 214, 230, 236, 237, 247, 255-256, 258, 316, 324-325, 330-332

- aumento em 136, 172, 186, 201
- baixa frequência 44, 51, 71-72, 108, 112-113, 125, 146, 155, 160-163, 184, 205, 331, 336
- de coocorrência 68-69, 74, 77-78, 213-214, 254
- Efeito de Conservação 87, 125
- Efeito de Redução 125
- frequência de construção 77, 85, 95
- frequência de ocorrência 29, 50-51, 70, 82, 87, 117, 125, 132, 138, 146-147, 154-156, 158-159, 166, 171, 195, 204-205, 209, 229, 248, 333
- frequência de palavras 132
- frequência de paradigma 51, 112-113
- frequência de tipo 113-114, 127, 146, 154-155, 166, 186, 203-204, 209
- frequência relativa 81-82, 158, 196, 232, 237, 339
- no contexto 71, 74-75
- proporção entre tipo/ocorrência 205-206

frequência de construção. *Ver* frequência

frequência de palavras. *Ver* frequência

frequência do entorno 72

função pragmática 79, 256

futuro 21, 23, 59-61, 93, 95, 169-171, 174, 185, 192-193, 229-230, 246, 267-268, 270-271, 273-274, 276, 280, 284, 286-288, 295-296, 299, 307, 309-311, 318, 339
- futuro programado 287
- intenção 60, 267-270, 274, 295, 309, 311, 319, 339
- previsão 60, 96, 270-271, 274, 295, 309-311, 319, 339
- volição 170, 268-269, 272-273, 309-310, 318, 339
- vontade 227

G

García, Erica 276, 282, 292, 324

generalização de significado.
Ver desbotamento

Gentner, Dedre 27, 100-101, 147, 165

Givón, Talmy 31-32, 167, 175-176, 303, 307, 312, 325

Goldberg, Adele E. 28, 32, 108, 130, 134, 143-147, 163, 165

Goldsmith, John 289, 292-293

Goldstein, Louis M. 72

Grace, George W. 303, 315, 327, 329

gradiência 17-25, 30, 34-35, 62, 87, 97-98, 168, 180, 189, 219, 267, 305
- em categorias 189

gramática 18, 28-30, 32, 34, 59, 61, 63, 97, 128-129, 164-165, 167-168, 181, 183-184, 187, 190-191, 210, 212, 235, 254, 256, 258, 260, 291, 293, 305, 313-317, 327, 330, 332, 335, 340

Gramática Cognitiva 108

gramática de construção 99, 108, 198, 208, 283

gramaticalização 20-21, 28, 32, 36, 56, 58-60, 68, 77, 82, 85-86, 88-90, 93, 168-171, 174-180, 182-183, 185, 187-193, 198, 202, 209, 215, 219, 225-226, 228-234, 236, 248, 257-259, 266-267, 275-276, 280, 283-284, 290-291, 294, 296, 299-300, 304, 307-317, 319-325, 329-330, 336, 338-339
- mudança de significado na 260, 270, 290-291
- natureza gradual da 189

Gramática Radical de Construção 303

Gramática Universal 302, 306-307, 312-313, 317

Greenbaum, Sydney 217-219, 223, 229

Greenberg, Joseph H. 21, 32-33, 167, 175, 237, 276, 303-304, 306-307, 336

Gregory, Michelle 33, 44, 73

Gries, Stefan 134, 157-159, 163

Gurevich, Olga 40-41

H

habituação 172-173, 187, 312, 339

habitual 277-281

Haiman, John 64, 167, 172, 213, 303

Hampe, Beate 134

hapax legomena 155

Harrington, Jonathan 47

Haspelmath, Martin 32, 61, 188-189, 202

Hatcher, Anna G. 289

have ('ter')
- *have to* ('ter de') 82-83
- possessivo 23, 191

Hawkins, John A. 176, 228, 305, 331, 332, 334, 336-337

Hay, Jennifer 21, 44, 50, 81-84, 92, 146, 155, 217, 226, 228

Heine, Bernd 32, 59, 167, 169-170, 177, 179, 307, 313, 315, 319

Hierarquia de Acessibilidade 332-333, 336

hipérbole 67

hipótese do uniformitarismo 315

Hopper, Paul J. 18, 21, 25, 32-33, 59, 169, 178, 193, 219, 225-226, 255, 275-276, 294, 303, 330, 337-338

Huddleston, Rodney D. 219, 223, 229

Hünnemeyer, Friederike 169

I

imitação 38-39

implicação. *Ver também* inferência

inferência 27, 35, 60, 64, 86, 92-97, 157, 172, 178, 183, 188, 216, 238, 248, 258, 260, 266, 273, 294, 298, 310, 312, 317. *Ver também* implicação
- convencionalização de 267, 270, 282, 317
- mudança de significado em 260, 269, 290
- similaridade interlinguística de 304-306, 319

infinitivo com *to* 201-202

informação mútua 73

In spite of ('apesar de') 220, 267, 269-270
- coordenação de 221

intenção 60, 93, 157, 173-174, 223, 267-270, 273, 317. *Ver também* futuro

iulgamento de aceitabilidade 102, 108, 160-162

iulgamentos de gramaticalidade. *Ver* iulgamentos de aceitabilidade

J

Jackendoff, Ray 36, 109, 123, 313

Jakobson, Roman 37, 138, 283-284, 291, 356

James, William 27, 95, 206, 228, 312, 346

Janda, Richard D. 179-181, 188-189

Johnson, Keith 57

Johnson, Matt 43

julgamentos de gramaticalidade. *Ver* julgamentos de aceitabilidade

Jurafsky, Daniel 33, 72-73, 76-77

K

Kay, Paul 57-58, 80, 128, 299, 325

Keenan, Edward L. 330, 333-334, 336

Kirby, Simon 314-315

Klein, Wolfgang 329

König, Ekkehard 318

Köpcke, Klaus-Michael 104, 124

Kotovsky, Laura 147

Kroch, Anthony 181, 188-189, 191, 198, 202

Krott, Andrea 99, 102, 105

Krug, Manfred 213

Kuteva, Tania 32, 170, 307, 313, 315, 319

L

Labov, William 33, 44, 46, 187

Langacker, Ronald 29, 32, 37, 79-80, 95, 108, 111, 129, 188

Larsen-Freeman, Diane 18, 33, 308

Leech, Geoffrey 217-219, 223, 229

Lehmann, Christian 32, 169

Lei do Poder da Prática 65

lenição 44. *Ver também* redução fonética

Li, Charles N. 31

Lieven, Elena 66, 102, 104, 110-112, 130, 303

Lightfoot, David 181, 188-192, 210

Lindblom, Björn 25, 33-34, 71-73, 79

linguagem do adulto 184

- aprendizes adultos de segunda língua 327-329
- fonologia do adulto 46-47
- mudança na 184

linguagem infantil 110-112, 126, 182

- aquisição 303
- e mudança linguística 102, 181-182
- variantes morfossintáticas 185

línguas analíticas 321-322

línguas crioulas 327, 329-330

- flexão em 327, 329

línguas isolantes. *Ver* línguas analíticas

línguas *pidgin* 327-330

- flexão em 327

línguas sintéticas 323-324

Lord, Carol 32, 229

M

MacNeilage, Peter 25, 33-34

marcação local 237

marcadores de pessoa 326

marcadores discursivos 68, 247, 256

Marchman, Virginia 39

Markman, Arthur B. 27, 100-101

may ('poder') 94, 296-298

- capacidade física 297
- capacidade geral 296
- permissão 94, 297-298
- possibilidade de raiz 94, 298
- uso epistêmico 94, 297-298

mecanismos de mudança 32, 122, 167, 173, 179, 191, 258, 260, 300, 339. *Ver também* gramaticalização

Medin, Douglas L. 42, 132

membro central 123, 132-133, 135, 147, 149-150, 158

membros não marcados de categorias 276

memória 22, 30, 64, 67, 73-74, 76, 84, 95, 178, 291, 313

memória enriquecida 26, 35-62, 166, 258, 270, 300

metáfora 67, 179

Michaelis, Laura A. 95, 277, 283, 285-290, 296

Miller, George A. 64

Miller, Joanne 40

modelo conexionista 123

modelo darwiniano 314

modelo de duplo processamento 125

modelo de rede 61, 64, 83-84, 91, 106, 216

modelo que considera exemplares como representações 29-30, 35-62, 64, 91, 98, 113, 122, 155, 173, 233, 257

– em fonologia 42-43

– exemplar de alta frequência 44, 50, 132, 155

– exemplares 27, 41-42, 53, 69, 76, 104, 111, 173

– exemplares de construções 51, 53, 113

– força de 62. *Ver também* força de representação

– melhor exemplar 124, 132

– representações por exemplares 46, 105

– semântico 47

Moonwomon, Birch 44

Moravcsik, Edith 32

morfemas 19-21

morfemas gramaticais 19-21, 59, 92, 169-170, 173-174, 187, 259, 276, 284, 291, 309, 320-321

morfemas lexicais 19, 259

morfemas zero 259, 275-282

morfologia 41, 47-51, 109, 113, 117, 154, 292, 316, 325-330

– produtividade em 154-156

morfologia derivacional 20, 49, 88, 155

morfologia flexional 20, 325-329

Mowrey, Richard 72

mudança de significado 61, 265. *Ver também* mudança semântica

– em gramaticalização 82, 229, 260, 291

– inferência na 269, 290

mudança gradual 35, 43-44, 61, 97, 174, 189, 210, 267

mudança linguística 28, 112, 167. *Ver também* diacronia

– e linguagem infantil 102, 110-111, 181

mudança pragmática 85

mudança semântica 83, 86-87, 91-92, 157, 172, 179, 183, 190-192, 225, 258, 260, 266-267, 300, 317. *Ver também* mudança de significado

Myhill, John 198

N

narrativa 41, 278

negação 20, 22, 117-119, 155-156, 191, 194, 201, 205, 235-238, 241, 256, 275

negativas 57, 120, 175, 186, 191, 195, 199-201, 203-207, 209, 237, 239, 244, 246-249, 255

– e afirmativas 204, 246-248

Newell, Allen 64-65

Newmeyer, Frederick J. 125, 129, 178, 180, 302

Nosofsky, Robert M. 132

novos enunciados 27, 28, 98, 102, 104, 109-111, 126, 130, 164

Noyau, C. 329

O

obrigatoriedade 321, 323-324

O'Connor, Mary C. 58, 128

oposição semântica 283

oposições 37, 169, 258, 283-284, 291-294, 299

oração relativa 240, 243, 273, 333-334

ordem de palavras 333

origens da linguagem 313-316

P

Pagliuca, William 72, 138, 170, 174, 179, 193, 229, 272, 309
palavras funcionais 18, 20, 73
palavras morfologicamente complexas 51, 62, 81
Parsing 155
passado habitual 23, 277-278
passado hodierno 293-294
Passiva no inglês 201
Patterson, Janet L. 184
pensar para falar 236, 246, 294, 337-338
percepção categórica 39
perda de flexão 328
Perdue, Clive 329
perfectivo 176, 202, 276-278, 280, 292, 299, 318-321
perfeito 318-319
perguntas 194-195
Perkins, Revere 138, 170, 174, 179, 303, 309, 325-326, 329, 335-336
permissão 295-300. *Ver também Can; may* ('poder')
Pierrehumbert, Janet B. 43-45, 70, 105
Pine, Julian M. 66, 110, 130
Pinker, Steven 109, 123, 313
Pintzuk, Susan 198
Plank, Frans 190-193
polissemia 95-96, 258, 273-274, 283, 301, 309-310, 318-319
Poplack, Shana 33, 311
possibilidade de raiz 23, 94, 229, 236, 260, 265, 296-298
possibilidade epistêmica 229, 297-298
preposições complexas 23, 215, 217-223, 229, 234
 – estrutura de constituinte de 217-223
presente habitual 277, 280, 282, 285-286, 292, 295, 296
previsão 60, 270. *Ver também* futuro

previsibilidade 71, 73, 74, 76, 77, 79, 311
priming estrutural 111, 165
primitivo lexical 111, 165
probabilidade 107
 – probabilidade condicional 73
processamento 63, 304
processamento holístico da linguagem 106
processos de domínio geral 11, 18, 25-28, 42, 168, 178, 187, 212, 233, 305-306, 340
produtividade 29, 32, 34, 66, 98, 109, 113-114, 116-117, 120, 123-124, 126-127, 130, 146, 153-156, 164, 166, 191, 203, 209, 340
 – e esquematicidade 114
 – em morfologia 104, 123, 154, 156
 – governada por regras 99
progressivo 277, 279
Progressivo no inglês 24, 192-193, 200, 278, 286
progressivos presentes 230
Pullum, Geoffrey K. 20, 219, 223, 229

Q

Quirk, Randolph 217-219, 223, 229

R

Raymond, William 33
reanálise 61, 168, 188-197
 – como gradual 228-230, 257
recordação exata de textos 36, 40
redução articulatória 44, 72. *Ver também* redução fonética
redução fonética 24, 32, 43, 60, 64, 69-71, 73-74, 76-77, 79, 83, 85-89, 92, 125, 171, 173, 178. *Ver também* redução articulatória

- ambiente redutor 69, 76
- apagamento de t/d final 44
- redução especial 74

redundância 37, 322-323

reforço pragmático 258, 260, 266

regras 22, 50, 53, 99, 105, 107, 109-110, 120, 128, 164-166, 177, 188, 198, 208, 244, 302, 326, 329
- em comparação com a analogia 122-125

regularização 51, 99, 112, 114, 121

Reh, Mechthild 32, 169, 177

relações morfológicas 48
- força das 49

repetição. *Ver também* frequência

representação semântica 274, 287

retenção de significado 258

Roberts, Ian 188, 191, 210, 229

Roberts, Julie 184

Roberts, Sarah J. 328, 329

Romaine, Suzanne 185

Rosch, Eleanor H. 42, 132, 282

S

Sankoff, Gillian 46, 185

Sapir, Edward 306, 320

Savage, Ceri 111, 165

Schaffer, Marguerite M. 42, 132

Scheibman, Joanne 24, 74, 77, 85, 215, 256, 280, 281

Schönefeld, Doris 158, 159

Schreuder, R. 99, 102, 105

semelhança 102, 103, 107-108, 263
- e analogia 102

semelhança de família 109, 148-149
- *far be it from* ('longe de') 90

semelhança semântica 48-49, 68, 101, 160, 163

Seppänen, Aimo 219, 220, 222-223, 229

sequenciamento linear 106

Sethuraman, N. 145

significado concessivo 224-225, 228, 269

significado discursivo/pragmático 248

significado epistêmico 193

significado gramatical 92-93, 168, 257-301, 320

significado invariável 92-96, 283-284, 288, 290, 295-296

significado lexical 96, 193, 227, 258-259, 267-268, 270, 272, 282, 290-292, 295, 301, 311

similaridade fonológica 101, 105, 114

Sinclair, John 23, 33

sincronia 117, 255
- e diacronia 167-187

sinônimos 138, 143

sistema adaptativo complexo 18-19, 25, 33, 167, 174, 178, 302-340

sistemas de tempo/aspecto 277, 295, 299. *Ver também* aspecto

Slobin, Dan I. 181-183, 236, 246, 294, 337, 345

sociofonética 36, 46

Stefanowitsch, Anatol 157-159, 163

Studdert-Kennedy, Michael 39

subjetividade 269

Svartvik, Jan 217-219, 223, 229

T

Tagliamonte, Sali 33

Tempo Presente 192, 276, 277, 280-282, 284, 285-287, 295-296

Tempo Pretérito 192

tempos no inglês
- Futuro no inglês 170, 182
  - *be going to* 59, 169

- Passado no inglês 48-49, 103, 285
- Perfeito no inglês 24, 192-193, 201, 210
- Presente Habitual no inglês 278
- Presente no inglês 286, 288-289
- Presente Perfeito no inglês 183, 286, 288
- Presente Progressivo no inglês 288
- Presente Simples no inglês 280

teoria baseada no uso 30, 33, 37, 167-187, 257, 284, 303, 313, 330

teoria da gramaticalização 177-180

Teoria da Optimalidade 306

termos de cores básicas 299

Thal, Donna 39

Theakston, Anna 111, 165

Thompson, Sandra A. 11, 31-32, 125, 226, 276, 280, 303, 334, 360

tipologia 300, 302-304, 317, 319-324

tipologia morfológica 319-324, 320-321

Tomasello, Michael 38, 102, 110, 130, 199, 303, 333

Torres Cacoullos, Rena 11, 33, 86, 224, 226, 228, 230, 232-233, 255, 263, 283

Tottie, Gunnel 117-119, 155-156

traços binários 284

trajetórias de gramaticalização 192, 296, 308-313, 319-320

transparência semântica 82

Traugott, Elizabeth C. 32, 58-59, 86, 88, 95, 169, 172, 179, 193-194, 208, 219, 225, 256, 266, 318

Trotta, Joe 219-220, 222

Trudgill, Peter 327-328

U

unidirecionalidade 177-180, 189, 267

universais 166, 175, 302-305, 307, 312, 330-331, 339

universais linguísticos inatos 306

V

Van Putte, Florimon 276

Varga, Renata 184

variação 17-21, 23-25, 30, 33, 36, 38, 43-47, 62-63, 70-72, 97, 130, 133-134, 139, 147, 173, 180, 183-184, 189, 234

variação fonética/fonológica 24, 46, 62, 71-72, 173, 184

variantes morfossintáticas 185

verbos auxiliares. *Ver também* Verbos auxiliares modais; Verbos auxiliares do inglês

verbos auxiliares do inglês 19, 208
- auxiliares negativos 70, 75

verbos auxiliares modais 22, 191-192, 201, 210, 229. *Ver também* verbos auxiliares do inglês

verbos cognitivos 237-238, 246-248, 254-255, 261, 263. *Ver também can* ('poder')

verbos de Pretérito-Presente do inglês antigo 192

verbos epistêmicos 238-244

verbos lexicais 118

Verhagen, Arie 26, 130, 312

Vihman, Marilyn 181

vontade, volição 170, 268-269, 272-273, 309-310, 318, 339. *Ver também* futuro

W

Warner, Anthony 186, 190, 198, 210

Warren, Beatrice 33, 66, 67, 102-103

Whorf, Benjamin Lee 306

Wilson, Damián 109, 121-122, 147

Woisetschlaeger, E. 289, 292-293

Wray, Allison 33, 66, 102-103, 303, 315, 327, 329